大气人生
王文兴 传

科学家学术成长资料采集工程
国工程院院士传记丛书

周汉牛勇张锦 ◎ 著

1927年	1947年	1949年	1955年	1973年	1976年	1980年	1999年	2003年
出生于江苏萧县	考入国立安徽大学	考入山东大学	组建化工部沈阳化工研究院催化研究组	参加中国环境科学赴英考察团	任天津环保局副局长	任中国环境科学研究院副院长	当选中国工程院院士	被山东大学返聘

老科学家学术成长资料采集工程
中国工程院院士传记丛书

大气人生
王文兴传

周汉牛勇张锦 ◎著

中国科学技术出版社
上海交通大学出版社

图书在版编目（CIP）数据

大气人生：王文兴传 / 周汉，牛勇，张锦著 . —北京：中国科学技术出版社，2020.7

（老科学家学术成长资料采集工程丛书 . 中国工程院院士传记丛书）

ISBN 978-7-5046-8499-8

Ⅰ. ①大… Ⅱ. ①周… ②牛… ③张… Ⅲ. ①王文兴—传记 Ⅳ. ① K826.13

中国版本图书馆 CIP 数据核字（2019）第 273680 号

责任编辑	何红哲
责任校对	张晓莉
责任印制	李晓霖
版式设计	中文天地

出　　版	中国科学技术出版社　上海交通大学出版社
发　　行	中国科学技术出版社有限公司发行部
地　　址	北京市海淀区中关村南大街 16 号
邮　　编	100081
发行电话	010-62173865
传　　真	010-62173081
网　　址	http://www.cspbooks.com.cn

开　　本	787mm×1092mm　1/16
字　　数	410 千字
印　　张	26.5
彩　　插	2
版　　次	2020 年 7 月第 1 版
印　　次	2020 年 7 月第 1 次印刷
印　　刷	北京华联印刷有限公司
书　　号	ISBN 978-7-5046-8499-8 / K · 272
定　　价	135.00 元

（凡购买本社图书，如有缺页、倒页、脱页者，本社发行部负责调换）

老科学家学术成长资料采集工程领导小组专家委员会

主　任：韩启德

委　员：（以姓氏拼音为序）

　　　　陈佳洱　方　新　傅志寰　李静海　刘　旭
　　　　齐　让　王礼恒　徐延豪　赵沁平

老科学家学术成长资料采集工程丛书组织机构

特邀顾问（以姓氏拼音为序）

　　　　樊洪业　方　新　谢克昌

编委会

主　编：老科学家学术成长资料采集工程领导小组办公室

编　委：（以姓氏拼音为序）

　　　　定宜庄　董庆九　郭　哲　胡宗刚　胡化凯
　　　　刘晓堪　吕瑞花　秦德继　任福君　王扬宗
　　　　熊卫民　姚　力　张大庆　张　藜　张　剑
　　　　周大亚　周德进

编委会办公室

主　任：孟令耘　杨志宏

副主任：许　慧　刘佩英

成　员：（以姓氏拼音为序）

　　　　冯　勤　高文静　韩　颖　李　梅　刘如溪
　　　　罗兴波　王传超　余　君　张佳静

老科学家学术成长资料采集工程简介

    老科学家学术成长资料采集工程（以下简称"采集工程"）是根据国务院领导同志的指示精神，由国家科教领导小组于2010年正式启动，中国科协牵头，联合中组部、教育部、科技部、工信部、财政部、文化部、国资委、解放军总政治部、中国科学院、中国工程院、国家自然科学基金委员会等11部委共同实施的一项抢救性工程，旨在通过实物采集、口述访谈、录音录像等方法，把反映老科学家学术成长历程的关键事件、重要节点、师承关系等各方面的资料保存下来，为深入研究科技人才成长规律，宣传优秀科技人物提供第一手资料和原始素材。

    采集工程是一项开创性工作。为确保采集工作规范科学，启动之初即成立了由中国科协主要领导任组长、12个部委分管领导任成员的领导小组，负责采集工程的宏观指导和重要政策措施制定，同时成立领导小组专家委员会负责采集原则确定、采集名单审定和学术咨询，委托科学史学者承担学术指导与组织工作，建立专门的馆藏基地确保采集资料的永久性收藏和提供使用，并研究制定了《采集工作流程》《采集工作规范》等一系列基础文件，作为采集人员的工作指南。截至2016年6月，已启动400多位老科学家的学术成长资料采集工作，获得手稿、书信等实物原件资料73968件，数字化资料178326件，视频资料4037小时，音频资料4963小时，具有重要的史料价值。

采集工程的成果目前主要有三种体现形式，一是建设"中国科学家博物馆网络版"，提供学术研究和弘扬科学精神、宣传科学家之用；二是编辑制作科学家专题资料片系列，以视频形式播出；三是研究撰写客观反映老科学家学术成长经历的研究报告，以学术传记的形式，与中国科学院、中国工程院联合出版。随着采集工程的不断拓展和深入，将有更多形式的采集成果问世，为社会公众了解老科学家的感人事迹，探索科技人才成长规律，研究中国科技事业的发展历程提供客观翔实的史料支撑。

总序一

中国科学技术协会主席　韩启德

老科学家是共和国建设的重要参与者，也是新中国科技发展历史的亲历者和见证者，他们的学术成长历程生动反映了近现代中国科技事业与科技教育的进展，本身就是新中国科技发展历史的重要组成部分。针对近年来老科学家相继辞世、学术成长资料大量散失的突出问题，中国科协于2009年向国务院提出抢救老科学家学术成长资料的建议，受到国务院领导同志的高度重视和充分肯定，并明确责成中国科协牵头，联合相关部门共同组织实施。根据国务院批复的《老科学家学术成长资料采集工程实施方案》，中国科协联合中组部、教育部、科技部、工业和信息化部、财政部、文化部、国资委、解放军总政治部、中国科学院、中国工程院、国家自然科学基金委员会等11部委共同组成领导小组，从2010年开始组织实施老科学家学术成长资料采集工程。

老科学家学术成长资料采集是一项系统工程，通过文献与口述资料的搜集和整理、录音录像、实物采集等形式，把反映老科学家求学历程、师承关系、科研活动、学术成就等学术成长中关键节点和重要事件的口述资料、实物资料和音像资料完整系统地保存下来，对于充实新中国科技发展的历史文献，理清我国科技界学术传承脉络，探索我国科技发展规律和科技人才成长规律，弘扬我国科技工作者求真务实、无私奉献的精神，在全社会营造爱科学、学科学、用科学的良好氛围，是一件很有意义的事情。采集工程把重点放在年龄在80岁以上、学术成长经历丰富的两院院士，以及虽然不是两院院士、但在我国科技事业发展中作出突出贡献的老科技工作者，充分体现了党和国家对老科学家的关心和爱护。

自2010年启动实施以来，采集工程以对历史负责、对国家负责、对科技事业负责的精神，开展了一系列工作，获得大量反映老科学家学术成长历程的文字资料、实物资料和音视频资料，其中有一些资料具有很高的史料价值和学术价值，弥足珍贵。

以传记丛书的形式把采集工程的成果展现给社会公众，是采集工程的目标之一，也是社会各界的共同期待。在我看来，这些传记丛书大都是在充分挖掘档案和书信等各种文献资料、与口述访谈相互印证校核、严密考证的基础之上形成的，内中还有许多很有价值的照片、手稿影印件等珍贵图片，基本做到了图文并茂，语言生动，既体现了历史的鲜活，又立体化地刻画了人物，较好地实现了真实性、专业性、可读性的有机统一。通过这套传记丛书，学者能够获得更加丰富扎实的文献依据，公众能够更加系统深入地了解老一辈科学家的成就、贡献、经历和品格，青少年可以更真实地了解科学家、了解科技活动，进而充分激发对科学家职业的浓厚兴趣。

借此机会，向所有接受采集的老科学家及其亲属朋友，向参与采集工程的工作人员和单位，表示衷心感谢。真诚希望这套丛书能够得到学术界的认可和读者的喜爱，希望采集工程能够得到更广泛的关注和支持。我期待并相信，随着时间的流逝，采集工程的成果将以更加丰富多样的形式呈现给社会公众，采集工程的意义也将越来越彰显于天下。

是为序。

总序二

中国科学院院长　白春礼

由国家科教领导小组直接启动，中国科学技术协会和中国科学院等12个部门和单位共同组织实施的老科学家学术成长资料采集工程，是国务院交办的一项重要任务，也是中国科技界的一件大事。值此采集工程传记丛书出版之际，我向采集工程的顺利实施表示热烈祝贺，向参与采集工程的老科学家和工作人员表示衷心感谢！

按照国务院批准实施的《老科学家学术成长资料采集工程实施方案》，开展这一工作的主要目的就是要通过录音录像、实物采集等多种方式，把反映老科学家学术成长历史的重要资料保存下来，丰富新中国科技发展的历史资料，推动形成新中国的学术传统，激发科技工作者的创新热情和创造活力，在全社会营造爱科学、学科学、用科学的良好氛围。通过实施采集工程，系统搜集、整理反映这些老科学家学术成长历程的关键事件、重要节点、学术传承关系等的各类文献、实物和音视频资料，并结合不同时期的社会发展和国际相关学科领域的发展背景加以梳理和研究，不仅有利于深入了解新中国科学发展的进程特别是老科学家所在学科的发展脉络，而且有利于发现老科学家成长成才中的关键人物、关键事件、关键因素，探索和把握高层次人才培养规律和创新人才成长规律，更有利于理清我国科技界学术传承脉络，深入了解我国科学传统的形成过程，在全社会范围内宣传弘扬老科学家的科学思想、卓越贡献和高尚品质，推动社会主义科学文化和创新文化建设。从这个意义上说，采集工程不仅是一项文化工程，更是一项严肃认真的学术建设工作。

中国科学院是科技事业的国家队，也是凝聚和团结广大院士的大家庭。早在1955年，中国科学院选举产生了第一批学部委员，1993年国务院决定中国科学院学部委员改称中国科学院院士。半个多世纪以来，从学部委员到院士，经历了一个艰难的制度化进程，在我国科学事业发展史上书写了浓墨重彩的一笔。在目前已接受采集的老科学家中，有很大一部分即是上个世纪80、90年代当选的中国科学院学部委员、院士，其中既有学科领域的奠基人和开拓者，也有作出过重大科学成就的著名科学家，更有毕生在专门学科领域默默耕耘的一流学者。作为声誉卓著的学术带头人，他们以发展科技、服务国家、造福人民为己任，求真务实、开拓创新，为我国经济建设、社会发展、科技进步和国家安全作出了重要贡献；作为杰出的科学教育家，他们着力培养、大力提携青年人才，在弘扬科学精神、倡树科学理念方面书写了可歌可泣的光辉篇章。他们的学术成就和成长经历既是新中国科技发展的一个缩影，也是国家和社会的宝贵财富。通过采集工程为老科学家树碑立传，不仅对老科学家们的成就和贡献是一份肯定和安慰，也使我们多年的夙愿得偿！

鲁迅说过，"跨过那站着的前人"。过去的辉煌历史是老一辈科学家铸就的，新的历史篇章需要我们来谱写。衷心希望广大科技工作者能够通过"采集工程"的这套老科学家传记丛书和院士丛书等类似著作，深入具体地了解和学习老一辈科学家学术成长历程中的感人事迹和优秀品质；继承和弘扬老一辈科学家求真务实、勇于创新的科学精神，不畏艰险、勇攀高峰的探索精神，团结协作、淡泊名利的团队精神，报效祖国、服务社会的奉献精神，在推动科技发展和创新型国家建设的广阔道路上取得更辉煌的成绩。

总序三

中国工程院院长　周　济

　　由中国科协联合相关部门共同组织实施的老科学家学术成长资料采集工程，是一项经国务院批准开展的弘扬老一辈科技专家崇高精神、加强科学道德建设的重要工作，也是我国科技界的共同责任。中国工程院作为采集工程领导小组的成员单位，能够直接参与此项工作，深感责任重大、意义非凡。

　　在新的历史时期，科学技术作为第一生产力，已经日益成为经济社会发展的主要驱动力。科技工作者作为先进生产力的开拓者和先进文化的传播者，在推动科学技术进步和科技事业发展方面发挥着关键的决定的作用。

　　新中国成立以来，特别是改革开放30多年来，我们国家的工程科技取得了伟大的历史性成就，为祖国的现代化事业作出了巨大的历史性贡献。两弹一星、三峡工程、高速铁路、载人航天、杂交水稻、载人深潜、超级计算机……一项项重大工程为社会主义事业的蓬勃发展和祖国富强书写了浓墨重彩的篇章。

　　这些伟大的重大工程成就，凝聚和倾注了以钱学森、朱光亚、周光召、侯祥麟、袁隆平等为代表的一代又一代科技专家们的心血和智慧。他们克服重重困难，攻克无数技术难关，潜心开展科技研究，致力推动创新发展，为实现我国工程科技水平大幅提升和国家综合实力显著增强作出了杰出贡献。他们热爱祖国，忠于人民，自觉把个人事业融入到国家建设大局之中，为实现国家富强而不断奋斗；他们求真务实，勇于创新，用科技为中华民族的伟大复兴铸就了辉煌；他们治学严谨，鞠躬尽瘁，具有崇高的科学精神和科学道德，是我们后代学习的楷模。科学家们的一生是一本珍贵的教科书，他们坚定的理想信念和淡泊名利的崇高品格是中华民族自强不息精神的宝贵财富，永远值得后人铭记和敬仰。

通过实施采集工程，把反映老科学家学术成长经历的重要文字资料、实物资料和音像资料保存下来，把他们卓越的技术成就和可贵的精神品质记录下来，并编辑出版他们的学术传记，对于进一步宣传他们为我国科技发展和民族进步作出的不朽功勋，引导青年科技工作者学习继承他们的可贵精神和优秀品质，不断攀登世界科技高峰，推动在全社会弘扬科学精神，营造爱科学、讲科学、学科学、用科学的良好氛围，无疑有着十分重要的意义。

中国工程院是我国工程科技界的最高荣誉性、咨询性学术机构，集中了一大批成就卓著、德高望重的老科技专家。以各种形式把他们的学术成长经历留存下来，为后人提供启迪，为社会提供借鉴，为共和国的科技发展留下一份珍贵资料。这是我们的愿望和责任，也是科技界和全社会的共同期待。

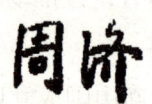

周济

王文兴院士

采集小组周汉和王文兴与中国环境科学研究院参与资料采集的部分老师合影

采集小组周汉、牛勇、张锦与王文兴合影

序　不能忘记的记忆

当得知我入选了"老科学家学术成长资料采集工程"，我深感荣幸。但当时觉得自己的工作平淡，再者也需要很大精力配合，像往常传记约稿一样，我有些犹豫。但经与采集小组交谈后，我认识到这是一项很重要的人才工程，对个人是人生历程的回顾和总结，对社会提供人生的经验与教训，对国家也是汇报和感恩的机会，我欣然接受了。于是我由被动变为主动积极配合，寻找七八十年来的历史资料和照片共数百件，现在编写组已完成文稿，我感到非常欣慰，静下心来写这篇序，以表述内心的话语。

传记是一生一世的录述，水有源，树有根，需要从家世说起，童年、中学时代、大学到工作经历等，感悟人生。

家世与童年

吕里王氏是当地著名的耕读世家，我的高祖父王柱、曾祖父王麟章都是《同治续萧县志》中有记载的饱学之士。高祖父王柱是道光元年（1821年）辛巳科的举人，到八十五岁时，仍然"朝夕披吟"，勤学不辍，并参加了癸未年（1823年）会试，被道光皇帝恩赐国子监学正。曾祖父王麟章，曾以第一名的身份考取了秀才，闻名乡里。重视教育，万般皆下品，唯有读书高。重视家风家教，曾连续两代五世同堂，我父亲就是第二个五世同堂中最后一代人，他常向我们讲述五世同堂的情景、故事，那时父严母慈，兄友弟恭。还说"儿无常父，衣无常主"，这是多么和谐的大家庭。

到了我父亲持家的时代，连年水灾，家道中落。我童年时，生活非常艰苦，食不果腹，捉襟见肘。每年到春天就断粮了，靠借贷度日。我弟兄五人，一姐一妹，我们都渐渐长大了，家里住不下，男孩子不得不到邻家找地方住。我去国立第二十一中学上学前，就曾在朱姓邻家住了几年。

由于受祖上耕读传家的家风影响，我父亲小时候读过几年私塾，很喜欢看书，如《史记》《十七史详节》等，也写得一手好字。父亲常对我们说"万般皆下品，唯有读书高"。读书能改变人的命运，读书也深深印在我的心中。

大哥高小毕业后，考上了离家200多千米的江苏省立连云乡村师范学校。虽然这个学校是全公费的，食宿免费，但需要来回路费、书本、衣服等，家里经济条件实在太困难了，最后不得不将二亩良田当出。就是在这样难以置信的困难条件下，父亲坚持了四年，大哥终于完成了学业。父亲再也没有经济能力供给我们其余哥姐读书了。那我有机会读书是怎么回事呢？那时我小，我家近邻就是一家小天主教堂，只有三个房间，一个小礼拜堂，一间小办公室和两小间住房。教会在这里办了小学，纯属慈善事业，不收任何费用，还发课本。没有常驻人员，只有一位教师马相模，他为人做事、为师教学深受邻里称赞。只有二十来个学生，学生自带小桌、板凳，农忙时放假，学生回家干活，来去自由。在这里我断断续续上到二年级，这年暑假大哥终于师范毕业了，在本乡冯场村小学找到一个教师职位，家里经济状况略有改善后，父亲就把我送到邻村彭新庄正规的小学，编入三年级。这个小学在当时的农村里比较正规，有四个班，有一个种满了玫瑰的花园。那时我心情非常兴奋，有这么好的学习环境，决心发奋学习。

在这里我如饥似渴地读了一年。好景不长，1937年7月7日日本发动了蓄谋已久的侵华战争，史称"七七事变"，从此中国人民陷入了漫长的、艰苦卓绝的抗日战争。从此也改变了许多人的命运，其中包括童年的我。

在敌人铁蹄下的三年

1937年9月,我升入小学四年级,在战争的阴云笼罩下上学到1938年春天。在此期间日军发动了全面侵华战争,日军先后发动了上海淞沪战役和台儿庄战役。这两次战役是抗日战争史上最早也是最大的战役。我家在徐州西,离徐州只有30千米,而且每天上学来回都要经过陇海铁路,陇海铁路是中国东部地区通往西部的大通道,我耳闻目染了这两大战役的情景,触目惊心。

在南方,淞沪战役1937年8月到12月期间,火车运输繁忙,先是中国军队、战争器材物资运向前方,后来伤病员、难民一车一车向后方运送。这些景象到如今我都历历在目。

在北方,1938年3月在徐州的北大门台儿庄进行了大会战。徐州会战的感受就更直接了,敌机的轰炸声,隆隆的大炮声,不绝于耳。中国军队浴血奋战一个月,歼灭敌人两万多,我方也伤亡惨重。失利的日军,恼羞成怒,占领徐州的西大门陇海铁路商丘车站后,继续向东进犯,1938年5月7日,日军到达离我家15千米的唐寨。逃难的人群诉说着四十多村民当场惨死,一百多人倒在血泊中。没过几日,一天下午忽传日军快进西村,村民们只身仓皇逃命。一个月后,村民们才陆续回家。全村一片狼藉,牲口、粮食没有了,生活雪上加霜,更加困难了。

1938年是我家最不幸的一年。在饥寒交迫缺医少药的情况下,祖母、母亲、小妹和侄女四代人先后离去。我母亲卧床不起一年多,因为家里没钱,没看过医生。病故那天从早晨到中午两顿饭,全家都未吃饭,情景悲惨。这时日军经常下乡扫荡,烧杀掠夺,身心终日处于恐惧之中,这是我一生中最黑暗、最悲惨的时期。

国仇家恨,激起农民群众奋起抗日,甚至个人不怕牺牲乘机与敌人搏斗,流传了许多可歌可泣激动人心的事例。萧县沦陷后数月间,抗日游击组织如雨后春笋般建立起来。我大哥不久也参加了抗日游击队。国仇家恨深深地埋在我心里。

父亲的教诲,大哥刻苦读书的榜样,激励着我。那时小学都停办了,我下决心自学。我很幸运,找到一本《算术指南》,这是一本考初中的重要数学参考书。在沦陷后的三年中,农忙时跟家人干农活,农闲时自学,期待着光明的到来。

抗日烽火中的中学时代

黑暗总是伴随着光明,上学的机会终于来了。1941年夏天,我大哥在游击队得到一个好消息:游击队县政府创办的萧县县立临时中学正在招生。大哥在第一时间带我去报考,学校设在庙里,随到随考。我在沦陷三年中农闲时的自学课程派上了用场,一举考上了初中一年级,食宿等全部免费。白天在庙里上课,晚上我被分配到一户农民家的锅屋寄宿。学校有饭吃,还能上学,我欣喜若狂,机会难得,我下定决心,努力读书。

萧县抗日游击队迅速发展壮大,经常以各种形式打击日军,著名的铁道游击队就在我们家乡一带活动,我亲眼看到一天晚上游击队到村里组织农民去扒铁路,破坏通信线路,对日军造成很大损失和威胁。但到秋收后已没有青纱帐隐蔽,日军频繁下乡扫荡,师生安全受到严重威胁,为此1942年春天,县游击队护送师生由沦陷区步行四天,闯过敌人的封锁线,到达中国军队占领的安全地区安徽太和县城西徐禅堂村暂住。

此时国民政府为拯救沦陷区失学青年,在萧县临时中学的基础上,成立了直属教育部的国立第二十一中学,学校负责学生的衣、食、住、行,我又开始了新的生活,我通过编级考试,编入初中二年级三班。学校分中学部、师范部和女生部,共千余学生。1942年暑假,学校搬到太和县城内山西会馆里。盖了一批草屋教室,用土坯做成课桌和坐凳,没有课本,全靠记笔记。每天两顿饭,定量每顿饭每人一个馍,大部分学生能吃饱。没有学生宿舍,学生按年级分别住在庙里、祠堂里等公用房屋里打通铺,六年中学从没有睡过床。生活条件差,学生中长虱子,生疥疮,几乎无人幸免。那时全民抗战,国难当头,物资十分匮乏,前方与敌人在进行着激烈的战斗,在这种残酷的情况下,还能读书,学生心里充满感激之情。就这样平稳地读了两年书,1944年初中毕业了。我以第16名的成绩考入高一甲班。

我的生命里希望总是在艰难险阻中萌芽并生长。刚开学不久,日本侵略军打通京汉线后，第二十一中学就在包围之中，根据教育部的命令，学校开始了艰难的西迁，背着自己的全部家当，由太和步行经河南南阳、陕西山阳，历时近一年，于1945年暑假到达陕西蓝田。途中日军多次紧追，一次在河南西平险些遇难。我幸运地过来了，我有一位很要好的同班同学，同时从家乡逃出来，途中不幸因病倒下了，每想起他我心里都非常难过。国立第二十一中学艰险的搬迁，堪称两千里小长征。1947年夏我终于完成了高中学业。

中学六年国家给我提供全公费，包括衣食住行和教材。没有国家的关怀，就没有我这个高中毕业生，没有高中的学历，哪有考大学的机会。

上大学梦想成真

上大学是人生的重要里程碑，是我的梦想。高中毕业后上哪里考大学，考什么大学，我又犯难了。因为有两个约束我考大学的条件，一个是我必须考取国立大学，取得全公费，像国立第二十一中学那样提供食宿；二是受我自己的学习成绩所限，虽然我在高中理科班毕业，成绩名列前茅，但我很清楚，竞争不过抗日大后方生活稳定、教学正规的毕业生，也竞争不过沦陷区大城市的高中毕业生。我正在犯难的时候，我的同学，正在国立安徽大学数学系一年级学习的张立光，向我介绍了国立安徽大学的情况，认为我能考取，而且能得到全公费。我听了很高兴，于是毅然决然地奔赴南京考点，报考安徽大学数学系。那时，全国大学，不论国立的还是私立的，都是自主招生。安徽大学与国立中央大学同时考试，地点都在南京四牌楼中央大学校内，但是各考各的。考试后自己感觉还好，即回徐州，又到离家最近的考点开封，参加国立河南大学考试，报考数理系，考后才知道，三天后还要复试，由于所带费用不足，没等待复试。后来得知，复试榜上有名。后来想想有些后怕，万一安徽大学没考上，后果会非常严重，年轻做事考虑不周！

很幸运。我考取了安徽大学，由于我在抗战期间有国立第二十一中学的背景，顺利地取得全公费。安徽大学在安庆菱湖边，环境优美安静，是读书的好地方。寒暑假我也没离开学校，如饥似渴地读了一年多，为高数

（微积分）、普通物理、普通化学三门基础课打下较好的基础。

1948年暑假开学后，安庆形势越来越紧张，两派学生斗争激烈，不仅不能正常上课，还很危险。在次年3月的一个夜晚，我与常贵升同学秘密离开安徽大学，投奔解放区。原计划到北平上大学，由于途中劳累、惊吓，肠胃病复发，只得暂时回家修养。1949年暑假我幸运地在国立山东大学徐州考区考取了二年级转学生。就这样阴差阳错地我来到青岛山东大学化学系，名教授多，教学设备好。当时的山东大学就在青岛鱼山路，现在的海洋大学老校区，环境优美，气候宜人，正是读书的好地方。三年苦读就连寒暑假都没离开过青岛一步，在这里美满地圆了我的大学梦，也打下了良好的化学基础，使我走上了我热爱的科学研究道路。山东大学深深地埋在我的心中，怀念我的老师，怀念学校。在过去的六十多年里，只要我到青岛来，总要抽空到化学馆、科学馆看看，以释怀念之情。

到国家最需要的地方去

1952年9月我从山东大学毕业了，进入人生的新阶段。当时国家仍处于新中国成立后三年经济恢复时期，百废待兴，抗美援朝的战争仍在进行，各地区都需要人才，特别是东北老工业基地，国家要求首先要满足。为了做好统一分配工作，在四年级一开学学校就加强了学生的政治思想教育，号召到国家最需要的地方去。我们班大部分同学被分配到东北，我和同班同学王凯被分到重工业部，在哈尔滨东北设计公司，这里生活艰苦。不到半年，我被调到重工业部沈阳技术干部学校，这个学校专门培养大型工业建设高级设计人才，聘请苏联专家讲课，学员多为工科大学毕业生，在这里我曾担任过教师，并在工会、共青团工作过。

到1954年1月，中央号召青年学生技术归队，要学有所用。我又被调到重工业部沈阳化工综合试验所（重工业分家后为化工部沈阳化工研究院）物化室，在留美的吴冰颜主任指导下筹建催化实验室。对我来说，喜出望外，没想到我归队了。不到两年的时间，虽不长，对我来说很重要，工作中的锻炼、学习，使我懂得了个人与国家的关系，爱国是行动，不是口号。回想自己，国家培养读中学，念大学，国家需要，是理所当然的。

现在国家又分配我回去进行专业研究，更应该努力工作。在这里一帆风顺，在催化应用基础研究方面，一干就是十二年。在此期间两次被派去苏联卡尔波夫物理化学研究所学习和进修。

然而正当我满怀信心地进行催化研究的时候，1966年6月，国防建设需要，化工部突然调我到西北"三线"筹建研究所，心里虽然很放不下正在进行的实验研究，我毅然决然地服从国家安排，只身奔赴大西北。经过三年的努力，到1969年秋研究所建设略成。化工部调我到化工部天津化工研究院工作。后来该院下放到天津市。

人到中年转业环保

在天津化工研究院一直工作到1976年秋，突然调我到天津市环保办公室（不久改为环保局）。从没想到，人到中年大改行，一时间我懵了。当时中国的环境污染，特别是大气污染已很严重，中央政府决定从中央到地方组建各级管理机构环境保护办公室和科研院所、监测站，那时还没有环境这方面的人才，只好从相近的专业中寻找，组织考虑我是合适人选，我也考虑到国家需要，总得有人去做。最后我下定决心转到环保领域来。我在这里遇到了办公室主任宋祝勤，原天津市政府秘书长，下放后刚调上来，他为人做事，堪称大家楷模，深受群众爱戴。他让我分管科技，给我充分支持与信任。60年代天津市是北方重污染城市之一，在宋祝勤的领导下大气燃煤、海河水污染等污染控制做了许多奠基性、开创性的工作。在环境科学技术方面，1976年新建天津市环境保护科学研究所，1977年组建了全国第一个地方环境学会——天津市环境科学学会。

转眼到了1980年初，喜讯传来，国家环境保护局要调我到北京参加中国环境科学研究院的建院筹建工作，我又归队了。我重新回到了自己热爱的科研岗位，进行环境化学研究，在当时虽然不能回去做催化研究，但能利用我的专业基础，这已经是最好的选择了。在这里我又遇到了好领导黄新民院长、张汉民书记等，提出边建院，边科研，大气先行。在基建板房里又继续了我的科研之路。在中国环境科学研究院进行大气环境污染研究一干就是近二十年。在这期间，我有幸主持了多项国家重点及攻关项目，主要包括光化学烟雾、煤烟型大气污染以及多项酸雨研究，为国家及时的控制提供了科学依据和控制对策。其中特别是12年的酸雨研究成果，使我国避免了像欧洲、北美发生的湖泊鱼虾绝迹、森林衰亡的悲惨景象以及重大经济损失和严重的生态灾难。正是由于这些贡献，我们的研究团队获得了1998年度国家科学技术进步奖一等奖，它也是科学技术进步奖中环境科学技术领域迄今为止唯一的一项一等奖。

1998年年底，结束了我在中国环境科学研究院18年的科研生涯，年已过古稀，我真正意义上退休了。在享受了短暂的退休生活后，1999年我当选为中国工程院院士，2001年参加母校山东大学百年校庆，此后再一次改变了我晚年的人生轨迹。

夕阳西下余热未尽

2001年10月，我受邀参加山东大学百年校庆。1952年在青岛山东大学化学系毕业后半个世纪第一次来到山东大学济南中心校区，老同学如故，但场景陌生，百感交集。其间，我受到校领导来校工作的邀请，真没有想到，已到夕阳西下，古稀之年回母校工作，深有落叶归根之感。还有一点极为重要的是，回山东大学既可以教书育人，又能从事我最喜欢的基础科学研究，这是我一生的追逐、最美满的愿望，我欣然应允。

展涛校长让我充分自由选择学科发展，王琪珑常务副校长给我大力支持和帮助，我非常珍惜学校对我的信任，经过审慎思考后，决定创建学校直属的环境研究院，总体目标是培养环境学科高水平人才，助力学校一流学科建设。当时在国内高校建立校直属的环境学科研究机构还是一个新尝试。建院方针是根据国家需求，国际学科前沿，服务山东。当时已有具有良好基础的环境学院，研究方向选择原则是，要与山东大学环境学院已有学科方向互补，不重复建设。于是决定建立大气环境化学、环境量子化学计算和环境生态三个研究方向。在学校历任领导朱正昌、展涛、徐显明、李守信、张荣及现任领导郭新立、樊丽明等的大力支持下，通过16年的努力，环境研究院从无到有地建立起来了，并迅速发展壮大。

结 束 语

如今我已至耄耋之年，光阴荏苒，往昔如昨。回忆我这一生，为了求学和事业，忙忙碌碌，其他多有缺失。其中最大的遗憾是与家人在一起的时间太少。上缺尽孝，下少抚爱，每逢夜深人静时，多有伤感、愧疚。妻子张婉华，为支持我工作，甘愿牺牲个人专业美好前程，担起全部家务，无怨无悔。在我老家1960年饥荒年代，她和她母亲省吃俭用，变卖衣物救助我的家人，与我风雨同舟，此情此景永记不忘。

目前，传记文稿已经完成，我感到非常高兴。工程采集小组编辑周汉、牛勇、张锦三位年轻同志付出了大量辛勤劳动。多次约我本人、家人、同事，并到各地访谈，取得大量高清晰视频、录音资料以及实物等，在此基础上提交了文集初稿。文稿中翔实地叙述了我的家庭背景、求学经历、科研和教学工作、为人做事。在采访期间，柴发合副院长组织协调中国环境科学研究院大气所等部门，胡敬田教授积极协调学校各个部门，为采集小组创造了良好工作条件。在文稿编写期间，由于三位编辑工作变动，环境研究院张庆竹院长、薛丽坤副院长及许多老师积极支持和参与，博士生鲍雷等在文稿技术方面帮助整理、补充，做了大量工作。我的秘书王新锋和助理张瑞英为传记做了很多繁杂的工作，给我帮助很大。在此一并致以衷心的感谢！

2019.10.16

目 录

老科学家学术成长资料采集工程简介

总序一 ······ 韩启德

总序二 ······ 白春礼

总序三 ······ 周 济

序 不能忘记的记忆 ······ 王文兴

导 言 ······ 1

第一章 | 忠厚处世 重教兴家 ······ 9

  耕读之家 ······ 9
  乡村启蒙 ······ 13
  家乡沦陷 ······ 15
  求学国中 ······ 18
  千里西迁 ······ 22

| 第二章 | 受业大学　求知若渴 ……………………………… 27

考上国立安徽大学 ……………………………………… 27
秘密北上 ………………………………………………… 31
考取山东大学 …………………………………………… 33

| 第三章 | 多方深造　工学相长 ……………………………… 40

分配到东北工作 ………………………………………… 40
吉林大学研究生班 ……………………………………… 43
结婚成家 ………………………………………………… 45
苏联进修 ………………………………………………… 50
筹建"兰州 24 号信箱" ………………………………… 52

| 第四章 | 英国考察　初涉环保 ……………………………… 55

"环境考察团"选了研究化学的王文兴 ………………… 55
访英第一站伦敦 ………………………………………… 57
泰晤士河和特伦特河考察 ……………………………… 60
访问工业革命发源地曼彻斯特 ………………………… 63
欧洲特殊钢中心谢菲尔德 ……………………………… 66
王文兴的"考后感" ……………………………………… 69

| 第五章 | 半路出家　投身环保 ……………………………… 71

调入天津环境保护办公室 ……………………………… 71
天津大气污染防治第一人 ……………………………… 73
第一部专著《工业催化》 ……………………………… 77
调入中国环境科学研究院 ……………………………… 80
边建设，边科研 ………………………………………… 84

| 第六章 | 担当重任　转战西北 ·············· 90

兰州，又是兰州！ ·················· 90
多学科多手段联合观测研究 ············ 94
荣获国家科学技术进步奖 ············· 101

| 第七章 | 建烟雾箱　观测臭氧 ·············· 105

国际先进的烟雾箱建立 ··············· 106
甲烷光化学氧化反应实验研究 ··········· 108
煤烟颗粒中多环芳烃光降解模拟 ·········· 109
大气活性中间体的反应动力学实验研究 ······ 111
峨眉山臭氧时空分布观测 ············· 113
国际大气环境化学会议 ··············· 116
全球排放源清单研讨会 ··············· 119

| 第八章 | 太原沈阳　再战"煤污" ············ 121

大气环境容量研究 ·················· 121
首次实施大型地空垂直综合观测 ·········· 124
提出太原大气污染防治七大对策 ·········· 130
大气环境容量研究 ·················· 133
"六五"攻关研究成果丰硕 ············· 141

| 第九章 | 酸雨攻关　攀越巅峰（一） ········· 145

空中死神 ························ 146
酸雨对生态环境的影响 ··············· 150
酸雨引发的环境外交问题 ············· 153
美国酸雨十年研究计划 ··············· 158
王文兴两次率酸雨考察组赴美调研 ········ 161

目　录　III

开启全国酸雨研究 …………………………………… 164
　　第一份国家酸雨"体检报告" ……………………… 167

第十章 | 酸雨攻关　攀越巅峰（二） …………… 171

　　"七五"攻关剑指华南酸雨 ……………………… 171
　　严密科学的监测网 ………………………………… 176
　　住阁楼，吃简餐，省出钱来做科研 ……………… 180
　　华南酸雨形成的大气化学和物理过程 …………… 184
　　华南地区酸雨的影响和危害 ……………………… 188
　　酸雨沉降对材料破坏的研究 ……………………… 190
　　计划外课题：影响酸雨的排放物研究 …………… 192
　　控制对策和建议 …………………………………… 195

第十一章 | 酸雨攻关　攀越巅峰（三） ………… 202

　　酸雨研究高峰期，王文兴再度领军 ……………… 202
　　酸沉降时空分布规律研究 ………………………… 209
　　严控监测数据质量 ………………………………… 211
　　用腿做的科研 ……………………………………… 213
　　酸雨对生态环境的影响研究 ……………………… 219
　　为我国环境外交作出重大贡献 …………………… 223
　　大气酸化和酸沉降过程 …………………………… 228
　　查清了我国酸雨的成因 …………………………… 230
　　酸沉降控制规划与对策 …………………………… 233
　　总课题数据超两亿　成果累累 …………………… 235

第十二章 | 酸雨攻关　攀越巅峰（四） ………… 240

　　离休业难舍，功成身不退 ………………………… 240
　　全面观测我国酸雨的时空分布 ……………………242

　　　　中国降水酸度与世界各地的比较⋯⋯⋯⋯⋯⋯⋯⋯⋯⋯⋯⋯⋯⋯ 245
　　　　获国家科学技术进步奖一等奖⋯⋯⋯⋯⋯⋯⋯⋯⋯⋯⋯⋯⋯⋯⋯ 247
　　　　当选中国工程院院士⋯⋯⋯⋯⋯⋯⋯⋯⋯⋯⋯⋯⋯⋯⋯⋯⋯⋯⋯ 250
　　　　来自山东大学的邀请⋯⋯⋯⋯⋯⋯⋯⋯⋯⋯⋯⋯⋯⋯⋯⋯⋯⋯⋯ 252

第十三章　回归母校　再上新阶　257

　　　　扎根山大　组建环境研究院⋯⋯⋯⋯⋯⋯⋯⋯⋯⋯⋯⋯⋯⋯⋯⋯ 257
　　　　白手起家　大气环境研究迎难而上⋯⋯⋯⋯⋯⋯⋯⋯⋯⋯⋯⋯⋯ 264
　　　　远见卓识　山东区域 $PM_{2.5}$ 污染同步研究⋯⋯⋯⋯⋯⋯⋯⋯⋯ 267
　　　　穿云破雾　建设和运行泰山高山站⋯⋯⋯⋯⋯⋯⋯⋯⋯⋯⋯⋯⋯ 270
　　　　游目骋怀　环渤海区域灰霾研究⋯⋯⋯⋯⋯⋯⋯⋯⋯⋯⋯⋯⋯⋯ 273
　　　　建言献策　开展环保咨询研究⋯⋯⋯⋯⋯⋯⋯⋯⋯⋯⋯⋯⋯⋯⋯ 277
　　　　厚积薄发　新建交叉学科研究⋯⋯⋯⋯⋯⋯⋯⋯⋯⋯⋯⋯⋯⋯⋯ 282
　　　　服务地方　指导环境生态研究⋯⋯⋯⋯⋯⋯⋯⋯⋯⋯⋯⋯⋯⋯⋯ 290

第十四章　学术传承　后继有人　298

　　　　环境科学路，父子并肩行⋯⋯⋯⋯⋯⋯⋯⋯⋯⋯⋯⋯⋯⋯⋯⋯⋯ 298
　　　　火车跑得快，全凭车头带⋯⋯⋯⋯⋯⋯⋯⋯⋯⋯⋯⋯⋯⋯⋯⋯⋯ 305
　　　　名师出高徒，沃土聚英才⋯⋯⋯⋯⋯⋯⋯⋯⋯⋯⋯⋯⋯⋯⋯⋯⋯ 312
　　　　老当益壮，勤学不辍⋯⋯⋯⋯⋯⋯⋯⋯⋯⋯⋯⋯⋯⋯⋯⋯⋯⋯⋯ 320

结语　繁简人生⋯⋯⋯⋯⋯⋯⋯⋯⋯⋯⋯⋯⋯⋯⋯⋯⋯⋯⋯⋯⋯⋯⋯ 324

附录一　王文兴年表⋯⋯⋯⋯⋯⋯⋯⋯⋯⋯⋯⋯⋯⋯⋯⋯⋯⋯⋯⋯⋯ 330

附录二　王文兴主要论著目录⋯⋯⋯⋯⋯⋯⋯⋯⋯⋯⋯⋯⋯⋯⋯⋯⋯ 366

参考文献⋯⋯⋯⋯⋯⋯⋯⋯⋯⋯⋯⋯⋯⋯⋯⋯⋯⋯⋯⋯⋯⋯⋯⋯⋯⋯ 372

后　　记⋯⋯⋯⋯⋯⋯⋯⋯⋯⋯⋯⋯⋯⋯⋯⋯⋯⋯⋯⋯⋯⋯⋯⋯⋯⋯ 376

图片目录

图 1-1　清朝嘉庆帝颁发给王柱的圣旨……………………………………10
图 1-2　王文兴的父亲王振坤……………………………………………11
图 1-3　1971 年，王文兴父亲王振坤写给王文兴大哥的家书……………12
图 1-4　2016 年 2 月，王文兴在老宅堂屋前的照片………………………12
图 1-5　1980 年，王文兴在大姐家与大姐、姐夫合影……………………14
图 1-6　1985 年 5 月，王文兴与大哥王再兴和大嫂在北京………………15
图 1-7　2016 年，90 岁高龄的王文兴和 80 多岁的妹妹、弟弟看望 102 岁的大哥……………………………………………………16
图 1-8　1942 年，王文兴在国立第二十一中学就读时的照片……………19
图 1-9　1942—1943 年，王文兴在土坯制成的课桌上读完了初中二年级…………………………………………………………………19
图 1-10　1943 年，国立第二十一中学学生在操场举行升旗仪式…………20
图 1-11　1943 年，国立第二十一中学学生在上军训课……………………20
图 1-12　1944 年，国立第二十一中学初三毕业留念………………………21
图 1-13　1946 年，国立第二十一中学高二甲班导师和全体同学复员合影…23
图 1-14　1947 年，王文兴高中毕业照………………………………………24
图 1-15　1998 年，原国立第二十一中学校友在徐州聚会…………………25
图 1-16　2008 年 4 月，94 岁的王再兴从老家安徽萧县来北京看望小弟王正兴…………………………………………………………26
图 2-1　原敬敷书院，1947 年为国立安徽大学学生宿舍…………………29
图 2-2　求实学堂教学楼……………………………………………………29
图 2-3　1947 年，王文兴在国立安徽大学的学生证………………………29
图 2-4　1947 年，王文兴在国立安徽大学就读一年级时的照片…………29
图 2-5　张立光在《国立安徽大学老同学回忆录》中写的对王文兴的回忆………………………………………………………………31

图 2-6	1949年扬州市淮阴县开具的通行令	32
图 2-7	1951年王文兴与化学系四年级全体同学合影	33
图 2-8	1951年9月12日山东大学化学系欢送一九五一届毕业生纪念	35
图 2-9	1952年,王文兴和同学与刘椽教授等合影	35
图 2-10	1950年王文兴用过的物理化学课本	36
图 2-11	1952年王文兴与同班同学春游	36
图 2-12	1950年8月王文兴与同班同学在湛山寺	37
图 2-13	1949年王文兴佩戴的山东大学校徽	39
图 2-14	王文兴在山东大学的毕业证书	39
图 3-1	哈尔滨基本建设学校团支部委员合影	41
图 3-2	1956年化工部沈阳化工研究院物化室催化组成员合影	42
图 3-3	重工业部沈阳化工综合研究所	42
图 3-4	2000年,王文兴和夫人张婉华及同事康民伟回访沈阳化工研究院及他们曾经工作过的实验室	43
图 3-5	1956年3月至1957年7月王文兴在吉林大学进修时所做的课堂笔记	44
图 3-6	1957年王文兴在吉林大学化学系研究生班学习时的照片	44
图 3-7	1958年王文兴与张婉华结婚照	45
图 3-8	1964年北京化工研究院物化室欢送兰州大学学生完成催化实验及论文的合影	46
图 3-9	化工部北京化工研究院实验大楼	47
图 3-10	1961年儿子王韬和姥姥合影	47
图 3-11	困难时期王文兴的父亲从农村来到天津	47
图 3-12	1973年王文兴与父亲、妻子和孩子们的合影	48
图 3-13	1978年张婉华获得全国科学大会奖	49
图 3-14	天津化工研究院出具的获奖证明信	49
图 3-15	1983年9月张婉华获得全国"三八"红旗手称号	49
图 3-16	1959年10月,王文兴在苏联同事家中做客	50
图 3-17	1959年10月,王文兴在莫斯科红场	50
图 3-18	1959年10月,王文兴应邀观看十月革命节的票	51
图 3-19	1959年王文兴在莫斯科大学听完报告后留影	51

图 3-20	1960 年秋，王文兴在莫斯科远郊	51
图 3-21	1963 年夏，王文兴在兰州召开的全国第二届催化会上作特约报告	52
图 3-22	1963 年冬，王文兴在苏联访问期间与同事孙天赋及吴冰颜主任合影	52
图 3-23	1967 年王文兴与化工部西北研究所同事的合影	54
图 3-24	1991 年 8 月，王文兴等人回访化工部天津化工研究院时的合影	54
图 4-1	1973 年 6 月，代表团全体成员在中国驻英大使馆商参处宿舍楼前合影	56
图 4-2	1973 年 6 月，国际环境大会后王文兴在伦敦与代表团合影	57
图 4-3	1973 年 6 月，王文兴在伦敦参加国际环境科学会议	58
图 4-4	1973 年 6 月，王文兴在商参处宿舍楼楼顶上查看周围的烟筒	59
图 4-5	1973 年 6 月 5 日，王文兴在伦敦塔桥考察泰晤士河水质	61
图 4-6	1973 年 6 月 18 日，王文兴、刘东生、刘永发在马克思墓前合影	62
图 4-7	1973 年 6 月 19 日，王文兴参观诺丁汉的一个古城堡	62
图 4-8	1973 年 6 月，王文兴考察牛津大学	63
图 4-9	1973 年 6 月 14 日，王文兴在曼彻斯特市内	64
图 4-10	20 世纪 60 年代谢菲尔德钢铁企业改造前的大气环境	66
图 4-11	20 世纪 70 年代初谢菲尔德钢铁企业改造后的大气环境	67
图 4-12	1973 年谢菲尔德一家清洗公司的业务范围	67
图 4-13	1973 年谢菲尔德一家清洗公司建筑物清洗前后的对比	68
图 4-14	1973 年 6 月 15 日，王文兴在谢菲尔德城市一角	68
图 4-15	1973 年 7 月 3 日，王文兴在伦敦瑞金公园	70
图 5-1	1980 年 6 月，王文兴当选为天津市第九届人大代表	73
图 5-2	1977 年 6 月，王文兴参加全国第一次环境科学技术情报会议	74
图 5-3	1999 年 10 月，王文兴与部分老同事在天津市环保局的合影	74
图 5-4	1977 年 8 月，王文兴在"金星号"考察船上参与黄渤海污染考察	75
图 5-5	1979 年 3 月，中国环境科学学会第一届常务理事会理事合影	76
图 5-6	1973 年 9 月 9 日，王文兴等人在广州南园就中国引进大型石油化工催化剂技术与日本专家谈判	77

图 5-7	1978年王文兴编著的第一本专著《工业催化》	78
图 5-8	1982年王文兴组织翻译的《催化剂手册》	78
图 5-9	1976年王文兴翻译的《烃类的多相催化氧化》	78
图 5-10	1983年6月,王文兴访问北海道大学理学部化学科	79
图 5-11	田部浩三赠书	79
图 5-12	田部浩三赠书签名	79
图 5-13	1981年10月,首次中美环境科学研讨会在北京召开	80
图 5-14	20世纪80年代初,中国环境科学研究院在板房实验室接待日本同行来访	81
图 5-15	1983年联合国开发署官员访问中国环境科学研究院	82
图 5-16	1980年中国环境科学研究院赴日、美考察团成员名单	82
图 5-17	1980年11月考察团在日本国立公害研究所	83
图 5-18	1980年2月,王文兴在美国环保局北卡研究三角公园门前	84
图 5-19	1980年秋,黄新民主持技术会议	85
图 5-20	1982年王文兴在建设中的中国环境科学研究院大门口留影	85
图 5-21	1980年中国环境科学研究院建院初期王文兴与张贵信、冯新合影	86
图 5-22	1984年《中国环境科学》第二届编委会留念	86
图 5-23	1980年12月,王文兴在日本国立公害研究所与所长近藤次郎交谈	87
图 5-24	1981年1月,考察团部分成员在北卡州立大学参观室外光化学烟雾箱	88
图 5-25	1981年1月,王文兴等人在加州大学河滨分校Pitts教授家做客	88
图 6-1	1981年,王文兴等人在兰州西固地区进行我国首次大气化学和大气物理联合光化学烟雾综合观测	91
图 6-2	1980年11月中国赴日本考察团部分成员在日本国立公害研究所大气激光探测楼前合影	91
图 6-3	1980年12月中国赴日本考察团部分成员参观东京大学与日本朋友合影	93
图 6-4	1981年12月,全国大气环境质量标准审议会在汉口召开	96
图 6-5	1983年3月,王文兴等人访问日本京都大学	97

图 6-6	1983 年 3 月，王文兴等人在日本埼玉大学参观	98
图 6-7	1983 年 3 月，王文兴等人在日本东京工业大学参观	99
图 6-8	1983 年 10 月，王文兴在肯尼亚首都内罗毕参加世界工程师大会	100
图 6-9	1983 年 10 月，王文兴等人参加世界工程师大会大气分会时合影	100
图 6-10	1983 年 3 月，王文兴等人在日本大阪府大学大气化学实验室	101
图 6-11	兰州项目获 1985 年度国家科学技术进步奖二等奖	103
图 6-12	2019 年春节环保部院士座谈会	104
图 7-1	光化学烟雾箱系统	107
图 7-2	反应管外紫外灯	107
图 7-3	燃煤烟气颗粒物光化学实验装置	110
图 7-4	Teflon 薄膜烟雾箱外紫外灯光源配置俯视图片	110
图 7-5	1983 年，林子瑜在日本国立公害研究所光化学烟雾箱实验室进行实验研究	112
图 7-6	1985 年 10 月，王文兴与其课题组成员蔡乙乞在峨眉山森林进行生态考察	114
图 7-7	1985 年 10 月，王文兴等人在峨眉山金顶海拔 3077 米处观测	114
图 7-8	1985 年 10 月，王文兴等人在峨眉山洗象池海拔 2250 米处观测	115
图 7-9	1989 年 5 月，王文兴在国际大气化学会议开幕式上致辞	117
图 7-10	1981 年 1 月，王文兴访问美国佐治亚理工学院时与江家驷合影	117
图 7-11	1989 年 5 月，在国际大气化学会议晚宴上王文兴指挥中国环境科学研究院参会同事演唱	118
图 7-12	1991 年 12 月，王文兴应邀参加首届全球大气化学排放清单研讨会	120
图 7-13	1992 年 1 月，王文兴收到 T. E. Graedel 发来的全球大气化学排放清单研讨会邀请函	120
图 7-14	1991 年 11 月，美国巴尔的摩机场	120
图 8-1	1983 年 12 月在沈阳进行大气环境容量观测时王文兴与观测人员合影	123

图 8-2	2015 年 4 月，采访组采访吕黄生	126
图 8-3	1982 年 2 月，王文兴在航测前查看联邦德国 BO-105 型直升机	127
图 8-4	加拿大双水獭型飞机	127
图 8-5	1982 年 2 月，王文兴和钮峻岭在飞机上查看测量仪器	127
图 8-6	1982 年 2 月，王文兴和太原市环保部门领导在太原机场	128
图 8-7	1982 年 2 月，王文兴在化学分析室查看样品分析结果	129
图 8-8	1982 年 8 月，王文兴为大气环境综合观测课题选择大气背景站在五台山进行现场考察	130
图 8-9	1983 年 11 月，王文兴与钮峻岭在气象资料室与工作人员交谈	131
图 8-10	1984 年 11 月，王文兴参观佐治亚理工学院的激光测试仪	132
图 8-11	1982 年 2 月，山西省副省长、太原市委书记王茂林等领导到航测现场视察	134
图 8-12	《工业污染治理技术丛书·废气卷》	135
图 8-13	《工业污染治理技术丛书》编委会名单	135
图 8-14	1983 年 2 月，王文兴和太原市环保局副局长钮峻岭与环境科学研究院气象观测负责人刘林勤等讨论气象观测实验	137
图 8-15	1983 年 10 月，王文兴在参加世界工程师大会期间考察肯尼亚国家公园	140
图 8-16	1986 年 1 月，在太原回北京的火车上，王文兴与课题组黄秉和准备两个课题鉴定验收会事宜	141
图 8-17	1986 年 1 月 10 日，太原大气综合观测课题和沈阳、太原两个大气容量课题鉴定验收会上全体专家、国家环保局、有关单位领导和项目组主要成员合影	141
图 8-18	1986 年 11 月国家环保局颁发的"六五"国家环保科技攻关表彰证书	142
图 8-19	1987 年 7 月"大气环境容量研究"项目获国家科学技术进步奖二等奖	142
图 8-20	1987 年 7 月"太原地区大气环境综合观测研究"项目获国家科学技术进步奖三等奖	142
图 9-1	某些物质的 pH 值	146

图 9-2　1995 年 6 月,王文兴在哥德堡的奥运中心广场 …………………149
图 9-3　1995 年 7 月在瑞典哥德堡召开的第五届酸雨会议文集…………150
图 9-4　2000 年 12 月在日本筑波召开的第六届酸雨会议文集 …………150
图 9-5　1991 年捷克斯洛伐克北部"黑三角"地区被酸雨破坏的森林…152
图 9-6　20 世纪 80 年代英国被酸雨破坏的森林 ……………………………152
图 9-7　1995 年 6 月 30 日,王文兴在哥德堡古斯塔夫阿道夫广场
　　　　查看受酸雨影响的雕塑和建筑材料 ………………………………153
图 9-8　2010 年德国大气硫沉降的来源 ……………………………………154
图 9-9　2010 年瑞典大气硫沉降的来源 ……………………………………154
图 9-10　1989 年 12 月,王文兴应邀参加在美国南卡罗莱纳州 HILTON
　　　　 MOUTH 召开的国际酸雨会议暨美国国家酸沉降计划报告会 ‥158
图 9-11　1989 年 12 月美国国家酸沉降评价计划总结报告书……………159
图 9-12　1991 年美国联合主席委员会批准国家酸沉降评价计划评审
　　　　 报告出版的文件 …………………………………………………160
图 9-13　纽约州立大学 Albany 分校大气科学研究中心白面山观测站 …162
图 9-14　1984 年 11 月 12 日,考察组在白面山大气观测站留影…………162
图 9-15　1984 年 11 月,斯克内克塔迪市市长赠送给王文兴的钥匙 ……163
图 9-16　1984 年 11 月,考察组在斯克内克塔迪市市政大厅查看酸
　　　　 雨对大理石的腐蚀情况 …………………………………………163
图 9-17　1984 年 11 月,美国环保局研究三角公园酸雨材料影响暴
　　　　 晒站一角 ……………………………………………………………163
图 9-18　1984 年 11 月,考察组在美国环保局研究三角公园酸雨材
　　　　 料影响暴晒站留影 ………………………………………………164
图 9-19　《我国酸雨的来源和影响及其控制对策》研究总报告封面………167
图 9-20　1990 年 12 月,王文兴主持的"我国酸雨的来源和影响及其
　　　　 控制对策"研究项目获国家科学技术进步奖二等奖 …………169
图 10-1　1988 年,王文兴在日本东京第二届国际大气科学与空气质
　　　　 量会议上作大会报告 ……………………………………………172
图 10-2　1988 年,王文兴在日本千叶大学环境研讨会上介绍中国酸
　　　　 雨研究进展 ………………………………………………………172
图 10-3　1989 年 4 月,王文兴参观加拿大约克大学化学系与系主任
　　　　 等同行留影 ………………………………………………………173

图 10-4　1989 年 4 月，王文兴到加拿大北部靠近北极圈的大气背景
　　　　 观测站（Dorset）考察··175
图 10-5　1987 年 12 月，王文兴在广州机场查看华南酸雨航测准备工作····177
图 10-6　1988 年 1 月，王文兴在广州酸雨监测培训班上讲解酸雨监
　　　　 测质量控制和质量保证··178
图 10-7　1988 年春，王文兴等人在广州白云山进行降水观测············179
图 10-8　1998 年 3 月，研究人员用多普勒声雷达进行大气物理观测······181
图 10-9　1988 年 4 月，王文兴在湖南衡山考察······························182
图 10-10　1990 年 10 月，王文兴受邀参加在日本金泽召开的第 31 回
　　　　 大气污染学会年会并作报告··183
图 10-11　1998 年 3 月，研究人员用系留气艇进行大气物理观测········185
图 10-12　1987 年课题组成员在南宁··187
图 10-13　1988 年 8 月，王文兴在中国环境科学研究院酸雨对植物影
　　　　 响研究实验基地··189
图 10-14　张婉华负责的酸雨材料破坏研究获得环境保护科学技术进
　　　　 步奖二等奖··190
图 10-15　1986 年，王文兴在四川乐山大佛脚下察看佛像被酸雨腐蚀
　　　　 情况···191
图 10-16　1995 年 6 月，王文兴受邀参加国家环保局在重庆举办的
　　　　 SO_2 排放标准的制定国际研讨会································196
图 10-17　1990 年 12 月国家"七五"攻关项目酸雨研究项目鉴定会······196
图 10-18　1990 年 12 月华南酸雨课题广东专题鉴定会························197
图 10-19　1990 年完成的《华南地区酸雨来源、影响和控制对策的研究》
　　　　 "七五"项目报告··198
图 10-20　1989 年 4 月，王文兴被授予"全国环境保护事业先进工作
　　　　 者"称号···200
图 10-21　1989 年 4 月，王文兴被授予"全国环境保护事业先进工作
　　　　 者"奖章···201
图 10-22　1991 年 12 月，王文兴在国家"七五"科技攻关项目中作
　　　　 出优异成绩，获得荣誉证书·······································201
图 11-1　1991 年 8 月 8 日，国家科委对王文兴等提出的"八五"课
　　　　 题召开可行性论证会···203

图 11-2　王文兴 1991 年 2 月 12 日工作日记 …… 204
图 11-3　1991 年 9 月，王文兴在韩国汉城召开的第二届国际空气污染问题会议上作大会报告 …… 205
图 11-4　1991 年台湾第二届国际空气污染问题会议 …… 206
图 11-5　1993 年 12 月，王文兴受邀到日本千叶参加第 34 回大气污染学会年会 …… 206
图 11-6　1993 年 4 月，王文兴从天津到韩国汉城参加国际学术会议，与参会的日本国立环境研究所大气部部长、环境化学家大喜多敏一合影 …… 207
图 11-7　1995 年 3 月，王文兴在日本东京全国都市会馆参加东亚地区酸雨监测网第二次专家会议 …… 209
图 11-8　1992 年 2 月，福建省监测技术学习班 …… 212
图 11-9　1993 年 2 月，王文兴在白云山检查酸雨采样 …… 213
图 11-10　1992 年 2 月，王文兴在江西省监测技术学习班上作报告 …… 214
图 11-11　手提式 pH 计 …… 216
图 11-12　1994 年 7 月，王文兴与图们市监测站从事酸雨监测的同志合影 …… 217
图 11-13　1992 年 7 月，王文兴等在西北地区考察 …… 218
图 11-14　1994 年 8 月，王文兴在图们江考察水质 …… 219
图 11-15　美国阿巴拉契亚山脉森林的生长情况 …… 221
图 11-16　1999 年 8 月，王文兴和夫人张婉华在美国阿巴拉契亚山脉考察酸雨对森林的影响 …… 221
图 11-17　阿巴拉契亚山脉最高峰米切尔峰森林恢复情况对比图 …… 222
图 11-18　1993 年 3 月，科研人员王明宇在准备释放系留气艇进行大气观测 …… 224
图 11-19　1994 年四川年平均总硫沉降的主要来源 …… 224
图 11-20　1994 年江西年平均总硫沉降的主要来源 …… 224
图 11-21　1994 年 6 月，王文兴在韩国延世大学作报告 …… 225
图 11-22　1994 年 6 月，王文兴到韩国参加第四届国际大气科学大会和空气质量研究大会后参观延世大学并留影 …… 226
图 11-23　1994 年，王文兴带领研究生朱晓红和课题组成员刘洪杰到浙江舟山进行观测 …… 226

图 11-24　1995 年 8 月，"第六届全国大气环境学术会议"在北京举行……227
图 11-25　1994 年 10 月，论文《影响我国降水酸性因素的研究》被《中国环境科学》编辑部编委会评为 1993 年度优秀论文………228
图 11-26　1995 年 11 月，王文兴在"八五"攻关华南专题验收鉴定会上…233
图 11-27　1996 年 12 月，国家环保局给中国环境科学研究院颁发的"八五"科技攻关荣誉证书………234
图 11-28　1996 年 11 月国家环保局为王文兴颁发的"八五"科技攻关先进个人称号荣誉证书………235
图 11-29　1997 年 3 月国家环保局在重庆召开二氧化硫控制标准国际研讨会………235
图 11-30　1994 年 12 月中国环境科学学会为王文兴颁发的荣誉证书……236
图 11-31　1996 年 6 月，王文兴作为项目负责人编写的国家酸雨"八五"攻关项目《我国酸沉降及其生态环境影响研究》课题总报告………238
图 12-1　1997 年 7 月第六届全国大气环境学术会议………241
图 12-2　1988 年 8 月，唐孝炎等访问北卡罗莱纳州立大学，参观室外光化学烟雾箱………243
图 12-3　1994 年 1 月，王文兴在日本参加东亚地区酸雨监测网第二次专家会议………244
图 12-4　1997 年 6 月，王文兴参加清华大学国家水环境化学实验室验收会………246
图 12-5　1998 年，王文兴作为课题负责人编写的国家酸雨"九五"攻关项目《我国酸雨控制国家方案基础研究》课题总结报告…247
图 12-6　王文兴获得的国家科学技术进步奖奖牌………248
图 12-7　王文兴参加 1999 年 8 月国家科技奖励获奖项目代表座谈会…248
图 12-8　1998 年 12 月获国家科学技术进步奖一等奖证书………249
图 12-9　2002 年美国环境化学家威尔逊携夫人来中国，在北京宴请中国朋友………252
图 12-10　2001 年 10 月山东大学百年校庆日王文兴与化学系校友吕锡恩留影………253
图 12-11　2001 年 10 月山东大学百年校庆日学校赠送王文兴的纪念品…254
图 12-12　2001 年 10 月山东大学 100 周年校庆现场………254

图 13-1　2003 年 11 月，山东大学环境研究院成立大会 ······················258

图 13-2　2014 年 4 月，王文兴在山东大学环境研究院建院十周年环境科学高端学术论坛上作《中国雾霾污染控制若干科学问题》学术报告 ···259

图 13-3　2014 年 4 月山东大学环境研究院建院十周年王文兴与山东大学张荣校长及院士专家合影 ···259

图 13-4　2014 年 4 月，山东大学环境研究院师生合影 ·······················260

图 13-5　2019 年 4 月，王文兴与山东大学原党委书记李守信讨论环境学科建设后留影 ···261

图 13-6　2007 年 6 月，山东大学环境研究院第一届毕业生毕业留念 ······261

图 13-7　2019 年 4 月山东大学第四届教职医务员工代表大会第一次会议暨第十九届工会会员代表大会第一次会议，王文兴与校党委书记郭新立在会议上 ··262

图 13-8　2018 年 11 月，王文兴在第 24 届中国大气环境科学与技术大会暨中国环境科学学会大气环境分会上与师生合影 ············263

图 13-9　2019 年 4 月，在山东大学青岛校区学科建设会议上与校长樊丽明留影 ···263

图 13-10　青岛校区环境研究院大楼 ···264

图 13-11　2016 年 12 月在济南举办大气环境高峰论坛暨"中国大气环境问题的演变和未来"主题研讨会，山东省委常委、济南市委书记王文涛、山东大学校长张荣、环境研究院院长王文兴等与专家合影 ··265

图 13-12　山东大学固定翼无人机 ···267

图 13-13　2006 年 8 月，王文兴在北京昌平进行野外大气观测 ············269

图 13-14　《山东地区气溶胶 $PM_{2.5}$ 污染特征、来源及形成机理》研究报告 ···269

图 13-15　山东大学泰山大气观测站（2006 年） ······························271

图 13-16　山东大学泰山大气环境观测站（2017 年） ······················272

图 13-17　2016 年 10 月，参加中国大气环境科学与技术大会的山东大学环境研究院师生与院友合影 ·······································274

图 13-18　2015 年 11 月，王文兴获国际大气科学与空气质量会议特别贡献奖 ···276

图 13-19　王文兴主持的中国工程院四个环保咨询项目的研究报告 ……… 278

图 13-20　2013 年 6 月，王文兴在济南参加第一届"灰霾天气的防控
　　　　　与干预"高级研修班合影…………………………………………279

图 13-21　2013 年，王文兴在"灰霾天气的防控与干预"高级研修班
　　　　　上作报告……………………………………………………………280

图 13-22　2009 年 4 月，山东大学与清华大学在济南联合举办第 11
　　　　　届国际大气科学与空气质量会议…………………………………280

图 13-23　2005 年 5 月，王文兴在加拿大环境部大气研究院与中国学
　　　　　者合影………………………………………………………………282

图 13-24　2005 年，王文兴在山东大学量化实验室…………………………283

图 13-25　2017 年 1 月，王文兴在中国环境科学学会第七次会员代表
　　　　　大会上接受环保部黄润秋副部长颁发的环境学会顾问证书 ……284

图 13-26　2019 年 1 月环境研究院年终教职工大会，环境理论化学与
　　　　　实验研究所教职工合影……………………………………………285

图 13-27　2005 年，王文兴指导研究生开展量子化学与分子模拟实验……286

图 13-28　1995 年 5 月，王文兴在加拿大约克大学环境化学实验室………287

图 13-29　2015 年 5 月，山东大学环境研究院环境理论化学课题组合影…288

图 13-30　王文兴与合作导师张庆竹指导的博士学位论文被评为 2011
　　　　　年度全国优秀博士学位论文………………………………………289

图 13-31　2009 年 9 月，王文兴荣获山东大学育才功勋荣誉称号…………290

图 13-32　2017 年 5 月，生态组在山东大学中心校区人工湿地小试基地…291

图 13-33　2003 年 10 月香山科学会议四位执行主席 ………………………292

图 13-34　2006 年 10 月，王仁卿陪同瑞典专家在济南南部山区进行
　　　　　生态考察……………………………………………………………293

图 13-35　2013 年，生态组和英国埃塞克斯大学董良峰研究员到南四
　　　　　湖考察并采集水样…………………………………………………294

图 13-36　2009 年，美国哈佛大学 Scot T. Martin 教授访问山东大学
　　　　　环境研究院与师生合影……………………………………………295

图 13-37　2007 年 10 月，王文兴在云南进行生态考察………………………296

图 14-1　　2007 年 5 月，王文兴与儿子王韬在香港召开的国际大气科
　　　　　学与空气质量会议期间留影………………………………………298

图 14-2　　2010 年，王文兴的儿孙辈们在佛罗里达的一次聚会 …………299

图 14-3 2018 年 6 月，王韬参加儿子王汉生在香港中文大学医学院的毕业典礼⋯⋯300

图 14-4 2008 年，王文兴、王韬父子在衡山气象观测站指导观测工作⋯⋯301

图 14-5 王韬获香港理工大学 2018 年"校长特设卓越成就奖（研究类）"⋯⋯302

图 14-6 2010 年 1 月，王文兴、王韬、薛丽坤、王新锋参加国家"973"酸雨项目第三课题学术研讨会合影⋯⋯303

图 14-7 2018 年，王梅参加女儿王心然康奈尔大学入学典礼⋯⋯303

图 14-8 2018 年 6 月，王清参加女儿江梦然麦克马斯特大学毕业典礼⋯⋯304

图 14-9 2019 年 6 月，王薇参加儿子王童彦加利福尼亚州立大学戴维斯分校毕业典礼⋯⋯304

图 14-10 王文兴侄子王宇昌⋯⋯304

图 14-11 《王宇昌书画集》⋯⋯304

图 14-12 2017 年春，王文兴回萧县看望大哥时在县城与亲友们合影⋯⋯305

图 14-13 2013 年 7 月 2 日，杨朝飞给最高人民检察院检委会作讲座⋯⋯307

图 14-14 2003 年 3 月，王文兴和朱坦教授在天津学术会议上合影⋯⋯309

图 14-15 2008 年 7 月，王文兴团队在北京奥运会前在北京昌平进行空气质量监测⋯⋯319

图 14-16 2018 年 11 月，王文兴和高锐在第 24 届中国大气环境科学与技术大会上合影⋯⋯321

图 14-17 2010 年，王文兴与他的博士毕业生刘晓环留影⋯⋯323

图 14-18 2019 年 9 月，王文兴获青岛最美科技工作者称号⋯⋯323

图结-1 2014 年 6 月，王文兴荣获光华工程科技奖"工程奖"⋯⋯329

导 言

传主简介

王文兴早年从事催化研究，后转向环境化学。在催化方面，20世纪50年代化工系统建立了工业催化研究室，他首先在我国应用标记放射性 ^{14}C 示踪法和电磁泵流动循环法研究烃类多相催化氧化反应。在大气环境化学方面，他是我国著名环境化学家，是中国环境科学研究院的主要创建人之一。他与课题组首先观测发现在我国兰州出现的光化学烟雾是石油化工型，这与国外不同，并据此提出了相应控制对策；首次在煤烟型城市太原地区得到空气污染物时空分布、粒子和气体生消转化规律。在酸雨研究方面，王文兴发现我国酸雨面积已达300万平方千米，成为世界第三大酸雨区，得到了降水离子浓度和沉降通量的全国分布数据，其研究成果为我国大气环境立法和酸雨控制提供了理论和技术依据；利用地面、高山和航测证明在环渤海地区存在高浓度 $PM_{2.5}$ 等污染物，这是该地区频繁出现霾污染的根本原因。这些研究成果对我国大气环境立法、大气污染和酸雨控制起到了重要作用。同时，近十五年来，王文兴创建了环境量子化学计算团队和研究新领域，指导研究持久性有机污染物（POPs）在开放环境系统中的降解和生成机理，建立了新的理论模型和研究方法，取得了重要成果，首次计算得到了二噁英类化合物各基元过程的热力学及动力学参数，以及宽温度范围内的 Arrhenius（阿伦尼乌斯）方程。王文兴与合作导师张庆竹指导的量子化学博士研究生曲小辉获得2011年全国优秀博士学位论文。

王文兴编著出版了我国第一本工业催化领域的著作《工业催化》（1978年），出版了《英俄汉环境保护词汇》（1995年）和《王文兴文集》（2007年），他参与编辑出版了《工业污染治理技术丛书·废气卷》（1993年）、《保护人类呼吸之气——大气》（2001年）和《规划与管理——北京高等教育精品教材立项项目》（2004年）等著作。在环境领域国际知名期刊 *Environmental Science & Technology*、*Atmospheric Chemistry and Physics*、*Journal of Geophysical Research*、*Atmospheric Environment*、*Science of the Total Environment* 等发表学术论文350余篇。先后负责完成国家"六五"至"九五"科技攻关课题及省部级重点项目多项。主要有："天津市环境评价与规划""兰州光化学污染规律和防治对策研究""太原地区大气综合观测研究""太原环境容量研究""我国酸雨来源和影响及其控制对策""华南酸雨研究""我国酸沉降及其生态环境影响研究""我国酸雨控制国家方案基础研究"以及国家重点基金项目"持久性污染有机物典型环境过程及构效关系研究"（量子化学计算）。2000年，"山东地区气溶胶$PM_{2.5}$污染特征、来源及形成机理研究""环渤海地区灰霾天气的形成特征及其大气质量的影响"及省重点"城市气溶胶$PM_{2.5}$污染水平来源解析研究"三个课题的研究获国家科学技术进步奖一等奖1项、二等奖3项、三等奖1项，省部级奖多项。鉴于其在环境科学领域作出了杰出成就和突出贡献，2011年王文兴院士获得我国"环境科学终身成就奖"。2014年，王文兴荣获光华工程科技奖"工程奖"。2015年荣获国际大气科学与空气质量会议（ASAAQ）特别贡献奖。

截至2019年，王文兴共指导博士研究生38名、硕士研究生40名，其中已毕业博士生29名、硕士32名。为了激励学生刻苦学习、帮助家庭贫困学生减轻经济负担，王文兴于2007年捐献个人积蓄40万元，设立"王文兴院士环境科学奖学金"，奖励环境研究院品学兼优、经济困难的硕士研究生和博士研究生。2007年至今，先后有24名硕士研究生和12名博士生获得"王文兴院士环境科学奖学金"。

采 集 过 程

全面资料采集是本项目的基础和核心。我们将采集工作分为实物采集和音视频采访两种形式。

实物采集方面我们主要沿着王文兴生活工作的足迹，专人去收集整理。采集小组去了安徽萧县王文兴的家乡、吉林大学、中国海洋大学、沈阳化工研究院、北京环境科学院、中国气象科学研究院、浙江省生态环境厅、江西省生态环境厅等地。

目前共采集到：传记类6件，证书类88件，书信类318件，手稿类183件，著作类38件，论文138篇，报道类1篇，学术评价类3篇，照片247张，图纸2个，档案类44件以及其他类物件240件。由于王文兴目前仍然工作在科研、教学管理的第一线，因此很多有采集价值的资料物品还不能捐出，采集小组正在积极争取将这部分资料数字化。

在音视频资料采集过程中，我们采访了王文兴的儿子王韬先生。他目前在香港理工大学任讲席教授，受父亲影响，专业也是环境化学，也是领域内著名的专家。我们还对与王文兴合作过的老同事任阵海院士、中国环境科学研究院杨新兴教授（研究员）、王文兴夫人张婉华、生态环境部前官员杨朝飞、"八五"环保科技攻关项目合作团队现南昌大学纪委书记黄云、国家国有资产委员会副主任吕黄生、中国气象科学研究院丁国安、江西省生态环境厅原总工程师何纪力、浙江省环境监测中心原总工李柱国、江西省生态环境厅环境监察局局长方宏亚、山东大学环境研究院胡敬田教授、张庆竹教授、薛丽坤教授、科研教学秘书王新锋、王文兴的大哥王再兴、王文兴的侄子王宇昌等进行了间接采访。直接采访王文兴院士10次，取得高清视频素材812分钟，录音资料2314分钟。

重要采集成果

1. 微量气体在大气中的寿命和化学转化教学幻灯片。这是王文兴通过多年试验科研、经验整理制作的全国酸雨分布、微量气体在大气中的寿命和化学转化教学幻灯片。

2. 王文兴催化讲稿提纲。此提纲撰写于1983年，内容包括催化与化学专业、催化剂的研究和测试方法、工业催化剂的选择原理，工业催化剂和工业催化反应器、工业催化过程和工业用催化剂。王文兴根据此提纲撰写了我国第一部催化领域的书籍《工业催化》。60页信纸，钢笔撰写。

3. 王文兴赴美国考察笔记。1981年1月2—27日，王文兴赴美国考察污染与防治情况，做了大量的考察笔记，详细记录了美国的污染情况和治理措施以及自己的心得体会及未来的计划。圆珠笔撰写，笔记本共61页。

4. 华南地区酸雨来源、影响和控制对策，广东内容摘要手稿。通过大量的实地观测和实验，王文兴总结概述了广东酸雨形式、酸雨来源和成因、酸雨对环境的影响。钢笔书写，稿纸共10页。

5. 在美国国家环境保护局研究三角公园的研究所调研报告手稿。1981年王文兴去美国考察，了解美国该研究所机构人员情况、经费情况及研究所的研究内容、研究方向。钢笔书写，信纸共7页。

6. "八五"国家重点科技项目（公关）计划/专题执行情况验收评价报告手稿。《我国酸沉降时空分布规律研究》提出了攻关任务、考核指标等，研究内容主要有：降水酸度时空分布、硫沉降时空分布的研究、主要阳离子湿沉降时空分布的研究、酸性气体地理分布规律的研究、典型高山降水及云水研究、全程序质量保证和质量控制的研究、我国酸沉降发展趋势研究等。本专题研究成果居国内领先水平，整体上达到了国际先进水平。钢笔书写，稿纸、打印纸共57页。

7. 2014年山东大学环境研究院新学期工作会议暨"王文兴院士环境科学奖学金"颁发大会视频。2014年2月23日，山东大学环境研究院举行新学期工作会议暨"王文兴院士环境科学奖学金"颁发大会，王文兴院士在会议上向同学们和工作人员提出学习、科研、工作的要求和建议，并结合自己的经历告诉大家为人为学的道理。最后王文兴为获奖人员颁奖。

8. 王文兴与唐孝炎在美国加州的合影。

9. 王文兴在兰州西固地区大气光化学污染观测项目工作照。

10. 王文兴科研评审会照片。1991年，王文兴主持了"八五"国家科技攻关项目"我国酸沉降及其生态环境影响研究"，并为该项目验收评审会作报告。

11. 王文兴早期观测酸雨的工具。王文兴携带此工具在"七五""八五"酸雨研究中在全国多个酸雨监测点进行了雨水的收集与测量。

12.《小学国语教学手册》。这是王文兴的启蒙图书，他最早的语文知识就是从这本开始汲取的。

13. 任阵海给王文兴的信。任阵海致信王文兴（任环境科学院副院长期间）谈及自己访日期间所遇到的系列问题。

14. 联合国开发计划署驻华代表处写给王文兴的信。1982年6月29日，联合国开发计划署邀请王文兴进行海外技术转让的项目介绍。

15. 国家科学技术进步奖评审委员会颁发给王文兴的国家科学技术进步奖二等奖证书。1985年，王文兴主持的"兰州西固地区大气光化学污染规律和防治对策的研究"项目获得国家科学技术进步二等奖。

16. 1987年7月，"大气环境容量研究"项目获国家科学技术进步奖二等奖获奖证书。

17. 1987年7月，"太原地区大气环境综合观测研究"项目获国家科学技术进步奖三等奖获奖证书。

18. 1990年12月，"我国酸雨的来源和影响及其控制对策"的研究项目获国家科学技术进步奖二等奖获奖证书。

19. 1998年12月，"我国酸沉降及其生态环境影响研究"项目获国家科学技术进步奖一等奖获奖证书。

研究思路和写作框架

本传记通过深入挖掘王文兴一生的生活、学习、工作轨迹，以真实、客观的史料，将其坎坷曲折的人生和顽强追求科研的一生进行了还原和再现。在研究和写作过程中，着重遵循时代大背景、成长小环境、增强可读性、尊重历史事实等原则。

时代大背景对王文兴命运的影响

王文兴已经九十多岁,经历了不同时代的变迁。我们在写作中注意将中国乃至世界百年来的科技发展和王文兴的学术成长相联系,对期间国内外所发生的与王文兴有影响的历史、科技事件尽可能地在书中有所体现。

成长小环境对王文兴的影响

我们在资料采集过程中注意到,王文兴的家乡、家庭对其走上学术研究之路有着至关重要的影响。因此在前两章着重写了王文兴的早期求学过程,以及这段经历对其以后学术成长的影响。

增强可读性,即追求学术性和文学性的统一

传记的写作,主要追寻王文兴的学术成果和学术成长经历,涵盖了求学过程、相关生活背景、从催化物理转到大气环境科学的关键节点及原因、科研态度、科研经历、治学方法及学术传承等。写作后期,我们又专门请有传记写作经验的人加入写作组,将文学手法融入其中,可读性大大增加。

尊重历史事实

我们在全面研究并阅读已有资料的基础上,仔细发掘王文兴学术成长的关键点和具体细节,纠正原有资料的不妥或不正确的地方。我们主要依据对王文兴及其家人、工作同事、好友等的访谈记录,以及收集到的传记类资料、学术成果资料,以时间为线索,以王文兴学术成长和科研阶段为章节进行撰写,共分十四章。导言部分主要概述了王文兴主要的科研成果和突出贡献,汇报了采集小组的主要工作和采集成果。第一章讲述了王文兴的家世及小学初中高中的求学经历、启蒙老师,完整地展示了那个年代王文兴艰苦而执着的求学状况,对数学的兴趣并一生喜欢数学的原因。第二章主要讲述王文兴考取大学的情况,如何选择大学,怎样考取安徽大学,之后又转学考取山东大学及由数学专业转向化学专业的原因。大学期间刘遵宪老师和刘椽老师对王文兴的化学学习起了很大的引领作用。在山东大学学习期间,王文兴打下了坚实的化学基础。第三章主要讲述王文兴在山东大学毕业后参加工作初期的情况、在吉林大学研究生班进修的情况、在苏联卡尔波夫物理化学研究所进修的情况及在北京化工研究院、兰州涂料所工作的经历、夫人张婉华的情况。这一章还分析了吉林大学唐敖庆教授、苏联通讯院士鲍列斯柯夫对王文兴学术成长的影响。第四章主要介绍王文兴随中国政府代表团出国考察的情况。这一部分单独拿出来写，是因为这次出国，改变了王文兴的学术研究方向，即从物理化学转向大气环境科学，这也是他学术成长的关键节点。第五章主要讲述王文兴正式投身环保事业。本章节重点介绍了王文兴调入天津市生态环境局主持治理天津污染的过程，以及从天津市生态环境局调往北京参与筹建中国环境科学研究院的前因后果。第六章主要讲述王文兴来到中国环境科学研究院后的第一项重要工作——主持兰州西固地区光化学氧化剂污染控制对策研究。第七章介绍了王文兴和团队研发和设立烟雾箱进行科学实验的过程。第八章主要介绍王文兴主持太原大气污染观测项目及第一次参加国家重要科研项目——"六五"国家科技攻关项目"太原地区大气环境容量研究"。本章介绍了王文兴作为课题组组长主持项目研究的过程以及取得的丰硕成果。第九章至第十二章，连续介绍王文兴主持和参加国家环保科技项目"酸雨研究"。酸雨研究是王文兴科研事业的巅峰阶段，也是王文兴对我国科研事业的最大贡献。第十三章讲述了王文兴回到山东大学工作的前因后果以及在这期间所从事的部分科研工作，这也是王文兴学术成长的重要节点。王文兴来到山东大学成立环境研究院，亲任院长，几年的时间，为山东大学引进一批人才，培养出一定数量的博士、硕士研究生，在世界顶级学术期刊发表众多学术成果。王文兴一生有教师情结，对于九十二岁高龄的他，山东大学将是他最终的学术落脚点。第十四章是学术传承部分，主要讲述王文兴对学生、子女的教育情况和潜移默化影响，及部分学生取得的成就。结语部分分析王文兴取得科研学术成绩的原因及在做学术做人方面的态度和品格。

第一章
忠厚处世　重教兴家

耕 读 之 家

　　王文兴祖籍山东临沂，元朝末年，王氏宗祖迁居至安徽萧县吕里村。萧县位于安徽省最北部，苏、鲁、豫、皖四省交界处，古为萧国。秦置萧县，隋唐至中华人民共和国成立初期属江苏省徐州，素有"徐州的西大门"之称。1955年萧县由江苏省划归安徽省，沿革至今。

　　20世纪初的中国，仍处于半殖民地半封建社会的黑暗时期。新旧两种制度交替，军阀混战，百姓生活艰难。这一时期，虽然受到动荡形势的影响，中国在教育和科学发展方面却依然负重前行。1928年，国民政府成立了当时中国的最高学术研究机构——国立中央研究院，著名教育家及科学家蔡元培[①]先生为首任院长。随后国立北平研究院、中国西部

[①] 蔡元培，字鹤卿，又字仲申、民友、子民，乳名阿培，并曾化名蔡振、周子余，汉族，浙江绍兴府山阴县（今浙江绍兴）人，原籍浙江诸暨。教育家、革命家、政治家。民主进步人士，国民党中央执委、国民政府委员兼监察院院长。中华民国首任教育总长。

科学院相继成立,到 1935 年,全国各类专门的科研机构已超过了 70 个。国民政府将各国发展科学技术的经验移植到了中国,形成了以轻工业为主体、通才教育和政府较少干预的欧美式科学技术发展模式。这时的中国科技界也不再与国际科技界隔绝,留学海外的大潮在庚子赔款、勤工俭学等推动下汹涌澎湃。科技交流逐渐增加,一批学有所成的归国科学家,如李四光[①]、侯德榜[②]、吴有训[③]、茅以升[④]等成为当代中国科学技术发展的领军人物。

与国家层面发展科技的举措相对应,在广大的乡村民间,尊师重教的传统一直在延续。萧县是一座有着数千年历史的文化名城,素有"文献之邦"的美誉,这里的文化氛围更多了几分岁月积累的厚重。

1927 年,王文兴出生在萧县吕里村一个贫苦农民家庭。吕里王氏曾是当地著名的姓氏,是《二十四孝》"卧冰求鲤"故事中孝子王祥的后人。王文兴的高祖父王柱、曾祖父王麟章都是清朝《同治续萧县志》中有记载的饱学之士。高祖父王柱是道光元年(1821 年)辛巳科的举人,参加了癸未年(1823 年)会试,被皇帝恩赐国子监学正,到 85 岁时,仍然"朝夕披吟",勤学不辍。曾祖父王麟章曾以第一名的身份考取秀才,

图 1-1　清朝嘉庆帝颁发给王柱的圣旨(王宇昌提供,存于采集工程数据库)

---

① 李四光(原名李仲揆,1889-1971),湖北黄冈人,毕业于英国伯明翰大学,地质学家、教育家、音乐家、社会活动家。中国地质力学的创立者、中国现代地球科学和地质工作的主要领导人和奠基人之一。

② 侯德榜(1890-1974),中国化学家,"侯氏制碱法"的创始人。

③ 吴有训(1897-1977),字正之,江西高安人,物理学家、教育家,是中国近代物理学研究的开拓者和奠基人之一,被称为中国物理学研究的"开山祖师"。

④ 茅以升(1896-1989),土木工程学家、桥梁专家、工程教育家,中国科学院院士,美国工程院院士,中央研究院院士。

闻名乡里。

王文兴的父亲王振坤幼年持家，家道衰落，虽家中仍有薄田四十亩，但因人丁众多，又逢军阀混战，水旱灾害频繁，家庭生活日趋困难。时值王文兴出生时，家里丰年仅能果腹，欠年就要挨饿，已然十分困苦。当生存变得举步维艰时，谁也无暇顾及孩子的生日。王文兴只知道自己出生在1927年，属兔，但具体日期已无人知晓，也无处考证。如今身份证上的出生日期是王文兴在1949年考入山东大学时自己定的，当时恰逢10月，作为进步学生，他又联想到一个重要的纪念日——发生于1917年的苏联十月革命，于是把自己的生日定为"10月17日"[①]。

图1-2　王文兴的父亲王振坤

在艰难困苦的时候，一个家庭依然着力保留维持的，必然是他们心中最为宝贵的东西。在战乱与贫穷中，这个耕读世家从未放弃对教育、文化的渴望和追求。王文兴的父亲王振坤读过六年私塾，14岁时，因照顾重病卧床的祖父王力奋，不得不辍学回家务农。王振坤心地良善、忠孝仁爱，尽管自己生活很困难，仍不忘扶弱济困，在邻里乡亲中评价颇高。除此之外，由于受世代重学的家风影响，王振坤特别重视文化教育。他写得一手好书法，还特别喜欢读史书，农闲时常读《资治通鉴》《十七史》之类的史书，经常向儿女们讲述先贤事迹，教育孩子们努力学习向上。"忠厚处世，重教兴家"，是王振坤留给后辈的座右铭。他多次告诉孩子们"只有读书，增长知识才干，方能有所作为"。[②]在王振坤言传身教、勉励引导下，家里的五个男孩中有两个接受了高等教育，一个接受了中师教育。这在当时食不果腹、兵荒马乱的情况下，

---

① 王文兴访谈，2014年9月4日，山东大学。资料存于采集工程数据库。
② 同①。

图1-3 1971年，王文兴父亲王振坤写给王文兴大哥的家书
（王文兴提供，存于采集工程数据库）

实属难能可贵。

家和万事兴。每当回忆过去，王文兴都十分感慨：没有父亲的教诲、家庭的努力，自己可能一事无成！王文兴记得在他童年时，每年秋收以高粱、地瓜为主，一直吃到春天，而每到春天家里就经常会断粮。无论怎样艰难，父亲王振坤还是想尽一切办法让孩子们读书。家里人多屋少，王文兴的大哥王再兴晚上只能在喂牛的草屋中睡觉，后来寄宿在一个近房大爷家。即便如此，父亲依然决定让王再兴去读书，一家人省吃俭用，供王再兴读了三年小学（四至六年级），然后考取了江苏省立连云师范。虽然学校不收学杂费，还管吃住，但是家中连购置书籍簿本的钱和往返路费都没有。怎么办呢？耕种之家，生存的最大依靠便是土地，父亲为了凑齐儿子的几个读书钱，狠下心"当"了家里最好的两亩地。王文兴清楚地记得，把地当出去的那天，父亲沉默寡言，一整天都没有下床吃饭。父亲当掉"命根子"也要

图1-4 2016年2月，王文兴在老宅堂屋前的照片（王文兴提供，存于采集工程数据库）

让大哥读书的决心以及大哥读书的艰苦历程，对少年时期的王文兴影响极大，祖上遗留的家风和童年贫苦的现实生活给他留下了双重烙印，使王文兴从小就立下读书成才的志愿，并笃行一生。

乡 村 启 蒙

王文兴从小聪明懂事，而且对读书识字十分感兴趣。1934年，7岁的王文兴来到本村的天主教会学堂学习。这个小学堂其实就是吕里村的天主教堂[1]，教室非常简陋，一至四年级多的时候总共也就二十几名学生，到了农忙时就放假。

学生都是本村的孩子，从自己家里搬来个"马杌"（方凳）当书桌，再拎个小板凳就可以来上课了。老师只有一位，叫马相模，他虽然是天主教徒，但不负责传教，只管教书。课程有语文和算术两门，学生不用缴纳学费，还免费提供课本。不过跟多数农家孩子一样，王文兴只有在农闲时才能来教堂学习。身材单薄的垂髫少儿，即使做不了重体力的农活儿，平日里也要割草拾柴、打高粱叶子[2]，因此每年只有在冬春季节才能来学校学习一段时间。教会小学条件虽然简陋，但是王文兴在这里打下了基本的国文和数学基础，甚至八十多年后的今天，王文兴还能记起小学时所学的课文，国文第一课教识字"一二三十"；第二课学"四五六百"；第三课是"七八九千"，都是数字；第四课开始学"天人上下"……谈起童年习文，虽事隔多年，但王文兴记忆十分深刻。在这里他接受了一生中最早的启蒙教育。

马相模老师是虔诚的天主教徒，为人忠厚，和蔼可亲，与村民关系极为融洽。有一次他在课余组织学生玩蒙眼捉迷藏游戏，王文兴不慎摔倒磕

---

[1] 吕里教堂始建于1920年，原为草房，后改建为西式砖瓦房，屋顶设有"十"字架。每周日即有外国神父来传教。传教士多是中国人，他们负责讲解天主教义，讲解圣经。"文化大革命"后期，因年久失修，多处漏雨，由大队决定拆掉，砖瓦房料在村东头建吕里小学。王再兴：缅怀往事，2014年7月。资料存于采集工程数据库

[2] 王文兴访谈，2014年9月4日，山东大学。资料存于采集工程数据库

图1-5　1980年，王文兴在大姐家与大姐、姐夫合影

破了脑门，马相模立刻帮他止血包扎，事后捉了自己养的一只老母鸡送到王文兴家，表示歉意。王文兴的父亲也是谦谦君子，说什么也不肯收下。马老师谦和宽厚的言行举止在王文兴幼小的心里留下了深深的烙印，也深刻地影响了王文兴未来的人生道路。

遗憾的是，抗日战争初期萧县沦陷后不久，不幸降临在王文兴敬爱的老师身上。马相模教学的地方不远处是陇海铁路的一座钢铁大桥，那里有日本兵的炮楼。在当地抗日武装的一次行动中，他被误认为是汉奸而遭错杀。马相模在村子里教学多年，深受全村人的尊敬和爱戴，大家都知道马老师是被冤枉的。出殡那天，王文兴和所有同学以及许多村民都去了马相模家，为老师送行[1]。

1937年秋，大哥王再兴从江苏省立连云师范毕业后，回到本乡冯场村小学任教，使得家庭经济状况有所改善，同时协助父亲管理家务。王再兴是家中长子，对弟弟妹妹的成长关爱有加，成家后妻子也是厚道贤惠，深明事理，王文兴及弟弟妹妹们得到大哥大嫂和大姐的精心照料，父亲王振坤也有了得力帮手，这个濒临破落的大家庭，慢慢走过了最艰难的一段日子。也就在这时父亲为了改善王文兴的学习环境，送他到邻村彭新庄小学上学。这是一所公立初级小学，有四个班，从此，王文兴开始进入正规学校学习[2]。

---

[1]　王文兴访谈，2014年9月4日，山东大学。资料存于采集工程数据库。
[2]　ZJ-002-005，王文兴小传。资料存于采集工程数据库。

家乡沦陷

好景不长，最深重的灾难被强加在全中国人民的头上——1937年7月7日日本蓄意挑起卢沟桥事变，由此开启了全面侵华战争。此时的王文兴正在彭新庄小学读三年级，抗日战争初期相继发生在南方的淞沪会战和北方的徐州会战，深刻地影响着时局，也影响着无数民众的生活，特别是台儿庄战役，战场离王文兴的家乡萧县不过几十千米，耳闻目睹的战争景象在这个10岁少年的心里留下了深深的烙印。

台儿庄战役开始时，彭新庄小学在校园里挖了一条防空沟，一有敌机空袭村后的铁路大桥和杨楼车站时，同学们就躲到防空沟里。台儿庄战役后期，战争的气氛也弥漫到彭新庄这个小乡村，向西逃难的人群越来越多，老师们都忧心忡忡，不知道将来会发生什么。四月初的一个上午，语文老师郭公理步履沉重地走向讲台，对同学们说，由于形势危急，从今天起停课了，同学们回家去吧！王文兴收拾好小书包，恋恋不舍地离开彭新庄小学。走在回家的路上他心里暗想，可恨的日本侵略军，让自己求学的美梦化为泡影了！

1938年5月19日，徐州沦陷。日军占领了徐州和萧县县城，然后沿陇海铁路往西推进，王文兴老家吕里村紧靠铁路，大家知道日军过来了，村民们都慌忙逃出村子。王文兴一家起初到了姑妈家，刚刚落脚，得知这里也告急，又

图1-6　1985年5月，王文兴与大哥王再兴和大嫂在北京

第一章　忠厚处世　重教兴家　　15

图 1-7 2016年，90岁高龄的王文兴和80多岁的妹妹、弟弟看望102岁的大哥

迅速奔向王文兴祖母娘家大岗子村，在此停留大约一个多月。敌人走后，村里一片狼藉，王文兴家的生活更加困难。

1938年秋，王文兴的大哥王再兴经本村彭笑千①介绍，加入抗战游击队。有一天正在吃早饭的时候，由于汉奸告密，日军到吕里村抓王再兴。正好遇到王文兴的大嫂，大嫂机智地支开日军，并通知王再兴逃跑了。日军没有抓到王再兴，气急败坏的敌军就把他父亲抓走了，关到地下室拷问折磨。后经乡亲说和，家里用卖粮食和东拼西凑的两千多伪币，才把老人赎回来，王文兴的父亲受到日军的摧残后，回家病了一场，险些丧命。多年以后王文兴回想起这件事仍然心有余悸。

1939年对王文兴来说是最不幸的一年。由于饥寒交迫、缺医少药，祖母、母亲、小妹和侄女先后去世。王文兴母亲卧病在床一年多因为无钱医治，只能听天由命，病故那天，全家都未吃饭，早晨借来的一斗谷子还在病

---

① 彭笑千：萧县沦陷前任萧县财政科科长，沦陷后任游击队队长。新中国成立后任农业部土地利用总局局长、河南省副省长。

床边放着。悲惨的情景，王文兴一生铭记于心。

失学在家的王文兴依旧是农忙时帮忙干农活，农闲时干割草、拾柴等零活。由于日军占领村子时粮食和牲畜等有用的东西被抢走，家中生活更加困难，缺衣少食。由于家里的土地多为盐碱洼地，又缺少肥料，庄稼长势差，没有灾害时一亩地也就收一百多斤小麦，还得去掉十多斤种子。

一次在烈日下割麦子休息时，坐在麦地上的王文兴陷入了沉思，这样苦难的生活什么时候才是尽头。回忆父亲常说的古时穷人孩子读书成名的故事，心里想人家能做到我也应该能做到，于是下决心发奋自学。困境中，王文兴依然一心想要上学读书，在偏僻的农村，他很幸运地找到了一本《算术指南》。《算术指南》是一本相当于高小毕业水平的数学自学课本，是当时考初中在农村能看到的唯一的数学参考书。强烈的求知欲使王文兴手不释卷，利用农闲时间，他完全靠自学把这本《算术指南》掌握了，正是这本书让王文兴对数学产生了浓厚的兴趣，并为以后的学习打下了坚实基础。

1941年，萧县县政府在洪河集组建了临时中学，招收本县的青年学生。此时，王文兴的大哥王再兴已担任游击区萧县第七区财粮主任，经常奔波往来消息比较灵通。当他得知县里组建临时中学的消息后，第一时间告知了父亲和王文兴，并且再三嘱咐，临时中学免费吃住，这是继续学习的唯一出路，千万不能错过机会。得知消息后王文兴欣喜万分，这意味着他又可以读书学习了。洪河集离王文兴家有三四十千米的距离，14岁的他五更动身，绕过日军的炮楼，紧赶着走了一天才到达学校。

学校刚刚筹建，校舍坐落在一个三官庙中，学生随到随考试。从北京师范大学来的王长耀[①]老师既是校长又是教员，当场给出考题，作文题目是"沦陷后的三年"，然后又出了七道算术题。王文兴来自沦陷区，铁蹄下的痛楚，生活的困顿，不言而喻，他的作文有感而发，一气呵成。同时，得益于《算术指南》的学习，七道算术题王文兴也全部答对。王长耀老师高兴地说："好啦，你被录取了。"上学吃饭都有了着落，又回到梦寐

---

① 王长耀，生卒年不详，江苏萧县人，北京师范大学教授，1941年应聘到萧县临时中学，任校长。

以求的读书殿堂。这是王文兴人生道路上的一次大转折。然而，他辗转流离的求学之路才刚刚开始。

萧县临时中学所在的洪河集离被日军占领的萧县县城只有二三十千米，随着战事紧张，日军扫荡越来越频繁。每遇扫荡，学生就四处躲避，不仅日常教学难以正常进行，而且师生安全受到严重威胁。有时学生跑到高粱地里躲藏，但到秋收的时候，可隐蔽的地方越来越少，学生的处境也越来越危险，这种情况坚持到1942年春节前，为安全起见，学校不得不将学生暂时疏散回家，等候下一步安排。

直到1942年3月，学校通知愿意随学校去安徽省太和县的学生到指定地点集合。王文兴得知此消息欣喜若狂，由大哥陪同于指定时间到达袁圩村，待命出发。1942年4月一天的傍晚，学校师生由游击队护送，前往后方太和县。萧县到太和县150多千米，师生们经过三天多的赶路到达了太和县城西1500米的颍河西岸徐禅堂村，这个村是以晚清进士徐广缙的祠堂命名，校部就设在祠堂。村里还有一棵百年树龄的大白果树，学生们常在树底下集会、上课，后来这棵白果树成为国立第二十一中学早期的象征。

求 学 国 中

1942年年初，国民政府第三十一集团军副总司令王仲廉[①]兼任鲁苏豫皖边区挺进第二路总指挥，驻防皖北太和，当地耆老和有识之士向其进言："兴办教育，造福乡梓"。王仲廉老家就在萧县，对此非常重视，欣然承诺，决心办学。

20世纪40年代初，随着日寇侵略范围的扩大，沿海沿江各重要城市相继沦陷，中华民族的教育事业遭到极大的摧残。为了维持各地中等教育

[①] 王仲廉（1904–1991），江苏萧县（今属安徽）人，字介人。黄埔陆军军官学校第一期毕业。参见王仲廉：《征尘回忆》。煜州打字排版印刷有限公司，1978年。

功能，救济失学青年，增进抗战实力，国民政府当局先后在战时创办了20多所国立中学①。

1942年4月，以萧县临时中学两个班为基础，鲁苏豫皖边区战时中学成立，汤恩伯任校长，王仲廉任副校长。鲁苏豫皖沦陷区广大失学青年听到这个消息，纷纷冲破敌人封锁线，到太和报考战时中学。王仲廉下令：凡来自沦陷区的失学青年，一个也不能拒收，全部公费，并提供食宿、衣服、简单医药等。6月底学校已录取学生800多人，到7月底，学生人数激增到两千多人。学校分成三部分，即中学部、师范部和女生部。学生来自四面八方，成绩参差不齐，学校为了教学方便，进行编级测验，王文兴被编入初中二年级三班。1942年9月，国民政府教育部电令："鲁苏豫皖四省边区战时中学"改名为"国立第二十一中学"②。为改善教学环境，10月学校又将中学部迁往太和县城的山西会馆，以会馆原有的建筑为基础，学生和王仲廉派出的工兵一起又修建起几十个教

图1-8　1942年，王文兴在国立第二十一中学就读时的照片（王文兴提供，存于采集工程数据库）

图1-9　1942—1943年，王文兴在土坯制成的课桌上读完了初中二年级

---

① 余子侠：抗战时期国立中学的创办及其意义。《近代史研究》，2003年第3期，第80-123页。
② 《抗日烽火中的国立二十一中》，二十一中大事记1942-1946，内部资料。

图 1-10　1943 年，国立第二十一中学学生在操场举行升旗仪式

图 1-11　1943 年，国立第二十一中学学生在上军训课

室。由于战时物资缺乏，教室都是草屋，课桌也多是土坯砌成，尽管条件简陋，同学们仍然十分高兴。

此时，学校的学习和生活条件都很差。教师不足，教材缺乏，几个学生共用一本书。生活上每个学生每天 500g 原粮，一天只开两顿饭。开饭时，同学们蹲着围在一小盆素菜周围，每个同学一个馍，女同学和饭量小的往往会掰下一块放在旁边的篮子里，以贴补饭量大的同学。有时学校晚上通知同学们：明天早晨可以晚起床。其实这样说的潜台词就是明天早饭不开了。

虽然条件艰苦，王文兴和同学们却始终精神高昂：国家民族正处在生死存亡关头，抗日军民在前线每天都有流血牺牲的情况发生，我们少吃口饭、生活困难点又算什么！

1942—1944 年，由于时值抗日战争紧张阶段，教育部要求学校对学生给予体育知识以适应全民抗战和保卫学校应急，对学生进行军事教育。后来在学校西迁过程中还给部分同学发了步枪。

随着时间的推移，国立第二十一中学的教学管理有很大改善，曾任萧县县长、以清廉耿直著称的彭笑千担任学校的总务主任，把各项工作管理得井井有条，学校还聘请了很多名师，皖北的著名数学老师季绳武[①]就是其中一位。季绳武教学功底深厚，有一次在脱稿讲解西摩松定理时，忽然

---

① 季绳武，生卒年不详，抗日战争时期国立第二十一中学在太和县时任数学教师，是皖北著名的数学教师。

图1-12　1944年，国立第二十一中学初三毕业留念（第一排左二李乐冉，左三张立光；第二排左二张长佑，左三王文兴，左四李祥鹏；第三排左四李东鑫）

有位同学起立发问，"老师，西摩松定理在书上哪一页？"季老师和蔼地说，"同学请坐下，请打开书第177页"，同学们哗啦哗啦翻到177页，该定理正在该页中。季老师不仅博闻强识，讲课时还非常幽默生动，深入浅出，王文兴还清楚地记得他在讲解几何时说：两点之间距离直线最短，这连狗都知道，把一块肉放在远处，它会一直跑过去，不论大狗小狗都不会绕着弯跑，引起同学们哄堂大笑。此外还有马菊甫老师，北京师范大学毕业的郭老师和焦老师，也深受同学们欢迎。

1944年6月，王文兴初中毕业后参加高中入学考试，学校共招收学生150名，分为三个班，他以第16名的成绩编入高一甲班。

王文兴在太和县读书期间，他的父亲和大哥都很挂念他，曾徒步来回三四百千米、冒险穿过敌人封锁线去探望他，父慈子孝，兄友弟恭，一时传颂乡里。

千里西迁

好景不长，正当国立第二十一中学蓬勃发展之际，日军于 1944 年 1 月开始实施"一号"作战计划，继续扩大在皖北和河南的占领面积，原本在抗日后方的太和县陷于日军的包围之中。8 月，国民政府教育部考虑到师生安全，命令学校西迁到陕西安康，于是全校师生员工投入迁校准备工作中。由于西迁路途遥远，艰险重重，不少老师因携家带口困难大，没有随迁，学生中也有少数由于各种原因没有随行。

9 月，学校为安全通过被日军占领的平汉铁路，将学生分成三批，第一批以高中男生为主，编成三个中队，部分初中学生和女生编成一个中队。每个学生的衣物由个人自理，打成背包自背。因为国立第二十一中学的电报代码为马，故以"马忠"为行军代号，自此学校第一批西迁工作准备就绪。

10 月 11 日，学校在大操场集合，整队，检查人数和个人物品，宣布行军纪律和注意事项。一切准备好后，宣布出发，从此开始了历经 10 个月艰难而又危险的两千里徒步"长征"。

11 月，当同学们行至镇平不久，国民政府号召知识青年参军，建立十万青年远征军。国难当头，匹夫有责，同学们热情很高，踊跃报名参军。王文兴高一年级的张佑昌和王永同学获准参军。学校为参军同学举行了盛大的欢送会。这些同学在日本投降后大部分回到学校继续读书。数年以后王文兴在山东大学化学系读书时班上的侯伟星同学就是复员的远征军，很受同学们尊重。

从 1944 年 10 月，王文兴随国立第二十一中学师生由安徽省太和县出发，经河南项城、南阳、镇平、西峡口、西坪、荆紫关，过陕西富水、商南、商县、山阳、黑龙口，于 1945 年 8 月到达西迁终点站蓝田县，历时 10 个月，行程两千余里，一路辛苦遭逢、饥寒交迫，其中的艰险和苦痛难以用笔墨形容。从抗日战争爆发到家乡沦陷再到学校千里西迁，剧烈动荡的时局改变了王文兴的人生轨迹,也改变了他的命运,与大多数同龄人一样,他踏上了流亡学生求学救国的道路。同时,艰苦危难的生活,也磨炼了他的坚强意志,培养了他热爱祖国的情怀。

暑假后王文兴升入高中二年级。蓝田县政府和蓝田县立中学倾力支持,国立第二十一中学高中学生与县中学生轮流利用教室上课,教学和生活条件都有了很大改善。抗日战争时期的国立中学,虽然条件艰苦,设施简陋,但是师资实力却不容小觑。当时,国立中学收容的教师基本上来自战区各省各校,而当时战区的中等学校师资除老弱病残者外基本上是整体迁移,这就使得国立中学各校的师资力量相对雄厚,各校在聘用教师时挑选的余地较大,加上当时乐于从教者大多有一种为国育才的使命感和敬业精神,所以各校师资队伍整体业务素质较高;而众多学子既有饱受外敌欺凌的家国之痛,又有苦学成才的报国之志,一时俊彦,层出不穷,比如国务院原总理朱镕基、两弹元勋邓稼先、诗人贺敬之、旅美作家聂华苓、杂交水稻之父袁隆平等,他们当年都曾就读于国立中学[①]。

图1-13 1946年,国立第二十一中学高二甲班导师和全体同学复员合影
(王文兴提供,2016年2月)

---

① 国立四川中学近状。《申报》,1939年1月28日,第11版。

从国立第二十一中学建立、西迁到东返，王文兴始终相随相伴。除学业之外，国立第二十一中学很重视爱国主义教育，为帮助学生树立抗战必胜的信念，一首首抗日爱国歌曲如《大刀进行曲》《黄河大合唱》《松花江上》等在师生中传唱；学校同时非常重视学生的品德教育，尊师爱生，团结互助，勤俭朴素，刻苦耐劳，使学生养成坚韧不拔勇往直前的精神。"我把二十一中当成了家，供我衣食，管我住行。二十一中的艰苦生活培养了我吃苦耐劳的精神，给我一生事业打下了基础"，王文兴如是说。

王文兴在国立中学期间，发奋读书，不善言表，同学如果不注意，几乎发现不了他的存在。在当时开设的课程中，王文兴的国文、数学、英语成绩优秀，唯独物理、化学基础较差。因为没有统一的教材，学的本来就少，再加上教学器材缺乏，中学阶段的王文兴甚至连一次理化实验都没做过。为了提高自己的理化成绩，王文兴日后付出了更多的努力，中学时期最薄弱的学科，后来反而成为他一生科学研究的主业。

这一时期的中国，从大学到中学的战时迁移，可以算得上是中国现代教育史上的长征，为中国未来建设储备了人才，磨砺了一代知识分子的灵魂。王文兴是这一次教育长征的亲历者。虽然王文兴成长于那样的年代是不幸的，但与大多数同时代农村孩子相比他又是幸运的。不管怎样，他完成了中学的整个学习过程。高中毕业后，他的求学梦想没有中断，"忠厚处世，重教兴家"，他牢记家训，他要继续上大学。

图 1-14 1947 年，王文兴高中毕业照

1946 年暑假，抗战胜利已一年，国民政府对在抗战中流离失所的国立中学作出统一决定：以哪个地区学生为主的学校就迁回到哪个地区。国立第二十一中学学生多为徐淮子弟，教育部遂将国立第二十一中学改为江苏省立连云中学，暂时迁到徐

图 1-15　1998 年，原国立第二十一中学校友在徐州聚会

州复课，其他省籍同学复员到各省中学。至此，拯救了沦陷区数千名失学青年的国立第二十一中学结束了它的使命。

　　1946 年 7 月，王文兴随全校师生从蓝田整队乘火车东归，这是王文兴第一次乘火车，陇海铁路局给学校提供一列专车，运送教职工学生回原籍。校部在临潼车站组织全体师生登上专列，直达渑池，铁路中断，换乘汽车联运到洛阳。渑池到洛阳 90 千米，那时没有长途客车，师生们坐在装货的卡车上，王文兴也是第一次坐汽车，路面坑洼不平，车身摇来晃去，王文兴很快就晕车了，勉强坚持到洛阳。

　　到洛阳后，王文兴他们再登上火车去郑州。上车时才知道是锁闭的闷罐车，车厢里进不去，王文兴和同乡同学爬到车厢顶上，离火车头不远，这一段路上山洞多，天热，同学们穿的多是短衣短裤，个个身上落满了煤灰烟尘，暴露的皮肤被日头烤得通红。到了郑州站，河南籍同学下车，王文兴继续东行至徐州西黄口车站下车回家。阔别家乡五年后，他终于回到了老家安徽省萧县吕里村。

　　漂泊归来的王文兴见到了父亲和兄弟姐妹，相拥喜极而泣。这时他才得知，自己到太和县后方后，几年音信皆无，父亲朝思暮想放心不下，曾让大哥王再兴赴太和县寻找探望。王再兴在商丘被日军扣留，几经周折才脱险，又走数日，赶到太和县后才知道王文兴早在一年前已离开太和县迁往大后方，大哥只能失望返回。父子兄弟情深，可见一斑！

　　王文兴在家里小住几日，略作休息后赶往徐州，回到换了新名字的母校——江苏省立连云中学报到。此时，高中三年级分理科和文科两个班，

图1-16 2008年4月,94岁的王再兴从老家安徽萧县来北京看望小弟王正兴(左一、左二王文兴夫妇,左三王再兴,左四、左五王正兴夫妇)

教学条件比过去有很大改善,王文兴分到理科班。在这里,他安心稳定地读完高中最后一年。

1947年7月,王文兴在江苏省立连云中学高中毕业,考大学继续求学深造成了他的下一个人生目标。

第二章
受业大学　求知若渴

考上国立安徽大学

　　1941年抗日战争进入相持阶段时，国内高校统一招生被迫终止。为此，国民政府教育部于1941年公布并实行了《三十年度公立各大学及独立学院自行招生办法》，要求"各校院应依照核应名额自行定期招生，如录取不足额，应举行第二次招生"。抗日战争胜利后不久内战爆发，全国统考仍然难以执行。教育部于1946年公布并实行了《专科以上学校招生办法》，明确规定："专科以上学校招生应尽量顾全学校及学生便利，采用联合招生、单独招生、委托招生、成绩审查等招生方式"。至1948年，国内各类高等学校统计共210所，其中国立大学31所，私立大学25所，国立独立学院23所。在较为灵活的考试政策支持下，王文兴得以报考不同的学校。

　　考试政策虽然比较宽松，但王文兴自身境遇却是相当严苛，肚子都难吃饱，一家老小大都还在乡下苦撑，哪还有钱交学费？所以报考前他首先衡量的，就是这个学校必须管饭！不收钱！因此投考公费的国立大学几乎成为他唯一的选择。

当时，中国最好的大学有国立北京大学、国立清华大学、国立中央大学（今南京大学）、国立交通大学等。南京和开封两个考区离徐州最近，王文兴决定去这两个考区应试。在南京考区，国立中央大学和国立安徽大学同时考试，因此只能二选一。王文兴向往中央大学，但经历中学阶段的颠沛和时断时续的学习，此时的王文兴并无太大的自信，再考虑到经济问题，甚至来回的路费，王文兴决定报考离自己最近且花费较少的国立安徽大学。安徽大学的情况，王文兴早有耳闻，国立第二十一中学的同学好友张立光已早一年考取安徽大学，他介绍说学校的学习环境还可以，生活条件不错。特别是有国立中学背景的学生很容易得到全额公费资助，还包括食宿费用。此外，张立光根据王文兴的学习成绩分析其考上国立安徽大学的概率很大，在张立光的建议和鼓励下，王文兴决定报考国立安徽大学数学系。

1947年8月，王文兴在南京参加了国立安徽大学招考，此后又立即赶往开封，参加国立河南大学数理系的考试。在河南的考试结束后，王文兴得知三天后还要面试，因身上盘缠已经所剩无几，无奈只能放弃面试机会回家。后来王文兴得知，在国立河南大学数理系复试名单中是有他的。

回到家乡后，在大哥的帮助下，王文兴来到一个小学教授五年级的算术，一边挣点钱贴补生活，一边在忐忑中等待国立安徽大学的录取消息。

教了一个多月，在1947年夏末秋初的一天，王文兴期盼的国立安徽大学的录取通知书到了！

王文兴临时从教小学的校长刘光荣是当地很有名望的士绅，很支持王文兴去上大学，特意发了两个足月的薪水以示祝贺和鼓励。尽管只有不到两个月时间，尽管自己也还是个"大孩子"，特别喜欢从教的王文兴已经跟小学生们建立起了亲密的关系。王文兴临走的那一天，小学生们用木棍抬着行李把他送到村外，依依不舍。而王文兴浓厚的教师情结在他日后的人生经历中也多有体现。

王文兴来到位于当时安徽省会安庆的国立安徽大学数学系报到，并如

图 2-1　原敬敷书院，1947 年为国立安徽大学学生宿舍

图 2-2　求实学堂教学楼（王文兴数学系在此上课）

愿申请到全额公费助学金，这名 20 岁的青年从此进入了人生新阶段。

国立安徽大学是安徽近代高等教育的发源地，其最初的源头可以上溯到清代安徽省最大、办学时间最长的一所官办书院——"敬敷书院"，1901 年，敬敷书院与求是学堂合并成立安徽大学堂，后更名为安徽高等学堂，1946 年改为国立安徽大学。

学校坐落在安庆城北，环境优美幽静，适合学生们读书学习。王文兴一年级主修的课程主要有微积分、普通物理、普通化学和国文、历史等，他十分珍惜这次学习机会。国文课中，教授布置大家写一篇作文：入学感想，王文兴在作文中真实地写出了初上大学的高兴心情和发自内心的强烈的求知欲。衣食无忧，他把自己全部精力都放到了学习当中。

然而，好景不长，自 1946 年第二次国共合作破裂、内战爆发之后，国民政府统治区工业生产能力持续下滑，农村凋敝，财政赤字扶摇直上，民众对法币失去信心，国民经济面临崩溃。面对国事日非的时局，知识阶层特别是青年学生发起了数十次大

图 2-3　1947 年，王文兴在国立安徽大学的学生证

图 2-4　1947 年，王文兴在国立安徽大学就读一年级时的照片（王文兴提供）

第二章　受业大学　求知若渴　　*29*

规模的集会、游行、请愿和罢工，遍及全国几乎所有大中城市。大部分学潮运动是由政治问题引起的，学生生活拮据也是原因之一。面对知识阶层频繁激烈的抗议活动，国民政府未能找到妥善处理的对策，反而采取公开或秘密的武力镇压的方式，其结果没能遏制抗议活动的扩大，反而带来更趋严重的社会震荡。随着内战的扩大，时局日益动荡不安，社会各阶层的请愿、抗议活动层出不穷，各地学潮也是此起彼伏，原本单纯、安静的大学校园逐渐变得复杂、躁动起来。

到 1948 年 7 月，王文兴念完大学一年级。这一年的学习生活与过去六年中学的流浪逃亡相比，虽然受到学潮的一些影响，总体上还算比较稳定持续。到了暑假之后，学生运动愈加激烈，学校基本处于半停课状态，安心学习成为一种奢望。

在当时，高校的学生是国共双方竞相争取的对象，王文兴所在的国立安徽大学也不例外。学生们政治观点不尽相同，一部分倾向国民政府，一部分倾向于共产党，而中共地下党和国民党特务也都渗透、隐藏于学生中间，两派斗争激烈，校园内人心惶惶，到处是关于暗杀、绑架、失踪等流言。王文兴的几名同学突然在学校失踪，有人说他们投奔共产党去了，有人说被国民党秘密逮捕了，一时间风声鹤唳，人人自危。在王文兴的家乡萧县，国共双方武装的争夺也十分频繁和激烈，1948 年 11 月，淮海战役打响，萧县成为百万大军角逐的主战场之一。1949 年 1 月 10 日，战役中指挥国民党军的杜聿明就是在萧县青龙集张老庄村被解放军俘获的。

战火虽然暂时还没有烧到位于萧县以南四百多千米的安庆，但在这种情况下，校园里的气氛也是越来越紧张。对于一心向往读书的王文兴来说，实在难以安心学习。与此同时，同学中间也开始流传关于解放区学习、生活稳定的诸多消息。

王文兴在国立第二十一中学时有位同学叫常贵升，当时在国立安徽大学外文系学习，政治倾向十分明显，对解放区向往已久。王文兴并非学生中最接近地下党的"核心层"，但他思想倾向进步。一天常贵升找到他说，同学中很多人都走了，再待下去有危险，咱们也去北方吧。受同学的影响，王文兴决定与常贵升共同到解放区的大学求学。

秘 密 北 上

一开始，王文兴与同学筹划北上目的地是"最进步"的北京大学，但这个想法绝不敢让别人知道，为了个人安全必须秘密出走。两人缜密策划出走路线，并故意放风说要去某地游玩。王文兴事先将收拾好的衣物等寄给已经于 1948 年暑假转学到武汉大学数学系的张立光①。1949 年 3 月的一天夜里，两人不紧不慢地把被褥铺好，给人以正常休息的假象后，偷偷空手溜出学校。

从安庆去北平首先要经过南京。而从安庆到南京最便捷和安全的交通方式就是坐船。王文兴和常贵升首先来到安庆码头，正巧看见一艘招商的客船停泊在岸，即将驶往南京。船票很贵，他们囊中羞涩，没钱买票上船。常贵升急中生智，他冒充乘客大摇大摆地空手先走上船，然后又假装下船接人，把王文兴也顺利地带上船去。就这样，两人躲在船上一个烟囱

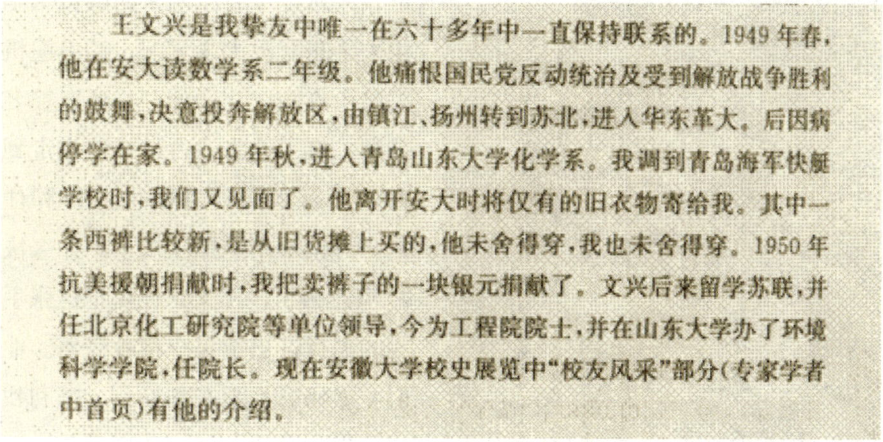

> 王文兴是我挚友中唯一在六十多年中一直保持联系的。1949 年春，他在安大读数学系二年级。他痛恨国民党反动统治及受到解放战争胜利的鼓舞，决意投奔解放区，由镇江、扬州转到苏北，进入华东革大。后因病停学在家。1949 年秋，进入青岛山东大学化学系。我调到青岛海军快艇学校时，我们又见面了。他离开安大时将仅有的旧衣物寄给我。其中一条西裤比较新，是从旧货摊上买的，他未舍得穿，我也未舍得穿。1950 年抗美援朝捐献时，我把卖裤子的一块银元捐献了。文兴后来留学苏联，并任北京化工研究院等单位领导，今为工程院院士，并在山东大学办了环境科学学院，任院长。现在安徽大学校史展览中"校友风采"部分（专家学者中首页）有他的介绍。

图 2-5 张立光在《国立安徽大学老同学回忆录》中写的对王文兴的回忆（后来王文兴回忆时说："张立光在回忆录中提到我给他寄的衣物中有一条裤子这一情节使我忆起我的好同学赵桂廷，皖北人，但具体地址不详，为人朴实忠厚，这条裤子是他离校前送给我的，离校后虽然挺想念他，但一直没有找到他"）

---

① 由北京师范大学出版集团和安徽大学出版社联合出版的《国立安徽大学老同学回忆录》增订本（下）中，张立光写的对我班同学及其他好友的点滴回忆。

附近，顺流而下来到南京。

1949年年初的南京，正面临着中国翻天覆地的一战，解放军已攻到长江北岸，与南京隔江相望，驻守南京孤城的国民党军队乱作一团。从南京下船后，沿江封锁严密，王文兴与常贵升不敢多耽搁，随逃难人群来到镇江，常贵升通过熟人找到一条小船，打算连夜过江。船夫见他们二人是学生便善意提醒："上岸走不了多远就会有解放军，若是他们喊话，你们一定要举起手来往前走，说自己是学生。"

王文兴两人乘小船过江上岸后，果然有几名解放军战士拦住他们查问，两人说是从江南来的学生，要去解放区。当时解放区非常欢迎来自国统区的进步学生，解放军战士在检查完他们的学生证件后果断放行。

王文兴两人来到江北的扬州，一路上零星了解到去北平的路很难走通，又听闻华东有所军政大学原来是在山东济南，这会儿正在徐州办分校招生，两人一商量，还是直奔又近又熟悉的徐州去找华东军政大学。在扬州，一位副县长接待了他们，在了解到二人是从国立安徽大学投奔解放区的学生后，当场给他们开具了一个特殊的通行证，大意是今有江南来的两位大学生去华东军政大学学习，请沿途机关给予食宿、交通便利，还有签名盖章。有了这张通行证，他们走到哪里都有人接待并提供便餐和住宿，再也不用担惊受怕了。如今快70年过去了，王文兴还是把这张手写的通行证当宝贝一样收藏着。他们一路畅行无阻来到徐州，顺利找到了华东军政大学，欣喜万分，王文兴"对口"进入数理系。

然而好事多磨，由于途中劳累，饮食失调，王文兴的肠胃炎复发，入学没几天就不得不回到老家

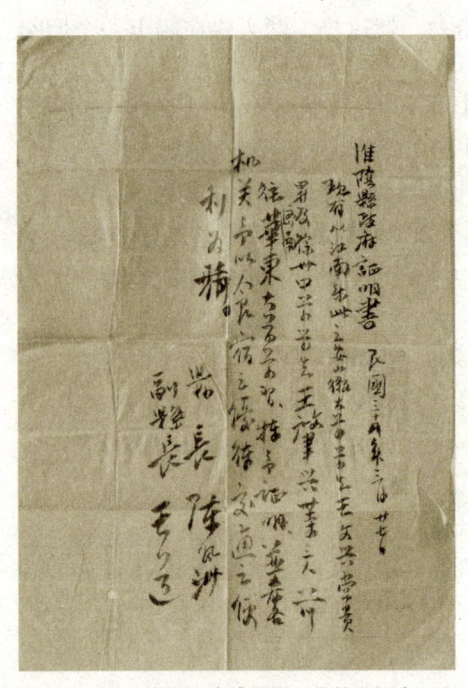

图 2-6　1949 年扬州市淮阴县开具的通行令（王文兴提供）

萧县休养。待身体无碍后，王文兴再联系学校，却得知本届学业已结束，要想再回到华东军政大学，需要再等一届，而且此时学校奉命要迁往江南。王文兴在国立安徽大学数学系只读了一年多的时间，在华东军政大学的时间更短，带着遗憾和无奈，他的大学生活再次停摆。

考取山东大学

又过了几个月，到1949年的夏季，又一个机遇降落到王文兴的头上。有一天，他在报纸上看到国立山东大学在徐州设立考区，开始招收新生和插班生的消息，顿时眼前一亮，王文兴对山东大学慕名已久，求学若渴又赋闲在家的他迅速赶往徐州报考，最终顺利成为山东大学数学系二年级的学生。王文兴说："到山东大学，对我来说是人生的一个重大转折。"他至今保存着录取单和当时报纸的招生通知。

1949年9月，祖籍山东的王文兴第一次踏上了齐鲁大地。当年青岛山

图2-7 1951年王文兴与化学系四年级全体同学合影（前排左四为王文兴）

东大学的校址是现今青岛中国海洋大学的老校区。学校依山傍海,风光秀丽,气候宜人,是一个学习的好地方。当时山东大学的教育水平在全国名列前茅,教学质量非常高,图书仪器设备较为齐全,其主要课程都是由在美英等国获得了博士学位、有多年教学经验的教授担任。学校根据王文兴的学历和家庭情况,给予他甲等助学金,每个月有30kg的小米,寒暑假照发,除去吃饭以外,还能剩余一点,这对王文兴来说是一个莫大的帮助。

解放初期,万象更新,又进入了这样一所学习条件优越、环境安定且无生活后顾之忧的大学,风华正茂的王文兴意气风发。新入校的同学要填表登记,22岁的王文兴忽然意识到,自己只知道属兔,具体的出生月份和日期根本不清楚,家人也从未告诉过他,时近金秋,王文兴灵机一动,想起俄国十月革命发生在俄历1917年10月,就填个10月17日吧。就这样,他为自己"选"了一个有意义的"进步生日"。

正当王文兴准备畅游学海之时,折磨他好几年的肠胃病又犯了,他在校医院住了两个星期,深感健康对于学业的重要,怎样保持一个健康的身体呢?一个最简单的想法自然冒了出来:多运动多锻炼呗!王文兴看到化学专业的学生忙于各种实验操作,身体活动的机会较多,不像数学专业的学生多是趴在桌上学习,而且当时山东大学的理化教学条件非常优越,设施齐全,远非战时中学的"一穷二白"可比,这让他动了转学化学的心思。在解放初期,学校学生跨校转学和同校内转专业都相对自由,只要提出申请,一般都能通过。于是,王文兴从"坐板凳"的数学系转到了"动起来"的化学系,学习物理化学。从此,王文兴开始了一生与化学有关的事业。

尽管转系手续并不复杂,但王文兴转专业的决定还是很有挑战性的。由于战时中学的条件所限,几乎没有任何实验课,王文兴在中学时代的化学基础相当薄弱。为此,王文兴花了很多时间和精力用于提高化学成绩,良好的数学功底此时也派上了用场,为王文兴学习化学提供了有力的支撑。更幸运的是,王文兴还遇到了两位非常优秀的化学老师——刘椽教授和刘遵宪教授。

刘椽教授是山东诸城人,毕业于清华大学,1926年公费留学美国伊

图 2-8　1951 年 9 月 12 日山东大学化学系欢送一九五一届毕业生纪念（第三排左七为物理化学教授刘遵宪、右九为有机化学教授刘椽，第四排右八为王文兴）

图 2-9　1952 年，王文兴和同学与刘椽教授等合影（前排左五为刘椽教授，第二排左二为王文兴。王文兴提供）

第二章　受业大学　求知若渴

图 2-10　1950 年王文兴用过的物理化学课本

利诺伊大学，回国后在厦门大学执教十多年，先后培养出卢嘉锡、陈国珍、蔡启瑞、邓从豪等国内外知名的化学家。此时刘椽教授担任山东大学化学系主任，他将看似枯燥乏味的有机化学课程讲得生动易懂，深入浅出，深受同学们的欢迎。刘遵宪教授是抗战胜利后山东大学复校聘请的著名学者之一，他在理论化学、胶体化学，特别是在电化学方面有独特的成就——计算原子电负性的"刘遵宪公式"著称世界，为当时中国三大理论化学权威之一（其余两位是北京大学黄子卿、傅鹰），王文兴选择物理化学这个专业，受到了刘遵宪教授很大的影响。

进入 20 世纪 50 年代的山东大学化学系师资雄厚，教学方法也十分先进。当时专业课本已经都是英文教材，老师讲课也基本用英语表达。甚至有时候，同学们去仓库管理员那里领取化学试剂、玻璃仪器等物品都得喊出英文名，否则管理员不予理睬。

入学后，王文兴担任了班长职务，平日里他主要负责跟老师、同学联系沟通，上传下达，处理一些教务方面的事情，这锻炼了王文兴的管理组织能力，此后王文兴的工作履历中都有着干部的身份。1950 年 12 月，他加入了中国共产主义青年团。

当时的山东大学

图 2-11　1952 年王文兴与同班同学春游

化学系学生不多，王文兴所在年级只有13个人，后来还有一位休学了。著名学者童第周所在的生物系人更少，他当时所教的年级只有2个学生，童先生就直接带到家里上课。王文兴和同学之间的感情十分深厚，同学王凯在班上年纪稍大，他热情、善良，乐于助人，常为大家排忧解难，同学们都把他看作老大哥。同学侯伟星是泰国华侨，只要泰国家里寄钱来，他就带同学们一起去改善生活……虽然他们家庭背景、学习成绩各不相同，却鲜有矛盾。有时候，大家会为了学术上的问题争得面红耳赤，而在平日里

图2-12 1950年8月王文兴与同班同学在湛山寺（左起：王常杰、侯伟星、杨寿奎、王文兴、李士琦）

同学们相处融洽，生活条件好些的同学总会带大家出去吃点好的，油条、豆浆、果子、大饼，大家分而食之，其乐融融。学问的趣味与生活的滋味，共同滋养着这一代学子的精神记忆。

值得一提的是，王文兴还在同学的介绍下，去一所中学兼任了两个学期的化学教师，每个月有15元钱的工资，这在当时是一笔不小的收入。这笔钱，他每月都寄给在徐州上中学的弟弟，保证了弟弟顺利完成学业。虽然王文兴离家多年，但家乡、家族的传统深深地影响了他，父亲把两亩良田当掉供大哥读书，大哥有了工作坚决督促并资助王文兴上学，现在王文兴又担起了资助弟弟上学的责任。从大学时代到年过九旬，对家乡亲友，对困难学生，寄钱送物，设奖助学，王文兴尽己所能帮助他人，一生没有间断过。

历经颠沛流离，王文兴对彻底安定下来的学习生活十分珍惜，为了弥补战时中学学业基础的薄弱，他学习起来更是如饥似渴。王文兴说，自己人生中条件最好的学习时期，就是在青岛山东大学的三年。这段时

期，王文兴发奋用功，片刻不曾虚度，三年时间没有回过一次老家，也没有离开青岛一天。他的生活轨迹很简单，每天基本就是往返于化学馆—科学馆—阅览室图书馆—人民大楼二楼宿舍之间。青岛是避暑胜地，学校离第一海水浴场只有一刻钟的步行路程，然而即使在炎热的暑假他也很少去游泳，几乎把所有的空余时间都用到学习中。在王文兴当年的日记中，可以约略看到他如饥似渴求学的情景：

（1951年）10月11日，这学期选课较多，连时事讲座在内每周达51个学时，感到有些吃力，尤其正当开学就病了十多天，后虽好转但仍无精神，因此决定少修一点，多抽点时间做论文或看参考书。

10月12日，退烧已十多天了，经过休养，身体渐渐好起来，也有精神去做功课了。

10月16日，开学将近一个月了，但论文尚未开始。与刘遵宪先生讨论选题，因限于仪器设备理论题不易做，所以做读书报告倒不坏，刘先生推荐阅读关于 Chemical Bond（化学键）的书籍。

10月23日，弟弟来信告知他近来身体不太好，体重还不到40公斤，身高只有1.55米，并提醒我小心身体，很感动。

10月29日，为了纪念和慰问志愿军出国一周年，全校每个同学写一封信"致我们最可爱的人"。

11月2日，晚上看了8页 Nature of Chemical B。

11月6日，天气突然冷起来，张乃庚同学请他妈妈给我做件棉袄，十分感激。

11月13日，郭贻成先生在科学馆物理系考热力学、可看参考书。三道题做了两个小时才完。

刚入校时，王文兴的理化知识水平无法与正规中学培养的学生相比，成绩平平，但凭着坚持不懈、超出常人的努力和付出，他的学习成绩迅速提升，后来居上。他除了学完化学系全部必修课程外，还选修了物理系的热力学和近代物理学，以及动物系的细菌学，进一步拓展了知识层次。

王文兴如今已经在山东大学任教，根据自己的亲身经历他总结出一个观察、培养学生的"秘诀"：要看一个学生有没有潜力，考察他之前的学习条件十分重要。他说，同样的成绩，如果是在非常艰苦的学习条件下取得的，那这个学生在获得好的学习环境后很可能会后劲十足。现在他招学生就十分注重这一点。

山东大学对王文兴来说就像一片绿洲，源源不断地为他的成长提供养分。在山东大学学习期间，他通过孜孜不倦的努力，将自己的学习基础打得坚实牢固，并逐渐具备了较高的专业素养和极强的科研探索精神，为以后的科学事业打下了基础。老师的教诲，同学的情谊，难忘的学习经历，使王文兴有了浓厚的"山大情结"，每次他回到青岛，都会尽量抽时间到老山东大学（原山东大学青岛鱼山路校本部）自己当年学习生活的地方去看看。

图 2-13 1949 年王文兴佩戴的山东大学校徽

图 2-14 王文兴在山东大学的毕业证书

1952 年 7 月，王文兴在山东大学毕业。

第二章 受业大学 求知若渴

第三章
多方深造　工学相长

分配到东北工作

20世纪50年代，国家从战略角度考虑，把工业建设的重点放在条件和基础较好的东北地区，相继将苏联帮助我国建设的156项重点项目中的57项安排在东北三省。这些重点项目主要集中在机械、石油、化学和冶金等行业。毛泽东在沈阳召开的东北高级干部会议上指出："东北是全国的工业基地，希望你们搞好这个工业基地，给全国出机器，给全国出专家。我们现在从关内选一批知识分子来，以使将来给全国训练专家。"毛泽东还提出，东北的同志和关内来的同志要团结起来，共同建设好东北工业基地。

为响应国家号召，大批的大学毕业生作为技术人员被分配到东北。由于国家急需人才，1952年，山东大学大三年级学生提前毕业，王文兴所在年级与四年级学生同时分配。学校要求毕业生服从国家分配，号召党团员到最艰苦的地方去。同学们在分配工作前只填了一个关于工作性质的简单志愿，例如学校、工厂等，而在公布分配名单前，谁也不知道自己去哪里，也不知道做什么工作。同学们从学校出发，奔赴全国各地，有时甚至来不及告别，便匆匆离去。

三个年头没离开青岛的王文兴，这一年暑假大学毕业也没有回家。

图 3-1 哈尔滨基本建设学校团支部委员合影（前排右一为王文兴。王文兴提供）

1952 年 9 月 17 日，王文兴直接和众多同学一起，从青岛站登上火车向东北驶去。火车到沈阳时下了一批同学，长春时再下一批，王文兴和他同班的好友王凯在终点站哈尔滨下车，他们俩被分配到重工业部基建公司工作，王文兴到附属学校做团支部书记、教员，王凯到化验室工作。虽然生活条件差，吃高粱米饭，但建设新中国的热情使这些知识青年积极乐观情绪高涨。几个月后，王文兴又被调往沈阳技术干部学校。

沈阳技术干部学校也属重工业部，这所学校的任务是结合苏联援华项目培训刚毕业的大学生为新型工程师。学校的授课人员全是苏联专家，讲授的内容包括工业规划、建厂布局等，相当于对大学生进行重工业领域的建设、机械、电力、化工、土建等知识和操作技能的短期强化训练。由于当时党员稀少，作为团员的王文兴就需要协助组织做一些党团的工作。在这期间，他做过团总支书记、工会主席等。

朝鲜战争结束后，全国形势日趋稳定，国家决定发展经济和科学技术，号召青年学生"技术归队"。王文兴早就渴望这一天的到来。1954 年 1 月，王文兴向组织表示，希望结合自己的专业知识从事化学研究。组织批准了王文兴的请求，把他调入重工业部化工局化工综合试验所，在物化室任技术员。这个化工试验所也在沈阳，是当时国内最大的化工综合研究机构，成员都是大学近届毕业生。在物理化学实验室（以下简称物化室）

图3-2 1956年化工部沈阳化工研究院物化室催化组成员合影（前排中为王文兴）

主任、留美化学家吴冰颜指导下，王文兴于1955年组建催化研究组，并任组长，这是化学工业部（以下简称化工部）第一个工业催化科研小组。王文兴组织大家建立工业催化剂测试和研究方法，购置仪器设备。同时接手大连化学厂二氧化硫氧化制硫酸钒催化剂燃起温度的研究工作，几年间催化组发展迅速，具备了一定的科研能力。

1956年1月，中共中央关于知识分子问题会议在北京召开。周恩来总理在报告中坦言，国家面临的一个矛盾就是各类专业人才的匮乏，而这次会议的主要目的正是为了"加强领导，克服缺点，采取一系列有效措施，最充分地动员和发挥知识分子的力量"。随后，中央和各地积极调整知识分子政策，其中包括：改善高级知识分子的工作条件和生活条件，解决知识分子失业和使用不当问题，大力吸收高级知识分子入党等。除了自己培养，我国还从两个途径扩大高级知识分子队伍：一是委托苏联代为培养，二是继续争取仍在国外的中国留学生回国。

图3-3 重工业部沈阳化工综合研究所（1954年催化组在此建立，这是化工部最早的催化实验室。1958年随物化室迁到北京）

在国家新知识分子政策下,沈阳化工试验所延揽众多化工领域的知名学者来到沈阳,逐渐成为全国化学工业领域最重要的研究机构之一,后改名为沈阳化工研究院。国家号召青年向科学进军,向苏联学

图 3-4　2000 年,王文兴和夫人张婉华及同事康民伟回访沈阳化工研究院及他们曾经工作过的实验室

习。王文兴组织带领科研人员突击学习俄语,每天背诵一百多个单词,很快就可以阅读俄文文献,进一步拓宽了学术视野。王文兴如愿回归专业本行,又身处在极为浓厚的学术氛围中,他学术成长的春天终于到来。也正是在物理化学实验室中,王文兴第一次开始了针对催化化学领域的研究和探索。

吉林大学研究生班

1956 年 3 月,王文兴在物化室主任吴冰颜的推荐下,被派往吉林大学化学系研究生班学习进修。吉林大学化学系由老一代化学家蔡镏生[①]院士、唐敖庆[②]院士、陶慰荪[③]教授等亲手创建,王文兴在吉林大学进修的两年间,有幸蒙沐多位著名专家学者的教泽。王文兴在回忆中,首先提到自己

[①]　蔡镏生（1902-1983）,物理化学家和教育家,中国催化动力学研究的奠基人之一,光化学研究的先驱者。

[②]　唐敖庆（1915-2008）,江苏宜兴人,物理化学家,中国现代理论化学的开拓者和奠基人,被誉为"中国量子化学之父"。

[③]　陶慰荪,女,1895 年生,江苏无锡人。1930 年获日本京都帝国大学理学博士学位,曾任大同大学教授。

图3-5 1956年3月至1957年7月王文兴在吉林大学进修时所做的课堂笔记（牛勇摄）

图3-6 1957年王文兴在吉林大学化学系研究生班学习时的照片（王文兴提供，存于采集工程数据库）

的指导老师唐敖庆。

唐敖庆一贯重视对化学科研人才的培养，自1953年起，他先后开办了多个面向全国的理论化学讨论班、研究生班和进修班，培养出一大批具有较高水平的化学科研带头人和工作者，后来成为院士的就有十几位，王文兴是其中之一。唐先生先后主讲过无机化学、物理化学、物质结构、量子化学、统计力学等十多门课程，讲课时富有逻辑性和启发性，能够充分带动同学们积极思考。唐先生上课时除粉笔外什么也不带，涉及物理化学计算的大量复杂公式或是数据，全部靠记忆在黑板上书写出来，"一句废话没有，一句无关的话没有"。唐敖庆的每一节课，王文兴都做了详细的笔记，课后他认真钻研、慢慢消化。这些课堂记录达十几本之多，王文兴至今珍藏在家中。在吉林大学进修期间，王文兴在物理化学方面的理论水平又得到跨越式的提高。

从童年的启蒙老师马相模，少年时的恩师季绳武、马菊甫，到山东大学老师刘椽、刘遵宪，再到吉林大学导师唐敖庆，王文兴从他们身上汲取着知识的营养，也不断丰富完善着自己的学术观、世界观、人生观，这些各具特色的良师，对王文兴日后成为一位具有广阔的学科视野、具备前瞻性科研见地的科学家、教育家，起到了典范和引领作用。

1956年3月28日，王文兴加入中国共产党。1957年7月，王文兴在吉林大学研究生班进修结束之后回到沈阳化工研究院工作。

在此前后，根据国家化学工业迅速发展的需要，沈阳化工研究院按专业一分为四，1956年12月，矿物肥料部所属研究室迁至上海，成立上海化工研究院；1957年12月，塑料、橡胶、高分子、有机合成及化学工程、物化、无机、情报有关部分迁至北京，成立北京化工研究院；1958年，无机室和油漆研究室迁至天津，成立天津化工研究院；染料、农药、化学工程等研究室留在原地仍为沈阳化工研究院。在这次大扩张大迁移中，王文兴随物化室迁到北京。

这时的王文兴已是而立之年，他恋爱中的女友张婉华，在沈阳化工研究院的专业是无机化工，此次随迁到天津化工研究院。虽然当时他俩已确定关系，但由于张婉华也是研究组组长，服从国家分配和个人专业需要，他们没有向组织提出调到一起。次年两人结婚，从此在北京、天津两地分居来回奔波长达八年之久。

结 婚 成 家

1957年王文兴结束吉林大学的进修后回到原单位工作，任物化室组长，通过同事介绍，认识了两年前从大连工学院化工系毕业分配来的张婉华，两个志同道合的年轻人陷入热恋之中。谁知没几个月研究院分家，王文兴去了北京，而张婉华分到了天津。

20世纪50年代，北京天津之间的交通还不是很方便，当时国家规定的工作制度是每周休息一天，加上工作繁忙，

图 3-7　1958年王文兴与张婉华结婚照

第三章　多方深造　工学相长

王文兴每一两个月才能到天津和张婉华见一次面,每次见面最多只有一天的时间。张婉华工作中是组长,又正在做二氧化钛扩大实验,三班倒,时间更为紧张。然而,时空的距离没有阻挡两人爱情的发展,共同的事业追求和人生观最终使两人走进婚姻的殿堂。

1958年12月27日是周六,王文兴下班后赶往天津,张婉华买了28元钱的水果糖,9元钱给王文兴买了一件蓝斜纹布干部服上衣。28日,王文兴和张婉华在天津化工研究院小会议室里简单招待了同事和亲朋好友,婚礼就算完成了。

婚后,王文兴在北京化工研究院先后担任物化研究室副主任、主任,一百多人的大室,工作繁忙,只能每月的某周六下班后回天津,周日晚上回北京,一趟来回耗时大半天。两地生活,一转眼就是八年。1966年,王文兴被派赴西北支援"三线"建设,到1970年才调回天津。

王文兴调到天津夫妻团聚前,他们的四个孩子已相继出生,孩子出生时,王文兴一次都没能陪在妻子和孩子身边。大儿子王韬出生时,王文兴远

图3-8 1964年北京化工研究院物化室欢送兰州大学学生完成催化实验及论文的合影(前排左三为王文兴)

在苏联学习，不便回国。1962年、1965年女儿王梅和王清诞生时，张婉华怕影响王文兴的工作，都是在她们出生后才告诉他。1969年小女儿王薇出生时，王文兴远在兰州从事"三线"建设，也是事后才得知。四个孩子的童年全由张婉华自己辛勤照料，每当想到这些，王文兴总是十分内疚。

王文兴参加工作后，自己的工资大部分都用来资助上学的弟弟和家乡的困难亲戚，婚后依然如此，家里的生活基本都靠张婉华一个人的工资。自从搬迁到天津，张婉华就将妈妈、奶奶和妹妹接来，婚后孩子陆续降生，家里老的老小的小，度过了一段非常清苦的日子。张婉华回忆说："最困难的时候，都没有王文兴在身边，后来告诉他一声就完了。我从小在困境中长大，也没有什么更高的要求，有多少就吃多少，经济上就紧着自己可能的条件，饭桌上经常只有白菜和一小碟咸菜……"

图 3-9 化工部北京化工研究院实验大楼（王文兴于1958—1966年在此楼物化室工作了九年）

图 3-10 1961年儿子王韬和姥姥合影

图 3-11 困难时期王文兴的父亲从农村来到天津

1960年农村困难时期，王文兴的老家萧县是重灾区，家中严重缺粮，王文兴此时在苏联学习，对家乡的严重灾情并不知情。张婉华毫不犹豫地将王文兴的父亲接到身边照顾,并省吃俭用寄钱寄粮票救济乡下的亲人。张婉华甚至将她结婚时母亲给王文兴买的西服也拿到百货大楼变卖了,将变卖的33元寄到乡下。这时家里有三个老人,尽管她工作繁忙,经济又非常困难,可为了不给丈夫增加负担,张婉华再苦再累也毫无怨言。张婉华的母亲也通情达理,全力支持女婿工作,帮助女儿操持家务,经常去田里捡地瓜、胡萝卜。有一次儿子王韬得了急性肝炎,眼睛都黄了,而张婉华还在忙于工作,张婉华的母亲又气又急,找到张婉华的试验车间,张婉华这才放下工作,带着儿子到医院就医。几十年中类似的事情不少,张婉华从来没有干扰过王文兴的工作。

图 3-12　1973 年王文兴与父亲、妻子和孩子们的合影

　　家务的琐碎繁忙没有拖住张婉华工作中上进的脚步,她连续多年是单位的先进工作者,还获得过全国"三八"红旗手称号。作为项目组组长,她研发的催化剂载体曾在 1978 年全国科学大会上获奖,这在当时是全国最高的科学奖项。1983 年 5 月,55 岁的张婉华为了支持王文兴的事业和照顾他的生活,牺牲自己多年的科研方向和卓有成绩的事业,从天津化工研究院调到北京中国环境科学研究院。

图 3-13　1978 年张婉华获得全国科学大会奖

图 3-14　天津化工研究院出具的获奖证明信（在当时历史背景下科学大会奖只属于单位，不属于个人）

图 3-15　1983 年 9 月张婉华获得全国"三八"红旗手称号

张婉华是一位好妻子、好母亲、好儿媳，也是一位十分优秀的科研工作者，作为王文兴生命中的另一半，张婉华承担了他们结婚后所有的家庭重担。王文兴能把全部精力投入科学研究，张婉华功不可没。

第三章　多方深造　工学相长　　49

苏联进修

婚后不到一年，又一次重要的学习机会降临到王文兴身上。1959年9月，王文兴被派往苏联卡尔波夫物理化学研究所进修，主修催化动力学。

那时中苏十分友好，一些苏联学者对刻苦用功的中国学生十分欣赏，王文兴有幸得到了苏联科学院通讯院士鲍列斯柯夫的指导。鲍列斯柯夫是苏联催化化学领域的学术权威，以他的科研思想为基础的催化化学学派，是当时苏联催化领域四大学派之一。鲍列斯柯夫治学严谨，著作等身，为王文兴学习世界上先进的催化化学知识提供了前沿的指导。在他的引领下，王文兴对当时苏联其他的三个催化学派也做了深入的研究，参与了大量吸附反应实验，积累了丰富的科研经验。

图3-16 1959年10月，王文兴在苏联同事家中做客

图3-17 1959年10月，王文兴在莫斯科红场（王文兴提供，存于采集工程数据库）

1960年7月，苏联将在华的1390名专家召回，这对于亟须科技建设的中国造成了巨大的压力；但也正在此时，留美、留苏的中国科学家也纷

纷回归祖国。这年9月，王文兴离苏回国，借助自己多年的积累和在苏联期间的学习心得，他在北京化工研究院建立了催化研究室并任主任，在他的带领和主持下，该研究室的实验设施、人员配备、研究水平等达到国内一流水平。

图 3-18 1959年10月，王文兴应邀观看十月革命节的票

王文兴和同事们相继开发和建设了标记放射性 ^{14}C 研究有机化合物催化氧化反应机理和利用电磁循环泵研究催化反应动力学的新方法，建立了一些催化方面的研究装置，还创新式地利用傅立叶红外装置分光光度计等先进的科研设备做吸附方面的基础研究。1963年，全国第二届催化学术会议在兰州召开，王文兴应邀作了题为"烃类多相催化氧化动力学研究进展"的学术报告，报告主要揭示了催化反应的机理和动力学。国内当时做这些方面研究的学者并不多，王文兴敏锐地意识到多相催化氧化动力学在石油化工单位合成中的重要性和今后广泛

图 3-19 1959年王文兴在莫斯科大学听完报告后留影

图 3-20 1960年秋，王文兴在莫斯科远郊
（王文兴提供，存于采集工程数据库）

第三章 多方深造 工学相长 *51*

图3-21 1963年夏，王文兴在兰州召开的全国第二届催化会上作特约报告

图3-22 1963年冬，王文兴在苏联访问期间与同事孙天赋及吴冰颜主任合影（左起孙天赋、王文兴、吴冰颜）

的应用空间，他参阅了很多该领域的国外资料和研究报告，进行总结和评述，把国外最新的科研成果介绍给国内同行。

1962年，王文兴再次赴苏联访问进修，除了在卡尔波夫物理化学研究所学习，他还参观了苏联科学院有机化学研究所催化实验室、物理化学研究所催化半导体理论实验室等，随后王文兴又参加了莫斯科举办的苏联催化学术会议，进一步拓宽了自己的学术视野。

筹建"兰州24号信箱"

20世纪60年代中期，在当时国际局势日趋紧张的情况下，为加强战备，逐步改变我国生产力布局，中央作出"三线"建设的重大战略决策，建设的重点在西南、西北。王文兴所在的北京化工研究院和张婉华所在的天津化工研究院都肩负着大力支持"三线"建设的重任。

1966年6月，"文化大革命"刚刚爆发，王文兴调入妻子工作的天津化工研究院,终于实现了期盼已久的团圆。此时,王文兴夫妇两地分居已经整整八个年头。

王文兴和张婉华都很高兴,尤其是8年来扶老携幼独立撑持的张婉华,盼了那么久,总算是有了可以随时依靠的肩膀,王文兴也满心想着好好照顾妻子和家庭,尽量弥补多年来心中的歉疚⋯⋯

然而令他们没有想到的是,王文兴调来天津仅5天,组织上一项重要任命接踵而至——为支援"三线"建设,由天津化工研究院对口援建化工部西北(兰州)研究所,任命王文兴为技术副所长,主持该所筹建工作。

"盼了8年盼回来,在我这儿过了9天又被派到兰州去了,一去又是3年⋯⋯唉!"至今张婉华说起半个世纪前的这段往事,脸上还是带着无奈的苦笑。

接到命令第四天,王文兴带领筹建小组从天津启程奔赴兰州。对于这项工作,王文兴内心其实并不情愿,因为这不光意味着夫妇俩又要开始两地分居的家庭生活,真正让王文兴痛苦的是他要中断一直从事的催化研究,脱离自己熟悉并热爱的专业去做基建。王文兴虽然担任西北研究所技术副所长,但该所主要研究项目与他主攻的催化专业不搭界,且属于军工保密范畴,当时对外宣称为"兰州24号信箱"。

国家利益至上,个人服从组织,王文兴还是接受了这份挑战。没有主持基建的经验,有虚心求学的态度、严谨认真的精神和吃苦耐劳的毅力,王文兴奔波各地筹集建筑材料,对建设经费严格把关,按照设计要求平整土地、精心组织施工,他的助手、办公室主任舒允宜(成思危的夫人)很能干,帮他分担了不少事务,在大家的共同努力下,科研楼、试验场区、员工宿舍等从无到有,经过近三年的时间,研究所的建设渐成规模。当时国内政治形势较混乱,很多单位监管无序运转失灵,而在王文兴的领导主持下,研究所整个筹建过程中,在施工质量、财务支出等方面没有出现一点问题。

1969年秋,研究所的基本建设定型,完成任务的王文兴向化工部递交申请,说明催化研究在我国化学工业发展中的重要作用,请求组织批准自己能够从事专业方面的研究工作。化工部领导同意了他的请求,安排王文

图 3-23　1967 年王文兴与化工部西北研究所同事的合影（右三为王文兴。王文兴提供，存于采集工程数据库）

图 3-24　1991 年 8 月，王文兴等人回访化工部天津化工研究院时的合影（后排左五为王文兴，前排左五为张婉华）

兴暂时回到天津化工研究院工作，待局势稳定后再做调整。当时"文化大革命"正如火如荼，到天津之后，王文兴就像一条搁浅的船，不得不暂时停下了科研的脚步，但是这段时间，王文兴并没有荒废时间和专业，坚持学习并关注业内发展，他通过广播电台自学了日语，翻译了俄文著作《烃类多相催化氧化》，后来参与翻译了日文著作《触媒变览》。

第四章 英国考察 初涉环保

"环境考察团"选了研究化学的王文兴

20世纪70年代初期,中国在政治、经济领域发生了一系列重大变动和变革,1973—1975年,周恩来主持中央日常工作,着手恢复调整国民经济,解放干部,使各方面都有了转机,国民经济形势出现复苏局面。

由于工业生产的恢复发展和大型化工项目工程开工建设以及社队办厂的兴起,加之一些企业缺乏环保意识,经营管理混乱,致使中国环境污染问题越来越突出。对此,周恩来总理和负责国务院业务组工作的李先念副总理十分重视,开始着手治理工业废水、废渣、废气的"三废"问题,积极推动环境保护(以下简称环保)工作的开展。

1972年6月,联合国人类环境会议在瑞典斯德哥尔摩举行,这是世界各国政府共同讨论当代环境问题、探讨保护全球环境战略的第一次国际会议,中国政府也派代表团参加了会议。

1973年,国家在派团参加世界环境大会的同时,又派出一个环境科学

图 4-1　1973 年 6 月，代表团全体成员在中国驻英大使馆商参处宿舍楼前合影（后排右一为王文兴）

技术考察团赴英国考察，代表团成员就从当时中国四个工业城市北京、沈阳、天津和上海从事工业科技的工作者中选派。当时我国基本没有统筹的关于环境方面的研究，相关技术人才十分欠缺，天津方面在确定唯一的一个考察代表人选时也很纠结，考虑到"三废"问题中化学污染特别突出，综合各方面条件，最终选定了学化学的王文兴。看起来这是一次偶然的选择，当时谁也没有料到这次考察会成为王文兴"改行"的一个重要契机。

最终选定的代表团成员包括三部分：政府有关部门领导干部、科技工作者以及工业部门高级工程师。团长是国家城市建设局局长丁秀，副团长是北京市计委副主任王海青、沈阳市副市长李澄，科研人员有中国科学院地球化学研究所刘东生、化工部天津化工研究院王文兴、上海第一医学院卢纯惠，两位高级工程师分别来自沈阳、上海，国家城建局处长赵士修担任行政秘书，王文兴担任负责技术的秘书。此外，还有英语翻译刘永发。

1973 年 6 月 3 日到 7 月 5 日在英国一个多月的环境考察，对王文兴来说不仅是一次"放眼向洋"增长见识的机会，也是他科研道路上一个偶然却十分重要的事件，它最终导致王文兴由一位催化科学执着的追求者转向了环境科学研究。

代表团的目的是考察发达国家环境质量状况、环境污染发展历史及其对策，是政策性和技术性的双重任务。英国是世界上第一个工业化国家，也是工业革命的发源地，在很长的历史时期内，环境曾遭受严重的污染，

图 4-2　1973 年 6 月，国际环境大会后王文兴在伦敦与代表团合影（左一为王文兴）

特别是1952年"伦敦烟雾事件"震惊世界，后经数十年的治理，成效卓著，这就是为什么选择英国作为环境考察对象的原因。考察内容是综合性的，其中重点是城市环境污染问题，包括工业污染治理、大气污染、水污染、城市环境规划管理、环境政策以及环境科学研究等。根据考察计划，代表团在参加国际会议后考察了伦敦、泰晤士河和特伦特河、曼彻斯特、谢菲尔德、诺丁汉、利兹、布里斯托尔，探访了一批化工、钢铁和铅锌冶炼等企业。

访英第一站伦敦

代表团抵达英国伦敦休息一天后，6 月 5 日起参加国际环境科学大会，会议共进行四天，内容是综合性的，包括大气环境、水环境、垃圾处理、生态、土地利用、环境规划等方面。会议还设许多展台，有不少厂商展示环境分析测试仪器设备，大气、水污染治理图片和技术等。王文兴通过听取会议学术报告和参观展台，拿到不少资料、论文，初步了解了英国及世界环保和科学发展的基本情况，增加了很多环境科学和环保的知识，也为接下来的考察活动做了一定的理论和知识准备。

图4-3　1973年6月，王文兴在伦敦参加国际环境科学会议

会后在伦敦的考察中，王文兴他们首先到英国环境部了解英国的环境管理机构设置，大气、水质、土壤等污染和治理状况，科研和监测机构设置等。通过环境部相关部门专家介绍，代表们对英国环境政策、法规制订、环境治理、科研监测等有了基本的了解。由于英国城市空气污染"历史悠久"，曾经的"伦敦烟雾事件"震惊世界，因此英方专家特别着重介绍了英国大气污染、控制、立法的历史过程。

早在中世纪，伦敦等城市的煤炭使用量开始逐步增加，城市空气质量下降，16世纪末就有这样的记载。英国18、19世纪的工业革命就是建立在煤炭能源基础上的。当时工业区往往集中在城镇和城市，煤炭的燃烧技术低下加上居民生活用煤，大量的二氧化硫和烟尘低烟囱排放，在不利的气象条件下形成严重的烟雾，使城市生活陷于停顿，交通中断，市民死亡率急剧上升，空气污染对建筑物和植被的影响也越来越明显。在这种情况下，英国政府对包括公共卫生事务在内的社会事业的态度，不得不从自由放任逐渐发展到加强干预。1875年，英国通过了一部影响深远的《公共卫生法案》(The 1875 Public Health Act)，以加强立法的形式巩固了公共卫生的地方管理机制，地方权威获得了更多的权力，也被赋予了更广泛的责任，这包括了排污、食品监察、垃圾集中、传染性疾病、医院、街道清洁、住房管理等所有公共卫生领域。它首次为英国全国规模的公共卫生管理设立了形式规范，强化了中央干预公共卫生的职能，凸显了国家责任，从而建立起英国现代公共卫生政策体系的基本模型。

20世纪前期英国政府实施了更严格的工业排放控制，1926年制定了《公共卫生（烟害防治）法》，目的是减少工业污染源的排放量。1952年一周内导致 4000 多人死亡的"伦敦烟雾事件",进一步促使政府制定了 1956 年和 1968 年的《清洁空气法案》(*Clean Air Acts*),包括划定城市无烟区和高烟囱政策。随着《清洁空气法案》的实施,空气质量的改善一直持续到 70 年代。当中国环境科学技术考察团 1973 年到来时,英国的空气质量已得到根本性的改善。

王文兴认真聆听并记录了关于英国环境污染与控制历史的介绍,从工业革命起英国煤烟型大气污染控制着英国的大气质量长达 200 多年,这些历史让王文兴感到非常吃惊。作为考察团成员,王文兴认真思考英国大气污染与控制的经验及存在的问题对中国有何借鉴意义,只是,那时的他无法预见,在不久的将来,自己的职业和科研生涯真的与环境、大气污染和控制挂上了钩。

城市环境考察是代表团的重要任务,在有"雾都"之称的伦敦,王文兴他们察看了空气、城市污水处理和泰晤士河伦敦段。对于从国内走出来的王文兴来说,英国考察给他带来的感受和冲击是十分强烈甚至震撼的。有一天早晨,王文兴特地爬上住处的楼顶查看周围环境,从高处放眼望去,虽然周边依旧烟囱林立,但没有一个冒黑烟的,街道干净整洁,公园草木葱郁,远望视野通透,空气质量良好。经过了解,伦敦为解决城市大气污染所采取的关键措施,就是大力改变城市能源结构,将污染严重的家

图 4-4　1973 年 6 月,王文兴在商参处宿舍楼楼顶上查看周围的烟囱

第四章　英国考察　初涉环保

庭用煤全部更换，改为以石油和天然气为主，控制机动车污染排放，基本上解决了以二氧化硫为主的大气煤烟型污染。二十多年前的"伦敦烟雾事件"人们仍记忆犹新，但现在情景都变了，无论在鸽子广场，还是海德公园，到处空气清新，鲜花满园。1950年伦敦空气中二氧化硫和烟尘的年均浓度分别为400微克/立方米和370微克/立方米，到1973年，分别降到100微克/立方米和35微克/立方米，伦敦空气质量得到很大改善。

英国为解决大城市拥挤问题，计划在不同发展阶段在全国建设28个卫星城市，这是世界城市建设中的创举。中国考察团参观了伦敦已经建成的四个卫星城市中的三个，一个是伦敦老城南边的克劳利，一个是城北的斯蒂夫尼奇，还有一个是东北的哈洛。在克劳利新城，环境优美，一切生活设施如商店、学校、医院等一应俱全。在伦敦以北约48千米的斯蒂夫尼奇，新城面积4.8千米×9.7千米，以前只有3000名居民，现在已有7.3万人。东北角建有一个人工湖，湖底铺一层塑料，防止漏水。城中有小学、中学，还有一个学院，工业主要是精密仪器、电子、火箭、飞机制造工业。伦敦东北的哈洛新城，规划合理，整洁大方，住房基本都是两层楼房，每家都像生活在花园里。

泰晤士河和特伦特河考察

泰晤士河和特伦特河是流经英国工业区的两条大河流，这两条河都发源于英格兰中部地区，前者流向东南经伦敦入海，后者流向东北经金斯顿入海，泰晤士河是英国南部最大的河流，全长338千米。在英国工业革命后，伦敦人口集中，大量的城市生活污水和工业废水未经处理直接排入河内，加之沿岸又堆积了大量垃圾，使该河成为伦敦的一条排污明沟。夏季臭气熏天，沿河的大厦、教堂、钟楼乃至居民住宅等不得不紧闭门窗。由于伦敦饮水遭受污染，伦敦曾多次暴发霍乱疫情，累计丧生者达数万人。另外该河还受潮汐的影响，涨潮期间时而发生污废水急剧倒灌，造成臭水满街流的情形。

与泰晤士河类似，特伦特河流经英格兰中部诺丁汉等工业区，也曾经有长期严重污染的历史。

从 19 世纪中期到 20 世纪中后期，以泰晤士河流域为代表的水污染及其治理经历了错综、艰难甚至反复的斗争过程，终于拨云见日雨过天晴。经过多年的艰苦努力，完善城市污水管网系统和建设污水处理厂，泰晤士河流域的工业废水和生活污水处理也取得了显著成效。在 1973 年这次环境考察中，中国代表团到英国环境部办公楼时，一进大厅就看到一个大鱼缸，鱼缸里几十种生长在泰晤士河里的鱼类在悠然游动，在过去污染严重水质低劣的年代，河中很多鱼类难觅踪影，如今由于水质的改善这些鱼类已经"重回故里"了。

1973 年 6 月 18 日上午，考察团成员去伦敦港参观考察，接待人员介绍说经过长期努力，现在已在泰晤士河中发现 63 种鱼，鱼的种类和数量都比过去污染严重的时期有大幅回升，据说有一个人在 4 小时内钓了 42 条鱼！而当地政府为了宣传污染控制良好效果，倡导和鼓励市民的环保意识，还公开悬赏，如有人在泰晤士河里钓到一定重量的鱼，可得 500 英镑奖金！

伦敦港就在伦敦塔东边不远的位置，王文兴他们乘小艇参观泰晤士河，顺流向下游河口方向驶去。王文兴在日记中写道：泰晤士河水绿莹莹的，看似不很清洁，但无异味，河面比天津海河解放桥段稍宽些。下午去 Highgate Cemetery（高门公墓）瞻仰了马克思墓。

王文兴他们还参

图 4-5　1973 年 6 月 5 日，王文兴在伦敦塔桥考察泰晤士河水质

图4-6　1973年6月18日，王文兴、刘东生、刘永发（自左至右）在马克思墓前合影

观了一个日处理量达300多万吨的污水处理厂，像这样规模的污水处理厂伦敦有十几个。而当时在国内，污水处理还属于新鲜事儿，北京刚刚试运行的一个污水处理厂，污水日处理量只有20万吨。考察中代表团了解到，泰晤士河流域中的一切污水均须经过处理后才允许排入河中或注入地下。在严格的管理下，泰晤士河的污染防治工作取得了明显成效，除下游受潮水影响的河段外，其他河段的水质均已达到饮用水的水质标准。

泰晤士河成功治理的关键不是采用了什么最先进的技术与工艺，而是开展了大胆的体制改革和科学管理，被欧洲称为"水工业管理体制上的一次重大革命"。

图4-7　1973年6月19日，王文兴参观诺丁汉的一个古城堡

他们对河段实施了统一管理，把全河划分成 10 个区域，合并 200 多个管水单位而建成一个新的"水龙王"——泰晤士河水务管理局。然后按业务性质做了明确分工，严格执行。在水处理技术上运用传统的截流排污，生

图 4-8　1973 年 6 月，王文兴考察牛津大学

物氧化、曝气充氧及微生物活性污泥等常规措施。处理后的废水可用于养鱼、灌溉、生态保护等，均得到合理利用。

对泰晤士河和特伦特河的考察让王文兴感触颇深：一个社会问题的解决需要社会各种力量的共同支持和配合，河流污染问题的治理体现的不仅是治水和治污的问题，它也在一定程度上反映了政府施政的基本理念以及整个社会对这一问题的态度。"人饮用泰晤士河的水；人污染泰晤士河的水；人眼见泰晤士河的水质越来越坏；人继续往泰晤士河里排放各种污水；人还在饮用泰晤士河的水……"环境问题的出现与人类的活动是密切相关的，环顾当今社会，我们的某些行为是否在酝酿着昨天的悲剧？当今社会飞速发展，我们应该如何正确处理人与自然的关系？这一问题值得我们认真思考。

访问工业革命发源地曼彻斯特

1973 年 6 月 10 日和 6 月 14 日代表团两度访问曼彻斯特及其周边工业区。之所以对这里特别重视，是因为曼彻斯特是世界工业革命的发源地、英国第二大繁华城市，在工业化道路上曾创造了光辉的历史。曼彻斯特曾

是世界棉都，全球第一个工业化城市，全球第一条蒸汽机铁路——曼彻斯特—利物浦 300 千米铁路于 1830 年开通，利物浦—曼彻斯特运河 1894 年通航……然而，曼彻斯特也曾是长期工业污染严重的城市。研究曼彻斯特两百多年来的发展道路，不仅对发展中国家实现现代化具有重要意义，而且对发展中国家特别是中国当前面临的环境问题具有重要的现实意义。

曼彻斯特市特别重视中国客人的访问，1973 年 6 月 14 日中午，市长偕夫人和女儿在市政府大厅宴请中国客人，他发表了热情洋溢的讲话，并介绍了曼彻斯特的发展和环境污染及治理的历史。宴会结束时市长送给中国客人每人一个不锈钢啤酒杯。

在曼彻斯特王文兴等人参观了很多地方，给王文兴留下深刻印象、令他数十年记忆犹新的是一条街道，这是一条在工业革命时期被煤灰烟尘熏染得黢黑的街道，近数十年来曼彻斯特的市貌变化很大，大量在 1960 年前兴建的楼房都被拆毁，以新式建筑物取代，而旧厂亦改建成住宅公寓，许多工业革命年代被煤烟熏黑的建筑物也随之不见了，市容已焕然一新；但为了警示后人，曼彻斯特一直保存着这条"黑街"，不曾清洗修缮。无论是屋顶、墙皮还是路面，那浓厚的黑色印记仿佛已刻骨入髓渗透肌理，王

图 4-9　1973 年 6 月 14 日，王文兴在曼彻斯特市内

文兴边走边看，内心感到非常震惊，他没有想到，燃煤排放的烟尘竟然能污染到如此严重的程度！

1840年前后，英国的大机器生产已基本取代了工场手工业生产，英国成为世界上第一个工业化国家。工业发展引发了煤炭的开采和消费，伴随着煤炭消费量的迅速增长，以二氧化硫为特征的大气污染迅速发展和蔓延，曼彻斯特、伦敦、谢菲尔德等城市遭受到长达两个世纪的严重大气污染，由于大气酸性物质的长期沉降积累，水体和土壤出现酸化，导致森林衰亡，湖河鱼虾死亡甚至绝迹。

王文兴他们在考察中得知，酸雨的发现者、苏格兰化学家罗伯特·A.史密斯（1817—1884）于1852年研究曼彻斯特郊区空气污染时，测定了降水的酸度并分析了降水化学成分，发现降水呈酸性，硫酸根浓度高。水中的硫酸盐则来源于燃煤排放的烟气。这一研究结果发表在他1872年出版的《空气和雨水：一个化学气候学的开端》(*Air and Rain The Beginnings of a Chemical Climatology*)。史密斯的重要发现，在以后长达一个世纪里没有引起人们的注意，一直到20世纪70年代，当欧洲和北美湖泊森林受到严重的污染、湖泊鱼虾衰亡甚至绝迹、大面积森林死亡时，大气酸化问题才引起相关政府和科学家们的关注。

第二次世界大战以后的半个多世纪，曼彻斯特本地经济一直在从工业型经济向服务型经济转型。伴随着制造业就业机会的减少，服务业提供的就业机会越来越多，该市逐渐成为英国西北地区商务、金融、保险和运输的中心。曼彻斯特数十年的产业结构变化历程中，直接反映出从偏重制造业到走向产业结构更进一步合理化的演变轨迹。代表团考察时，尽管曼彻斯特制造业在城市经济总产值中还占70%以上，城市面临着产业结构调整问题，但已发生重大变化。

在曼彻斯特东边不远，代表团参观了英国著名的化工生产企业ICI公司，厂区内没有看到化工厂里常见的跑冒滴漏现象，环境状况良好。

曼彻斯特城市发展经历从棉纺起家，制造业兴起，环境污染和治理，经济转型和产业结构调整，对今天的中国都有借鉴意义。在英国考察的日子里，王文兴总是竭力记下所见所闻，总是认真对照国内的情况，思索如何"洋为中用"……

当然,这时还从属于天津化工研究所、执着于催化研究的王文兴没有想到,这次的"黑街酸雨"曼城之行,冥冥之中已为他日后转向研究大气环境化学尤其是酸雨埋下了伏笔。

欧洲特殊钢中心谢菲尔德

"6月15日,天气晴,无风,上午8:40由曼彻斯特乘火车到谢菲尔德,二等车票0.86英镑。一个小时的火车,在不高的山区行驶,中间有许多山洞,其中有两条很长的,沿途树木茂密,牧草碧绿,风景优美……"

这是当年王文兴日记里的描述。

谢菲尔德市位于英格兰北部的南约克郡Don河谷地和沿河丘陵地带,当时人口近53万,是欧洲最大的特殊钢生产中心,钢铁生产闻名于世。"到这里来既想了解这个城市的钢铁工业是怎样发展起来的,又想知道钢铁工业环境污染是怎样解决的,最后如何建成欧洲工业城市中环境最清洁城市",王文兴在日记里这样写道。

与伦敦、曼彻斯特等城市一样,谢菲尔德也曾是重污染城市,钢铁工

图4-10 20世纪60年代谢菲尔德钢铁企业改造前的大气环境

图 4-11　20 世纪 70 年代初谢菲尔德钢铁企业改造后的大气环境

业连同居民用煤导致的严重的大气污染问题，在长达一百多年时间里长期困扰着该市，市议会尝试过很多努力但收效甚微，直到 1956 年《清洁空气法案》颁布，大气污染才开始得到较有效的治理。高浓度的空气污染物会对人体健康造成严重的危害，根据健康管理部门的记录，1885 年谢菲尔德每 1000 个新生儿非正常死亡率为 164 人，到 1970 年新生儿千人死亡率下降到 19 人，这是重大的进展。

在谢菲尔德市政厅的二楼椭圆形会议室，市长向中国代表团介绍了该市的历史和发展现状，并播放城市规划幻灯片，然后给每人一份介绍谢菲尔德城市的官方手册（*Sheffield The Official Handbook*），这份手册引起了王文兴浓厚的兴趣，他至今还保存着。打开手册的第一页不是官方

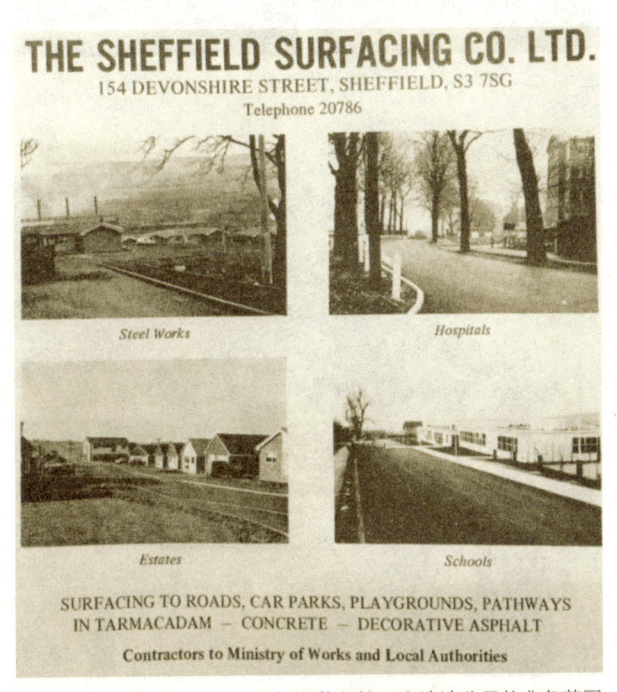

图 4-12　1973 年谢菲尔德一家清洗公司的业务范围

第四章　英国考察　初涉环保

的前言，而是一家清洁公司的介绍，它是工厂和地方当局的承包商，专门清洗道路、停车场、住房、学校等。手册中还有另一家清洗公司，标出建筑物清洗前后的对比照片。它们是城市美容师，是为这座城市"洗澡"让她永葆靓丽容颜的妙手之一，而正是对污染的严格控制和治理催生了这样的新行业……

听完介绍后考察人员乘车参观市容，下午到 Stock Bridge 特种钢厂参观，该厂冶炼部分仍有灰尘飞扬，轧钢部分全部实现电子计算机控制，比较清洁。

图 4-13　1973 年谢菲尔德一家清洗公司建筑物清洗前后的对比

图 4-14　1973 年 6 月 15 日，王文兴在谢菲尔德城市一角

谢菲尔德这个城市以钢铁业起家，特殊钢生产、加工及其各种制品形成完整的工业体系，这也成为改善环境坚实的经济基础，有了强大的经济实力，20 世纪中期以后的城市改造和大气污染治理才得以比较快速和顺利地实现。在王文兴看来，当"英国钢城"从立法到行动严控环境污染并收到显著成效时，我们国内却是在"赶英超美"的口号下大炼钢铁，粗放的生产方式，落后的工艺，缺乏环保意识，难道不是在走英国工业城市过去环境

污染的老路,甚至有过之而无不及吗?在当时的政治气氛中,王文兴实在难以公开提出这样的问题,但他内心的担忧久久难以隐去。

6月27日,考察团去布里斯托尔参观铅锌冶炼厂,这个铅锌冶炼厂曾经污染严重,这时已治理得比较好。傍晚时分,考察团成员结束当天的讨论后,乘车返回伦敦。在伦敦又参加各种活动后,考察团于7月5日下午回到北京。由于王文兴肠胃不适,于是直接回到天津,后续的活动没有参加。

王文兴的"考后感"

尽管出国考察是被上级组织临时点将缺乏准备,但出国后耳闻目睹的这一切还是引发了王文兴严肃而深入的思考。

在英国考察的一个月将王文兴带到了一个环境科学和环保的崭新领域,他亲身了解了英国工业革命推动经济社会发展的历史,看到了伴随着工业发展产生的令人难以置信的环境污染痕迹,特别震惊于大气污染对人体健康和自然环境造成的严重危害,同时也看到了英国政府和民众经过长期环境污染的磨难后治理污染保护环境所取得的成就和进展。考察中,王文兴对环境立法和严格执法的重要性有了直观而深刻的理解,伦敦、曼彻斯特、谢菲尔德等工业城市的大气环境质量改善都说明了这一点。另外,提高全民环保意识,全民动员,全民参与,也是保护好环境的必要条件。

不过,在"文化大革命"时期,国内舆论宣传中"东风压倒西风"是必然的,"社会主义好,资本主义糟"是不容置疑的,即使是在环境领域也不例外。1972年,中国代表团赴斯德哥尔摩参加第一次联合国人类环境会议时,在发言中就讳言本国和其他社会主义国家的环境问题,批评的都是"资本主义的天"。1973年王文兴参加的这次赴英环境考察团,依然存在这样的"忌讳",在考察后期,作为负责技术的秘书,王文兴参加了考察报告的起草撰写工作,初稿写出后,考察团负责同志审稿时苦笑着说:同志啊，这样写不成啊，你把资本主义国家的环境写得那么好，不等于说我们不如人家好嘛……

1970年年初，国内人们的环境知识普遍贫乏，环保意识淡薄，当时国家各级政府还没有真正意义的环保机构。1972年6月联合国在斯德哥尔摩召开了世界第一次人类环境会议，根据周恩来总理指示，我国派团参加了会议。通过这次会议，高层决策者认识到我国也存在环境问题，而且某种程度上引起了国际关注，需要认真对待。1973年8月5日，国务院召开第一次全国环保会议，赴英国环境考察团部分成员参加了会议。会议审议通过了国家环保《三十二字方针》和我国第一个环保文件《关于保护和改善环境的若干规定》，这是我国环保的开端。据此，国家设立了"国务院环境保护领导小组办公室"，以后各省市、地区相继建立了环保办公室。在此后相当长的时间内，由于各种因素的影响，环保工作效率不高，环境恶化趋势加剧，直到进入21世纪。

图4-15　1973年7月3日，王文兴在伦敦瑞金公园

一个多月的考察结束后，王文兴与其他成员一样返回原工作单位从事自己的科学研究，他对英国在工业发展过程中造成的环境污染危害以及后来的成功治理印象极为深刻，认为经济发展和环保应在一个合理的交叉点上并进，尽量避免再走先污染后治理"亡羊补牢"的老路。不过这时，王文兴并没有想过放弃催化从事环境科学研究，更没有想到几年后由于这次英国考察，他的科研道路在人到中年时来了一个大拐弯——由物理化学转向了环保。

第五章
半路出家　投身环保

调入天津环境保护办公室

20 世纪 70 年代初期，我国的工业生产得到了一定程度的恢复和发展，但是相对落后的规划布局、粗放的生产方式、淡薄的环境意识，并没有从根本上得到改变。当时从全国范围看，环境和生态状况总体上还算不错，不像后来那样严重和突出，但是在局部地区和领域，环境污染和生态破坏问题比较突出。那时城市的工业布局比较乱，观念落后，为了职工的便利，很多企业专门建在城里，产生的废气、废水、噪声、垃圾带来了很大的环境问题，不少城市的空气和水受到污染。另外，城市基础设施建设滞后或不到位，也相应放大了环境污染问题。

"文化大革命"时期，人们对环境污染问题的认识不足，甚至在 1972 年我国派团参加首次人类环境大会时，还坚持认为环境污染是资本主义的事，社会主义没有污染。但是国际上对环保的日益重视、西方工业国家的前车之鉴、国内环境和生态方面的严峻现实，促使中国越来越多地考虑发展与环保的关系、如何以科技手段既促发展又保环境等问题，王文兴 1973 年参加的赴英环境科学技术考察团，就是这种思路的一个具体体现。

20 世纪 70 年代是中国环保刚刚起步的阶段，周恩来总理和国务院业务组对此十分重视，当时负责国务院业务组工作的李先念副总理积极推动环保工作的开展，从 1972 年开始，他对治理工业废水、废渣、废气的"三废"问题一直抓得很紧，先后作出的批示就有二十多次。

随着国家对环保问题和环境科学的逐渐重视，1974 年 10 月，国务院环境保护领导小组正式成立。此后，全国各省市纷纷成立环境保护机构。1975 年夏，天津市筹建环境保护办公室，谁来负责呢？那时国内环保意识淡薄，放眼全国也找不出几个专事环保工作的人才，遑论一个天津市！组织人事部门只能从"相关相近"的专业或工作范围内进行考察、选拔。王文兴是学化学出身，化学算是离国内环保焦点"三废"问题相对比较近的专业，此前他又有过组织筹建化工研究所的经历，特别是一年前，王文兴参加了国际环境科技考察团且是天津市的唯一代表，因此，他很"自然"地进入了天津市委、市政府的选材视野。于是上级组织部门一纸调令，任命王文兴担任天津环境保护办公室（以下简称天津环保办，后改为天津市环保局）副主任，他的人生命运，又一次面临重大的转折。

"坏了！"这是王文兴接到通知后的第一个感觉，那时国内还没有独立的环境科学学科，王文兴心想：怎么又让我丢下专业去做行政啊？

在西北筹建研究所已经耽误了几年时间，回到天津化工研究院的王文兴如饥似渴，心里实在放不下对催化专业的研究，因此在别人看来难得的升官机会，在他则是"丢西瓜捡芝麻"，他有意磨磨蹭蹭不去赴任，一直拖了半年，市领导向有关工作人员发了脾气：敬酒不吃吃罚酒，告诉他，再不来上任就处分他！就在这时，1976 年 1 月 8 日，周恩来总理逝世，王文兴和众多知识分子一样十分悲痛，心情沉重烦乱。抱着无可奈何的心理，王文兴去了天津环保办报到。

当时主持天津环保办工作的宋祝勤主任是一位老革命，当年解放天津时的"头号布告"就是他起草的。宋祝勤热情接待了王文兴，让他分管技术。在领导支持下，王文兴很快熟悉了工作，他白天忙于开会等各种行政事务，到了晚上，"不甘心"的他除了继续看以前的化学专业书籍，还跟着广播学日语口语。这时的王文兴"身在曹营心在汉"，多年后谈起这段经历时他也坦承：我就等待着看什么时候还有机会"归队"，回去做我的催化。

由于单位离家比较远，他不愿意把时间浪费在路上，后来干脆就住在了单位，每周六下班回家一次。这样，虽然同在天津，王文兴、张婉华夫妇又一次开始了"分居"的日子。

天津市对人才很重视，王文兴刚到天津环保办不久就被选为天津市第八届人民代表大会代表，1980年王文兴虽然已被借调到中国环境科学研究院，仍然当选为第九届天津市人民代表大会代表。王文兴想到这里还觉得为天津市服务不够，心有内疚。

图5-1　1980年6月，王文兴当选为天津市第九届人大代表

天津大气污染防治第一人

1977年，"全国环境保护科技情报网"第一次会议在安徽黄山召开，会上王文兴与中国科学院环境化学所的吴景学研究员、南开大学的戴树桂教授经过认真、热烈的讨论，联合倡议国家成立环境科学学会并创办中国环境科学杂志。

半路出家从事环保的王文兴以他科学家的敏感，接触新工作后很快意识到，环境科学关系到国家的可持续发展，建立一个全国性的环境科学学会，可以有效组织实施并协调各地与环境工作有关的重要活动，提供方便平台推动开展学术交流，开展环保科普工作，提高全民环境科学素养等，这将对我国环保事业的发展起到巨大的促进作用。回到天津后，王文兴向

图 5-2 1977 年 6 月，王文兴参加全国第一次环境科学技术情报会议（左王文兴，右戴树桂）

宋祝勤主任汇报了会议情况，并提出了关于建立天津市环境科学学会的想法，立即得到宋祝勤的同意和支持。天津市环境科学学会当年成立，王文兴任理事长。这个学会不仅是全国各省市区中最早建立的环境学会，而且走到了"老大"中国环境科学学会的前面，后者直到 1979 年 3 月才正式成立。

天津是一个老工业城市，20 世纪 70 年代末，城市中经常弥漫着烟气。造成大气污染的原因主要有两方面：一方面，当时天津市的电厂、钢厂等很多企业就坐落在市区，烟尘排放严重；另一方面，城市居民大多以煤为燃料，特别是在冬季采暖季节，煤的用量大增，更

图 5-3 1999 年 10 月，王文兴与部分老同事在天津市环保局的合影（前排左四王文兴，左五副局长张一之）

加剧了空气污染。因此，治理天津市的大气污染是环保局当时面临的最大问题，而这块硬骨头正好处于王文兴分管的范围。

王文兴提出，治理天津市的大气污染，首先要解决工业污染，最快捷的方式是安装消烟除尘设备。当时天津主要的大气工业污染源有四家：钢铁厂、电厂、水泥厂、冶炼厂。这几个厂冒

图5-4 1977年8月，王文兴（第二排左二）在"金星号"考察船上参与黄渤海污染考察（王文兴提供，存于采集工程数据库）

的烟颜色不一样，被市民形象地称为"黑白红黄四条龙"。那个时期国有企业很困难，利税要上交政府，企业没钱治理污染。王文兴不仅要拿出治理大气污染的技术方案，还要跑一些机构，解决资金的问题。宋祝勤非常看重王文兴的才学和专业，在业务上非常支持他，同时积极协助落实资金，找政府要钱，安排治理项目。在王文兴的指挥下，一系列措施得以实施，天津市的工业污染问题很快得到了缓解。但要从根本上解决，还是一个非常严峻复杂的问题。王文兴当时提出了几条建议：第一，污染严重的工厂一定要从城市中搬迁出去。当时天津环保办向市政府的报告中也提出来，建议政府建一些工业园区，把企业全部从城里往外搬迁。第二，天津一定要发展集中供热。1976年唐山地震后，天津市为改善城市面貌，建设了大批居民住宅楼，但是由于当时没有集中供热，居民的炊事和采暖还是靠烧煤球，王文兴建议政府尽快出台相关规定，要求新建的住宅要配套建设集中供热设施。第三，城市居民炉灶要尽早实现气化，天津几百万居民如果都能改用天然气或者煤气，可以大大减轻燃煤造成的大气污染。这几

第五章　半路出家　投身环保

图 5-5　1979 年 3 月，中国环境科学学会第一届常务理事会理事合影（前排左六理事长李超白，左七秘书长陈西平；第二排左四王文兴，左五黄新民）

条建议后来被市政府逐步采纳，天津市在 20 世纪 90 年代后期成为我国大气污染治理比较先进的城市，这与王文兴的努力是分不开的，他也因此被称为"天津大气污染防治第一人"。

在思考和提出技术性的环保建议及对策的同时，王文兴还十分注重环保观念和意识的普及与提升。粉碎"四人帮"之后到改革开放之初，国家经济百废待兴，群众的生活水平还很低，大家通过发展经济改善生活的迫切愿望，远远超过环境治理和生态保护，尽管那时污染已经很严重了。王文兴曾专门出国考察英国的环境历史与现状，对国外环保经验非常关注，对历史上曾经的一些环保教训理解得非常深刻。他坚持认为，如果只注重经济发展而忽略环境污染，是不可能让人民充分享受发展成果的。无论是在全国性的环保会议上还是在天津环保办的日常工作中，只要有机会，王文兴就不厌其烦地去宣讲，除了讲技术，还讲环保的必要性和重要性，即使是在非专业场合，他也会为公众普及环保知识、增强环保意识而摇旗呐喊。

第一部专著《工业催化》

20 世纪 70 年代，中国的化学工业仍然比较落后，当时许多关系国计民生的生产技术和设备都比较落后。为了快速发展化学工业，国家实施了一个重要举措，要在化学工业中关乎民生的重要部门引进先进技术，如合成纤维、化学肥料等重要的生产技术，国家组织了一些相关技术谈判的办公室，王文兴被借调到北京参加催化剂的谈判。王文兴经常作为化学专家参加购置工业设备的谈判小组，负责考察外国工业设备的技术情况。在考察过程中，王文兴意识到催化剂是生产各种工业产品的核心技术之一。工业催化是一门核心技术，必须让国内的行业人士了解，这样才能促进国家化学工业的发展。"我 1952 年大学毕业，那时候国家百废待兴，穿衣吃饭是大问题。吃饭靠粮食，粮食得要肥料，合成氨最重要；穿衣光靠棉花不行，还得发展合成纤维，这些都要用到工业催化。这是我早年专注于催化研究的重要原因，也是后来我撰写《工业催化》一书的动力。"[①] 王文兴说。

图 5-6　1973 年 9 月 9 日，王文兴等人在广州南园就中国引进大型石油化工催化剂技术与日本专家谈判（后排右二王文兴）

---

① 辛勤、徐杰：中国催化名家（上册）。北京：科学出版社，2017 年，第 209 页。

于是，王文兴开始利用业余时间查阅外国资料，撰写《工业催化》一书。当时，国内的信息还比较闭塞，王文兴光搜集资料就用了三年时间。从 1971 年开始搜集资料，到 1978 年结束撰写，历时 8 年，王文兴终于完成了自己的第一部专著《工业催化》，这是我国第一部工业催化方面的专业书籍，共计 40 余万字。《工业催化》对烃类氧化工业催化剂的研制具有指导意义，开拓了行业人士的视野，促进了工业催化化学学科的发展，在我国学科发展史上具有重要意义。

图 5-7 1978 年王文兴编著的第一本专著《工业催化》（王文兴提供，存于采集工程数据库）

图 5-8 1982 年王文兴组织翻译的《催化剂手册》（原版日文）

图 5-9 1976 年王文兴翻译的《烃类的多相催化氧化》（原版俄文）

撰写这部《工业催化》专著的大部分时间，是王文兴在天津环保办担任副主任期间，白天有繁重的行政事务和学术活动等，只有利用晚上和节假日"业余突击"。1976 年 7 月 28 日凌晨，唐山发生 7.8 级大地震，天津、北京等地也受到严重影响，地震发生时，王文兴正在办公室熬夜撰写《工业催化》书稿，忽然间天摇地动，天花板和墙壁上的墙皮稀里哗啦掉落下来，所幸他没有受伤。

当《工业催化》书稿已基本完成时，有一天王文兴在图书馆里看到了一本出版不久的日文《元素别触媒便览》，跟着广播自学日语的王文兴此时已能初步阅读专业书籍，简短的翻阅后他发现这是一本很好的催化专业书，虽然书名标明"便览"，实际上并不是一般的工具手册，它是日本《触媒工学讲座》的第一卷，全书90多万字，主要内容包括相关元素及其化合物的催化基础化学、催化剂制造、吸附作用、催化反应与机理、催化活性与结构的关系等。显然，这是一本大型的催化综合知识学术性著作，很有参考价值，他决意将此书译成中文。考虑到此书翻译工作量大，自己的日语能力有限，于是王文兴邀请了几位大学青年教师参加翻译。由于当时会日语又懂专业的人很难找到，翻译进程缓慢，几经调整参加人员，他负责校订，最终完成译稿，1982年正式出版。

王文兴的催化情结还有一事值得一提，就是1983年3月，王文兴和他的同事去日本国立环境研究所访问3个月，其间，去北海道大学参观环境系，本与催化无关，但他慕名化学系的著名酸碱催化教授，也是王文兴组织翻译的日文《元素别触媒便览》主编之一田部浩三，通过学校安排，在田部浩三的办公室会见，他们相谈甚欢，合影留念，田部浩三还送给王文兴他的新著《超强酸·超强盐基》。一位老科学家对学术的执着，从他这次访问中可见一斑。

王文兴在回忆这些往事时说，自1966年他离开北京化工研究院后，十多年与钟爱的催化专业动辄"脱钩"的工作、生活中，他把大量的业余时

图5-10　1983年6月，王文兴访问北海道大学理学部化学科（从左到右：王文兴、田部浩三、林子瑜）

图5-11　田部浩三赠书

图5-12　田部浩三赠书签名

间用在了专业学习和著述上，在时局和个人命运都剧烈变化的年代里，他的精神世界始终有所寄托，他的心灵得以宁静和安慰。

调入中国环境科学研究院

1980年以前，中国的环境科学研究整体进行缓慢，资金投入不足。随着工业的发展，我国环境污染问题越来越明显，特别是京津地区和重要工业基地东北，不时发生不同程度的城市空气污染和水污染，不仅造成直接损失，还产生了不利的舆论影响，国家开始意识到解决环境污染问题已经十分重要。

1978年3月5日，第五届全国人民代表大会第一次会议通过了《中华人民共和国宪法》，宪法中明确规定："国家保护环境和自然资源，防治污染和其他公害。"这是以根本大法的形式，对环保作出规定，为我国以后的环保立法提供了法律依据。1979年9月，我国政府颁布了新中国成立以

图5-13　1981年10月，首次中美环境科学研讨会在北京召开（左六为环保局副局长陈西平，右一为王文兴）

来第一部综合性的环保基本法——《中华人民共和国环境保护法（试行）》。保护法把中国环保方面的基本方针、任务和政策，用法律的形式确定下来。保护法总则中规定"保证在社会主义现代化建设中，合理地利用自然环境，防治环境污染和生态破坏"，达到"为人民造成清洁适宜的生活和劳动环境，保护人民健康，促进经济发展"的目的。保护法还指出：为了适应环保工作需要，要建立国家级的环境科学研究院。

1979年3月，中国环境科学学会第一届全国代表大会在成都召开，王文兴当选常务理事、环境标准专业委员会副主任委员，受学会委托组建《中国环境科学》杂志编辑部（挂靠在中国环境科学研究院）并兼任编辑工作委员会

图 5-14　20世纪80年代初，中国环境科学研究院在板房实验室接待日本同行来访

主任。（《中国环境科学》杂志于1981年正式出刊，1984年王文兴当选为编辑部主任委员）。5月14日，国务院环境保护领导小组以正式文件确定成立中国环境科学研究院，由中国环境科学研究院、中国环境监测总站、中国环境科学情报研究所和代管的中国环境科学学会四个部门组成，对外四个牌子，对内一套行政系统，编制500人。设院长1名，副院长4人。科研部门下设检测技术研究室、环境管理研究室、大气环境研究室、水土壤环境研究室、环境工程研究室、试验场，共302人；中国环境科学情报研究所下设7个研究室60人；中国环境监测总站下设5个研究室80人；管理部门53人。

1979年11月12日，中国环境科学研究院以筹建处的形式开始工作。1980年3月31日，国务院环境保护领导小组（80）国环字33号文批准中国环境科学研究院院章于1980年4月1日正式启用。

图 5-15　1983 年联合国开发署官员访问中国环境科学研究院（右二王文兴，右三周启星，右四和右五为开发署两位客人）

其实，中国环境科学研究院的筹建准备工作在 1978 年年末就已开始进行。王文兴曾于 1973 年去英国进行环境科技考察，并有在天津市环保办工作的经验和成绩，此时在环保领域已颇有名气，经常被邀请参加京津地区召开的环保会议。这时，国务院环境保护办公室一位副主任、王文兴过去的老上级跟他联系，问他是否还想做科研，是否愿意来参与筹建中国环境科学研究院。

图 5-16　1980 年中国环境科学研究院赴日、美考察团成员名单

相对于在天津环保局的行政工作，王文兴更希望利用所学的化学知识进行科研工作，中国环境科学研究院是国家级的综合性环境科学研究机构，其中大气环境化学是一个重要的研究领域，物理化学是它的理论基础，而气固相催化与大气环境化学密切相关，王文兴大学

图 5-17　1980 年 11 月考察团在日本国立公害研究所（左一王文兴）

所学的专业是物理化学，又一直钟情于催化研究，能有机会重返研究岗位，王文兴第一个反应就是"好！这个地方好！"尽管三年来王文兴对在天津环保局的工作和领导同事们都有了很深的感情，可"专业""科研"对他来说依然是挡不住的诱惑，于是王文兴欣然接受了老领导的邀请。

但是天津市政府不愿意将王文兴这样的人才放走，还想进一步重用他。1980 年春，国家环保办以借调的名义让王文兴率领代表团分别去日本和美国考察环保经验各一个月，之后便留王文兴在北京作为领导班子成员筹建中国环境科学研究院，一直到 1983 年 3 月，天津市政府才最终同意放人，王文兴组织关系由天津环保局转入中国环境科学研究院。这当中还有一个小插曲：当时天津市一位主要领导爱才惜才，针对王文兴"执意"离开，指示工作人员调查，看王文兴工作中是否受了什么委屈甚至排挤，有问题马上解决。王文兴一再表示没有任何问题，就是想"归队"从事自己熟悉和热爱的专业研究，这才没有造成什么误会。

在赴日本和美国考察的过程中，王文兴感受很深。首先，发达国家对环境科研管理的投入十分大，各种仪器设备也非常先进；其次是他们的科研人员专业水平都很高。例如，当时的日本国立公害研究所（后改为日本国立环境研究所）全所一共 200 余人，但他们每年得到的资金支持就达到

第五章　半路出家　投身环保　　*83*

图 5-18　1980 年 2 月，王文兴在美国环保局北卡研究三角公园门前

几百亿日元。此外，西方对环境问题的反思从 20 世纪 60 年代就已经成为一股强大的社会思潮，环境哲学家将人与自然的关系视为人类生存的终极问题，这一哲学观已经深刻地影响了当代西方人的认知。和发达国家对比，我国环境科学的发展，无论是技术还是理念都很滞后。与数年前的英国考察相比，这次的日、美考察之后，王文兴更加感到重任在肩。这次考察时的所见所闻所想，也为王文兴日后参与筹建中国环境科学研究院提供了宝贵的素材和经验。

边建设，边科研

筹建中的中国环境科学研究院院址选在北京朝阳区郊外一处偏僻的农场，荒草丛生，蛇虫肆虐，刚成立时既没有像样的宿舍也没有实验室，建设者和科研人员都是住在临时搭建的四处透风的板房里，夏天蚊蝇叮咬，蛇鼠乱窜，两三尺长的大蛇拦道、堵门甚至入户的事情时有发生；冬天寒风刺骨，晚上睡觉很多人都不脱衣服，"那会儿冬天我都穿着棉大衣戴着棉

图 5-19　1980 年秋，黄新民主持技术会议（王文兴提供，存于采集工程数据库。面对者从左到右依次为缪天成、王文兴、黄新民、唐孝炎，背对者左三朱铨钧）

帽子睡觉"，王文兴回忆说。饮食条件也很简陋，所谓的食堂基本就只供应干馒头，风沙大，板房又不密封，馒头上经常落满尘土，"吹吹就吃了"。就是在这样艰苦的条件下，为了尽快开展科技工作，研究院提出"边建设边科研"的口号，克服困难先干起来。

王文兴根据自己在天津的三年环保经历和去英日美考察的经验，建议首先进行大气环境观测研究（大气化学和大气物理），得到中国环境科学研究院技术负责人黄新民的大力支持。黄新民是

图 5-20　1982 年王文兴在建设中的中国环境科学研究院大门口留影（日本国立公害研究所秋元肇提供）

第五章　半路出家　投身环保

图 5-21　1980 年中国环境科学研究院建院初期王文兴（中）与张贵信（左）、冯新（右）合影

图 5-22　1984 年《中国环境科学》第二届编委会留念（前排左六王文兴）

药物化学方面的留英博士，1980年8月从解放军防化技术研究所调入中国环境科学研究院，他的敬业精神、治学态度、科学家风度给王文兴留下了深刻印象，在他的支持下，经过王文兴等人的辛勤努力，首批大气环境研究室、水环境研究室、土壤环境研究室、生态环境研究室、环境情报研究室等七个部门迅速成型，一批国外先进的检测、实验仪器设备引进到位，加上广泛延揽人才，中国环境科学研究院的科研"软件""硬件"水平不断迅速抬升，在大气环境研究领域更是很快成为当时国内最先进的科研平台。

几十年后王文兴谈起中国环境科学研究院初创时期的情景依然历历在目，"早期的这一批人都没做过环境方面的专门研究，都是其他专业的人，主要是两大部分，一部分是从化工系统过来的，因为化工污染厉害嘛；另一部分主要是地理、生态方面的。你别看不是专门研究环境的，这批人基础好，又年富力强，转过来做环境他很容易上手。"大气光化学研究项目是中国环境科学研究院落实"边建设边科研"宗旨而最先启动的项目之一，为此王文兴组建了大气环境学科一支精干的"小分队"，几个小组带头人有的尚在中国科学院，后期才调入；有的身在北京大学，在中国环境科学研究院属于兼职。王文兴那时心里的念头就是"不管咋样，先干起来再说！"那时恐怕无人想到，十几年后，从这支"小分队"里走出了王文兴、唐孝炎、任阵海三位中国工程院院士。

20世纪80年代初，国内的科研条件较为简陋、落后，中国环境科学研究院通过招标从国外引进了一批具有先进水平的科研仪器设备，这也是王文兴当时的工作内容之一，"像臭氧

图 5-23　1980年12月，王文兴在日本国立公害研究所与所长近藤次郎交谈（左一王文兴。王文兴提供，存于采集工程数据库）

仪、二氧化硫氮氧化物分析仪、粒子谱仪、多普勒声雷达，大部分从美国买的，那个粒子谱仪型号我现在还记得呢，3030，测量大气里面颗粒物的粒径分布的，这个仪器那个时候很少，我知道北京还没有哪家有，仪器刚

图 5-24　1981 年 1 月，考察团部分成员在北卡州立大学参观室外光化学烟雾箱（左一王文兴，左二 Kamens，左三唐孝炎，左五田炳申）

图 5-25　1981 年 1 月，王文兴等人在加州大学河滨分校 Pitts 教授家做客（左一田炳申，左二 Pitts，左三唐孝炎，左四 Pitts 夫人，左五王文兴）

进院里搬到房间，我们都特地跑去看，有人说试试抽烟怎么样，当时仪器摆在这头，人在房间另一头点烟，发现仪器非常灵敏，一抽烟颗粒浓度马上上去了……"王文兴如数家珍。

除了引进现成设备，王文兴他们还创造性地开展某些仪器设备、实验装置的配备工作。1980年12月—1981年1月王文兴带队赴美国、日本考察时，对模拟大气光化学反应过程的重要实验装置——光化学烟雾箱进行了重点考察，鉴于该装置非定型产品，请外方专门建造价格极其昂贵，王文兴与北京大学唐孝炎教授等反复研究，并请日方有关专家一起讨论，最终借助联合国发展规划署（UNDP）的资金支持，设计、搭建了我国第一个可抽真空并配有长光路FTIR的烟雾箱系统，模拟实验结果表明其性能指标满足设计要求，达到当时光化学烟雾箱技术的世界先进水平。此后几十年，北京大学、中国科学院、清华大学等单位相继建立了多个室内和室外光化学烟雾箱，对研究光化学烟雾、酸雨化学、温室效应、平流层化学等一系列重要大气环境问题都有很大帮助。而在我国大气化学研究当中发挥了重要作用的光化学烟雾箱"元老"——王文兴领导搭建的我国第一个可抽真空并配有长光路FTIR的石英玻璃管反应器（烟雾箱），至今仍然保存在中国环境科学研究院的大气烟雾箱实验室里。

第六章
担当重任　转战西北

兰州，又是兰州！

1972年联合国人类环境会议以后，"环境保护"这一术语被广泛采用，中国的环保事业也逐渐起步。尽管对环保重要性的认识、发展与环保的辩证关系的认识、环保之于可持续发展的重要意义和作用等并不十分清晰，但作为我国环境科学领域里的先行者，王文兴和他的同伴们一俟踏足这个充满挑战的新领域，就开始了辛勤的开拓、探索和耕耘。

中国环境科学研究院作为国家级社会公益非营利性环保科研机构，它的任务是围绕国家可持续发展战略，开展创新性、基础性的重大环保科学研究，以研究任务带动学科发展。中国环境科学研究院1978年启动筹建准备工作，由于形势的紧迫需要，国家提出了"边建设边科研"的要求，于是在建院过程中，与环保有关的各项研究工作也随之开展，这当中，王文兴领导的大气环境方向成为优先发展的领域，其中包括大气化学和大气物理两个密切相关的重要学科。1981年国家环保局下达了关于"兰州西固地区光化学污染规律和防治对策研究"的环保科技任务[①]。本项目由甘肃环保局石敏媛和中国环境科学研究院王文兴共同负责，甘肃省环保局科技处、中国环境科学研究院、北京大学、甘肃省环境保护研究所和监测站、兰州大学、兰州化工研究院和兰州炼油厂等多个单位参加。

20世纪七八十年代，

图 6-1　1981 年，王文兴等人在兰州西固地区进行我国首次大气化学和大气物理联合光化学烟雾综合观测（后边是观测大气物理参数的系留气艇。左起：唐孝炎、王文兴、黄建国、任阵海、陈长河和彭贤安）

图 6-2　1980 年 11 月中国赴日本考察团部分成员在日本国立公害研究所大气激光探测楼前合影（左起：田炳申、王文兴、唐孝炎、马英）

---

① 1984 年《兰州西固地区光化学氧化剂污染控制对策研究》课题总报告。存于中国环境科学研究院档案室。

中国的大气污染主要是工业和生活燃煤引起的，煤烟型大气污染在那前后很长一段时间里一直是中国大气污染的主角。随着中国经济社会的迅速发展，石油消费量特别是机动车油品消耗量的迅速增长，使光化学氧化剂的前体物碳氢化合物（HCs）和氮氧化物（NO$_x$）的排放量逐年激增，因而导致大气光化学氧化剂的浓度也逐渐升高，现在光化学氧化剂污染已成为中国大气污染中的重要问题之一。而当时兰州西固地区光化学烟雾污染是在特殊的自然、社会条件下发生的，可以说它是当时全国大气污染中的一个另类。西固，处于兰州市西大门，是甘肃省和兰州市的核心工业区。这片沿黄河而兴起的古老区域，曾是古丝绸之路上的重要城郭和边陲重镇。新中国成立后，这里建设了大批石油化工项目，成为西部最大的石油化工基地，被誉为"西部石化明珠"。在西固70平方千米的地区内集中了石油、化工、炼油、发电、铝电解、化学纤维、制药、纺织等100多个工业企业，这些企业的生产制造都产生了大量的污染物。特别要指出的是，这里的石油化工和炼油工业排放的大量碳氢化合物和氮氧化物是西固地区光化学产生的主要前体物。此外，西固地区三面环山，处于河谷盆地，每年平均风速为0.94米／秒，全年静风率为62%，出现逆温天气占85%以上，特殊的自然地理条件极易造成污染物的累积，形成大气污染。

自1974年以来，每逢夏秋两季，西固地区的居民常感到眼睛黏膜受刺激、头晕目眩、恶心等症状，连植物生长也受到了严重影响，民众纷纷到政府部门请愿要求查明原因。于是，当地相关部门和科研机构开展了包括初步的大气污染物观测、人体流行病学研究、植物受害状况调查等在内的一系列活动，到1979年从不同角度基本证实西固地区夏秋季节存在大气光化学烟雾类型污染，初步认定主要污染源是本地的石油化学工业及石油炼制工业。甘肃省环保所1979—1980年完成了甘肃省科委下达的"西固地区光化学烟雾污染现状与污染规律"科研课题，并于1981年获得甘肃省科委颁发的"甘肃省科技进步奖二等奖"。

北京大学唐孝炎率领的一个环境化学方面的研究小组也做了大量的前期工作。提起北京大学，王文兴感慨地说，从兰州光化学烟雾课题起，中国环境科学研究院与北京大学在大气环境化学研究方面结下了不解之缘，四十年来两代人亲密合作为保卫祖国蓝天贡献了自己的全部力量。

　　鉴于西固地区光化学污染已对人们的正常生产生活产生了严重影响，为控制当地污染情况，彻底查明该地区污染现状、成因、规律并制定科学的防治对策成为当务之急，为此国家环保局于1981年下达了《西固地区光化学烟雾污染规律和防治对策研究》的科研任务，由王文兴和甘肃省环保局石敏媛共同负责，组织了中国环境科学研究院、甘肃省环保局科技处、北京大学、兰州大学、兰州化工研究院等7个单位，120多名大气化学、大气物理等相关专业的研究人员，依照研究计划，陆续开展了大气化学和大气物理现场布点观测、污染源调查、烟雾箱模拟实验和模式计算等各项工作，到1984年9月，课题组完成了全部研究任务，并提供了1份总报告、12份分报告。这项研究在区域尺度范围内，在我国开创性地将大气化学和大气物理相结合进行连续三年的大气光化学同步现场观测研究，采用现场观测与室内外烟雾箱模拟实验相结合的方式研究光化学烟雾形成的规律和特征，提出了光化学污染的控制对策。

图6-3　1980年12月中国赴日本考察团部分成员参观东京大学与日本朋友合影（左一马英，左三唐孝炎，左四田炳申，左六陶祖贤，左八王文兴，左九聂梅生，左十段正中，左十一北京大学访问学者魏庆鼎）

第六章　担当重任　转战西北

1966年，王文兴从天津被派往兰州组织筹建西北化工研究所，曾离开熟悉的催化专业大约三年。经过了十几年辗转，1981年，王文兴再次踏上了西赴兰州之路，奔波往返又三年，不过这次不是"离岗"而是"归队"，或者更准确地说，是"转型"——从物理化学转向环境科学的实质性一步。

多学科多手段联合观测研究

王文兴介绍说，兰州西固这个研究项目的目的：第一，要查清楚兰州地区光化学烟雾污染的水平，它污染到什么程度，污染物是什么，浓度大小；第二，兰州光化学烟雾形成机制是什么，它怎么形成的；第三，它的传输范围有多大；第四，如何控制。按照这样四个方面，第一步要做的工作就是观测。

观测的首要任务是大气化学监测和大气物理观测站点的设计。科学合理的站点设置是获得具有代表性数据的基础，课题组根据兰州市的地理和气象条件讨论和确定了现场大气污染监测点和气象观测点的布设方案。根据兰州市区葫芦型盆地的地形与东南风主导的气象特征，1981年王文兴课题组在西固工业区及其上风向和下风向布设了三类大气污染监测点。工业区设点七个，上风向和西面出口下风向各三个监测点，其中上风向的军事靶场和南关十字分别代表清洁空气参照点和城关区空气质量点。同时在各个监测站点也布设了气象观测点。

观测点设置好以后，就要具体落实大气化学观测的污染物种类及其采样、分析方法和仪器，落实大气物理和气溶胶观测的仪器设备，这些问题大部分都是课题组主要研究人员首次遇到的问题，需要制订方法，熟悉新的仪器设备。幸运的是，中国环境科学研究院尽管处于初创时期，但国家高度重视并予以大力支持，建院时主要负责仪器设备和专业发展、专业人员配备的王文兴，结合数次到国外考察先进环保科技的情况，在短时间内引进了一大批先进的化学分析、大气物理和气溶胶测定仪器设备，部分科技人员已经有了初步操作经验，使得兰州西固项目的大气化学、大气物理和气溶胶观测随即开展。本次大气观测实验站点众多、参数齐全、持续时间长，是我国第一次大规模的光化学野外观测实验。

在大气化学观测方面，主要的监测项目有一次气体污染物、二次气体污染物、气溶胶和气象参数。在开展现场大气观测的同时，还组织相关人员进行了光化学烟雾箱模拟实验，研究西固地区生成臭氧的前体物条件和雨后晴天臭氧污染加重的原因。室内模拟实验采用F46薄膜圆柱形光学反应模拟箱；现场模拟实验是在西固盆地中部观测点上进行的，设置了两个F46薄膜圆柱箱袋，采用当地大气，用自然阳光进行照射。

在大气物理观测方面，研究的主要目的是探明西固地区光化学烟雾形成的气象条件和扩散特征，主要监测项目有太阳辐射、地面气象、低空温廓线、低空湿廓线、低空风廓线、地面流场、风脉动、温度层结和低空气流9个项目，参数齐全，对整个研究起到了重要作用。观测中除常规气象观测仪器外，还配置了中国环境科学研究院新购置的声雷达M300和M200各一台，系留气艇，Aizsonde探空仪、平衡气球等大气观测仪器设备。

观测人员首先深入分析了西固地区三年夏季监测期间的天气形势，1981—1983年连续三年夏季观测期间，影响兰州地区的主要大气系统是高空槽和相应地区的冷空气活动，在这期间共有两次较强冷空气活动，有明显高压槽配合，兰州处于高空槽前西南气流内，层结不稳定，风速较大，此时西固区不易出现污染。冷锋过后，引起降水，然后兰州处于高空槽后地面高压区，层结稳定，风速微弱，天气较晴朗，在这种天气条件下西固区容易出现严重的光化学烟雾污染。

观测期间，用TS—2A系留探空仪和M300声雷达探测了西固区大气温度层结，获得较完整的资料，低空流场分析证实了西固地区的流场有利于光化学烟雾的发生，对大气扩散能力的观测和研究，则弄清了光化学烟雾传输到兰州红古地区（西固以西35千米处）的气象原因。

光化学烟雾所以能形成烟雾是因为在此期间大气中生成了大量的颗粒物（气溶胶），导致能见度降低，因此本研究中采用中国环境科学研究院刚引进的、当时国际先进的多种气溶胶测量仪，比如用于气溶胶质量浓度测定的 Anderson 自控大流量采样仪，用于测量动力学直径 2.5—15 微米粒子质量浓度的美国双通道 245 型采样仪，可分 15 档测量直径 0.3—10 微米粒子的日本 PM7—30D2 型多道粒子计数器，可分 9 档测量直径 0.01—1 微米粒子的美国 3030 型静电气溶胶分析仪，用于测量气溶胶总质量浓度小时平均值的日本 635 型数字粉尘计等。在当时气溶胶研究中，这些仪器的联合使用代表着现场观测分析的最高水平。

正在兰州光化学烟雾紧锣密鼓观测之际，国家环保局在汉口召开了"全国大气质量标准审议会"，王文兴受委托主持了这次专家讨论会。到会专家分别来自环保、医药卫生、工业生产、科研和高等院校等 100 多家单位。提到会议上的审议稿虽然经过了比较充分的准备，但在会上争论仍然比较激烈。王文兴回忆，主要是工业界认为标准过严，难以达到；而卫生界则相反，认为还不能很好地保护人体健康和生态环境，会议经过三天讨论协调，最后基本通过了审议稿。在那次会议后不久，于 1982 年 4 月颁布，8 月 1 日实施。这是中国第一个全国空气质量标准，也是我国第一个环境质量标准。至此兰州光化学烟雾研究就有标准可依了。

图 6-4　1981 年 12 月，全国大气环境质量标准审议会在汉口召开（王文兴受国家环保局委托，主持了这次专家审议会）

在兰州课题进行到第三年，也就是 1983 年春天，联合国开发署资助中国环境科学研究院的大气环境科研项目启动，派送部分大气化学和大气物理研究人员到日本和美国进修，相当于现在的访问学者。派出人员基本是 1980 年派往日本、美国的那部分人。大气化学专业的王文兴、唐孝炎、林子瑜、翁建华都到日本，访问时间 3—8 个月不等。王文兴和唐孝炎因

图 6-5　1983 年 3 月，王文兴等人访问日本京都大学（左三王文兴）

为兰州课题正在进行，他们的访问时间最短，只有三个月，兰州 8 月夏季观测前都赶回来了。

在日本访问的三个月主要是在国立公害研究所。日本国立公害研究所当时是世界一流的环境科学综合性研究所。在这里进一步加强了中国环境科学研究院与日本国立公害科学研究所的合作关系，开启了院所领导刘鸿亮院长和近藤次郎所长的互访。期间还访问了千叶大学、埼玉大学、东京大学、东京工业大学、京都大学、大阪府大学等高校和工业技术院资源环境研究所、国立气象研究所等科研单位。同时与老一代的大气环境科学家千叶大学的铃木伸、大喜多敏一等，当时年轻一代大气环境科学家秋原肇、植田洋匡、埼玉大学的坂本和彦等建立了友谊，加强了学术交流与合作。王文兴特别指出，在过去的 40 年间中日大气光化学氧化剂破坏、酸雨危害方面进行了长期合作研究，双方互有裨益。王文兴 1983 年 6 月结束了日本的访问，回国后又投入了兰州 8 月夏季观测的紧张准备工作。

兰州课题组通过连续三年的观测，获得了大量的光化学烟雾前体物碳

图 6-6 1983 年 3 月，王文兴等人在日本埼玉大学参观（左起林子瑜、王文兴、唐孝炎、翁建华）

氢化合物、氮氧化物和生成物臭氧、醛类等大量数据及其时空分布。课题组总结了该地区光化学污染的现状和特征：一次气态污染物非甲烷烃是西固地区最严重的大气污染物，1981—1983 年，绝大部分的监测数据都超过美国 1978 年前的环境空气质量标准和我国刚实施的环境空气质量标准。日平均浓度在 3ppm 左右，约为标准的 12 倍。其中主要成分为化学活性强、更易发生光化学反应的乙烯和丙烯。光化学烟雾另一个重要前体物氮氧化物的浓度在西固却很低。这些都是西固地区光化学污染的重要特征。

三年观测得到的非甲烷烃（NMHC）和氮氧化物日均浓度表明，非甲烷烃的浓度很高，而氮氧化物的浓度又很低，因此非甲烷烃/氮氧化物浓度比非常大，这就决定了兰州西固地区光化学烟雾的类型是石油化工型，而非洛杉矶机动车尾气型。这是一项重要的发现，给本地区光化学烟雾治理提供了重要的理论依据。

为了探索西固地区光化学污染物是否存在传输，以及传输的距离和强度，课题组大气化学和大气物理两个学科密切配合，于 1981 年 8 月在西固的下风向约 40 千米处清洁地区红古发现了高浓度的臭氧和过氧乙酰

图6-7 1983年3月，王文兴等人在日本东京工业大学参观（左二唐孝炎，左三林子瑜，左四秋原肇，左六王义兴，左七翁建华）

硝酸酯（PAN）等二次污染物，而当地并不存在显著的污染源。观测结果证实，光化学烟雾污染物存在传输。以臭氧为例，1981年夏季在红古连续三天进行观测，这三天内臭氧浓度在下午5点前后都出现了高值。而西固地区浓度出现高峰时间通常在午后一两个小时，西固地区的烟团传输到红古需要一定的时间。大气物理观测结果也证实了这一点。1982年8月，进行第二次传输观测。这一次在西固和红古间张家大坪增设一个观测点，以证实烟团传输的时间。值得注意的是，这一天污染源西固地区臭氧浓度并不很高，高峰值出现在上午10点，张家大坪出现的时间为12点，而红古则在下午3点后。三个点臭氧浓度的最大值沿着西固下风向依次增大，这一事实说明了西固排放的污染大气向下风向传输的过程中气流内光化学反应一个比一个激烈，红古臭氧的浓度竟达到450ppb的高值。王文兴回忆，当时看到这个数据时大家都非常兴奋，因为这是首次在中国发现光化学烟雾传输现象，从科研角度讲，这是一个很有价值的发现。这些观测和模拟实验得到的结果为西固地区光化学烟雾污染控制提供了理论基础。

污染源调查结果说明，西固地区形成光化学烟雾的前体物中，碳氢化合物的排放量最大，主要来自石油化工和炼油企业；氮氧化物排放量次之，主要来自热电厂和其他燃烧源。与光化学烟雾前体物的排放量相比，二氧化硫的排放量并不大，主要来自热电厂和燃煤面源。总体来说，西固地区的大气污染物排放量虽然不大，但它的排放强度不小，而且又是在三面环山的特殊的地理环境中，这就给光化学烟雾形成提供了必要条件。

图 6-8　1983 年 10 月，王文兴在肯尼亚首都内罗毕参加世界工程师大会（左侧张维，右侧王文兴）

图 6-9　1983 年 10 月，王文兴等人参加世界工程师大会大气分会时合影（第二排右三手持红旗者为王文兴）

为了说明西固地区光化学前体物的排放特征,课题组列出了美国洛杉矶地区相关污染物的排放量以作比较。洛杉矶地区的污染物主要来自机动车排放,而西固地区氮氧化物和二氧化硫主要来自发电厂,烃类污染物主要来自炼油厂和石油化工厂。

荣获国家科学技术进步奖

本课题研究的最终目的是提供兰州西固地区光化学烟雾控制方案。王文兴同时是本课题一个分题"兰州西固地区光化学氧化剂污染控制对策的研究"的负责人,为有效控制兰州西固地区的大气光化学烟雾污染提供科学支撑和决策依据。在王文兴领导下,课题组在三年研究工作中得到了大量的污染物浓度和气象参数观测数据,基本查清了西固地区光化学烟雾污染状况和环境大气物理条件,阐明了该地区光化学烟雾规律,确定了促使光化学烟雾形成的主要前体物及其来源,初步建立了西固地区的大气质量模拟模型。大气质量模型可以近似地模拟一次及二次污染物随时间和空间

图6-10 1983年3月,王文兴等人在日本大阪府大学大气化学实验室(左一林子瑜,左二王文兴)

变化的规律，识别典型污染物浓度随时空变化的化学机制和气象原因，找出引起污染物大量生成的主要前体物和关键化学过程，这成为王文兴之后制定西固地区光化学污染防治对策的重要依据之一。①

王文兴和刘希玲等根据光化学烟雾的形成条件，分析了两个方面的因素：一是氮氧化物和碳氢化合物的排放，二是光强等气象因素。由于太阳辐射光强及气象因素不能控制，因此控制光化学污染的关键在于前体物氮氧化合物和碳氢化合物的排放。然而，西固地区的氮氧化物主要来自电厂及燃烧面源，当时国内尚未有这方面的控制技术，再者西固大气中氮氧化物排放量小，大气中的浓度本已很低，进一步降低浓度困难大。因此王文兴认为，单纯靠控制前体物的排放，要在短期内减轻光化学烟雾污染较难实现，气象条件虽不可控制，但却可以利用，近期加强工业生产管理及利用气象条件，实施动态控制排放，更现实可行。于是他们提出了以下具体对策：严格限制西固地区增加新的氮氧化物排放源，以防止环境氮氧化物浓度升高；制定适用于西固地区的氮氧化物空气质量标准，此标准应低于国家规定的二级标准；提高烟气的排放高度，使在不削减排放量的前提下，降低西固盆地尤其是污染源附近近地面的氮氧化物浓度；加强生产管理，尽量减少工业生产过程中的跑、冒、滴、漏现象发生；重点控制活性不饱和烃类和醛类等的排放，使当地的大气化活性降低。

关于动态控制方法，考虑到西固的自然地理位置、下风向无密集人口以及生活区处于主导风向上风向的城市布局，王文兴认为，在不利气象条件下（如上午和雨后晴天），有治理设备的排放源必须将治理设备投入使用，可控制的生产性排放应尽量少排，或停排化学活性强的烃类，高架源抬升排放高度等。在有利的气象条件下可解除上述要求，以节省生产成本和能源。

兰州课题的主要贡献是，我国首次进行大气物理和大气化学联合光化学烟雾观测，查清了西固地区光化学污染现状和污染特征，其污染特

---

① 20世纪80年代这里的大气污染主要是光化学烟雾，从80年代起的治理，卓见成效，光化学烟雾已经不是西固地区主要大气环境问题了。

征是大气中含有高浓度非甲烷总烃和低浓度氮氧化物,即 NMHC/NO$_x$ 浓度比值很低、光化学烟雾为石油化工型,与洛杉矶地区机动车尾气型不同,这是一种新型的光化学污染,在学术上有重要贡献,国内首次发现光化学污染传输,并根据研究成果提供了控制对策。由于光化学烟雾治理的对象是臭氧等二次污染物,与煤烟和机动车尾气控制不同,治理难度大,技术复杂,随着地区经济社会的发展,需长期努力工作。美国洛杉矶机动车尾气型光化学烟雾自 1945 年被发现以来,至今从未停止过治理。所幸,本课题主要领导成员中的田炳申和孙淑英,当时都是甘肃环保局的重要技术骨干,后来田炳申晋升为甘肃省环保厅厅长,任职十多年,作为科班出身的专业领导,对后续应用本课题研究成果起到了重要作用。2017 年田炳申与王文兴通话时说,兰州光化学烟雾已基本控制,现在已经不是兰州的主要大气污染问题了。

由于在研究方法、数据、结论和应用等多方面的突出贡献,"西固地区光化学烟雾污染规律和防治对策研究"项目荣获 1985 年度国家科学技术进步奖二等奖,这是我国环境科学研究方面获得的第一个国家级重大奖项。

值得一提的是,该研究成果的三个主要贡献者:王文兴、北京大学知名化学家唐孝炎教授、由中国科学院调入中国环境科学研究院的大气物理专家任阵海,日后都成为中国工程院院士,成为中国环境科学的奠基者,这个成功的项目也奠定了他们三人此后长期合作的基础。

王文兴治学严谨,为人谦逊,在项目成功获奖后的座谈中他说,"兰州项目的顺利完成是多学科通力合作,充分发挥主要合作单位优势的结果,如甘肃省环保所田炳申等已经有几年的工作基础,北京大学唐孝炎小组在国内最

图 6-11 兰州项目获 1985 年度国家科学技术进步奖二等奖

图 6-12 2019 年春节环保部院士座谈会（左一为中国环境规划研究院院长院士王金南，左二任阵海，左三王文兴；左四刘鸿亮，左五为中国环境科学研究院院长李海生，左六段宁，左七吴丰昌）

早开展大气光化学污染研究，中国环境科学研究院任阵海等大气物理学家积累了丰富的大气物理观测研究的经验，而且中国环境科学研究院具有当时国内最先进的大批大气物理与大气化学观测仪器设备，并有数十名科研人员参加的队伍……"而在参加项目的很多科研工作者看来，王文兴不仅发挥了重要的组织、协调和领导作用，而且身先士卒率领课题组奋战在第一线，他在科研工作中的勤奋、专注，生活中的简朴、平易，给大家留下了非常深刻的印象。

第七章
建烟雾箱　观测臭氧

　　1981—1984 年完成的"兰州西固地区光化学氧化剂污染控制对策研究"国家重点课题，查清了其污染现状、来源、成因、传输、危害，提出了控制对策，这是多单位合作、多学科融合完成的我国第一个光化学国家项目，为我国早期大气光化学烟雾污染控制作出了贡献。光化学烟雾形成是一个非常复杂的物理化学过程，要阐明光化学烟雾形成的机理，还需要开展实验室实验研究。在实验室环境下可以方便地进行各种条件实验，可以弄清楚大气污染形成过程的化学本质。因此，像中国环境科学研究院这样的大型综合性环境科研单位，建立大型和先进的光化学实验装置（俗称光化学烟雾箱）势在必行。20 世纪 80 年代，王文兴与他的同事和学生们在这方面做了很多工作，其中包括多种烟雾箱的建立、甲烷光氧化反应机理和动力学研究、煤烟颗粒中多环芳烃降解实验研究、大气活性中间体反应动力学模拟实验以及峨眉山臭氧立体观测研究等，其中不乏奠基性或开创性的工作。这些研究工作对解释大气污染现象的本质非常关键，也是王文兴继催化研究之后最感兴趣的工作内容，是他从催化化学研究转向环境科学研究中的大气化学应用基础研究的重要一步。

国际先进的烟雾箱建立 [①]

自 1943 年美国洛杉矶发生光化学烟雾污染以来，许多国家相继出现光化学污染，现在光化学烟雾已成为全球空气污染的主要类型之一。我国兰州西固区曾最早发生光化学烟雾，北京、天津、广州等大城市频繁出现臭氧超标的情况，我国西南地区以及华东、华中、华南部分地区酸雨污染严重，因此迫切需要搭建先进的烟雾箱，对我国光化学污染的机理、酸雨的成因等大气化学过程进行深入研究，为制定大气污染防治对策提供科学依据。为探索光化学烟雾的成因、机理、产物以及大气污染物的化学转化等，王文兴数次率队赴日本、美国考察，先后建造了各种类型的烟雾箱，并用于模拟大气光化学反应过程，取得了大量有价值的研究结果。

1980 年 12 月—1981 年 1 月，在联合国发展规划署（UNDP）资金支持下，王文兴带队对美国、日本等国家各种烟雾箱的结构、性能、材料、用途及其优缺点进行了考察、综合分析和比较，结合我国当时的实际情况，最终借鉴美国加州大学河滨分校大气化学家 Pitts 教授研究团队和日本国立公害研究所的烟雾箱，王文兴和北京大学唐孝炎及日本国立公害研究所大气化学室有关专家研究决定，设计、搭建了我国第一个可抽真空并配有长光路 FTIR 的烟雾箱，总价约 30 万美元。该烟雾箱具备以下基本技术指标：可模拟真实大气环境中相应浓度污染物的光化学反应，模拟系统中光源的光谱范围涵盖对流层真实大气中的太阳光谱，可准确控制和测定箱体内反应物的浓度、压强、光强并能确保整个反应过程在一定温度和湿度条件下进行，能快速、准确地确定光化学反应过程中的反应物和产物。这类烟雾箱属于精密的仪器设备，首先需要具有专业水平的科技人员来操作，对箱体反应管的真空系统进行脱气实验，其次红外光路系统也必须经过严格的检验，最后配气系统要进行调试，达到能精确反映气体浓度

---

① 王文兴，唐孝炎，井上元等：可抽真空光化学烟雾箱的结构和性能《中国环境科学》，1989 年第 9 卷第 4 期，第 304-309 页。

的要求，这些工作是进行实验研究的必要基础条件。经过反复测试，最终开展科学实验。

所搭建的烟雾箱系统主要包括箱体、模拟太阳光光源、真空系统、光转换系统、反应物和产物检测系统、反应气体配制系统六个部分。箱体由两个长145厘米、直径30厘米、壁厚0.35厘米的石英玻璃管构成，整个箱体长353厘米，表面积体积比为每米12.8，总体积为243升。

为验证烟雾箱的性能，首先开展了 $NO_2-C_3H_6-Air$ 体系的模拟实验，实验结果与日本国立公害研究所6立方米烟雾箱模拟实验的变化趋势一致，表明所搭建的烟雾箱的性能和指标满足设计要求，达到当时烟雾箱技术的世界先进水平。该烟雾箱在《中国环境科学》期刊《可抽真空新型光化学烟雾箱的结构和性能》一文中进行了详细介绍，对研究光化学烟雾、酸雨化学、温室效应、平流层化学等一系列重要大气环境问题都有很大帮助。

图7-1 光化学烟雾箱系统（左为配气系统，右边是反应系统）

图7-2 反应管外紫外灯

之后几十年，光化学烟雾箱在我国大气化学研究中发挥了重要作用，北京大学、中国科学院、清华大学等单位相继建立了多个室内和室外光化学烟雾箱，体积越来越大，配备的在线测量仪器也越来越多。时至今日，王文兴领导搭建的我国第一个可抽真空并配有长光路FTIR的石英玻璃管反应器，仍然保存在中国环境科学研究院的大气烟雾箱实验室里，展现了20世纪80年代中国环境科学研究院的先进科研水平。

第七章 建烟雾箱 观测臭氧

甲烷光化学氧化反应实验研究[①]

甲烷是一种温室气体，对全球气候变暖起着重要作用。光化学氧化反应是大气甲烷重要的汇，而且甲烷氧化消耗臭氧等氧化剂，从而影响大气臭氧的浓度，因此研究甲烷的光化学氧化机理及反应动力学参数有重要意义。甲烷光化学反应的最终产物是二氧化碳和水，但该过程经历了一系列基元反应。前人通过研究甲烷光化学氧化过程，证实了许多中间产物的存在，并提出相应的反应机理，但在当时仍然缺乏全过程实验研究。为此，王文兴和他的硕士研究生谢英利用烟雾箱系统的可抽真空的光化学装置，于1987—1990年研究了甲烷在大气条件下的光氧化过程，利用实验数据分析了其反应机理，并测定了甲烷衰减的表观速率常数，估算了甲烷在大气中的寿命。

实验装置包括配气系统、反应器烟雾箱、真空系统、紫外光源和FTIR检测系统。本次实验使用黑光灯作为光源，经测光仪测定和光解速率验证，光源的光强和紫外光谱分布与太阳光相似。烟雾箱体经臭氧和净化空气处理后，黑暗条件下烟雾箱中甲烷的浓度保持稳定，无明显衰减。

本次烟雾箱模拟实验包含两个反应体系，一个是甲烷和空气体系，另一个是甲烷、臭氧和空气体系。正式实验开始之前，先在烟雾箱中配置不同浓度的甲烷，测定其吸光强度；然后充入净化空气，扫描并采集空气背景信号。实验开始之后，以净化空气为底气，分别充入一定浓度的反应体系——甲烷和空气体系或甲烷、臭氧和空气体系的混合气体，扫描并采集反应起始浓度信号；然后打开黑光灯光源，按一定时间间隔测定烟雾箱内反应物及产物的光谱信号，从而分析反应体系中反应物与产物浓度随时间的变化规律。

甲烷、臭氧和空气反应体系的反应产物与甲烷、空气反应体系基本相同。但由于加入了臭氧，甲烷的光化学反应加快，甲烷衰减的速率常数高

[①] 王文兴，谢英，林子瑜等：甲烷光化学反应机理模式模拟研究。中国环境科学研究院，1990年。国家自然科学基金资助项目。

达每分钟 2.35×10^{-4}。由此可见，臭氧显著促进了甲烷的光化学氧化，这主要归因于臭氧光解生成自由基，自由基进一步与甲烷及其氧化产物快速反应，从而加速了甲烷的光化学氧化过程。

根据甲烷在空气中的光化学衰减速率常数，进一步估算了甲烷在大气中的寿命。由于 4 月模拟实验光强是同期太阳光强的 2.8 倍，且日出至日落的时间约为一昼夜的一半，故在最强太阳光强条件下甲烷的半寿期为 380 天，即寿命为 760 天。考虑到太阳光强的季节变化，甲烷在实际大气中的寿命可长达数年。

为理解甲烷光化学氧化的反应机理，对可能的甲烷化学反应机理进行选择、修改、输入到计算机进行模拟计算，直至得到与本实验结果相吻合的机理，从而形成本工作中利用实验与模拟计算相结合获得的甲烷光化学反应机理，并依此列出反应图式。

根据模拟计算中得到的机理，可以很好地解释烟雾箱实验中观察到的反应物与产物浓度随时间的变化特征，同时证实甲烷与 OH 自由基反应可产生甲醛，并对文献中的甲醛光解产生甲酸和甲酸光解的速率常数进行了修正。

关于甲烷光氧化的模拟实验结果，王文兴、谢英撰写了两篇学术论文《甲烷光氧化反应速率常数及其在大气中的寿命》和《甲烷光化学反应机理模式模拟研究》，发表在《中国环境科学》期刊上，对全面理解甲烷的大气化学过程有重要意义。

煤烟颗粒中多环芳烃光降解模拟 [①]

我国是世界上煤炭消费量最大的国家，煤炭的直接燃烧是我国煤炭能源最重要的利用方式。然而，煤炭燃烧过程中会排放出一系列的、大量的

[①] 王文兴，束勇辉，李金花：煤烟粒子中 PAHs 光化学降解的动力学。中国环境科学研究院，1988 年。国家自然科学基金资助项目。

空气污染物，其中燃煤烟气颗粒中的多环芳烃是我国大气中多环芳烃的主要来源。以往研究发现，多环芳烃是一类数量最多、分布最广的环境致癌物，占已知致癌物的 1/3 以上，而且多环芳烃及其衍生物多吸附在粒径小于 5 微米的颗粒物上，可直接进入肺泡，危害人体健康。

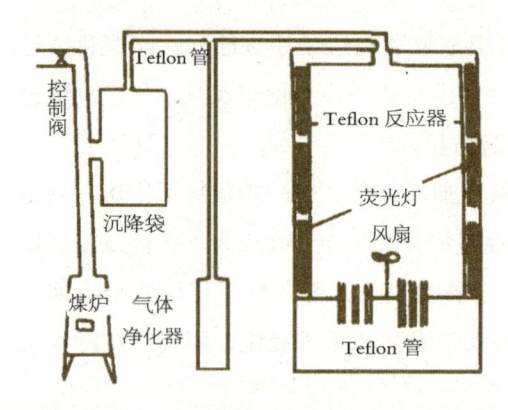

图 7-3 燃煤烟气颗粒物光化学实验装置（由烟气发生炉、烟气沉降袋、气体净化器、Teflon 反应器四部分组成）

由于多环芳烃显著的环境健康影响，国外学者对其来源、分布、迁移和转化规律及其对人体健康的影响进行了大量研究，并发现大气光化学降解是多环芳烃的重要汇。前人针对多环芳烃降解的研究表明，负载于碳黑、氧化硅、氧化铅、玻璃纤维及其他材料上的多环芳烃的降解行为各不相同。为获得真实环境大气中多环芳烃的衰减规律，前人对木材燃烧烟气中多环芳烃的降解规律有所研究，但当时对燃煤烟气颗粒中多环芳烃的光化学降解尚不清楚。鉴于此，王文兴与他的研究生李金花利用 1985—1988 年自制的室内大型 Teflon 薄膜烟雾箱，对多环芳烃的光降解规律进行了实验研究。

燃煤烟气颗粒物光化学实验装置主要包括光化学烟雾箱、烟气发生源（煤炉）、颗粒物沉降器、空气净化器四个部分，光化学烟雾箱是本实验装置的核心部分，由模拟太阳紫外光的光源和圆柱形 Teflon 薄膜反应器组成，是当时国内最大的室内薄膜烟雾箱。

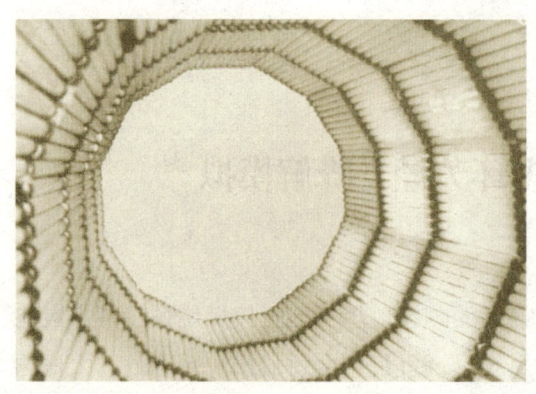

图 7-4 Teflon 薄膜烟雾箱外紫外灯光源配置俯视图片（紫外灯分四层安装在 12 面体的铁架上，20 W 荧光，灯每层有 120 支灯管，共 480 支）

烟雾箱箱体光源由安装在12面体钢架上的紫外灯提供，钢架设有四层灯座，每层共有120个灯座。光源围绕的空间最大可放置3立方米的Teflon薄膜反应器。箱体中心光强最大为90兆瓦/平方厘米，达到夏季中午的太阳光强，经测试，烟雾箱的光强和分布完全达到实验要求。

王文兴等人首次利用该Teflon薄膜烟雾箱模拟研究了煤烟中多环芳烃的降解机理，以期获得多环芳烃的降解速率及其在大气中的寿命。本实验在各种燃烧条件下燃烧煤炭，得到不同的燃煤烟气样品，烟气输送到Teflon薄膜反应器，随着光照时间的延长，收集各时段烟气颗粒物样品并测定其中多环芳烃的浓度。为使反应器内气体混合均匀，烟雾箱内还安装有涂覆Teflon的风扇。为清洗烟雾箱和配制反应气体，利用空气净化装置将环境空气依次通过硅胶、活性炭和分子筛获得净化空气。燃煤烟气颗粒物由煤炉产生，经沉降器后用净化空气稀释到所需颗粒物浓度。

实验结果表明，北京冬季煤烟颗粒中的多环芳烃的光降解速率很慢，某些多环芳烃可在大气中存留数天，但在夏季光照强、湿度大的条件下降解速率很快，数小时内绝大部分降解。这些研究结果撰写成论文《煤烟粒子中多环芳烃光化学降解的动力学》，发表在《中国环境科学》期刊上，对全面理解多环芳烃的汇和降解过程有重要意义。

大气活性中间体的反应动力学实验研究[①]

理解大气污染的形成原因需要研究大气中的化学反应。大气化学反应非常复杂，因为大气里面有各种各样的化合物，不少化学家和环境科学家都在研究大气中的这些化学反应。20世纪70年代中国的唐孝炎教授等研究人员就开始从环境角度研究大气化学反应，到80年代越来越多的科研工作者加入这类研究中。

---

① 本项工作是1983年在日本国立公害研究所利用该所可抽真空LP-FTIR烟雾箱完成的。

1983年中国环境科学研究院正在兰州开展西固地区光化学烟雾污染研究，1986年借助联合国开发署对中国环科院的资助项目[①]，一部分环境化学研究人员被选派前往日本和美国进行访问，王文兴、唐孝炎和林子瑜去日本国立公害研究所访问了3—8个月。研究对象选择了当时国际大气化学界研究热点之一——被称为Criegee自由基的大气中一种活性中间体，这种活性中间体能够在夜间存在较长时间。烯烃是大气对流层中反应活性最强的一类碳氢化合物，它与臭氧反应生成多种含氧有机化合物，其中某些中间体还可以氧化二氧化硫生成硫酸气溶胶，从而加剧酸雨污染。为此，中国环境科学研究院的访问学者在日本公害研究所科研人员的帮助下利用该所的高性能光化学烟雾箱开展实验室模拟研究，具体的实验工作主要由林子瑜完成。

日本国立公害研究所的室内烟雾箱系统于1975年建成，主要借鉴了美

图7-5　1983年，林子瑜在日本国立公害研究所光化学烟雾箱实验室进行实验研究

[①]　这是联合国UNDP援助项目的一部分，中国环境科学研究院派出部分化学和物理背景的科研人员去日本和美国访问，时间3-8个月不等。去日本的主要在日本国立公害研究所作研究。这项研究是在公害研究所大气化学室日本朋友Akimoto和Hatakayama支持和帮助下，主要由林子瑜完成的。林子瑜20世纪60年代初在吉林大学化学系毕业后分派到化工部北京化工研究院物化室从事催化研究，成为王文兴课题组成员，为其得力助手。"文化大革命"初期到四川支援"三线"建设，1982年调到中国环境科学研究院进行大气化学研究，成为科技骨干。

国加州大学河滨分校 Pitts 教授实验室的烟雾箱。该烟雾箱由箱体部分、光源系统、配气系统、真空系统、红外测试系统、红外光谱分析系统组成，是当时国际先进的光化学实验装置。利用这套装置，在公害研究所大气化学组的帮助下，王文兴等访问学者完成了这次实验研究。

本次模拟实验研究了乙烯、反式丁烯 –2 与臭氧反应生成的大气活性中间体的产率，并发现这些活性中间体与二氧化硫的反应速率很快，其反应速率常数是与乙醛的反应速率常数的 2—3 倍。这些研究结果总结后发表了论文《在烯烃—臭氧气相反应中，大气活性中间物的反应动力学及其反应性》，对大气光化学污染和酸雨的模拟研究有重要的实际意义。

鉴于大气活性中间体在大气化学过程中的重要科学意义，几十年来国内外有不少学者一直予以持续关注和深入研究，其重要性直到 2012 年和 2013 年才被 Taatjes 课题组重新认识并在《自然》杂志上进行了连续报道，他们发现大气活性中间体与 H_2O、二氧化硫、NO_2 反应的速率常数非常快，认为大气活性中间体在大气化学中的作用比之前人们的估计重要得多。

峨眉山臭氧时空分布观测[①]

峨眉山地处四川盆地西南边沿，地势由东向西逐渐抬升，主峰金顶高达 3077 米，是著名的自然风景区和旅游胜地。20 世纪 70 年代，峨眉山频繁出现酸雨，酸性降水的频率高于 70%，当地的生态环境受到一定程度的影响。当时，我国出现酸雨的主要原因是工业排放的二氧化硫在大气中氧化生成大量的硫酸（盐），导致降水呈酸性，而臭氧是大气中的一种强氧化剂，在大气中和云雾液滴中可快速氧化二氧化硫生成硫酸盐。"峨眉山臭氧时空分布观测"这项工作是峨眉山酸雨成因研究的一个重要组成部分，另外也是兰州西固地区光化学烟雾观测的补充。

---

① 洪少贤，王文兴，蔡乙乞，邵可声，窦春阳等：峨眉山大气臭氧的时空分布规律.《环境科学研究》，1988 年第 1 卷第 1 期，第 54-60 页。

为观测峨眉山大气臭氧浓度垂直分布规律以及不同高度臭氧浓度随时间变化规律上的差异，需要在不同高度选择合适的观测点。为此，1985年10月，王文兴与课题组同事从金顶沿小道下山到西南交通大

图 7-6　1985 年 10 月，王文兴与其课题组成员蔡乙乞在峨眉山森林进行生态考察

学，一路查看。峨眉山是旅游胜地，但他们下山的羊肠小道鲜有人问津，沿途树木参天，小溪流水，山猴嬉戏，美不胜收，王文兴他们却无心赏景，心思都放在了观测点的选址上。经过细致考察和反复斟酌，最终在峨眉山不同海拔高度布设了 4 个观测点，分别是西南交通大学（山脚下，海拔 550 米）、万年寺（海拔 1020 米）、华严顶（海拔 1914 米）和金顶（海拔 3077 米）。

观测数据的质量对于课题研究的成败至关重要，本次观测使用美国进口的 AID（Analytical Instrument Development Inc.）Model 560 化学发光法便携式臭氧分析仪，自动测量大气中臭氧的浓度，该仪器最大量程为 0—10ppm，最低检出量为 0.001ppm，在观测实验开始之前使用美国热电公司（Thermo Electron）生产的 Model49PS 紫外吸收法臭氧校准仪进行标定。臭氧分析仪的

图 7-7　1985 年 10 月，王文兴等人在峨眉山金顶海拔 3077 米处观测

安装严格按照规范进行，安置在观测点的空旷平地上，距离地面 1.5 米以上，采样口比仪器位置高 0.5 米以上。峨眉山臭氧立体观测实验于 1985 年 10 月 8 日开始，20 日结束，通常每天 7:00—18:00 四个采样点同步

图 7-8　1985 年 10 月，王文兴等人在峨眉山洗象池海拔 2250 米处观测

进行测量，每隔 1 小时测量一次，每次取 5 分钟的臭氧浓度平均值作为观测值记录下来。除日间观测之外，还选择两三天进行昼夜连续观测，每隔两三个小时测量一次，以便了解臭氧浓度昼夜变化的规律。

峨眉山地区的大气臭氧浓度呈现出复杂的昼夜变化规律和空间分布特征，昼夜变化幅度随高度而减弱。在地面的西南交通大学和稍高的万年寺处于旅游交通繁忙地段，机动车尾气等排放大量的氮氧化物和碳氢化合物到大气中，在太阳光照下发生一系列光化学反应，从而生成臭氧。在西南交通大学和万年寺，臭氧浓度的日变化特征通常呈现出典型的变化规律，即早晚低、午后浓度达到最高值。往上到华严顶和金顶，由于没有显著的排放源，臭氧浓度的昼夜差异大幅度减小，而且因为远离排放源，金顶的臭氧浓度已不再受地面臭氧生成的影响，臭氧浓度较低，只有约 20ppb。

此外，在金顶、华严顶和西南交通大学三个观测点均观测到夜间臭氧浓度比白天高的特殊情况。相关气象资料分析认为，金顶、华严顶的夜间高浓度臭氧可能与大气逆温层有关，凌晨逆温层最强，臭氧浓度也最高。而在西南交通大学观测点，午夜出现的较高浓度的臭氧可能来自城市污染气团的长距离传输。

峨眉山地区的臭氧浓度呈现出明显的垂直分布规律，近地面浓度较高，2000 米高度附近常出现峰值。臭氧浓度日平均值和最大值的垂直分布规律一致，海拔 500—1000 米总体上臭氧浓度随高度而降低，1000—2000

第七章　建烟雾箱　观测臭氧　　*115*

米范围臭氧浓度随高度而增大，2000米以上的金顶的臭氧浓度又降低了。近地面较高浓度的臭氧主要来自人为源排放的氮氧化物和碳氢化合物发生的光化学反应，而2000米高度附近出现的峰值则与大气逆温层、大气成分的垂直分布等因素有关。根据以上结果撰写的论文《峨眉山大气臭氧的时空分布规律》发表在《环境科学研究》期刊上，为进一步理解峨眉山地区臭氧与二氧化硫氧化之间的关系提供了重要的基础数据。峨眉山臭氧立体观测是我国最早的针对臭氧跨边界层垂直分布的观测实验，获得了我国早期大气臭氧的垂直廓线，为后来的大气立体观测提供了很好的借鉴。

国际大气环境化学会议

　　王文兴调入中国环境科学研究院工作以后，主要从事的是大气化学研究，到1989年已积累了近十年大气化学实验室研究和现场观测的经验。国际学术交流是扩展学术视野的重要平台，早在1981年，王文兴率团访问美国佐治亚理工学院地球物理系时就受到江家驷教授的热情款待，同时建立了密切的合作关系。1984年，王文兴再次访问佐治亚理工学院时，与江家驷相谈甚欢，交谈中他们聊起是否共同举办一次环境化学方面的国际性的学术交流会议[①]，提供一个更广阔的平台，让更多的环境学者和研究人员参与进来，沟通情况，交流经验，切磋观点和方法，两人越说越兴奋，一拍即合，于是借助这样一次看似偶然的机会，一个有关环境化学的大型国际会议的筹备工作开始进入中美双方的议事日程。

　　回国以后，王文兴首先找中国环境科学学会领导汇报、商谈，因为中国环境科学学会是环境科学方面全国最权威的学术性组织之一，王文兴是学会常务理事，也是大气环境专业委员会主任委员。时任学会秘书长朱钟

[①] 这次会议是由中国环境科学学会与美国佐治亚理工学院、地球物理学院联合召开。王文兴和美国佐治亚理工学院的江家驷共同担任会议的联合主席，参会者来自世界各国的环境化学家。这是我国主办的第一次国际大气化学学术会议，也是改革开放后一次成功的国际学术会议。

杰、分管学会的国家环保局副局长陈西平听了王文兴的设想和汇报后，都表态非常支持与美国合办该大气环境化学会议，并且敲定中方以中国环境科学学会名义联合举办，中国环境科学研究院负责学术和会务工作。

图 7-9　1989 年 5 月，王文兴在国际大气化学会议开幕式上致辞

举办这样一次大型国际性学术会议，还是中美双方合办，缺乏可循的先例和经验，从会议议题的设置到议程的安排，从与会专家、学者的确定、邀请到各方接待，从国内学术准备到国际间协调，有大量的会务准备工作要做，作为会议发起人和组织者之一，同时又是中国环境科学学会常务理事和中国环境科学研究院副院长，王文兴自然责无旁贷，为圆满举行这次会议付出了很多心血。

别的不说，会议经费就是一个不小的问题。如此大型国际学术会议，参加人员多、层次高，接待标准也高，所需费用不菲。中国环境科学学会支持了 5000 元，依照当时的物价水平，5000 元称得上是一笔"巨款"，余下的要由中国环境科学研究院解决，王文兴为此没少伤脑筋。经费方面，双方商定由美方筹集 5000 美元，

图 7-10　1981 年 1 月，王文兴访问美国佐治亚理工学院时与江家驷合影（左起杨文祥、王文兴、江家驷、唐孝炎、田炳申）

第七章　建烟雾箱　观测臭氧　　*117*

负责出版会议论文集，而 5000 美元在美国当时同样也属"大钱"，王文兴清楚地记得，他去美国曾买了一条又长又宽又厚的大床单，还不到一美元。会议的美方筹办人江家驷教授后来跟王文兴开玩笑说：为找这 5000 美元出版经费，我差点要卖房子了。

在王文兴、江家驷倡议发起和精心筹备两年之后，在有关各方的支持和努力下，1989 年 5 月 3 日至 8 日，"全球和地区环境大气化学国际会议"在北京科学会堂隆重举行，这次会议由中国环境科学学会与美国佐治亚理工学院、地球物理学院联合主办，王文兴和美国佐治亚理工学院的江家驷共同担任会议的联合主席，地球物理学院国际著名的激光化学家戴维斯参与了本次学术会议的组织筹备工作，参加这次会议的有中国、美国、苏联、日本、法国等 18 个国家共 258 名代表，其中外国学者有 100 多名。在欢迎宴会上，王文兴和江家驷分别向来自世界各国的科学家祝酒，会议气氛热烈友好。在 6 天的会期中，各国专家、学者就环境科学特别是大气化学领域的科研动态、最新成果、前沿方向等进行了广泛、深入而卓有成效的交流。这是在我国举办的第一次国际大气化学学术会议，是一次十分成功的会议。

图 7-11　1989 年 5 月，在国际大气化学会议晚宴上王文兴指挥中国环境科学研究院参会同事演唱

全球排放源清单研讨会

1991年12月，王文兴参加在美国巴尔的摩召开的第一次国际全球大气化学计划（International Global Atmospheric Chemistly Project，IGAC）的全球排放源清单研讨会，与他同行的还有正在佐治亚理工学院攻读博士学位的王文兴的儿子王韬，研讨会由T.E.Graedel主持。王文兴作为中国首位被邀请的学者参加会议，在会上王文兴作了题为"中国大气污染物排放"的报告，会后考察了旧金山、洛杉矶、纽约等地。由于中国当时经济已经发展到一定水平，大气污染物排放量比较大，在全球污染源排放量中占相当份额，所以备受研讨会参加者关注。1992年1月，T. E. Graedel邀请王文兴参加6月21日至24日在挪威奥斯陆和12月1日至4日在荷兰Utrecht举办的研讨会。由于当时王文兴担任酸雨"八五"攻关项目组组长，项目处在启动阶段，任务繁忙，未能参加。

国际全球大气化学计划，是1988年11月由国际气象学和大气科学协会（IAMAS）的国际大气化学和全球污染委员会（International Commissionon Atmospheric Chemistryand Global Pollution，CACGP）制定的国际全球大气化学10年执行计划。该计划不仅注重大气化学研究，还特别注意大气化学与人类活动之间的联系。

国际全球大气化学计划的总目标是观测、认识全球大气化学目前的变化，以及预测21世纪的变化，特别是那些影响大气的氧化能力、影响气候以及影响大气化学与生物圈相互作用的变化。其具体目标是：推进对决定大气化学成分的基本化学过程的认识；认识大气化学组成与生物过程和气候过程之间的关系；预测自然力和人为活动对大气组成的影响；为保护生物圈和气候提供必要的知识。为了达到上述目标，国际全球大气化学计划在全球大气化学分布和长期变化趋势、地表交换过程、气相化学反应、多相过程以及模拟对流层化学系统及其与海洋和陆地系统相互作用的区域模式、全球模式等方面进行了观测和研究。该计划的研究重点区域是海洋

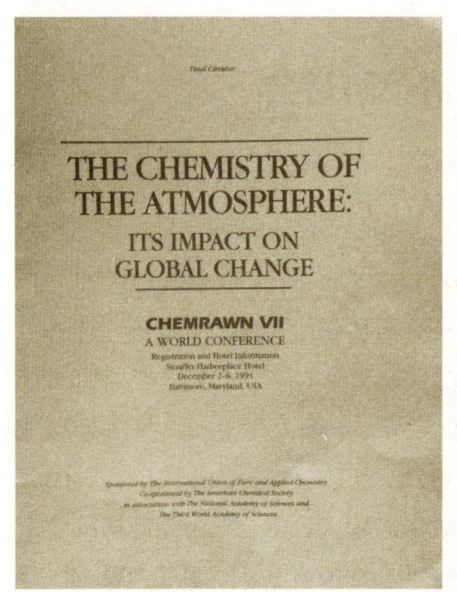

图 7-12　1991 年 12 月，王文兴应邀参加首届全球大气化学排放清单研讨会

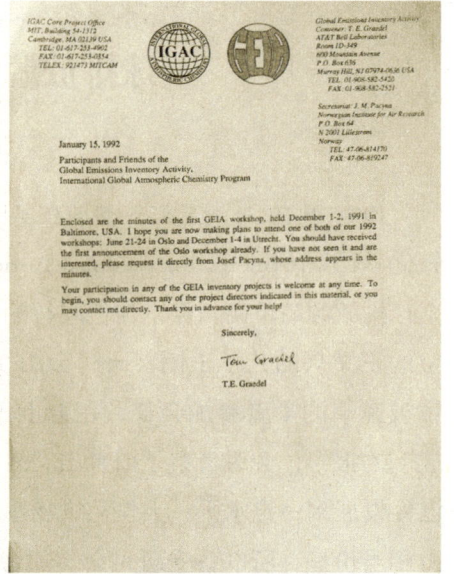

图 7-13　1992 年 1 月，王文兴收到 T. E. Graedel 发来的全球大气化学排放清单研讨会邀请函

图 7-14　1991 年 11 月，美国巴尔的摩机场（王文兴前去参加首届国际全球大气化学计划。左一王韬，左二王文兴）

大气、热带大气、极区与北半球中高纬度地区。国际全球大气化学计划将包括人类活动对全球大气环境影响最重要的七个方面列为重点研究领域。

几十年来，中国大气化学研究飞速发展，对全球大气化学研究作出重要贡献，北京大学大气化学家朱彤 2009—2012 年任国际全球大气化学计划共同主席，2011 年任国际全球大气化学计划中国工作组组长，现任国际全球大气化学计划科学指导委员会共同主席。自 1991 年跟随父亲王文兴参加会议的王韬 2013 年至今担任国际全球大气化学计划科学指导委员会委员，2011—2012 任国际全球大气化学计划中国工作组副组长。

第八章
太原沈阳　再战"煤污"

大气环境容量研究

　　就大气污染的类型来说，我国煤烟型大气污染更为普遍。欧洲国家和美国早期曾深受其害，最严重的一次事件发生在20世纪中叶的雾都伦敦。

　　1952年12月5日早晨，伦敦一带上空受高气压的影响，地面处于多雾无风状态，大量工厂生产和居民燃煤取暖排出的废气难以扩散，浓厚的烟雾笼罩着整个城市，白昼如夜，交通瘫痪。大气污染物浓度超出往常的6—10倍，含有高浓度的二氧化硫等有害物质的烟尘使许多市民出现胸闷、窒息等不适感，发病率和死亡率急剧增加，直到12月9日，一股强劲而寒冷的西风将烟雾驱散。据统计，当月因这场大烟雾而死的人多达4000人，史称"伦敦烟雾事件"，成为20世纪著名的环境公害事件[1]。

---

　　[1] C. K. M. Douglas、K. H. Stewart: London Fog of December 5–8, 1952。*Meteorological Magazine*, 1953 (82): 67–71。E.T. Wilkins: Air Pollution and the London Fog of December, 1952。*Journal of the Royal Sanitary Institute* 1954 (74): 1–21。*Ministry of Health, Mortality and Morbidity during the London Fog of December* 1952。London: HMSO, 1954，表3。

伦敦烟雾事件刺痛工业社会人类的神经，空气污染的控制和预防成为每一个国家发展经济时必须考虑的问题，其中也包括工业兴起、煤炭消耗量大增的中国。

70年代中后期，中国许多城市由燃煤引起的大气污染已很严重，特别是北方一些大中工业城市，如太原、沈阳、天津等，污染严重时，煤烟四处飘散无孔不入，居民不敢开窗，街面道路、树木、墙壁积满粉尘。王文兴回忆50年代中期他在沈阳铁西区化工部沈阳化工研究院工作时"不能穿白衬衣出去，半天回来衣领就是黑的了"。对此市民们的反映十分强烈。鉴于此种情况，国家将煤烟型大气污染严重的山区城市太原和平原城市沈阳的大气污染调查与治理列入"六五"国家科技攻关计划的研究项目"大气环境容量研究"，由刚成立的中国环境科学研究院牵头，王文兴与原在中国科学院大气物理研究院，后调入中国环境科学研究院的大气物理学家任阵海具体负责。

国家科技攻关计划是国家的指令性计划，起始于国家第六个国民经济计划期间（1981—1985）。这个科技攻关计划的制定，标志着我国综合性的科技计划从无到有，成为我国科技计划体系发展的里程碑。"六五"攻关计划涉及农业、消费品工业、能源开发及节能、地质和原材料、机械电子设备、交通运输、新兴技术、社会发展8个方面的38个项目，114个课题，1467个专题。38项中的第27项是"环境保护和污染综合防治技术"，而"大气环境容量研究"是其中的一个课题。"六五"的攻关课题，等同于以后的项目[①]，为了避免混淆，本章中都称为项目。

当时，申请"六五"攻关项目要具备的条件之一是要有良好的工作基础，其中包括已做的科学研究。由于"六五"国家科技攻关计划是首次，组织覆盖国民经济各领域众多的研究项目需要时间，实际上到1983年才开始实施时，五年已过去一半了。恰好太原和沈阳都已对煤烟型污染控制进行了不同程度的科研工作。两地的环保部门与中国环境科学研究院合作，已经进

---

① "六五"国家攻关项目，与"六五"以后的攻关项目、科技部的"973"和"863"项目，虽然都称为项目，但层次意义完全不同，"六五"的课题与以后的项目等同。即"大气环境容量研究"为项目，它包含"太原地区大气环境容量研究"和"沈阳地区大气环境容量研究"两个课题。

行了多年的污染源调查和现场观测，积累了大量的数据和资料，于是中国环境科学研究院牵头，联合两个城市申报"六五"国家科技攻关项目"大气环境容量研究"，项目包括"太原地区大气环境容量研究"和"沈阳地区大气环境容量研究"两个课题，比较顺利地获得批准，由任阵海负责，王文兴协助。

当时中国环境科学研究院的筹建工作并未结束，"边建设边科研"的首个重要项目——兰州西固光化学烟雾研究课题仍在进行中，主管科研的王文兴时不我待，又紧锣密鼓地投入新课题的组织和攻关中。

王文兴回忆说，"太原地区大气环境容量研究"和"沈阳地区大气环境容量研究"是在两个城市分别独立进行研究的课题，但负责单位都是中国环境科学研究院，由于两个课题的研究内容基本相似，为充分发挥科研人员的积极性和仪器设备的有效利用，除王文兴和任阵海分别负责太原和沈阳课题外，参与两个课题的研究人员基本上是一套人马，同时王文兴和任阵海也分别在对方课题中担任主要成员。

在这里，需要着重说明的是"六五"国家科技攻关项目"大气环境容量研究"立项时，王文兴负责的"太原地区大气环境污染综合观测研究"

图8-1　1983年12月在沈阳进行大气环境容量观测时王文兴与观测人员合影（前排左四张贵信，左五王文兴，左六任阵海；后排右三吕黄生）

第八章　太原沈阳　再战"煤污"

课题即将完成。在此基础上，稍加补充观测即可满足太原大气环境容量的计算。所以对王文兴来说，他领导的太原课题有两个独立的部分组成，即"太原地区大气环境综合观测研究"①和任阵海负责的"大气环境容量研究"课题两个分题之一的"太原地区环境容量研究"②，从研究顺序和内容看，前者是后者的基础、条件，后者是前者的延伸。本章重点介绍"太原地区大气环境综合观测研究"和在此基础上进行的"太原地区环境容量研究"的主要成果。

首次实施大型地空垂直综合观测

太原是我国华北地区大城市之一，新中国成立初期，太原工业发展迅速，成为山西省重要的能源、化工和重工业基地。太原各工业企业生产的原煤、焦炭、钢、生铁、硫酸、水泥等能源和原材料，大部分支援了全国各地的建设，为我国的经济发展作出了巨大贡献。随着太原地区社会经济的迅速发展、人口的增加，愈发显现出产业结构的不合理，大气污染越来越严重。太原地区的工业以煤炭、冶金、化工、机械为主体，80年代这四个部门的工业产值占全市工业产值的71.5%，但是这些企业使用的主要生产设备仍是50年代的产品，能源消耗惊人。1984年，太原市区原煤消耗量已达到828万吨，每年排入大气中的颗粒物高达18.4万吨，排放的二氧化硫达11.2万吨，太原已成为全国大气污染最严重的城市之一，大气污染已对当地民众的身体健康和经济发展带来了严重的危害。山西省人民政府很重视大气环境污染问题，1981年山西省科学工作委员会（今山西省科技厅）提出"太原地区大气环境综合观测研究"项目，同时得到国家科学技术委员会（今科学技术部）的资助，也就是在那时，中国环境科学研究院的科研人员和购置的先进仪器开始介入。

---

① 1984年"太原地区大气环境综合观测"总研究报告。存于中国环境科学研究院档案室。
② 1985年"太原地区大气环境容量研究"总报告。存于中国环境科学研究院档案室。

太原大气观测项目从 1981 年开始，1984 年 9 月结束。通过大气现场观测，获得了大量的气象和化学实测数据，查清了源排放、污染现状和污染特征，最后提出了控制对策。本项研究的完成提供了我国煤烟型大气污染综合观测方法结果和控制规划，这在当时对我国普遍存在的煤烟型大气污染城市的研究和控制起到了示范作用。同时也为后续的"六五"攻关项目"太原地区环境容量研究"提供了重要保障。

为了弄清楚太原地区大气污染水平、特征以及污染源的分布，根据课题工作计划，首先要制订观测方案。在观测方案的制订方面，由于涉及经费和课题成果的划定，课题组内部存在不同观点，曾引发争论。化学学科背景的课题组成员坚持地面观测和航测分别进行，物理学科背景的课题组成员主张地面航空垂直综合观测。两派学者各有主张、各有理由，一时争执不下，不能形成统一意见。虽然王文兴在学科背景和研究领域上主要属于化学，但是他考虑更多的不是从自己擅长的领域出发多为自己争取成果和经费，而是如何观测才更加合理、更具代表性。王文兴认为，国家在大气环境领域还没有进行过统一大型的立体观测，而地空垂直综合观测能够获取这一地区全面的污染物数据，这是仅仅依靠地面观测所无法达到的。王文兴协调各方看法，统一意见，果断确定进行立体观测的研究方案，在地面布设 47 个探空雷达站和 41 个化学监测点，同时租用三种性能不同的直升机进行高、中、低空探测，这样地面与空中，气象与化学就构成了一个完整的大气综合观测网络，在技术上为实现课题目标打下了良好的基础。

项目开始后的几年时间里，王文兴从勘察地形到野外强化观测，从协调多方配合到率领课题组攻关，兢兢业业，身体力行。一年四季每到一些典型的气候条件下需要集中观测的时候，王文兴就率领同伴们从北京赶赴太原做强化观测，取得大量的样品资料数据后，再带回中国环境科学研究院实验室进行分析、研究、整理。

当时担任课题组秘书的吕黄生[①]是中国环境科学研究院大气所的一名

[①] 吕黄生，1952 年 1 月出生，1970 年 12 月参加工作，工作后历任：中国环境科学研究院处长；国家环保局处长、副司长、司长、党组成员、纪检组组长；国家环保总局党组成员、外经办主任，国有重点大型企业监事会主席（副部长级）。

年轻科研人员，他清楚地记得当年内部发生的科研分歧，"当时科研项目里很多事情会争执得面红耳赤，不同观点，各持己见"。吕黄生认为，王文兴拍板决定采取地面、空中立体观测相结合观测方案，是这个项目后来获得国家环境保护局环境保护科学技术一等奖、国家科学技术进步三等奖的关键。作为课题组组长，王文兴不仅科研能力出众，他的人品和性格也在完成课题任务中起了很大的作用。吕黄生还记得有一次坐火车去太原进行观测时，由于临时变故自己年幼的女儿没人照顾，他只能把孩子带在身边，途中女儿发烧，王文兴二话不说就把自己的卧铺让出来，整夜不眠照顾着吕黄生的女儿，一路颠簸来到太原，第二天也顾不上补觉休息，立刻又带领课题组成员直奔野外，投入紧张的观测工作中。

图8-2 2015年4月，采访组采访吕黄生（吕黄生是"太原地区大气综合观测研究"和"太原地区大气环境容量研究"课题组秘书，为两个课题的顺利完成作出了重要贡献）

1982年2月和8月，王文兴课题组在太原地区组织实施了两次从地面到高空的针对主要大气污染物及气象要素的大型综合观测。2月的观测是为了查明冬季采暖季节太原市区及近郊大气污染物浓度分布及传输规律，8月的观测是为了查明非采暖季节大气污染物的分布及传输规律并将冬夏两季进行对比。同时针对冬季已查清的太原市区污染物分布与传输规律，进一步探讨太原市区污染物对晋中盆地的影响，即太原地区大气污染物的分布、转化、输送、扩散规律。

地空垂直综合观测除了传统的广布地面监测点之外，不同高度的航空观测也至关重要，航测需要租用飞机，价格昂贵，在当时租用直升机的价格高达约一万元每小时，但出于科研任务需要，再贵也要做。王文兴、任阵海等负责人带领大家节衣缩食，主动降低应享的伙食、住宿、差旅等标准，一点一滴节约经费用于保障航测项目的顺利进行。

课题组决定采用苏联米－8型直升机、西德BO-105型直升机和加拿大双水獭运输机三种机型作为航测平台，对气溶胶、二氧化硫、氮氧化物、一氧化碳、臭氧、总烃六种污染物的浓度进行水平和垂直梯度观测。在王文兴的印象中，航测行动更像是指挥一场战役，地面和空中不同观测位点，化学成分和气象因素等不同观测任务，各种功能的专业队伍同时工作，需要良好的组织和协调能力。德国的BO-105可低空飞行，获取近地空中的测量数据；加拿大双水獭飞机机型较大，负载多，能搭载大型仪器进行空中测量；苏联的米－8是世界直升机史上产量

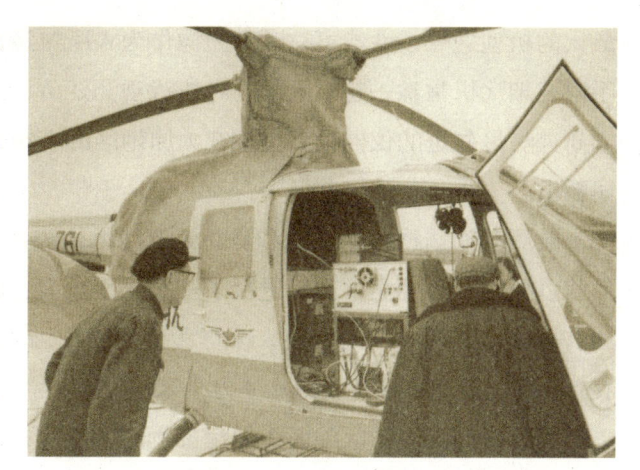

图 8-3　1982年2月，王文兴在航测前查看联邦德国BO-105型直升机（可低空飞行，获取近地空中的测量数据）

图 8-4　加拿大双水獭型飞机（机型较大，负载多，能搭载大型仪器进行空中测量）

图 8-5　1982年2月，王文兴和钮峻岭在飞机上查看测量仪器

第八章　太原沈阳　再战"煤污"

最大的机型之一,性能可靠,驾驶操作为人所熟悉,高低运行也更得心应手。三架飞机常常一起上天,同时执行观测任务,飞机搭载着中国环境科学研究院最先进的仪器设备盘旋在太原地区的上空,获得了弥足珍贵的科研数据。

航测时间选择冬季2月和夏季8月两个代表性季节,2月观测的飞行航线以太原市区为主,分别进行了三个水平剖面、两个垂直剖面、两条弧线和七个垂直柱状点的飞行,采样覆盖的面积为450平方千米;8月航测在晋中盆地覆盖面积为22000平方千米。

为了得到太原市区地面主要污染物的浓度分布,以及太原市区排放的污染物对晋中盆地的影响,课题组同时还布设了大量的地面监测点,对主要大气污染物进行长期连续监测。1982年2月和8月,课题组在市区内和城郊区布设了多处低空探空点和地面气象观测点,探空点采用低空探空仪,每2小时一次(8月为每4小时一次),每隔25米取得一组风向、风速、温度、湿度数据,探空点覆盖面积为174平方千米,地面点覆盖面积为整个城郊区。为确保各采样点采集的样品及时送达实验室进行分析,王文兴课题组安排多辆汽车在8条线路上往返收集、运送样品到中央实验室,以

图8-6 1982年2月,王文兴和太原市环保部门领导在太原机场

保证样品得到及时处理。

1982年，太原地区的煤烟型污染综合观测涉及单位多、参与人员多，出动三种类型飞机、架次多、区域广，地面观测站点数量多、覆盖范围大，是我国迄今为止规模最大的大气污染综合观测实验。

高质量的观测数据是获得可靠实验结果的基础和前提，王文兴认为，开展观测实验不仅要操作规范、减少人为误差，还要做好仪器的标定和校准以减少仪器的系统误差，太原项目先后使用的各种观测、实验仪器达700余台，王文兴为此做了大量工作，不仅严格检查、督导实验室的工作，还经常到观测现场，亲自上飞机检查。比如航测项目中，机上安装了美国的氮氧化物分析仪、日本301型红外扫描仪等精密仪器，

图8-7 1982年2月，王文兴在化学分析室查看样品分析结果

从国外购置的仪器设备，调试和标定工作十分重要，课题组邀请中国计量科学研究院、北京分析仪器厂等权威单位对相关仪器标准进行了缜密的调试和标定。王文兴与课题组成员还在正式飞行以前就进行了一系列实验，选定了合理的监测飞行条件和工作方式，讨论了发动机尾喷流的影响、加热器排放废气的影响、机身附属层的影响以及直升机旋翼的影响，然后进行了等动量取样器对航测取样的干扰实验，校正了仪器指示基本误差、记录走纸误差、仪器影响误差、仪器升降时间误差和飞行时速误差。王文兴和同事们反复进行干扰实验，并据此校正误差、标定仪器后所取得的航测数据，达到了预期的效果。航测结束后，王文兴又两次邀请二机部七所、山西省观象台、太原无线电一厂的设计人员与技术人员进行对比标定实验。

王文兴严谨的一丝不苟的治学态度，在这些细致入微的工作中得到了

充分的体现，这些工作也为每一个观测数据的准确、实验分析的可靠乃至整个项目的成功打下坚实的基础。

提出太原大气污染防治七大对策

凭借数年艰苦、细致的工作，王文兴课题组获取了丰硕的研究成果，查清了太原地区大气污染的源排放、污染现状和污染特征，并提出了相应的控制对策。

研究成果表明，太原地区出现的严重的大气污染，与当地三面环山的特殊地形和环境气象条件密切相关。大气污染物的浓度水平及分布状况不仅取决于污染源分布与排放强度，还受当地边界层气象条件的制约，因此正确理解、区分不同天气类型，充分利用有利的气象条件，对于减轻污染程度、进行空气污染潜势分析预报很有帮助且十分必要。课题组对太原地区采暖季节与非采暖季节的不同天气形势进行了分类，并着重研究了不利于污染物扩散的天气类型。

通过 1982 年 2 月和 8 月两次综合观测，以及 1983 年 9 月、11 月、12 月的补充观测，课题组共取得有效可用数据 62 万余组，课题组将全部观测数据分三类进行处理，即近地面大气污染物浓度：由监测数据求得日均值，再进行加权处理后绘出各种图表及污染物浓度的时空分布图；将测得的原始气象参数数据通过电子计算机和专用计算器根据公式换算成实际风向、风

图 8-8 1982 年 8 月，王文兴为大气环境综合观测课题选择大气背景站在五台山进行现场考察

速，然后再将实际的风向、风速、温度数据制成各种图表；对航测资料，先判读，然后进行分析制图。最后将地面、空中组成一个三维空间进行综合分析，寻找出污染物的传输和扩散规律。

从本课题夏冬两次地面大气污染物综合观测结果来看，太原市大气污染冬季比夏季重，城区比郊区重。还有一个特点是居民区比工业区重，原因是生活炉灶等面源燃煤造成的。冬季重污染日总悬浮微粒浓度超国家三级标准的污染区面积覆盖了所有工业区和旧城区，约占市区面积的70%以上。旧城区污染严重，市中心总悬浮微粒8日平均浓度最高达到1.6毫克／立方米，二氧化硫8日7时的平均浓度最高达到0.8毫克／立方米，都超过了国家三级标准，即使在北郊柴村一带，南郊小店、晋祠文物保护区以及汾河河谷这些污染源较少的地方也都达到和超过了国家三级标准。其中旧城区、北营工业区和河西化工区超过三级标准两倍，是污染最严重的地区。

综合地面和空中大气污染物的观测结果表明，太原市大气污染是以总悬浮微粒和二氧化硫为主的典型煤烟型污染，氮氧化物地面浓度超二级标准的区域仅在旧城区，但其超标率和污染范围比总悬浮微粒和二氧化硫要小得多。总碳氢化合物的浓度，就其浓度值来看并不低，但与其有关的二次污染（臭氧）浓度并不高。太原地区氮氧化物污染较轻，浓度分布大体上与二氧化硫相似。冬季高，夏季低，清晨和傍晚高，其他时间低。太原地区总烃和臭氧并不是引起当地大气环境污染的主要污染物，浓度通常都很低，仅在化工区一带，偶尔出现臭氧浓度偏高。

晋中盆地是山西省的经济发达地区，人口比较集中。由于自然环境

图8-9　1983年11月，王文兴与钮峻岭在气象资料室与工作人员交谈

主导风向是北风，太原市这个大污染源位于晋中盆地的最北边，研究结果表明，太原市大气容量总悬浮微粒对晋中盆地有直接影响，尤以冬季最为严重，影响距离可以到达盆地的中、南部香乐一带。由此可见，太原市区大气污染控制对晋中盆地大气质量改善具有重要意义。

本课题研究的最终目的是提供切实可行的防治对策。课题组根据研究得到的太原市的地理和气象资料、大气污染源的分布和排放特征、主要污染物的污染现状和时空分布、气象背景和污染物传输，以及太原市的经济社会发展规划，提出了太原地区大气污染综合防治对策。包括以下七大部分：①从城市规划入手，控制大气污染的发展；②采用广义节能措施，降低污染源排放浓度；③推行热电联产联供，制止粗粒子污染物的生成；④开展技术改造，根治细粒子污染物的排放；⑤调整煤种与排放峰值，充分利用大气自净功能；⑥加紧绿化造林，改善大气环境；⑦加强环境管理，维护生态环境良性循环。

"太原大气综合观测研究"课题总结报告，是当时治理煤烟型城市大气污染研究最全面、最深入的技术报告。基于当时全国城市大气污染主要是煤烟型污染的情况，这份报告更具有特别重要的意义。这项研究成果得

图 8-10　1984 年 11 月，王文兴参观佐治亚理工学院的激光测试仪（右一王文兴，右二唐孝炎）

到国家和当地政府的高度重视，依据王文兴、任阵海他们的研究成果和建议方案，太原、沈阳及其他一些空气污染较重的城市，加大了环境保护、污染治理力度，避免了像"伦敦烟雾"那样恶性事件的发生，这应该是我国在控制煤烟型污染方面的重大成就。

在"太原大气综合观测研究"课题进行的过程中，王文兴又获得"六五"国家科技攻关课题"太原地区大气环境容量研究"的研究任务，在研的课题自然就成为容量研究的前期基础工作。

大气环境容量研究

"太原地区大气环境容量研究"和"沈阳地区大气环境容量研究"是"六五"国家科技攻关项目[①]第三十七项"环境背景值调查和主要污染物环境容量的研究"中两个等同课题，选择这两个城市作为大气环境容量研究攻关项目的社会环境背景，是它们均为典型煤烟型污染老工业城市，技术背景则是太原大气观测项目已取得了丰富的观测经验，获得了大量基础数据和资料，"大气环境容量研究"实际上是在观测研究已完成大量工作基础上的继续。

早在 20 世纪 70 年代，随着环境污染问题越来越严重和突出，国内学术界对其关注度也越来越高，但环境科学尚属新兴学科，大气、水体、土壤等各类环保标准远不如今天这样周全和严格，当时学术界有一个朴素的、有代表性的研究想法，即一个有限的大气环境（如一个城市），一个有限的水体（如一条河流一个湖泊），在一定的条件下（如局部气象大气条件）对于保护人体健康所允许的污染物最大容量是多少，进而以此作为

---

① "六五"国家科技攻关计划是第一个国家科技计划，也是 20 世纪中国最大的科技计划，1982 年开始实施。这项计划是要解决国民经济和社会发展中带有方向性、关键性和综合性的问题，涉及农业、电子信息、能源、交通、材料、资源勘探、环境保护、医疗卫生等领域。从国民经济发展的"六五"计划到"九五"计划期间，国家科技攻关计划先后安排了 534 个科技攻关重点项目，总经费投入 379 亿元，获得专利 2434 项，产生直接经济效益 2033.7 亿元。

污染控制和治理的重要依据之一，这在当时是有一定实际意义的。

在这种背景下，王文兴的好朋友、好搭档、大气物理学家任阵海，根据他多年大气物理观测经验，在我国率先提出大气环境容量的计标方法，用于太原地区大气环境容量和沈阳地区大气环境容量的计标，获得较为理想的结果，为该研究项目的成功作出了重要贡献。1983—1985年，太原、沈阳两地的大气环境容量研究分别在王文兴、任阵海的带领下开展起来。

太原方面，受国家环保局（原建设部环保局）委托，中国环境科学研究院、太原市环保研究所组织山西省气象科学研究所、核工业部辐射防护研究所开展了本课题的研究。此外，中国科学院大气物理研究所为协作单位，山西省环保局、太原市环保局作为保证单位共同参加了本课题的有关工作，项目本身在技术上还是由中国环境科学研究院负责。山西省、太原市高度重视这次研究考察活动，时任山西省副省长、太原市委书记王茂林[①]亲自挂帅，担任课题领导组组长，时任中国环境科学研究院副院长的王文兴为副组长，负责各项科研业务的开展。王文兴回忆，王茂林副省长身兼数职，公务十分繁忙，对于具体项目本身无暇多顾，但他非常重视太原的环境问题，对整个课题组及带头人王文兴一直倍加关心，安排他们住

图8-11　1982年2月，山西省副省长、太原市委书记王茂林等领导到航测现场视察

[①] 王茂林（1934- ），江苏启东人。中共第十三到十五届中央委员，曾任湖南省委书记。1981年7月至1982年9月任山西省副省长、太原市委书记。

在当时条件最好的宾馆，全力保障科研工作者们的后勤生活，保障课题组科研工作的高效运转。①

此前，王文兴负责的"太原地区大气环境综合观测研究"成果显著，其研究成果和大量翔实丰富的数据也被纳入和广泛应用于大气环境容量项目中。当时"大气环境容量"是一个较为前沿的科研概念，由任阵海在国内率先提出，大气环境容量在国内外也无准确定义，一种说法是一个地区（或某空间）允许的污染物最大平均浓度；另一种说法是地区空间内的大气污染物浓度达到平衡时所能容纳的排放量；还有一种概念，"大气环境容量"是地区大气污染物浓度负荷量的分布能力。

图 8-12 《工业污染治理技术丛书·废气卷》

图 8-13 《工业污染治理技术丛书》编委会名单

任阵海认为大气环境容量是在一定的地区空间内，当地面污染浓度不超过环境目标值时由大气的自然参数和污染参数所决定的大气污染物容许排放总量。

研究环境容量的目的是提出一种定量的计算方法，从而确定一个地区

---

① 国家环保局鉴于大气污染的严重性，控制大气污染是综合性，应该多方面进行。当时组织学术界的专家组成编委会，编委会主任由著名的水污染控制专家、清华大学陶葆楷教授担任，聘请国家环保局局长曲格平为顾问。下分废气、废水、固废三个编委会。王文兴和严兴忠任废气卷主编，编委会分别由四个行业的七位编委组成，于 1992 年出版。

第八章　太原沈阳　再战"煤污" **135**

的大气环境对该地区主要污染物可允许的排放总量，为大气环境管理提供合理的定量化方案。所谓"大气环境的自然规律参数"，主要指地区大气污染物的输送、稀释、迁移、转化、环境周期等。这类参数在不同的地区数值不同，地区之间的差异可能很大，且随时间而变化，必须进行实际探测来确定从而概括其规律。所谓污染参数就是污染源参数和环境目标值的通称。

王文兴认同任阵海的观点，认为对于一个城市，不仅应该计算出现有的大气容量及其变化范围，还应该科学地给出大气的自然稀释、净化能力，使污染参数符合自然规律的最佳大气环境容量，以便人们能够比较分析现有的污染源分布、排放高度、排放方式等是否符合大气的自然稀释净化规律，为老城区改造和新城区建设提供科学依据。

太原所担当的工业城市角色，它走过的轨迹，也将是我国许多城市发展的前车之鉴。太原地区是一个典型的半封闭的山谷盆地，具有我国北方山谷盆地的特征。研究太原地区的大气环境容量不仅可以解决当地国民经济发展过程中引起的环境问题，为有效地利用和开发经济发展区域的大气环境自净能力提供科学依据，也将为我国北方山谷盆地制定大气环境目标值，合理调整已建成区域或规划新开发区域的经济布局提供借鉴。

课题组首先确定了太原地区大气环境容量研究的基本内容：大气的自然稀释、净化参数、污染源分布、高度、强度、排放方式、环境标准等参数，以及他们之间的关系和所造成的污染现状、特征、规律的研究；根据太原地区地形和气象特点，提出计算简便、易于推广应用的大气环境容量计算方法；进行总量控制和环境容量规划，最大限度地缩小超标区域，给出消减排放量的分担率，制订出切实可行的环境规划方案。

大气环境容量的研究思路、计算方法并不是唯一的。课题组在制定研究规划时，力求全部使用具有山区盆地特色的实测资料。为此，课题组在之前综合观测的基础上，对太原地区大气环境边界层做了详细的分析，实地做了大气示踪物质扩散试验、二氧化硫转化速率的测定，总悬浮颗粒物沉降速率的试验以及植被对二氧化硫吸收能力的试验等工作。课题组设计了适合当地特色的大气环境质量模式，作为计算大气环境容量的一种工具，结合太原地区大气环境质量的现状，提出了太原市区的总量控制方案及容量规划，得出本地区大气环境容量和规划的基本结论。

在王文兴他们所做的前一个课题，即"太原地区大气环境综合观测研究"里，有关污染源、污染状况等已经做了大量的工作，得到的数据和资料可以基本满足大气容量的计算需要，有关大气边界层内的流场等情况虽然也做了一些工作，但还不能完全满足环境容量计算的需要，为此王文兴与大气物理专家刘林勤率领课题组又做了一些补充实验，包括太原地区大气污染物的来源解析、大气示踪物质扩散实验等。

实验及研究结果表明，大气颗粒物和二氧化硫是太原市最重要的大气污染物，然而，城市大气颗粒物与二氧化硫不同，它的来源十分复杂，有人为的（燃料燃烧和机械粉碎等），也有天然的（风沙尘、火山尘埃、海盐粒子等）；有一次排放的（锅炉、窑炉、炉灶，机动车尾气，工矿尘、冶金尘、水泥尘等），也有二次转化生成的（气—粒转化而成）。并且，城市大气颗粒物的粒径范围跨度很大，从 0.01—100 微米，不同粒径大气颗粒物的来源与生成机制不同，其传输、去除机制也不同，对人体的危害及其理化特性亦有很大区别。

图 8-14　1983 年 2 月，王文兴（左二）和太原市环保局副局长钮峻岭（左三）与环境科学研究院气象观测负责人刘林勤（左一）等讨论气象观测实验

第八章　太原沈阳　再战"煤污"

因此，查清城市大气颗粒物的主要来源及其贡献，是制定有效控制对策的基础。课题组为使大气颗粒物来源的复杂问题简单化且重点突出，将前述众多源类归纳为三大类：燃煤源、地壳源和其他源类，分别采用因子分析法（包括主因子分析和目标转移因子分析）和质量谱分析法，对太原市大气颗粒物的来源及相对贡献进行解析，发现燃煤源和地壳源是太原市大气颗粒物的主要来源，占全部来源的90%左右；冬季燃煤源对太原市区大气颗粒物贡献更高，达65%左右；燃煤源贡献了细粒子（<2微米）的绝大部分（约80%）；人为源中对大气颗粒物和二氧化硫贡献最大的是工业锅炉（70%左右），其次是采暖锅炉和居民炉灶；二氧化硫气—粒转化大约贡献了太原市区大气细颗粒物的一半。进而得出结论：治理太原市冬季大气颗粒物污染，关键是控制燃煤类源，特别是工业源；同时需要控制燃煤源（尤其工业源）二氧化硫的排放；植树造林、绿化环境对减少颗粒物污染起重要作用。

根据太原地区大气环境容量计算和大气污染来源解析的相关结果，课题组提出了削减太原市大气污染物的建议：改变燃料构成，实现城市煤气化；在太原城区实现电热联供；改造高能耗、高污染的落后锅炉，提高烟囱排放高度；太原市各锅炉需使用高效除尘器；实现工业燃料脱硫处理。

为了研究太原地区的大气扩散、迁移规律，王文兴课题组进行了大气示踪物质扩散实验，人为的释放示踪气体，模拟污染气体在大气中的行为，这是一种很直观、有效的方法。课题组选用六氟化硫（SF6）和氟氯溴甲烷（1211）作为示踪物质，它们都具有稳定的物理、化学性质，能较好地模拟气态物质的扩散，同时具有易汽化、测量灵敏度高，毒性和腐蚀性小的特点。示踪物质的释放点选择在太原的两个主要污染源：太原钢铁公司和煤气化公司的焦化厂内，在这两个区域各选了一个100米高的烟囱，将塑料管悬挂在烟囱外壁，示踪物汽化后，经过流量计、匀速、定量地通过塑料管，从确定的高度上释放入大气，释放量用减重法确定。在两个释放点的下风向布设五条地面取样弧线。在示踪物质释放后，规定严格的采样方法同时采样，保证地面监测数据具有可比性，所有取样点上的取样器都定时开启，连续抽样10分钟，对应地面离释放点较远的四条弧线上，垂直向上画出四个剖面，每个剖面从地面上空100—700米有四条高空航线，同时有一架双水獭飞机作横截风向的穿"烟羽"飞行，飞行的水平方位角是释放点的下风向，定时采样送到中央实验室，分析六氟化硫浓度。由此通过计算就可以得到两个释放点示踪气体在盆地的扩散规律，以此来提供大气容量计算所需参数。

  计算环境容量所需要的各类参数都已备齐，接着就是要进行环境容量的计算了。大气环境容量的影响因子很多，其计算方法非常关键。然而，由于各种因子对大气扩散的影响是非线性的，很难用一个通用的表达式表示并求出解析解，因此，通常只能提出若干假设，将影响因子大大简化，将大气扩散方程转变成菲克扩散方程后，对正态分布函数进行修正，使其接近实际情况，进而获得近似解。但在实际研究过程中，课题组转变思路，考虑一种间接的方法，即利用大气环境治理模式模拟污染物浓度，进而反推大气环境容量。鉴于以上想法，课题组针对太原地区的具体自然条件和尺度特点以及不同污染物的特性，结合各种模式的适用性和优点，建立了箱模式、烟流模式、烟团模式和扩散方程模式四种大气环境质量模式，用于模拟计算主要大气污染物二氧化硫和总悬浮颗粒物（TSP）的大气浓度，并和实测值进行比较、验证。结果说明，四种模式各有自己的特点，其中烟流模式和箱模式适用于近距离内风向少变、风速较一致的天气条件；烟团模式则适用于长距离的输送、扩散问题；扩散方程模式用途较广，对太原市和太原地区的二氧化硫和总悬浮颗粒物都适用。在实际工作中，课题组可根据设定的某种污染物的目标大气浓度，利用最适合的模式反推该污染物的大气环境容量。

  一个地区大气环境容量的大小，不仅与该地区的大气自净能力、污染源的分布及排放高度有关，同时也和大气环境的目标值、背景值有关，因此，大气环境容量随地区、气象条件、季节以及排放方式的不同而有一定差异。课题组在计算太原市大气环境容量时，是针对冬季局地环流型的天气条件计算的，这时大气环境容量最小。为了将大气环境容量理论应用于控制太原市实际大气污染问题，课题组分别计算了太原市现状大气环境容量和最大大气环境容量。

计算表明，20世纪80年代中期太原市的现状污染物排放量远大于它的现状大气环境容量，换句话说，当时太原市的大气污染已经到了严重危害人体健康的程度。因此，若不改变污染源的分布，就必须采取有效措施减少污染源排放强度（单位时间内污染物的排放量）。

为充分利用大气的自净能力，课题组将污染源的排放高度抬升到100米，发现太原市的污染源强度已达到或接近最大容量，表明今后再发展工业必须慎重考虑。课题组还计算了另外两种提高污染源排放高度方案（即分级提高污染源排放高度，而不改变污染源的分布；合理改变污染源的分布并提高排放高度）下的大气环境容量，结果表明，提高污染源的排放高度和合理分布污染源，是充分利用大气自净能力、开发环境容量的好办法。

考虑到现实中的旧城改造和治理，课题组尝试计算削减高浓度污染源强度、增加无源区源强度情况下的大气环境容量，结果发现这种方法可显著提高太原市的大气环境容量。为适用于新城市或新开发区建设，课题组还实验了重新分配污染源，发现大气环境容量可显著提高，认为在城市整体规划时，一定要考虑污染源的合理布局，以便充分利用大气自净能力，最大限度地开发大气环境容量。

通过课题组的大量工作，太原地区"总量控制"研究日趋深入，项目组从环境质量的角度提出了环境管理、治理和规划的各种指标，取得较大的成果和突破。但是，王文兴清醒地意识到，环境问题是随经济发展、能源消费的增长产生的，要真

图8-15 1983年10月，王文兴在参加世界工程师大会期间考察肯尼亚国家公园（左一张维，右一王文兴。王文兴提供，存于采集工程数据库）

正解决问题，各种环境质量指标必须与经济发展、能源消费挂起钩来，这样就引出了以经济—能源—环境为主题的太原市大气环境容量规划，该规划与工业发展、城市建设构成一个有机的整体，对城市各部门的具体规划提出要求，为领导部门作出决策提供了科学依据。

图 8-16　1986 年 1 月，在太原回北京的火车上，王文兴与课题组黄秉和准备两个课题鉴定验收会事宜

"六五"攻关研究成果丰硕

在任阵海、王文兴的带领和所有课题组科技人员的共同努力下，"太原地区大气环境容量研究"课题具有相当的深度和广度，并在理论研究与

图 8-17　1986 年 1 月 10 日，太原大气综合观测课题和沈阳、太原两个大气容量课题鉴定验收会上全体专家、国家环保局、有关单位领导和项目组主要成员合影（左一王文兴）

第八章　太原沈阳　再战"煤污"　　141

实际应用方面得到较好的结果，在国内处于领先地位。其中，大气气溶胶的物理化学特征及空间分布演变规律与边界气象条件同步观测、城市热岛的实际测量及其数值模拟两个方面的研究，在国内外没有资料可供借鉴的情况下，提出了新的理论模型和计算公式，比较深入，很有特色，为我国城市大气污染研究作出了重要贡献，达到国际先进水平。同时，课题组对太原地区大气环境控制规划提出的宏观决策意见，受到了当地政府的重视，圆满地完成了国家项目规定的各项内容，为我国典型煤烟型重工业城市大气污染治理方针政策的制定提供了重要的科学依据，具有较高的社会、环境和经济效益。

1986年1月10日，由中国环境科学研究院主持的"太原地区大气综合观测总研究""沈阳地区大气环境容量研究"和"太原地区大气环境容量研究"三个课题同时在北京通过国家级鉴定。同年11月，王文兴获得国家环保局"六五"国家环保科技攻关项目表彰证书。"太原地区大气环境综合观测研究"项目获国家环保局环境保护科学技术一等奖。1987年，太原和沈阳两个大气容量课题合成的"大气环境容量研究"项目获得国家科学技术进步奖二等

图8-18　1986年11月国家环保局颁发的"六五"国家环保科技攻关表彰证书

图8-19　1987年7月"大气环境容量研究"项目获国家科学技术进步奖二等奖

图8-20　1987年7月"太原地区大气环境综合观测研究"项目获国家科学技术进步奖三等奖

奖,"太原地区大气综合观测总研究"获得国家科学技术进步奖三等奖。至此,继兰州西固光化学烟雾污染研究之后,王文兴对煤烟型大气污染研究再获成功。

光阴荏苒,白驹过隙,从1979年年底王文兴自天津到北京参与筹建中国环境科学研究院,在践行"边建设边科研"的过程中,一晃几年就过去了。1983年9月,王文兴的组织人事关系由天津环保局正式调到北京中国环境科学研究院,他本人被任命为中国环境科学研究院副院长,组织上为照顾王文兴多年两地分居的生活,将其妻子张婉华由天津化工研究院也调到北京中国环境科学研究院工作,两人二十多年劳燕分飞聚少离多的日子总算画上了一个句点。而此时,夫妻俩已是人过中年鬓染微霜。

孩子们也都长大了,大儿子王韬1976年初中毕业后上了技校,1977年高考恢复以后,王文兴积极鼓励子女们求学深造,在父亲的影响和鼓励下,已经参加工作的王韬努力自学,1981年考入天津南开大学化学系,学的也是跟父亲一样的专业——物理化学;大女儿王梅也考上了南开大学,不过学的是文科;次女王清考入天津轻工业学院,学习食品发酵专业;小女儿王薇这时还在上初中,张婉华调入北京时,王薇也转学到了北京上初三,后来高考进入清华大学,专业方面一如父亲和大哥选择了化学。

同样在1983年,王文兴离开住了好几年的板房,搬进一套60多平方米的宿舍,房子不大,却是亲人团聚、充满温馨的家。张婉华从天津化工研究院调到北京中国环境科学研究院,在专业工作上作出了不小的牺牲,她一方面努力适应新的工作转变,另一方面尽心照顾丈夫和家庭,为王文兴免除后顾之忧。到了节假日,在天津上学的孩子们都回到北京的家中,屋子小摆不开几张床,孩子们就打地铺睡在地上,"就那么小的地方,横七竖八全睡满了,哈哈!"王文兴说起这些并不觉得苦,相反,每当节假日看着"睡了一地"的孩子们,对他来说都是难得的放松和开心的时候。

政策支持,家庭稳定,共同助力王文兴的科学研究。在完成了从物理化学向环境科学的工作转变并取得了相当成就之后，王文兴又向被称为"空中死神"的酸雨发起了挑战，为了控制燃煤排放二氧化硫造成的大面积酸雨危害，他从"七五""八五"到"九五"连续承担国家科技攻关项目，在新的科研征途上栉风沐雨、披荆斩棘，坚实地迈向又一座高峰。

第九章
酸雨攻关　攀越巅峰（一）

在王文兴漫长的学术生涯中，酸雨问题研究代表着他科研之路的巅峰和最大成就。

酸雨对环境的影响在 20 世纪中期以后逐渐引起西方发达国家的重视，我国从"六五"国家科技攻关计划[①]（1980—1985）开始，也对酸雨问题进行了持续的大规模的研究，国家"六五""七五""八五""九五"科技攻关和国家"973"（2005—2010）项目中，都有不同程度和不同范围的酸雨研究课题，前三次由王文兴主持并担任课题组组长，后两次王文兴已经离休，参与了子课题研究，"973"项目中的酸雨研究课题由王文兴之子王韬[②]教授担任首席科学家。基于王文兴及其团队的研究成果，国家及时采取了行之有效的控制措施，避免了欧洲和北美地区曾经出现的严重的酸雨灾难，如今酸雨已经不再是我国主要的环境问题。及时而有效的酸雨研究

[①] 1987 年《我国酸雨的来源和影响及其控制对策》研究总报告。存于中国环境科学研究院档案室。

[②] 王韬（1960— ），香港理工大学土木与环境工程学系讲座教授、山东大学环境研究院兼职教授，博士生导师。

空中死神

科学上一般用pH值来表示水溶液的酸碱性强弱程度,pH值为7.0时表示物质呈中性,pH值小于7.0表示物质呈酸性,pH值大于7.0表示物质呈碱性;pH值越小表示酸性越强,pH值越大则表示碱性越强。

不含杂质的纯水(蒸馏水)pH值为7,属于中性,地球大气环境中的降水在形成和降落过程中,由于吸收并溶解了空气中的二氧化碳等物质,正常情况下雨水的pH值约为5.6,呈弱酸性;而酸雨是指pH值小于5.6的降水,现在也通常用于泛指大气中的酸性物质以湿沉降或干沉降的形式转移到地面(也称为"酸沉降")。酸雨的pH值一般在4.0(强酸雨)—5.6(弱酸雨),最严重的酸雨与食醋酸度接近。酸碱性只是酸雨众多物理化学性质的一种,它还有化学组成等其他诸多性质。

酸雨是人类历史上迄今为止所发生过的最严重的区域性生态环境污染问题之一,在国际地球和生态环境保护、科学研究以及外交等方面均产生

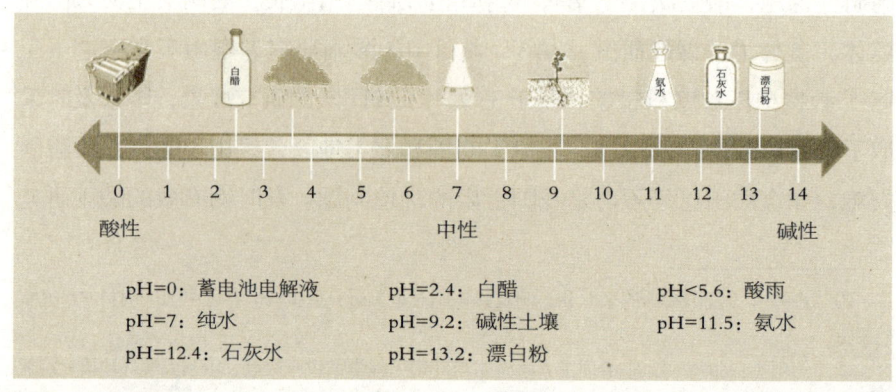

图 9-1 某些物质的 pH 值

了极其深远的影响。酸雨是地球大气环境受到人类活动影响的一个重要特征，也是一个国家和地区大气污染的重要问题之一。在前述太原地区大气污染综合观测和环境容量的研究中发现，太原以及其他许多城市当时的大气污染都来自煤炭燃烧，而酸雨与煤烟型污染同源，但是它对生态环境的危害要更广泛、更严重，治理也更困难。

早在19世纪中叶，随着工业革命的发生和发展，英国二氧化硫的排放量随燃煤量的增长而迅速增长。大量的二氧化硫被排放到大气中，污染了空气，进而形成了酸性降水。1852年，苏格兰化学家罗伯特·史密斯（R.A. Smith；1817—1884）在分析曼彻斯特郊区的降水时，发现了雨水中含有硫酸或硫酸盐的现象。经过长达20年的进一步研究，他于1872年在其专著《大气和降雨：化学气候学的开端》（*Air and Rain: The Beginnings of a Chemical Climatology*）一书中首次提出"酸雨"（acid rain）这一术语，并沿用至今。史密斯的这一重要发现，揭示了工业城市曼彻斯特燃煤排放的大气污染物对生态环境将产生严重影响，实际上是对人们进行的警示。但遗憾的是，他富有开创性的工作在长达近一个世纪的时间里没有被人认识和重视，以致后来欧洲和北美相继出现了严重的区域性酸雨问题。

酸雨问题首先出现在欧洲。1939年以后，生物学家在挪威南部的部分湖泊发现鱼类锐减，而这一现象可能与酸雨有关。之后瑞典也发现了土壤和湖泊酸化问题，鱼类和森林的生长受到了影响，这主要与邻国（英国）传输来的酸性气体二氧化硫有关。瑞典土壤学家奥登（S. Oden）在对湖泊和大气化学进行广泛研究的基础上指出，酸雨已成为欧洲的一种区域性现象，而且降水酸度还在不断上升。到20世纪50年代后期，比利时、荷兰和卢森堡等地也相继出现了酸雨，60年代德国也出现了酸雨。到70年代，科学家发现英国、德国、波兰、捷克以及北欧多国的酸雨已连成一片，欧洲经济合作与发展组织开展的专项研究证实，酸雨覆盖了欧洲绝大部分地区，形成了世界第一大酸雨区。以英国为例，英国环保部门颁布的资料显示，英国国土都已酸化，全国年均降水pH值在4.1—4.7。到80年代，除南部的葡萄牙、西班牙、意大利等国家外，欧洲基本上都被酸雨所覆盖。

作为工业革命的副产品，酸雨也随着欧洲工业革命的发展蔓延到北美。20世纪60年代，美国东北部与加拿大交界的印第安纳、安大略和魁北克等地区发现了大面积酸雨，此后酸雨区面积继续扩大，降水酸度持续升高。到70年代，北美的酸雨已经造成众多湖泊鱼虾绝迹，大面积森林衰亡，野外文物材料损毁，引起严重的生态环境破坏和经济损失。到80年代，美国酸雨范围扩展到本土面积的三分之二，同时，美国的北邻加拿大也未能幸免，加拿大的东南部和与美国相连的西部地区均被酸雨覆盖。北美成为继欧洲之后的世界第二大酸雨区。

20世纪80年代起，包括中国在内的东亚地区也逐渐发现面积越来越大同时酸度也在增加的酸雨污染，不长的时间里形成继欧洲、北美之后世界第三大酸雨区。

酸雨是人类历史上迄今为止所发生过的最严重的区域性生态环境污染问题之一，由于酸雨对生态环境的危害巨大，以致许多湖泊鱼虾衰亡，甚至绝迹；林木凋谢，甚至漫山遍野的森林死亡，所以酸雨有了一个更加形象和可怕的名字——"空中死神"。1972年，联合国在斯德哥尔摩召开的人类环境会议上，瑞典政府提交了《跨国界的大气污染：大气和降水中的硫对环境的影响》的报告，第一次将"酸雨"作为国际性问题提出，由此酸雨问题在世界上引起了学界和公众广泛的关注。1986年在肯尼亚首都内罗毕召开的第三世界环境保护国际会议上，专家们认为酸雨现象不断发展，对生态系统造成严重危害，已成为严重威胁世界环境的十大问题之一。

为了查清酸雨的来龙去脉，以便提供控制对策，欧洲和北美科学家们于1975年在美国东北部重酸雨区俄亥俄州哥伦布市召开了第一届国际酸沉降会议。当时美国俄亥俄州是世界上二氧化硫排放强度最大的地区之一，选择在此召开国际酸雨会议意义非凡。由于此次国际会议涉众广泛、意义重大，科技界往往称之为世界酸雨大会。世界酸雨大会是一个多学科的大型学术会议，广泛的学术交流对促进全球大气酸沉降危害的防治起到了重要的作用。

国际酸雨会议自1975年第一次召开以来，每五年举办一次，截至

2015年已经在三大洲八个国家成功召开九次，其中北美三次、欧洲四次、亚洲两次，包括中国北京。

表9-1　1975—2015年历届国际酸雨会议

届　次	举办时间（年）	举办地点
第一届	1975	美国哥伦布
第二届	1980	挪威桑讷菲尤尔
第三届	1985	加拿大马斯科卡
第四届	1990	英国格拉斯哥
第五届	1995	瑞典哥德堡
第六届	2000	日本筑波
第七届	2005	捷克布拉格
第八届	2011	中国北京
第九届	2015	美国罗彻斯特

1995年6月26—30日，王文兴作为中国代表团成员参加了在瑞典哥德堡举行的第五届世界酸雨大会，那时的他已在酸雨研究领域辛勤耕耘多年，取得了丰硕的成果。在五天紧张的学术会议上，王文兴高度关注国际学术界的最新研究成果与动态，与国外相关学者就酸雨监测和酸雨引起的生态环境影响等问题进行了深入交流。

会后，按照惯例需通过各方协商确定五年后第六届世界酸雨大会的召开地点。当时中国即有意举办下次会议，但由于日本主办意愿强烈，最终确定第六届世界酸

图9-2　1995年6月，王文兴在哥德堡的奥运中心广场

第九章　酸雨攻关　攀越巅峰（一）　*149*

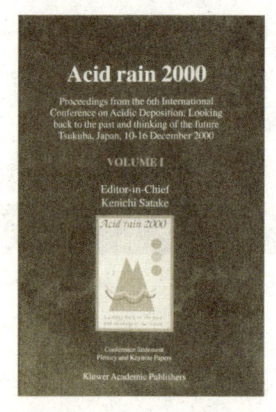

图 9-3　1995 年 7 月在瑞典哥德堡召开的第五届酸雨会议文集（共三卷，此为卷一）

图 9-4　2000 年 12 月在日本筑波召开的第六届酸雨会议文集（共三卷，此为卷一）

雨大会 2000 年在日本筑波召开，国际酸雨会议大旗由瑞典转交给日本代表。2005 年第七届世界酸雨会议在捷克布拉格召开。第八届本拟于 2010 年在中国北京召开，因故延至 2011 年举办。2011 年 6 月 16—18 日，由中国科学院、国家自然科学基金委员会主办，中国科学院大气物理所大气边界层物理和大气化学国家重点实验室、中国环境科学研究院、清华大学、北京大学共同承办的第八届国际酸沉降大会（Acid Rain 2011）在北京国家会议中心召开。来自日本、英国、捷克、美国、俄罗斯等 28 个国家和地区的 350 余名学者参加了此次会议，其中，国外代表 170 多人，国内 180 多人。大会共设 13 个分会主题和 2 个特别专题，对上次大会以来酸沉降方面的研究成果进行了广泛的交流。

2015 年第九届国际酸雨会议在美国的罗切斯特召开，至此世界酸雨大会走过了 40 年的历程。

酸雨对生态环境的影响

酸雨对生态环境的危害巨大，主要表现在以下几个方面。

水体酸化：酸雨的生态效应在水生生物环境中最为明显，例如酸雨可以使溪流、湖泊和沼泽等水体酸化，进而对鱼类和其他相关野生动物产生危害。早在20世纪50年代，欧洲人就发现斯堪的纳维亚半岛南部的湖泊和河流中的鱼类正在消失。多年来，成千上万的湖泊、溪流和河流受到酸化的影响，水生动植物生存受到了严重危害。这种破坏不仅发生在斯堪的纳维亚半岛的广大地区，也发生在欧、美、亚其他地区。20世纪80年代的研究发现全球有30万个湖泊水体被酸雨影响，有的已经严重酸化，其中，北美、加拿大的水体污染最为严重，19条有大马哈鱼的河流已不再适宜大马哈鱼生存。据加拿大环保署估算，加拿大每年由于酸雨造成的经济损失高达10亿美元，在美国也发现至少1200个湖泊出现了酸化问题。

为了应对酸雨导致的水体酸化问题，在水中加入细磨的石灰石（$CaCO_3$），可以提高水体的pH值，从而提高其抗酸化能力。在瑞典和挪威，人们通常对湖泊和水道进行大规模的石灰化，瑞典每年大约对7500个湖泊和1.1万千米的水道撒石灰。由于湖泊、水道中的水不断更迭，所以每隔几年就必须重复撒石灰。为了提高水体的pH值、增加抛撒石灰的持续影响时间，一部分石灰会撒在集水区的湿地上，虽然这样做会有副作用，例如杀死沼泽苔藓等。

土壤酸化：酸雨可以导致土壤酸化，甚至达到很严重的程度。王文兴在参加第五届世界酸雨会议期间，会议组织参观一组装置，该装置正在进行酸雨对森林影响和土壤酸化模拟。王文兴问研究人员，他们脚下土壤的pH值是多少，研究人员回答说4.2，王文兴很吃惊，以为听错了，又问一遍，研究人员说是4.2，并且说还有更低的。土壤发生酸化时，它的基本养分被浸出，从而土壤的肥力降低。此外，酸雨还可以从土壤黏土颗粒中浸出铝等金属元素，这些金属元素能伤害土壤中负责分解作用的微生物，一部分金属元素流进溪流和湖泊，甚至会危害到处于食物链上游的鸟类和哺乳动物（包括人类）。

在北欧，人们也通过撒石灰的方式来防治土壤的酸化。加入石灰不仅提高了土壤的pH值，增加了可交换阳离子的储量（增加了碱性饱和度），同时也降低了游离铝离子的浓度。石灰的作用就像森林土壤上层的过滤器,在那里它可以捕获并中和沉降的酸。土壤上的石灰以年均1厘米的速度缓慢地渗透到土壤中,因此可以较长时间防止水土的酸化。但从另一个角度讲,石灰对土壤的不利影响也会在未来很长一段时间内持续存在。

森林衰亡:酸雨对生态系统的另一大危害体现在对森林、植被和农作物的破坏上,造成森林衰亡以及农作物减产。在欧洲和北美,研究发现酸雨导致了数百万公顷森林出现衰退、死亡。酸雨对森林植被的影响可以分为直接影响和间接影响:直接影响是指酸雨可以直接破坏叶片表皮组织(如角质层)和膜结构,影响细胞对物质的选择性吸收,干扰植物正常的代谢过程(如光合作用和呼吸作用)和繁殖过程等;间接影响是指酸雨改变土壤的性质而造成的,如土壤酸化可以导致盐基饱和度降低、营养成分流失以及铝离子淋溶增多等。森林植被一旦遭到破坏,通常需要很长时间的生态修复和保养才能得以恢复。

图9-5 1991年捷克斯洛伐克北部"黑三角"地区被酸雨破坏的森林

图9-6 20世纪80年代英国被酸雨破坏的森林

材料腐蚀:暴露在未被污染的大气环境中的物质材料存在风化腐蚀现象,这种自然现象比较缓慢,特别是在空气干燥的地区,但是当大气中二氧化硫和氮氧化物等

图9-7　1995年6月30日，王文兴在哥德堡古斯塔夫阿道夫广场查看受酸雨影响的雕塑和建筑材料

酸性气体浓度升高，尤其是这些酸性气体氧化后随降水沉降到物质表面，将会加速物质的腐蚀破坏。凡是暴露在酸雨区大气里的建筑物、车辆、桥梁、纪念碑、岩石雕刻等均受到酸雨腐蚀的严重影响，其中腐蚀最严重的是金属材料、石灰石和砂岩等易风化材料的物体和构件，由此而造成的经济损失相当惨重。

酸雨引发的环境外交问题

大气具有流动性，因而大气中的酸性物质可以长距离传输，跨越城市、国家，从而造成区域性酸雨污染，形成典型的越国界传输的重大环境问题。欧洲和北美都存在严重的酸雨跨国传输问题。在欧洲，除英国是大气酸性物质净输出国，其余数十个国家间酸性物质的相互输送体系非常复杂，问责难度很大。而在北美，虽然酸雨区只涉及美国和加拿大两个国家，但问责过程中依然摩擦不断，口水仗大打十余年之久。大气酸性物质跨境传输引发的重大环境外交问题备受瞩目。

作为全球第一个大酸雨区，因欧洲大部分国家面积较小，欧洲酸雨区各国间的相互影响非常普遍，也非常复杂。由于欧盟的关注，欧洲于20世纪70年代专门成立了协调机构——欧洲环境监测与评价计划（European Monitoring and Evaluation Programme，EMEP）。在该协调机构组织领导下，欧盟各国走上了合作研究和共同控制酸雨的道路。近半个世纪以来，欧洲从酸雨监测、大气源排放、大气传输、土壤水体酸化、森林破坏到生态环境影响等组织了大量的科学活动。正是由于这些合作活动的开展，欧洲各国间没有发生重大的环境外交风波。

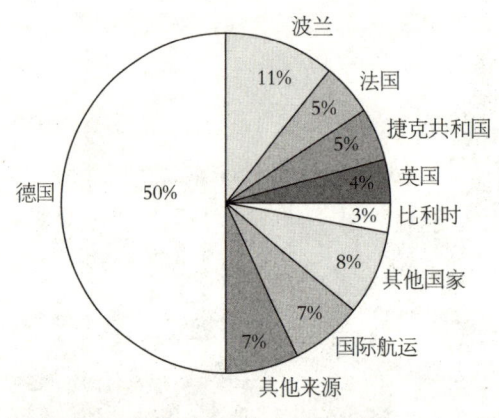

图 9-8 2010 年德国大气硫沉降的来源
（图片来源：EMEP）

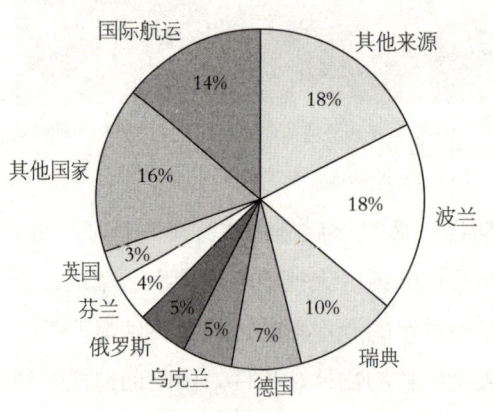

图 9-9 2010 年瑞典大气硫沉降的来源
（图片来源：EMEP）

通过系统、严密的科学研究，欧盟28个成员国酸雨主成分来源被一一厘清，比如德国大气沉降的硫一半来自周边十几个国家，而瑞典90%的大气沉降硫均来自别国，其中有14%来自国际航运船舶排放……各国间复杂的大气硫相互传输作用使得欧洲各国的酸雨防治势必并肩作战，基于大气酸性物质排放源情况，根据酸雨控制目标，很容易计算出欧盟各成员国需要削减的酸性物质排放量。欧盟成为国际合作共治生态环境问题的成功范例，其中欧洲环境监测与评价计划提供的科学技术支持至关重要。

1979年11月13日，在联合国欧洲经济委员会（UNECE）的主持下，51个缔约国签署了《远距离越境空气污染公约》（以下简称公约）。这是国际社会第一部以控制跨界空气污染为目的的区域性多边公约，于1983年3月16日正式生效。《公约》旨在推动各缔约国逐渐减少长距离跨界空气污染物的排放，重在控制二氧化硫排放和遏制酸雨，从而保护人类环境免受跨境空气污染影响。《公约》确定了联合国欧洲经济委员会为其执行秘书，欧洲环境监测与评价计划为其执行机构。实际上，欧洲环境监测与评价计划是根据《公约》制定的一项以科学研究为基础的政策驱动方案，目的在于开展国际合作，解决跨界空气污染问题。欧洲环境监测与评价计划工作范围很广，欧洲许多区域性的大气污染问题都在其研究范畴，其中酸雨方面包括酸沉降监测、水体酸化、土壤酸化、森林衰亡、跨国传输、源排放等科学问题。欧洲环境监测与评价计划负责组织和实施区域性空气污染问题的研究，并将其研究成果在它的网站（www.emep.int）上公开发表。自成立以来，在《公约》的框架下，欧洲环境监测与评价计划通过科学合作和政策谈判，解决了欧洲范围内的一系列重要大气环境问题，酸雨就是其中之一。

　　需要特别指出的是，欧洲环境监测与评价计划网站所发表的关于欧洲酸雨监测网点设计、化学分析方法、质量控制和质量保证、大气源排放和跨境输送等大量数据和资料，给了王文兴很大的参考和启发。几十年来，王文兴在研究我国大气污染、酸雨和PM2.5等环境问题时，经常浏览该网站。

　　与欧洲不同，美国与加拿大之间关于大气酸性物质跨境传输的问题未能平和顺利解决，过程中一直争议不断。双方经过长达15年的艰苦曲折的外交谈判，才最终达成双边治理协定，成为世界环境外交史上的典型案例之一。[①]

　　北美酸雨区主要集中在美国东北部以及与其毗邻的加拿大安大略和魁北克省等地区。加拿大认为，美国排放了更多的酸性物质，其二氧化硫和氮氧化物排放量分别是加拿大的5倍和10倍，而在季风的影响下，美国排放的酸性物质会跨过国界进入加拿大，从而加剧了加拿大地区的酸雨污

---

① 杨令侠：加拿大与美国关于酸雨的环境外交.《南开学报》（哲学社会科学版），2002年第3期，第118–124页。

染，因此，美加两国必须在酸雨控制上加强合作，而美国有责任制定更加积极的污染物减排政策。而在美国看来，酸雨只是一个国家和地方性问题，不应上升为国际事务，因为美国自身的酸性污染物排放与其酸雨污染程度并不成正比，加大污染物减排力度意味着更多的资金投入和对能源消耗的更大限制，这将遭到工业界的强烈抵制。由此，美加双方各执一词，争辩长达十余年。

自1977年以来，因酸雨污染给加拿大造成了巨大的经济损失和严重的生态环境破坏，加拿大历届政府均积极推动与美国的酸雨外交谈判，每一届环境部长均视解决酸雨问题为工作重点。1979年，美加双方共同起草了第一份关于北美地区酸雨问题起因、来源和环境影响的研究报告，并达成了一项协议：双方保证减少跨境污染、加强有效管理和科学研究等。然而，该协议并没有明确双方在酸雨问题上的责任以及应该采取的具体有效措施，导致北美酸雨防控困难重重。

到1980年，加拿大特鲁多政府和美国卡特政府签署了一项"意向备忘录"，表示两国要就酸雨问题开展谈判并达成协定，然而该项谈判却因随之而来的美国大选而被搁置。1981年，里根就任美国总统，否认了上届政府关于美国大气酸性污染物输送给加拿大的说法，反而指责加拿大排放的污染物也会影响美国。里根认为，在作出空气污染跨境传输的结论前还需要加强科学研究。里根政府的态度激怒了加拿大人，1981年里根访问加拿大期间，成千上万加拿大公民游行示威，要求美国尽快签订治理酸雨污染的双边协定。1984年，加拿大布洛恩·穆罗尼总理上任，他也十分关注酸雨问题，组织科学家开展了高密度的科学研究，同时多次照会美国政府开展谈判。与此同时，迫于竞选连任的压力，里根政府在回复照会时态度有所缓和，正式承认酸雨为一个十分严重、复杂的跨国生态环境问题。

然而，解决酸雨问题面临的巨大资金投入使得里根政府再度望而却步，加上美国电厂和煤炭公司的强烈反对，美加双方官方的谈判再度陷入僵局。针对美国的态度，加拿大坚持利用高层外交机会表达其态度。1985年3月，穆罗尼与里根举行了第一次高峰论坛，谈到的第一个问题就是酸雨。1987年和1988年，穆罗尼又多次在与里根举行的公开会议上就酸雨污染问题交换意见。1987年，穆罗尼也与来访的时任美国副总统布什交换了意见，要求美国给予酸雨问题更多的重视。在此期间，美国政府也在酸雨问题上面对越来越多的来自国内科学界和舆论界的巨大压力。其中起主导作用的是1980—1989年实施和完成的美国国家酸沉降评价计划（NAPAP），该项目开展过程中陆续发表了酸雨传输的定量研究结果。面对科学铁证，美国政府不再巧舌如簧。

1989年2月，布什总统在就任后的第20天即启程访问加拿大。在此次高峰会议上，双方再次就酸雨问题进行了磋商，并初步达成了一致意见。1991年3月31日，加拿大总理布莱恩·穆罗尼和美国总统乔治·布什正式签署了《美国—加拿大空气质量协定》并立即生效，该协定被普遍认为是美加两国《酸雨条约》。在该协定中，加美双方最终达成妥协，规定了双方在治理酸雨问题上应承担的同等义务以及减少的二氧化硫和氮氧化物等酸性物质的排放量。至此，美国与加拿大关于酸雨问题的外交谈判终于告一段落，有史以来全球最大的环境外交事件终于尘埃落定，美加双方开始走上合作研究、共同治理酸雨问题的道路。

在亚洲，类似的"跨境污染"纠纷也曾发生。20世纪七八十年代，日本和韩国曾多次反映来自中国的酸性大气污染物传输到了其国境内，此言论引起官方和公众的普遍关注。当时王文兴正在中国环境科学研究院任副院长，分管科研。那个年代是中日关系最好的时期之一，有一次中日环保部门在北京讨论两国环境科技合作问题，日方提出的合作项目中第一个就是研究酸雨问题，而鉴于当时国内还未对酸雨进行全面深入研究，中方并没有把酸雨问题列入中日合作研究计划，但此次会议引起了国家对酸雨研究的重视，国内连续几个周期的科技攻关计划中都列入了有关酸雨的课题，不能不说与"外交"有一定关系。而王文兴和他的同伴们也不负重托，不仅基本摸清了国内酸雨形成、分布的情况，而且弄清了相关大气传输规律，以扎实可靠的研究成果和数据证明，日韩等国的酸沉降问题与我国的酸性大气污染物并非正相关关系，取得了学术界较为普遍的认可，客观上也为避免类似美加之间那样的酸雨外交纠纷起到了重要作用。

美国酸雨十年研究计划

在世界各国酸雨问题研究中，美国国家酸沉降评价计划规模最大。该项目研究内容广泛深入，参与科研人员众多，历时十年之久（1980—1989），科研经费高达 5.3 亿美元，在酸雨科研中堪称世界之最。王文兴应邀参加了 1989 年 11 月在美国召开的项目总结报告会：国际酸雨会议。

早在 20 世纪 70 年代，酸雨对美国生态环境和人体健康的影响已经引起科学家、公共政策机构、公共利益机构、媒体和广大民众的高度重视。期刊和媒体发表了很多关于工业、发电厂和机动车排放造成酸雨的文章和报告，指出酸雨对农作物、森林、建筑物、动物、鱼类和人体健康造成了严重危害。随着对酸雨危害的忧虑日益增长，大气中酸性物质传输带来的外交压力促使美国国会考虑采取减少大气酸性物质排放的措施。但是，由于对大气有害酸性物质的来源和形成酸沉降的过程并不了解，且对酸沉降危害生态环境、公众健康的形式和程度缺乏认知，美国大气酸性物质减排措施的制定和实施遇到了阻碍。

为了给酸沉降防治政策和法规的制定提供科学依据，美国国会开展了为期十年的国家酸沉降评价计划。该项目以大气酸沉降的科学、技术和经济研究为中心，主要考察了不同燃料燃烧排放的酸性物质及其转化过程，以及这些酸性污染物对生态环境、社会经济和人类健康造成的影响。在美国

图 9-10　1989 年 12 月，王文兴应邀参加在美国南卡罗莱纳州 HILTON MOUTH 召开的国际酸雨会议暨美国国家酸沉降计划报告会

1980年酸沉降法案（PL96-294，第七项）的指导下，经过1980—1989年十年研究，该项目需要提供以下科学结论：受酸雨影响的具体资源和地区，以及酸沉降和大气污染物造成不良影响的程度；排放物在何处、以何种方式转化成酸，又是怎样分布的，造成的影响是否广泛及是否需要消减；用什么技术、策略和控制方法可减少酸沉降和相关的空气污染问题。

为了协调和监管该酸雨研究项目，美国政府于1980年建立了一个跨政府部门的领导小组，该领导小组由美国12个联邦政府机构、4个国家实验室和4个总统特派员组成。该酸雨研究项目重点计划方向由环保局（EPA）、国家海洋和大气管理局（NOAA）、农业部、能源部、内务部和环境质量总署（CEQ）主要负责人组成的联合主席团（JCC）负责提供，其他参与的联邦机构有国家航空和太空管理局、田纳西河流域管理局（TVA）、国家科学基金会、健康和人类服务部、商业部和国务部。该酸雨研究项目在得到美国多个国家机构协助的同时，也相应承担了美国联邦政府部分研究活动的协调工作。

除联合主席团外，该重点计划管理结构还包括一个总监和两个跨机构委员会。总监由联合主席团指定并总体负责国家酸沉降评价计划的研究和评估活动。两个委员会分别是跨部门科学委员会和跨部门政策委员会，由来自联合主席团和田纳西河流域管理局的高级代表组成，负责该酸沉降评价计划研究和评估活动的科学质量和政策相关度。行动组领导工作人员向其各自的部门及总监汇报研究工作进展，并负责协调其各自领域的研究和评估活动。

经过十年广泛深入的研究，该项目主要探究了大气酸性物质的种

图9-11 1989年12月美国国家酸沉降评价计划总结报告书（该项目总结报告书共27卷31本，这是其中的17卷）

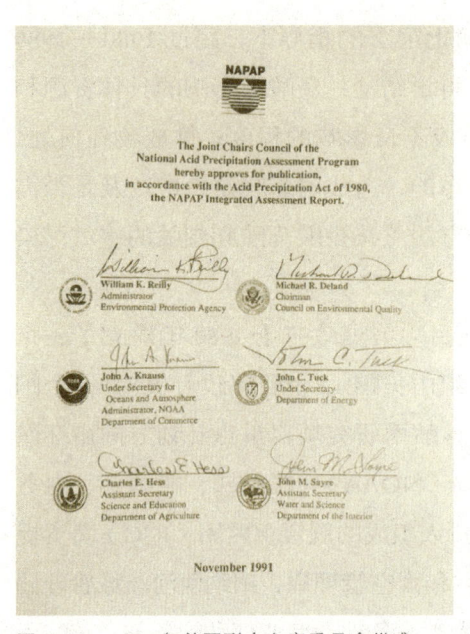

图9-12 1991年美国联合主席委员会批准国家酸沉降评价计划评审报告出版的文件

类、大气中各酸性污染物的化学过程、大气传输机理和模型、大气沉降、空气质量监测和大气酸性排放物的控制对策,并进一步分析了酸沉降的陆域、水域、材料和文化资源影响。该项目完成后共编写总结报告27卷,包括项目全部研究成果。1989年,项目结题会议——美国国际酸雨会议在美国南卡罗莱纳州召开。项目组以国际学术会议的形式,报告了该酸沉降评价计划的研究成果,并对该项目的科研成果进行了评价,与中国科研项目的验收会有些类似。王文兴和唐孝炎应邀参加了此次会议,王文兴获赠全套总结报告27卷。

美国政府非常重视该酸沉降评价计划,因为该项目的研究报告将作为国家酸雨控制的科学依据,影响公共决策过程。美国政府认为,最有效的酸雨防治对策是建立在能获得的最好的科学、技术和经济综合信息基础之上的,所以要求国家酸沉降评价计划提供可信的、经过审核的技术发现和建议。为此,美国政府专门成立了由政府有关部门组成的联合主席理事会,由国家环保署、国家环境质量委员会、国家海洋大气局、农业部、内务部等相关负责人组成,主要负责对国家酸沉降评价计划的27卷研究报告进行严格的审核。此外,美国政府未要求国家酸沉降评价计划提供控制政策。美国政府认为,酸雨防治政策的制定必须由政府官员根据科学研究、技术信息、社会价值、政治考虑和其他公共利益的综合评估来谨慎进行。美国国际酸雨会议后,国家酸沉降评价计划组将研究成果和收集到的各方意见编辑成三大卷文稿。经仔细审核,联合主席委员会于1991年11月批准了该文稿出版。王文兴也收到其中两卷文稿。

王文兴两次率酸雨考察组赴美调研

20世纪80年代中期,正值美加环境外交纠纷激烈时期。而在国内,20世纪70年代,随着亚洲地区经济的高速发展,酸雨在我国以及东北亚地区也已经开始出现。1974年,我国在北京开始了对酸雨的监测。1979年以后,各省区陆续开展了酸雨方面的监测工作。1979年年初,在贵州省的松桃县和湖南省的长沙市、凤凰县等地首先发现了酸雨,此后各地环保部门又相继在重庆、上海、南京、常州等城市监测到酸雨,随后在我国长江以南、青藏高原以东及四川盆地等为中心的亚洲地区逐渐形成了继欧洲、北美之后的世界第三大酸雨区。尤其在1982年夏季,重庆市连降强酸雨,降水pH值大都在4.0以下,大面积农作物受害,建筑物严重腐蚀。王文兴敏锐地觉察到酸雨研究意义重大。

1984年11月,国家环保局考察组一行4人奔赴美国进行了为期三周的调研。考察组由时任中国环境科学研究院副院长的王文兴领队,组员有北京大学唐孝炎、国家环保局科技处处长雍永智和监测处处长刘全义。王文兴和唐孝炎刚完成兰州光化学污染和太原煤烟型大气污染观测两项国家课题,雍永智和刘全义分别为国家环保局科研和监测两个重要部门的负责人,考察的目的就是为了开展酸雨研究进行调研。

考察组由北京出发,于11月12日到达美国纽约拉瓜迪亚机场,纽约州立大学奥尔巴尼分校大气科学研究中心华裔科学家郑均华到机场迎接并负责本次考察组的行程安排。郑均华教授为人热情友好,这是他第二次接待王文兴一行,第一次是1981年1月。郑均华教授在美国已三十多年,他主要从事用电镜研究大气颗粒物污染的科研工作,成就非凡。此后三十多年的时间里,他一直与王文兴保持联系。

为了节约时间,考察组下机后不顾疲劳不事休息,直接奔赴白面山大气观测站(White Face Mountain Field Station)参观。此站建于1961年,位于美国与加拿大国境交界处,海拔1500米,是观测大气跨国传输

图 9-13 纽约州立大学 Albany 分校大气科学研究中心白面山观测站（观测站海拔 1500 米。左图为观测站远景；中图为 1984 年 11 月 12 日考察组直接奔赴白面山观测站考察时中景，当时已经大雪封山，天气寒冷，观测人员住在观测站一层；右图为观测站近景，站的楼顶上可以看到气象和采样设备）

的理想站点。该站点主要研究云雾水、大气化学和酸雨传输，进而研究美国排放的酸性物质对加拿大酸雨形成的影响，在美国的酸雨、云雾以及大气化学研究历史中久负盛名。那时，美加两国关于酸雨问题的激烈纠纷已持续数年。考察组在站点参观过程中，研究人员向考察组详细介绍站里的仪器设备、观测目的和一些观测结果，王文兴等人对其先进的仪器设备、研究思路及方法等印象深刻，感觉受益匪浅。此次参观考察对我国酸雨研究进程中重视大气传输，尤其是我国东北地区跨境传输问题有重要的意义。

随后，考察组访问了美国纽约州立大学奥尔巴尼分校大气科学研究中心。13 日，考察组考察了美国纽约州东部城市斯克内克塔迪市，参观了政府大厅大理石建筑材料受大气污染和酸雨作用的腐蚀状况。市长热情接待了考察组，授予王文兴荣誉市民称号，并赠送给他一把钥匙。当天下午，考察组飞往长岛访问美国国家能源部布鲁克文国家实验室。

21 日，考察组到北卡罗莱纳美国环保局三角公园考察。首先由 Wilson 先生安排参观美国环保局在三角公园设置的酸雨室外暴晒站：一类是固定的

图 9-14 1984 年 11 月 12 日，考察组在白面山大气观测站留影（前排左起沈铮、唐孝炎、雍永智，后排左起郑钧华、刘全义、王文兴及两位美国纽约州立大学奥尔巴尼分校大气科学研究中心研究人员）

挂片实验，可综合观测大气污染和酸雨情况；另一类是可移动的挂片暴晒架，可以分别做酸雨和无酸雨情况对材料破坏的影响。此后，考察组去教堂山参观了北卡罗莱纳州立大学Kamens教授实验室及在郊外的光化学烟雾箱。

考察期间，考察组重点参观和考察了美国各大气化学实验室。在之后两周时间里，考察组首先访问了位于科罗拉多州博尔德市的美国国家海洋和大气管理局的大气化学实验室，著名的大气化学家Jack Carvet详细介绍了美国国家海洋和大气管理局关于全球大气监测的工作，其中也包括酸雨监测；参观了美国国家海洋和大气管理局化学反应装置。而后，考察组又先后访问了地质调查局、美国环保局、国家公园局华盛顿特区空气监测站、美国环保局研究三角公园、北卡罗莱纳州立大学、乔治

图 9-15　1984年11月，斯克内克塔迪市市长赠送给王文兴的钥匙

图 9-16　1984年11月，考察组在斯克内克塔迪市市政大厅查看酸雨对大理石的腐蚀情况（左起郑钧华、唐孝炎、雍永智、刘全义、王文兴）

图 9-17　1984年11月，美国环保局研究三角公园酸雨材料影响暴晒站一角

第九章　酸雨攻关　攀越巅峰（一）

图9-18 1984年11月，考察组在美国环保局研究三角公园酸雨材料影响暴晒站留影（前排右一王文兴，右四唐孝炎，右五雍永智；后排右一刘全义）

亚理工学院、地球科学系实验室和石头山监测站等，详细调研了美国与酸雨有关的空气污染监测、大气化学研究、酸雨治理政策和管理等有关酸雨研究和防治的最新进展。11月30日，在圆满完成考察任务后，考察组乘飞机经旧金山回国。

1986年，王文兴再次带领考察组赴美国纽约、亚特兰大、丹佛和旧金山等地考察酸雨研究和防治相关内容。

1984年和1986年，王文兴两次赴美国进行酸雨研究专项考察，一次在我国酸雨研究立项之前，另一次在项目的实施过程中。当时正值美国1980年开始的《国家酸沉降研究计划》十年项目如火如荼地开展，王文兴对美国的酸雨污染现状、酸雨监测、降水化学、大气传输、水体污染、森林和农业影响、材料破坏等各个方面的科学研究状况进行了全面的调研。从美国考察回来，王文兴已经对如何组织开展全面深入的酸雨研究胸有成竹，他信心满满，时刻准备着投入国家迫切需要的酸雨研究与防治的战斗中。正是这两次调研，对我国开展国家规模的酸雨研究起到了重要的参考作用。

开启全国酸雨研究

在全球环境酸化的背景下，酸雨引起了我国政府的高度重视。中国酸雨的现状如何？有没有对生态环境造成危害？应该采取什么对策予以防治？为了回答这些关于酸雨的基本问题，我国决定在国家层面上开展一次大规模的酸雨研究。

1985年，国家科委、国家环保局正式下达了重点研究项目——"我国酸雨的来源和影响及其控制对策"。8月20日，王文兴作为项目负责人签署了该项目的专项合同。该项目要求初步查明我国酸雨的现状和分布，探索典型地区酸雨的来源、成因和对生态环境的影响，研究水体和土壤对酸雨的敏感性，在此基础上初步探讨控制酸雨的对策。项目的研究期限为两年，参加单位包括16个研究院所、5所大学和200多个省、市、县监测站。显然，国家急切地想要了解我国当时的酸雨污染状况和对生态环境的影响，希望能够及时采取有效的防治对策。王文兴第一次担任酸雨研究课题组组长，时间紧、任务重，他既倍感压力又十分兴奋，为了做好这项研究，他付出了很大努力，对整个课题的研究方法和手段做了详细和周密的布局。

王文兴治学态度素来十分严谨，在具体问题上细致入微、一丝不苟，同时又有宏观视野，高屋建瓴，更难得的是，他为人谦逊、正直，善于听取多方面意见，并在纷繁的头绪中抓住要害和关键，有很强的统筹、组织和领导能力。面对这项重要的"国家使命"，王文兴组织课题的研究骨干多次开会研究讨论，上班时间不够，下班接着干，单位忙过了，回家继续忙，很多个夜晚，王文兴家的客厅就成为课题组骨干们的临时会场……

经过反复讨论大家一致认为，要想在如此短的时间内对全国酸雨的现状、成因、生态影响以及控制对策等进行全面系统的研究，时间上肯定来不及，因此应该"抓牛鼻子"，实施重点突破。项目组决定在全国范围内进行酸雨污染现状的研究基础上，选择华南的广东和广西、西南的四川和贵州以及峨眉山作为典型地区，深入研究酸雨形成的过程及其对生态环境的影响。为此，项目进一步细分为五个分课题，分别是"我国降水酸度及化学组成的时空分布研究""酸雨对生态环境的影响""两广地区酸性降水的现状、分布、来源、形成和对策的研究""西南地区酸雨的研究"和"峨眉山地区酸性降水的成因及防治对策的研究"。前两个分题从全国层面上回答我国酸雨的现状、时空分布及其生态影响；后三个分题则分别对两广、川贵以及峨眉山三个典型地区的酸雨特征、成因和对策进行更为深入的研究。为了完成这项综合性强、难度大的研究任务，课题组组织了监测分析、环境化学、大气物理、环境生物学以及环境工程等不同专业的研究人员从不同领域联合开展研究。在研究方法上，课题组采取了实地调查和监测、外场综合观测和实验模拟以及数值模拟计算等先进方法，不同方法之间互相补充和验证，以确保得到可靠的研究结果。

为了查明我国酸雨的现状和分布，课题组在我国 27 个省、自治区和直辖市布设了 189 个观测站，按照统一的现场采样、实验室分析和数据处理方法，进行严格的质量控制。历经两年的时间，课题组在全国 533 个采样点共采集了 24000 多个降水样品，对样品降水量、电导率、pH 值以及 8 种主要阴阳离子进行了分析，获得了高质量的观测数据 20 多万个。在此基础上，项目基本查清了我国酸雨的分布现状及其规律，首次绘制了以 pH 值和硫酸根等值线图等表示的我国酸雨分布图，也确定了我国主要的酸雨污染严重区。在全国范围内对酸雨进行如此大规模和有深度的连续同步观测研究在我国尚属首次，对当时查清我国酸雨的现状以及后期开展进一步研究和制定防控措施奠定了坚实的基础。

为了探讨我国酸雨的来源和成因，课题组选择了以重污染区重庆和贵阳为中心的西南酸雨区、以广州和南宁为中心的酸雨季节变化显著的华南地区以及高山酸雨区峨眉山[①]等三个酸雨污染均较重但自然条件差异较大的典型地区，进行了更加深入的大气和降水化学的研究。课题组除采集降水进行监测分析外，还对气态污染物、颗粒物和气象条件开展了同步联合观测，并利用飞机航测和高山站点做了云雾化学的观测和研究，同时也建立了模型进行模拟研究。通过对观测数据进行深入分析，该项目对以上三个典型地区酸雨的来源和成因形成了一系列初步看法，同时还发展了一些可用于判断酸雨形成有关物质的分析方法。

在酸雨的生态影响方面，课题组研究了酸雨区土壤和水体对酸雨的敏

[①] 当时听说峨眉山有树木死亡现象，为了解实际情况，王文兴与其课题组成员从山顶金顶沿山间小路走到山下，发现一处树木呈线状死亡的地区及零星死亡树木。因酸雨区域性特征，初步认为此现象非酸雨所致。

感性、降水酸度对水生生物的影响、森林死亡与酸雨的关系、酸雨对作物的生长和产量的影响等问题。课题获得了杉木、柳杉等南方树种，女贞、法桐等园林绿化树木，珙桐、银鹊树等国家重点保护的珍稀植物，以及花卉草木等105种植物的急性实验结果。通过田间和室内模拟实验，课题得到了各种不同酸性的降水对大豆、小麦、水稻、甘蔗等重要作物以及白菜生长和产量的影响的科学结果。结合对我国土壤类型的调查分析，确立了我国土壤对酸雨敏感区的分区等。这些研究成果对于我国农林业发展和生态保护具有重要意义。

最后，在上述我国酸雨现状、来源和成因研究的基础上，课题建立了数值模型，结合我国大气二氧化硫的环境质量标准进行了初步的定量计算，课题最终提出了酸雨的控制方案。

第一份国家酸雨"体检报告"

1987年10月，课题组正式向国家环保局提交了《我国酸雨的来源和影响及其控制对策》总结报告以及五个分课题的研究报告。肩负着国家的殷切期望，经过七百多个日夜的艰苦工作，课题组向国家交出了自己的答卷。按王文兴的话说，这次研究相当于给全国做了一份快速、全面的"酸雨体检"。虽然时间很短，但基本上摸清了我国酸雨的现状和分布，确定了我国主要的酸雨问题严重地区，也初步找到了我国南方酸雨区形成的主要原因，进而对我国的酸雨控制提出了对策建议。这样一份全面的关于中国的"酸雨体检报告"，无疑具

图9-19 《我国酸雨的来源和影响及其控制对策》研究总报告封面

有极其重要的科学价值和历史意义,在当时为国家及时掌握酸雨演变态势并采取有效对策提供了科学指导,时至今日对于研究我国大气环境问题仍然具有重要的参考价值。30年后,王文兴仍然完好地保存着这份研究总结报告,且视若珍宝。在我们写作过程中提出借阅时,他认真地告诉我们:"由于后来多次搬迁,目前只有手头的这一本(报告)了,请你们用完后务必退还!"

作为我国首次开展的针对酸雨的全国性规模的大型研究课题,其许多研究成果对于我国酸雨以及后来的大气化学研究来说均具有开创性意义。

(1)基本查清了我国酸雨的区域分布及其规律,首次绘制了我国酸雨的分布图。我国的酸雨区主要分布在东南地区,其中四川、湖南、广东、广西和江西等地区酸雨问题比较严重。

(2)明确了我国降水化学成分污染严重。降水中硫酸根离子的浓度比美国高数倍,而铵、钙、镁等碱性阳离子浓度比美国高5—20倍,对酸雨起到一定的缓冲作用。

(3)确定了我国酸雨都属于燃煤造成的硫酸型酸雨,因此控制酸雨的关键在于削减二氧化硫的排放量。

(4)确立了我国土壤对酸雨敏感性的分区,发现土壤对酸雨最敏感的地区大部分也是酸雨污染最重的地区。

(5)首次实现了从酸雨的布点采样分析、大气物理化学过程到生态环境影响的一体化集成研究,较为全面地建立了大气化学研究的科学基础,在研究方法和人才培养上为我国大气化学学科的后续发展奠定了基础。

尽管这一系列研究成果获得了主管部门的高度认可,但王文兴等老一代科学家对待科研工作有着极致的高要求。课题完成后,王文兴全面反思了课题存在的问题和不足之处,他在课题总结报告中写到,"从总体看,在取得这些结果的同时还存在一些问题,主要是:由于经济和交通条件,布点不尽合理,一些采样点或多或少地受到局地源的影响。此外,观察周期短,无法研究酸雨及其生态影响的年际变化。酸雨的生态环境效应需要足够长的时间才能观察到影响趋势,短时间只能得到酸雨的急性或直接危害，对水体和土壤的潜在影响还需要进行深入的和较长时间的研究。"本着全面探究我国酸雨前因后果和防控对策的原则，王文兴在后来的酸雨研究工作中将这种精益求精的精神发挥到极致，成就了我国大气污染研究和防治的一个圆满成功范例。

"我国酸雨的来源和影响及其控制对策"是从国家层面投入的第一次大规模酸雨研究，也是王文兴第一次主持的酸雨研究课题。因周期很短、经费有限，对酸雨这样复杂的大型课题研究受到了一定的限制，但王文兴和课题组在各参加单位的共同努力下，比较圆满地完成了任务。几十年后，在我们的采访中，年过九旬的王文兴多次强调："与之前的兰州光化学烟雾和太原煤烟型大气污染课题相比，酸雨研究要复杂和困难得多。研究的主要内容包括酸雨监测分析、酸雨形成的大气化学和传输过程、生态环境响应，文物材料破坏、酸性物质的来源及控制对策等多个方面，而这些都隶属于不同的大学科，是典型的多学科交叉研究。"作为酸雨项目的负责人，王文兴深知充分发挥不同学科专家的积极性是完成研究任务的基础。他特别强调："中国酸雨的研究成果归功于众多科研工作者的共同努力"。他回忆道，从"六五"重点酸雨课题研究到"七五""八五""九五"国家攻关课题，再到"973"（2006—2010）项目，前后历经二十余年，酸雨研究成果是两代人前仆后继的工作结晶。环境化学家唐孝炎、大气物理学家任阵海等多位老科学家都在他们负责的工作中作出了卓越的贡献，一大批刚走出大学的年轻人如柴发合、张远航、白郁华等，也为酸雨研究付出了他们宝贵的青年时光。王文兴还心情沉重地回忆道，一大批对酸雨研究作出重要贡献的同事如曹洪发、赵殿五、黄美元、冯宗伟、刘林勤、秦文娟等，如

图9-20 1990年12月，王文兴主持的"我国酸雨的来源和影响及其控制对策"研究项目获国家科学技术进步奖二等奖

今已经离我们而去。作为酸雨研究多个项目的负责人，他深情地忆起往事，不禁眼角湿润，正是这些同事们的默默支持、无私奉献，才使他能不遗余力地投入酸雨研究中。每提起这些往事，他都很感激这些老同事们，也非常怀念他们！

第十章
酸雨攻关　攀越巅峰（二）

"七五"攻关剑指华南酸雨

1986年，王文兴主持的"我国酸雨的来源和影响及其控制对策"，经过两年时间完成研究任务。同年，有关酸雨的研究被列入"七五"国家重点科技攻关项目[①]（编号：75-58——酸雨研究）。3月18日，国家环保总局在北京召开了酸雨研究专家组会议，会上就课题组织及形式特别是典型地区的选择等问题，专家们未能取得一致意见。

1986年4月15日，王文兴作为来自环保系统的专家组成员，他根据上个酸雨项目亲身的感受和对我国酸雨危害和发展趋势的深刻了解，认为"七五"酸雨科技攻关项目研究内容和要解决的科学问题至关重要，为此给国家环保总局写了一份关于"七五"国家重点科技攻关环保项目《酸雨研究》的汇报提纲，汇报了当时我国关于酸雨的研究状况，指出近几年来

[①] 75-58-02-05，《华南地区酸雨来源、影响和控制对策的研究》报告。存于中国环境科学研究院档案室。

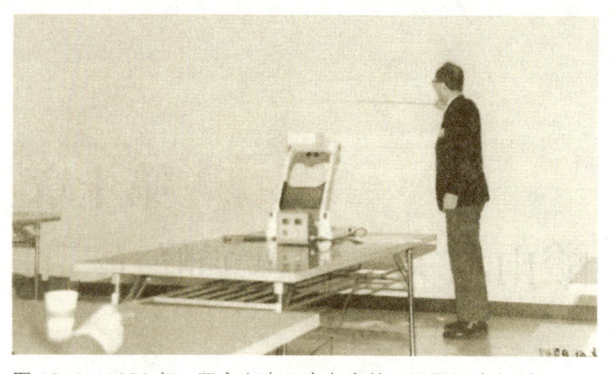

图 10-1 1988 年，王文兴在日本东京第二届国际大气科学与空气质量会议上作大会报告

由中国环境科学研究院负责牵头，组织中国环境科学研究院的大气所、生态所、管理所，中国环境监测总站，建设部南京环境科学所，广东和广西环保系统所属的研究所和监测站，四川省环保所，北京大学环境科学研究中心，清华大学环境工程系，同济大学环境工程系等单位，开展了"我国酸雨来源及其生态危害"的项目。以广东、广西和四川峨眉山为重点，开展了酸雨成因、传输、酸雨监测、生态危害、材料影响和防治对策等方面的研究。通过研究，建立了开展《酸雨研究》的工作程序和方法，在云、露、雾和降水的酸度与化学组成、大气污染物的空间分布和化学组成、酸沉降大气输送过程、酸雨采样和分析方法、酸雨监测的质量保证和质量控制、酸沉降时空分布和趋势、我国南方水域和土壤的敏感度与分布、酸雨对水生物、农作物和土壤的影响及其危害途径等方面积累了大量的基础资料与科学数据，形成了一支多学科、互相配合开展酸雨综合研究的科研队伍，对两广地区开展酸雨研究具有重要意义。

图 10-2 1988 年，王文兴在日本千叶大学环境研讨会上介绍中国酸雨研究进展

王文兴指出，国际上选择酸雨典型研究区，通常以水体、土壤生态环境对酸雨敏感度的大小，以及降水酸度和频率等主要指标来确定，以便加快研究进程，对控制人为源或减轻不利

图10-3　1989年4月，王文兴（左二）参观加拿大约克大学化学系与系主任（左三）等同行留影

影响的各种政策方案的费用和效益进行评价，提供实际证据和决策依据。根据调查和研究结果，"两广"是我国新发现的重酸雨区，柳州地区雨水最低pH值3.04，南宁雨水最低pH值3.45，广州二月份雨水最低pH值3.5，南起番禺，北至韶关，降水pH值在4—4.6，就降水酸度与频率，大体和重庆贵阳两市相近，且降水酸度有逐年升高的趋势。根据初步研究和考察的结果，认为"两广"地区属于酸雨典型敏感区。根据中国环境科学研究院生态所、城建环保部南京环境科学研究所等单位1984年和1985年两年的研究工作，基本上肯定两广地区的土壤主要为砖红壤、赤红壤和红壤，属于酸性土壤，pH值一般为4.5—6.5，土壤阳离子交换量较小，水质碱度小，水土对酸沉降的缓冲能力低，生态环境对酸沉降极为敏感。

四川盆地土壤以紫色土为主，土壤基本呈中性，阳离子交换量较大，风化壳为紫色碳酸盐类型，对酸雨有较强的中和能力。盆地以西的地区位于西南横断山脉的东缘，土壤基本上为黄色、黄棕色和棕色，土壤一般不易酸化，土壤阳离子交换量与盆地土壤相当，有较强的缓冲能力，水域碱度大，所以四川省属于酸雨基本不敏感地区。至于贵州广泛分布的是黄壤，土壤pH值在6—6.5，风化壳为水化硅铁质，对酸沉降有一定的缓冲能力，属于微敏感区。比较起来，在水土敏感性较强的两广地区开展酸雨研究，更具有典型性和代表性，比在贵州地区开展这项研究更具有实际意义。

两广地区的森林、生态类型和群落结构与对酸雨研究较多的北美和欧洲有所不同，后者森林植被多为针叶林、山核桃硬木林等。对两广地区这种低纬度地区的酸雨研究在国际上具有突出的学术意义。

王文兴还指出，两广地区降水和大气中的强氧化剂（过氧化氢和臭氧）浓度较高，对二氧化硫有较强的转化性能。此外，两广地区地形较川贵地区平坦开阔，酸雨的形成除受局地源影响外，外来源的影响，即大气污染物中的中等距离传输的影响，比四川盆地和贵州高原更为重要。1986年2—3月，王文兴领导课题组在两广地区进行大面积布点，联合集中观测初步发现韶关、东昌一带的降水酸度高于下风向的广州。关于中长距离传输问题的研究，对全国形势预测具有重要意义。

根据已有的工作基础和实际情况，王文兴在汇报提纲最后提出了以下建议：

首先，鉴于两个地区都作为典型地区同时开展酸雨研究工作已取得一致意见，又考虑到多单位在两个地区分别合作的历史实际情况，建议酸雨攻关研究工作中成立两个技术组，分别领导、组织和规划两个地区的科研工作，以利于加快研究进程，提高研究水平。为了统一协调酸雨研究工作，建议设立一个协调组，提议由环保系统中出一人担任协调组的正组长，教委系统和科学院系统各出一人担任副组长。

其次，由于课题"58-5酸雨研究"为"七五"项目中的二级课题，建议将"酸雨研究"这一项目，与"58-5（1）两广酸雨研究"和"58-5（2）川贵酸雨研究"并列，分别与国家环保局签订合同，以下分解为6—8个子课题作为三级课题。若58-5只能作为一个二级课题，则建议将"两广酸雨研究"和"川贵酸雨研究"分为两个三级课题，以下分解的子课题只好作为四级课题。这是从实际情况出发，发挥各单位的积极性，有利于出成果、出人才，便于两个地区分别组织和有关地方单位合作，做好领导工作。

1986年8月,国家环保局正式确定王文兴担任"七五"国家重点科技攻关项目(编号75-58-05-02)"华南地区酸雨来源、影响和控制对策的研究"课题组组长。

该研究项目涉及环境化学、环境物理、环境规划、生态、材料等诸多方面,所以需要组建一支多专业的队伍。王文兴所在的中国环境科学研究院首先配备自己的队伍,大气所、生态所、水所以及清洁生产控制等,继而在他的梳理和协调下,北京大学、清华大学也参与进来,还有气象科学院及地方很多气象站,中国科学院环境化学所,以及环保系统的很多单位及监测站,共同组建成了这支特殊的"合成部队"。

"华南地区酸雨来源、影响和控制对策的研究"与此前"我国酸雨来源和影响及其控制对策"相比,国家层面的投入更大,参与的科研人员更多,课题的布局更趋合理和完善,课题为国家"七五"科技攻关项目。根据王文兴的

图10-4 1989年4月,王文兴到加拿大北部靠近北极圈的大气背景观测站(Dorset)考察(其中包括大气降水观测)

建议,主要任务是查清两广地区酸雨的现状与趋势,来源与成因,酸雨对农业、森林、水体、土壤的影响,对材料的破坏等,并提供控制对策。为了全面完成任务,课题组共设置了十个子专题,其中第十个子专题是为了查清湖南衡阳地区酸雨状况后来增补的。十个子专题组长依序为:齐立文、刘林勤、毛节勤、唐孝炎、秦文娟、张婉华、郝吉明、丁永福、班玲、李定南、陈镇华、陈佑蒲,副组长共13人,每个子专题各设置若干个子题。通过四百多人密切合作,各地环境保护部门积极配合和支持,经过四年多的努力,完成了国家研究任务。

严密科学的监测网

课题组首先从两广地区的自然环境和社会环境进行调查和分析，找到两广地区污染源的分布和来源，得出以下结论：构成两广地区大气污染、影响降水酸度的污染物主要有二氧化硫、氮氧化物和烟尘；两广地区污染物主要分布在广东省由北向南的韶关、广州、佛山、江门这一中轴地区，广西由桂林到柳州，合山到南宁这一湘桂走廊地；两广地区的经济发达区既是大气污染物排放量较大地区，也是大气污染、酸雨较严重地区；两广地区二氧化硫排放量相当于美国各州的中等水平，氮氧化物排放量低于美国。华南的自然和社会环境有利于环境酸化，华南地区在我国最靠近赤道，属亚热带湿润气候，该地区与我国其他酸雨污染地区、北美和欧洲酸雨区相比，太阳辐射强、气温高、湿度大，因而大气氧化性强，有利于酸雨的形成。同时该地区是我国酸性土壤的主要分布区，土壤多为红壤和砖红壤，酸性强，对酸性降水的缓冲能力小，相对更易于助长水体和土壤的酸化。两广地区能源以煤为主，煤的含硫量高于全国平均水平，全国煤的平均含硫量为1.12%，而广东煤的平均含硫量为1.49%，广西则高达5.6%。两省区的工业分布很不均衡，广东的工业主要分布在由韶关至广州，特别是珠江三角洲一带，这个地区排放的二氧化硫占全省的70%，氮氧化物占68%。广西的工业则主要分布在桂林、柳州、南宁湘桂走廊一带，这一带二氧化硫和氮氧化物的排放量均占全区的68%，工业分布对于相关区域的酸雨发展有着重要影响。

在这支庞大的科研队伍里，各项工作千头万绪，其中长期、定期的监测及由此得来的相关数据是最主要的。王文兴在投身环保研究之初就很清楚地意识到，大量烦琐而耗时的基础监测工作是科研课题多出成果、出好成果的必要条件，正如建造高楼大厦必须打好坚实的地基。此前在甘肃西固、山西太原等地所做的光化学污染、煤烟型污染项目中，他就十分重视基础监测工作，从布点的区域、位置到数量，从样本的采集、保存到运送，王文兴一丝不苟，常常亲力亲为；到了酸雨研究课题，相关监测手段日益成熟和先进，而他对监测工作一如既往坚持高标准，对相关监测数据的准确性要求到了十分严苛的程度。为了保证监测数据的可靠性和可比性，项目分为两级站两级管理，由中国环境科学研究院进行质量总控制，广东、广西两个省区也要分别进行质量控制，依靠一定的标准和方法来进行考核。华南酸雨项目时间跨度大，地域范围广，参与部门多，众多监测点星罗棋布，难免有个别不达标的情况，碰到这种情况，为人处世特别谦逊厚道的王文兴却总是"一反常态"，宁缺毋滥，坚决不让不合格的数据"蒙混过关"。

降水的监测质量是区域性酸雨研究的核心，是酸雨控制对策制定的基础，课题组在了解掌握两广地区的自然、人文状况之后，建立数据监测网，通过最优化的监测点布阵，达到最佳的监测效果。课题组设计建立一个降水监测网，进行常年降水监测。为了确保监测数据的可靠性，并使参加"华南地区酸雨研究"的70个监测站（点）提供的数据具有足够的准确性和可比性，能较客观地反映酸雨污染现状与趋势，从而提出切实可行的控制对策，王文兴指出，质量保证与质量控制是一项重要的技术工作和管理工作。王文兴对在"六五"期间完成的国家酸雨课题深有感触，也积累了一定的酸雨监测经验，制定了严格的酸雨监测的质量控制和质量保证。环境监测的质量保证包括保证环境监测数据正确和可靠的全部活动与措施。为了保证酸雨监测质量，提高监测人员的技术水平，王文兴亲自到各省市现场指导，举办酸雨监测技术培训班。

酸雨区质量控制是对分析过程的控制方法，

图 10-5　1987 年 12 月，王文兴在广州机场查看华南酸雨航测准备工作（大面积的航测从广州白云机场起飞，经韶关到湖南南部高空，然后转向广西南宁，最后到桂林，得到大量的气体、云水数据和样品）

包括内部质量控制和外部质量控制；完整的降水质量保证程序包括程序的目标、选点及操作，分析检验及数据核对、贮存、取出和传递，客观的评价规划，鉴别掺假样品及无价值的数据。对实验室和野外空白予以收集和分析测定，要有标准的技术来保证分析结果的可靠性。为此，课题组的一级质控单位中国环境科学研究院大气所酸雨研究室参考美国国家环保局环境监测系统实验室编制的《沉降监测系统质量保证手册》（1985年1月修订本），结合我国国情编制了一套《降水监测系统质量保证计划》资料，指导本课题的质量控制和质量保证工作。

由于经济条件的限制，全国酸雨监测网自1982年以来一直采用国家环保局监测处规定的用采样桶手工采样，课题中酸雨监测网除广东省部分站（点）采用自动器采样外，大部分点是手工采样。酸雨监测工作非常烦琐，根据规定取样桶的清洗合格、确保下雨时才把桶盖打开，以免空气中的颗粒物落入，影响检测质量，同时须及时将样品送到分析室进行化学分析，仅此一项工作，在全监测网70多个站位要保证都能得到准确的结果非常困难，这就需要加强监督、检查，随时发现问题随时纠正。两广地区40万平方千米，王文兴跑遍了几十个监测站。在当时条件下，课题组没有专用交通工具，靠的是公共交通，有时候为了到达一个监测站，要乘车换船几次，而一些设在高山、森林、海岛上的监测点，就得靠两条腿走路，这些对于花甲之年的王文兴来说都"不在话下"。"但即使费了很大周折，仍然也有不好的数据。"王文兴回忆说，有的监测站靠学生来进行监测，有时学生晚上熬不住就睡过去了，对于24小时的取样要求来说，这样由于疲惫和疏漏导致人工采样的样品质量不理想。有些采样点放在树周围，导致样品里混入

图10-6　1988年1月，王文兴在广州酸雨监测培训班上讲解酸雨监测质量控制和质量保证

了树叶中的露水,也会影响到监测数据的准确性。对于这些小小的纰漏王文兴坚决要求改正弥补,不留遗憾。总体来说,经过课题组严格的质量控制和严密的质量保证措施,监测网的数据是可靠的,具有充分的代表性和可比性。

两广酸雨监测网进行了两年的干、湿沉降监测,取得了气态污染物二氧化硫和氮氧化物浓度、降水 pH 值及电导、雨水化学组成等大量数据,编制了一系列图表。结果表明,两广地区已全部为酸雨区,重酸雨区的面积迅速扩大,原酸雨区降水的酸性急剧升高。广东省环保局 1988 年 12 月 16 日的一份课题工作简报对此有这样的描述:

华南地区酸雨污染发展迅速已达严重程度。本课题在两广地区 41 万平方千米内设立了包括 70 个监测点的酸雨监测网,取得了两整年几十万个具有代表性和可比性的干湿沉降监测数据,绘制了大量的图表。这些基础资料可作为酸雨影响的经济损失计算、酸雨污染控制和环境管理等重要的科学依据。两年连续监测结果说明,两广地区 41 万平方千米面积已全部为酸雨区,并出现了两片重酸雨区。由韶关南到广州,西到梧州,连成一片,广西柳州和合山形成另一片。由此可见,两省区严重酸雨区的面积近 8 万平方千米,约占总面积的 20%。

图 10-7 1988 年春,王文兴等人在广州白云山进行降水观测(左二齐立文,左三蔡乙乞)

两广地区降水酸度增长之快实属罕见。根据监测结果，两广地区酸雨面积迅速扩大，降水酸度急剧升高。1985—1989 年，两广一些代表性地区降水中 H⁺（氢离子）浓度增长速度如下：广东省的广州为 10 倍，佛山 5 倍，江门 9 倍，南雄 12.6 倍；广西壮族自治区的桂林为 9.3 倍，柳州 1.7 倍，梧州 6.3 倍；湖南省的衡阳为 1.0 倍。大面积降水酸度几年内有如此快速增长，世界上也属罕见。两广地区春季降水自上空到地面普遍酸化，从 pH 值及降水酸化频率看，已达到严重的程度。在 1988 年 3 月取得的大部分云水样品 pH 值在 3.5—4.5，最低 pH 值出现在 1988 年 3 月 31 日桂林机场，降水 pH 值竟低达 2.94。尤其是由飞机采集的上空云水，在北方冷空气天气系统到达两广后，呈大面积普遍酸化，在我国所进行的其他地区的航测中未曾见过。

住阁楼，吃简餐，省出钱来做科研

两广地区历年对降水酸度的监测数据表明，酸性降水频率最高时期均出现在春季，即北方冷空气入侵与南来海洋暖湿气流交汇后形成降水的汛前期。此季节酸雨频率可高达 80%—100%，且大都在北方冷空气入侵天气系统下出现。为了控制酸雨逐年加剧的趋势，弄清两广地区酸性降水的来源和成因，课题组对春季降水的酸化问题进行了重点研究，通过对高空到地面，自成云到降雨各过程中组分的酸化特性及与气象条件和源排放的关系等，弄清两广地区降水酸化的特点，并由此来探讨降水酸化的来源成因。

两广酸雨形成来自局地源和外地源的叠加。根据两广地区连续两年酸雨监测的结果证实春季降水酸性最强，参考了一些历史降水监测资料，可以认为全年中春季降水酸性最强是一个普遍规律，为了查清两广地区为什么在春季降水酸化严重的原因，课题组从大气物理和大气化学两方面做了大量的工作，进行了一系列的科学研究。在大气物理方面，在春季对天气进行系统的观测，例如用多普勒声雷达和系留汽艇来查明气象因素对酸度的影响。在大气化学方面，进行了一系列的高山云雾水和降水观测，包括广东的白云山、广西和湖南交界的苗儿山、广东边境的狮子山、湖南的衡山，进行云雾水和降水的化学检测分析。在化学方面还利用广州电视塔设置不同高度的采样点，分析降水酸度和化学组成与电视塔不同高度的化学组成来研究降水酸度的立体分布。此外，大气物理和大气化学联合进行航测，共同分析春季云水和降水酸度与化学组成的空间分布。利用大气物理和大气化学这些综合手段研究得到一些重要的结果，其中包括春季严重酸性降水期间不同高度降水、云水的酸度和化学组成，说明在此期间云水已经严重酸化。从而得到两广地区酸雨的形成是由北方气流带来的酸性物质和两广地区局地源排放的酸性物质两者叠加的结果。

1986—1989 年，课题组多次进行地面及高山点的观测，地面点分别布设在广东韶关、广西的柳州和桂林；高山点从北到南设在湖南衡山（海拔 1200 米）、广东狮子山（海拔 1050 米）、广西苗儿山（海拔 2140 米）和广州白云山（海拔 380 米）。从四个高山点的位置看，衡山正处在东北方冷气流进入两广地区的途中；广西苗儿山和广东狮子山则均处在各自省区的最北端，海拔较高，当北方冷空气南下时，在其北面均不存在本省污染源的影响；白云山则处在广州市的北面，吹北风时也不受广州市区污染源的影响。此外，还在广州市中心电视塔的两个高度（海拔 50 米和 150 米）进行了样品垂直分布的观测。各测点采样观测项目包括：雨水、山上云雾水和总悬浮颗粒物，有些测点还测定了气态二氧化硫、氨和硝酸等种类样品。

1988 年 3 月 11 日—4 月 7 日

图 10-8　1998 年 3 月，研究人员用多普勒声雷达进行大气物理观测

图10-9 1988年4月，王文兴在湖南衡山考察

课题组组织了一次大规模的高空、地面联合同步观测，在两广地区上空用伊尔14-5513号飞机进行了十余次飞行。3月11日至19日在广东境内飞行七次，3月28日至4月3日在广西境内飞行七次，4月6日桂林飞湖南零陵一次，由广东向广西或由广西向广东跨地区飞行两次。在广州市上空和桂林市上空在冷锋到达后隔一定时段进行时间剖面飞行，以观察冷锋到达后云水的变化情况。在同一时期内由大气物理分课题组在广州市和桂林市进行低空探空实验以取得同步物理观测数据；在各高山点和地面点（衡山、柳州、桂林和苗儿山、韶关和狮子山、广州电视塔和白云山等）进行了同步观测，按场次收集了雨水、云雾水的样品，采集了颗粒物，有些观测点还进行了二氧化硫、氮氧化物、硝酸和氨的气体观测；在广州市和柳州市进行了颗粒物物理和化学行为的观测，测定了降雨前后气溶胶的数浓度、表面积浓度和体积浓度的粒径分布，并用双通道采样仪和大容量采样器分别采集了<2.5微米、2.5—15微米和TSP的样品。对这些样品还进行了离子成分和元素成分的分析，以了解颗粒物的特性及对降水酸化的影响；在广东省和广西壮族自治区各监测站主持的各地面采样点也按原定一、二、三级的要求进行了同步的雨水采集和气态污染物的观测。两广酸雨航测是我国历史上飞行时间最长、覆盖面积最大的一次航测，观测项目从云水、气体到大气颗粒物，这次综合观测的结果对阐明两广地区春季酸雨严重原因起到了重要的作用。

垂直联合观测是王文兴在太原地区做大气环境观测时主张的方法，数据全面，价值极高。此次联合观测了解了两广地区春季酸性降水的特征，为探讨降水酸性的来源和成因提供了第一手资料。

通过1987—1989年对四个高山点、五个地面点的几次同步观测和

1988 年 3 月航测联合观测所收集到的高空云水、高山雨水、高山云雾水和地面雨水的样品分析以及相应的各种气态污染物和气溶胶粒子的实测，课题组得出下列看法：两广地区春季降水自上空到地面普遍酸化，

图 10-10　1990 年 10 月，王文兴受邀参加在日本金泽召开的第 31 回大气污染学会年会并作报告

从 pH 值及降水酸化频率看，已达严重程度。在 70 个高空云水、136 个高山雨水、123 个高山云雾水和 191 个地面雨水样品中，pH<5.6 的样品分别达到 95%、87%、88% 和 99.5%，pH<5.0 的样品分别达到 88%、84%、80% 和 96%，可见酸化情况是很严重的。尤其上空云水，在北方冷空气天气系统到达两广地区后大面积普遍酸化，在我国已进行的几次航测中为罕见。两广地区春季降水酸化与北来冷气团入侵的天气系统密切相关。在降水样品中，如将北来冷气团到达前和吹南风时的样品分出，则无论是航测云水或高山点、地面点雨水的酸化频率均达到 100%。从轨迹分析也说明了这一点。两广降水中主要致酸物质是硫酸，但硝酸对降水酸度的贡献不容忽视。在较清洁地区，应考虑有机酸的致酸作用。

航测作为课题研究重要的步骤，十分有效但价格昂贵，为此课题组投入了巨大的人力物力。为了节省资金，增加飞行时间更多取得测试结果，航测期间，王文兴和大家一起放弃吃规格较高的空勤灶配餐，自己买菜，自己做饭，省下来的钱用于贴补航测飞行时间增加的费用。王文兴回忆说，那时没有人计较金钱和生活的好坏，大家都把心思放在了科研上。用空勤灶换机时，从兰州西固项目开始一直延续着，几乎算得上是王文兴团队的传统作风。从空勤灶里抢出来的飞行时间，让这个团队掌握更多更翔实的数据，取得了更多的基础分析资料，使整个研究的地基打得更加牢固。

课题研究期间，为了尽可能节约科研经费"好钢用在刀刃上"，王文兴他们不仅"省吃"而且"俭用"，科研人员经常去广东、广西、湖南等地出差，大家常常自觉找最便宜的地方住。那时广州是全国物价最高的城市，每次来广州出差，王文兴都领着同伴们住在吉祥路香港推拿中心一家饭店的 7 层阁楼里，一天房费只要 7 元钱，这还不是最"抠门"的，有一次王文兴带队从北京去南宁项目组开会，住在一家简陋的平房旅店里，每晚只要 3 元钱，一位同事开玩笑地说，王院长真会找地方，这可能是全世界最便宜的旅馆了。

华南酸雨形成的大气化学和物理过程

为了查清两广地区降水酸化的形成原因和过程，课题组在开展当地降水实测研究酸化特性的同时，通过实验室模拟和现场观测实验对大气气态物质的转化和降水中酸性物质形成的化学过程进行了研究，以了解该地区大气中酸性气态物质造成雨水酸化的途径。其中包括对两广春季降水主要致酸物质二氧化硫的气态转化现场模拟实验、二氧化硫的液相转化、降水中 S（Ⅳ）与醛的加合作用以及二氧化硫的气－固相转化的实验研究。为了弄清颗粒物质在降水酸化中的作用，对该地区采集的气溶胶样品进行了降水冲刷、溶解性能、缓冲性能和碱性成分中和能力的研究。由于降水酸化主要来自云水和雨水降落时对酸性物质的吸收和洗脱（云中清除过程和云下冲刷过程），在得到大量第一手资料的基础上，进行了模式计算研究。课题组发展了描述云内清除过程的模式 ARCM1，通过在现场和实验室内对二氧化硫大气液相及多相化学转化的研究、对大气气溶胶（颗粒物）在降水酸化中作用的研究以及所建立的云内清除过程和云下洗脱过程的化学模式对化学机制的研究，在两广地区降水酸化的化学成因方面课题组形成如下看法：两广地区大气的氧化性及阳光、温度和湿度条件，使排放出来的气态二氧化硫在大气中的转化速率高于其他地区；过氧化氢液相氧化降水中的 S（Ⅳ）在高空云水和雨水降落过程中均是重要机制；气态 NH_3 和气溶胶粒子中的碱性钙盐是中和降水中游离 H^+ 的主要物质；两广地区颗粒物对酸的中和能力相对较小，远低于北方，颗粒物中和能力不足是造成该地区发生酸性降水的重要原因之一；模式计算结果表明导致云水酸化的途径，在重污染和高氮氧化物大气中，HNO_3 清除是云水酸化的主要途径；在清洁和低氮氧化物大气中，S（Ⅳ）被过氧化氢和自由基的氧化是云水酸化的主要途径；云水 pH 值对雨水酸度有重大影响；从航测结果计算，可以认为 1988 年 3 月广州市的地面雨水中的 NO_3^- 主要来自云中过程，而 SO_4^{2-} 的来源则云中过程约占 1/3，云下洗脱气溶胶仅占 1/10，主要部分来自云下洗脱二氧化硫气体的过程。

华南酸雨形成的大气物理过程包含了大气物理的综合分析，即从大气物理角度利用观测资料和各种模式的计算结果解释和阐明华南地区酸雨的来源和成因。由中国环境科学研究院大气所、北京大学地球物理系、同济大学环境工程系的科研人员为主导进行研究，负责人是王文兴参与"六五"国家科技攻关项目的同事、国家环境科学院的刘林勤教授。

两广酸雨物理过程研究的目的在于探讨引起两广地区降水酸化，尤其是春季降水严重酸化的物理因素。酸雨的形成包含了一个复杂的物理、化学过程。在没有人类影响的大气环境中，雨水中的离子平衡主要取决于大气二氧化碳的浓度，这时雨

图 10-11　1998 年 3 月，研究人员用系留气艇进行大气物理观测

第十章　酸雨攻关　攀越巅峰（二）　　*185*

水的 pH 值应为 5.6。由于人类活动所排放的大量污染物质，其中主要是硫的化合物和氮的化合物，它们进入雨水后可造成雨水中离子平衡状态的改变，使雨水的 pH 值降至 5.6 以下，这就形成了酸雨。

由于人类排放的污染物从其源排放进入大气以后要经过湍流扩散、平流输送、凝结成云和增长为雨等一系列物理过程，在其间又通过化学变化使这些污染物致酸的能力增加，最后才通过干或湿的沉降过程回到地面。因此要了解某一地区酸雨形成的原因，必须对这些过程有充分的了解，并对各个因子进行综合分析。

为此在两广酸雨物理过程的研究中，课题组分析了这一地区有关降水的气象资料，包括降水的天气背景以及降水量的分布；利用飞机和高山观测站，对云和降水的微物理结构进行了观测，包括云雾粒子的尺度谱分布、含水量以及雨滴谱，同时也对云雨水中的化学组分进行了分析；对两广地区大气边界层的结构及其变化规律进行了观测研究，尤其是对逆温层的生消及其高度的变化进行了系统分析；对近地层大气气溶胶的特性及其湿清除性能进行了观测和模拟计算，以了解它们对这一地区酸沉降的可能影响；利用三维空气运动轨迹模式分析了不同降水过程气流的输送方向、抬升过程以及污染物的输送方向和距离，以便较直观地分析不同源对酸沉降的作用；最后，为了定量研究两广地区酸沉降与排放源之间的联系，发展了一系列酸沉降模式，包括研究云中和云下过程的云雨化学模式，三维欧拉型的时变模式和平衡模式，前者用于分析某一降水过程中污染物的扩散、输送、化学转化和干湿清除，后者则用于对不同气象条件进行计算，以估计这一地区源和清除量之间长年的统计关系，同时也发展了一个拉格朗日轨迹模式，以便更直观地分析不同源的作用。

根据这些研究结果，课题组对两广地区酸雨形成的物理背景及形成原因已经有了一个基本的认识。由于条件的限制，课题期间只对两广春季严重酸雨出现的过程有具体的概念。利用这些认识，可以对许多有关这一地区酸雨的观测事实给予解释。从大量的监测资料和专项观测结果可知，两广地区大面积降水有酸化，其酸度分布图像与当地污染物排放量的分布和地面硫污染物浓度的分布有类同点；两广地区降水酸度在春季最为严重，但近年来其他季节降水的酸度逐年升高；飞机和高山站观测表明，两广地区上空大面积云雾水已严重酸化，其酸度甚至可能超过地面雨水的酸度。

综合以上讨论和前面的结果，《从大气物理角度分析华南酸雨形成过程》分课题得到如下结论：

两广地区春季酸雨比较严重，这与这里春季特有的天气条件有关。春季两广地区的降水主要是受北方小股冷空气南下的影响。而冷空气由于势力较弱，到这一地区后常常形成准静止锋停留在这里。在冷空气到来之前，这种停滞的冷空气形成稳定的冷空气垫。其间风速也很小，有利于污染物的积累。南下的冷空气带来抬升的机制，使污染物有可能冲破逆温层进入云中，再通过降水回到地面造成大面积云和降水的酸化。

由于在冷空气中水平风速较小，在两广春季的气象条件下，局地排放的二氧化硫向周围输送的范围一般在百公里的量级。对于硫酸盐小颗粒，输送的范围较大一些。

云水化学和云下洗脱过程的模拟计算结果表明，在清洁地区，云水酸化主要是受小颗粒硫酸盐（凝结核）的影响。如果云中大气有一定数量的硫酸盐和二氧化硫，且有适当的氧化剂，云雨水的 pH 值达到 4.5 是经常可以发生的。在污染地区，云下洗脱可增加相当大数量的污染物离子浓度，但对 pH 值贡献不大，甚至当低层有较多的氨气时，有可能使 pH 值升高。

从两广地区全年污染物输送结果可以看出，从总体而言，这一区域边界输入、输出的污染物通量并不大，最多不超过本地排放量的 20%，净收支基本平衡。但对底层大气而言，冬季从北部和东部有一定

图 10-12　1987 年课题组成员在南宁（前排左一翟关兴，左二丁永福，左三班玲；后排左一郝吉明，左二张婉华，左三王文兴）

数量的污染物进入，而在夏季输送方向基本相反。

两广地区硫沉降在城市地区以二氧化硫的干沉降为主，湿沉降所占的比重不大。但在离开城市地区以后，湿沉降所占的比重加大，且以硫酸盐的湿沉降为主。

从两广地区污染物的分布和沉降量的计算结果来看，这一地区污染物的有效输送范围达几百千米，更远距离的输送对总浓度的影响不大。但如果排放源高度升高，如能超过底层的逆温层高度，则其输送的图像会有较大的变化。

华南地区酸雨的影响和危害

根据整体计划的要求，课题组结合湿润亚热带雨量充沛、热量充足、酸性红壤和赤红壤对酸缓冲能力低、水体碱度偏小等生态环境特点，采用野外调查、典型解剖、实验和计算机模拟相结合的方法，阐明了酸雨对针叶林（马尾松）生长和生产力，褐斑病和赤枯病的发病和发病率及对主要农作物产量的影响程度；确定了酸雨对土壤理化特性和微生物活性以及水体水质和水生生物的影响，酸性降水和二氧化硫对农作物的复合效应；建立了红壤地区敏感分区方法，提出了土壤和水域敏感分区图；应用生态模型，分析和预测了土壤、水体酸化趋势；以酸性降水和二氧化硫单一污染与酸性降水、二氧化硫复合污染的植被基准为依据，运用市场价格法，估算了在当时酸雨水平下针叶林和农作物的经济损失。

在酸雨对森林的影响方面，课题组运用生态因子综合调查方法，在5个不同酸雨强度、二氧化硫浓度的区域，对马尾松林的生态因子和二氧化硫浓度、酸雨pH等参数，采用主因子分析、相关系数矩阵统计，在调查中没有直观地发现森林受酸雨影响的现象，例如国外发现的森林落叶枯黄等现象，个别地区林木受害的原因主要是受二氧化硫的直接伤害，例如重庆南山的马尾松。

在酸雨对农作物的影响方面，模拟酸雨的盆栽试验结果指出，农作物的急性伤害阈值因农作物种类不同而异，酸雨和二氧化硫复合污染对农作物的生长和产量的影响具有明显的协同效应，调查中发现受损的现象多出现在城市郊区，受害的作物大部分是蔬菜，主要原因是受排放的二氧化硫直接伤害。

在酸雨对水体的影响方面，地表水酸化与流域植被分布、土壤性质、集水区特征之间有重要关系；在酸雨对土壤的影响方面，应用McFee的CEC分级方法对华南三省区土壤酸化敏感分区。对水体的调查结果说明我国地面水水质良好，主要湖泊河流pH值都在7以上，对渔业没有发现不好影响。个别水体偏酸性，例如广西钦州大马鞍水库，调查中发现水库pH值常年在5.33—5.50。

在经济损失估算方面，农作物经济损失估算：以两广地区二氧化硫和酸雨的年均分布等值线图与农作物布局分布图相叠加，推算出酸雨、二氧化硫单独污染和酸雨、二氧化硫复合污染的农田面积分布。针叶林经济损失估算：以两广地区二氧化硫和酸雨的年均等值线图与针叶林分布图相叠加，推算出酸雨、二氧化硫污染针叶林的面积和分布。水产经济损失估算：当两广区域酸雨pH值控制在5.0以上时，水域pH值将在6.5以上，不会对水产造成危害。总体上来看，酸雨造成的危害基本上属于二氧化硫的急性伤害，对整个生态环境不像欧洲和北美那样已造成严重的危害。但是，由于我国正处在经济高速发展时期，随着化石燃料的消费急剧

图10-13　1988年8月，王文兴在中国环境科学研究院酸雨对植物影响研究实验基地

升高，环境酸化不可避免地日趋加重，因此酸雨潜在的生态危害不可小觑。

酸雨沉降对材料破坏的研究

图 10-14 张婉华负责的酸雨材料破坏研究获得环境保护科学技术进步奖二等奖

1987年，王文兴妻子张婉华由中国环境科学研究院环境标准室调入大气环境室，参与"七五"科技攻关酸雨研究，任子课题《酸沉降对材料破坏的研究》课题组组长。王文兴夫妇从相识、结婚、工作几十年，接近退休年龄时终于在工作中开始了合作。这一部分主要研究得到了暴露于大气中的材料清单、现场暴露、室内模拟以及经济损失的定量计算结果。

大气酸性物质对材料破坏造成的经济损失是酸沉降经济损失中的重要部分。暴露在大气中的材料受到自然和大气酸沉降两类因素的影响。"酸沉降对材料破坏的研究"是研究和估算大气污染，特别是以二氧化硫和降水酸度为代表的酸性大气污染物的干湿沉降造成的经济损失，使酸沉降的破坏作用达到定量化。为了估算酸沉降对材料破坏造成的经济损失，必须有户外暴露材料清单，其中包括材料的种类、数量、用途和分布；必须有反映干湿沉降水平与材料腐蚀之间的定量关系式，即材料损伤函数式，以便计算在某一定酸沉降水平下的材料使用寿命，最后才能从材料破坏总的经济损失中扣除自然老化过程和其他尚未研究的因素造成的损失，从而得到由于酸性污染物干湿沉降造成的经济损失。因此这项工作的目标是查明干湿沉降对材料的破坏作用，求取材料的腐蚀速率，建立材料损伤函数，最后作出材料损失的经济评价。

为了达到上述目标，研究确定户外材料的调查方法，课题组采用实地调查和资料调查相结合，将样本由点推广到面的方法，提出了两广地区房屋建筑、交通设施、交通工具及文化古迹等重要的材料清单。参考国家标准和美国标准规定的原则，建立了三个有代表性的现场暴露站：柳州污染站、南宁对照站、广州参比站，取得了六种金属、三种石材、两种涂料共十一种重要材料的两周年的暴露试验结果；自行设计和建造了我国第一套具有自控系统、功能比较齐全的室内模拟暴露试验装置，利用这套装置成功地试验了与室外暴露相对应的样板，用此结果建立了有代表性材料的损伤函数式，并以现场暴露试验的腐蚀速率进行验证，结果良好。研究

图 10-15　1986 年，王文兴在四川乐山大佛脚下察看佛像被酸雨腐蚀情况（身后的大佛遭酸雨侵蚀后表面多处剥落，这座开凿于 713 年的世界第一大佛佛身出现了黑色条纹，多处已经变黑）

结果发表在《环境科学学报》上，这套实验装置引起大气材料腐蚀领域学者的广泛关注。最后应用上述各项研究结果计算了酸沉降对材料破坏造成的经济损失，利用损伤函数式和流行的材料经济损失计算模式定量地计算了两广地区材料受酸沉降破坏造成的经济损失。计算结果是：因大气环境因素破坏造成的经济损失，广东为 10.65 亿元，广西为 2.56 亿元。每年酸雨沉降造成的经济损失，广东为 1.46 亿元，广西为 0.35 亿元，其中干沉降和湿沉降对材料破坏的腐蚀作用相近，造成的经济损失各占一半，可见大气中的二氧化硫等酸性物质造成的经济损失不容忽视，这与欧洲和北美酸雨区湿沉降造成的经济损失占主导的情况存在很大差异，这也是中国酸沉降的重要特征之一。

计划外课题：影响酸雨的排放物研究

一个地区酸雨形成的必要条件是有足够量成酸物质的排放，成酸物质主要是二氧化硫和氮氧化物。另外，还有碱性气体排放源能够中和降水的酸性，这个碱性气体就是氨，所以这三种物质在酸雨形成过程中起着重要作用。王文兴在完成前一章《我国酸雨来源和影响及其控制对策》课题过程中加深了对酸雨危害严重性的关注。要根治酸雨，应该把排放源弄清楚，所以他和几位助手决心查清这三种影响酸雨形成的物质的全国排放量排放强度及其历史变化，这是本次攻关项目计划里没有的，属于自选的课题。由于不是项目本身的任务，计算的时间跨度大，计算的数据也很难得到，所以工作中难度还是非常大，如计算燃煤硫的排放需要知道煤的硫含量，不仅不同的煤矿生产的煤硫含量不同，即使同一煤矿不同时间，或同一时间不同深度采的煤，其含硫量也可能存在很大差异。由此可见，仅仅想弄准确煤的硫含量就是一个复杂的问题，不仅工作量大，难度也非常大。王文兴他们在各方面帮助下，了解了400多个煤矿硫含量的资料，基本上能保证计算结果的可靠性。经过课题组人员的刻苦努力，最终得到了三种重要源的计算数据。

根据我国化石燃料消费、燃料的含硫量和硫与氮氧化物排放因子，计算我国各地区二氧化硫和氮氧化物排放量和排放强度的地理分布，计算结果得到，1990年全国二氧化硫和氮氧化物的排放量分别为1751.8万吨和842.2万吨。排放强度最大的地区是中东部地区，包括辽宁、河北、北京、天津、山西、山东、江苏、浙江、上海等省市，这些地区平均排放强度每年每平方千米大于7吨，此外还估算了全国1950—1990年二氧化硫和氮氧化物历年的排放量。

SO_2 排放量计算方法

为了比较计算结果，本计算中采用的方法与 Kato 和 Akimoto 采用的方法相似：

$$Q^s(t) = \sum_j Q^s_{ij}(t) \tag{1}$$

$$Q^s_{ij}(t) = \sum_j \sum_k Q^F_{ij(k)f}(t) + Q^P(t) \tag{2}$$

$$Q^s_{ij(k)f}(t) = K^s_{ij(k)f}(t) F_{ij(k)f}(t) \tag{3}$$

$$K^s_{ij(k)f}(t) = 2 \times (1 - P^s_{ij(k)f}(t))(1 - r^s_{ij(k)f}) S_{ij}(t) \tag{4}$$

式中：Q^s—SO_2 总排放量；Q^F—燃料燃烧 SO_2 排放量；Q^P—非燃烧工业过程 SO_2 排放量；K^s—SO_2 排放因子；F—燃料用量；S—燃料含硫量；r^s—燃烧灰分中含硫量；P^s 污染控制的硫脱除率；t—时间；i—省区；j—经济部门；$j(k)$—经济部门中 j 中的排放源种类；f—燃料类型。

NO_x 排放量计算方法

同理，NO_x 的计算方法如下：

$$Q^N_i(t) = \sum_j Q^N_{ij}(t) \tag{5}$$

$$Q^N_{ij}(t) = \sum_f \sum_k Q^N_{ij(k)f}(t) \tag{6}$$

$$Q^N_{ij(k)f} = (1 - P^N_{ij(k)f}(t)) K^N_{ij(k)f}(t) F_{ij(k)f}(t) \tag{7}$$

式中：Q^N—以 NO_2 计算的 NO_x 排放量；K^N—以 NO_2 为权重的 NO_x 的排放因子；P^N—污染控制 NO_x 脱除率。其余符号意义同前。

王文兴用上述计算方法计算了各省市和全国 1988 年和 1990 年二氧化硫与氮氧化物的排放量，全国二氧化硫排放量 1988 年和 1990 年分别达到 16436706 吨和 17517934 吨，两年增加 1081228 吨，即每年增加 540614 吨，排放量年增长 3.2%。

为了回顾随着工业的发展我国二氧化硫和氮氧化物污染发展的历程，课题组估算了我国 1950—1990 年二氧化硫和氮氧化物的历年增长量，二氧化硫由 1950 年的排放量 53.5 万吨增加到 1990 年的 1752 万吨，同期，氮氧化物由 25.7 万吨增至 842.2 万吨。二氧化硫和氮氧化物均增长了 32.7 倍。

通过此项研究，王文兴他们计算出了我国 1950—1990 年二氧化硫和氮氧化物历年排放量，同时得到了全国二氧化硫和氮氧化物的排放量和排放强度地理分布，这项复杂研究在中国是首次，其研究成果引起了国外相关学者的重视,这也给我们研究煤烟型大气污染提供了参考依据,为以后判断中国酸雨形成的特点提供了重要依据。

研究结果还表明,作为酸雨前体物的二氧化硫或氮氧化物,其排放强度最大的省市主要位于中东部地区,然而从地域上看,其排放强度的分布与我国酸雨区分布并不重叠,可见我国区域性酸雨形成机制是非常复杂的。

课题组同时也计算了亚洲各地区二氧化硫排放强度,得到二氧化硫或氮氧化物排放强度最大的地区均在东北亚,其中包括中国的中东部地区、韩国和日本。东北亚二氧化硫排放强度最大的地区在中国环渤海地区和韩国,对于氮氧化物排放强度最大的则在日本、韩国和中国大城市地区。亚洲除新加坡外,其他地区排放强度一般都很小,这与这些地区煤在能源消耗中所占比例小和煤的含硫量低有关。[1]

氨是大气中最重要的微量气体之一,它参与大气氮的循环,在低层大气环境酸化中,氨起着重要的缓冲作用。在高层大气中,氨能被氧化为氮的氧化物,进而参与一系列自由基反应,因此氨的排放强度及其地理分布的求取,是大气环境化学研究的基础工作之一,尤其是在研究区域性降水酸化的成因时,其重要性更为突出。国内外的研究结果表明,在湿沉降中氨离子约占阳离子总量的40%,氨离子浓度在全部离子中的相对大小是决定降水酸性的重要因素之一。此外,氨在土壤中成为重要的氢离子库,存在着土壤和水体潜在酸化的危险。因此研究降水酸化原因时,氨的排放时空分布是阐明降水酸化成因和酸雨控制不可缺少的基础资料。

全国氨的排放总量可由各省市的排放量加和求得,而各省市的排放量则由各类氨源的排放量加和算得,各地区的排放量除以该地区的面积得到单位面积的排放量,即为该地区氨的排放强度,这是比较容易算得的[2]。

根据中国畜禽、氮肥施用和生产及人口数量和相应的排放因子,计算

---

[1] 中国环境科学,《我国二氧化硫和氮氧化物排放强度地理分布和历史趋势》。1996年6月第16卷第3期,第161–167页。

[2] 王文兴、卢筱凤、庞燕波、汤大纲、张婉华:中国氨的排放强度地理分布。《环境科学学报》,1997年第17卷第一期,第2–7页。

了全国氨的排放量、排放强度地理分布和历年的排放量，结果表明，1991年全国氨的排放总量为891.8万吨，其中畜禽、氨肥施用、人粪便与氮肥生产的排氨量分别为64%、18%、17%和1%，全国氨总排放量从1951—1992年增加了3.32倍。计算结果同时表明，氨排放强度最大的亦是东中部地区，其他地区除广东外都很小，这与二氧化硫和氮氧化物排放强度地理分布大部分重叠。在环渤海地区，二氧化硫、氮氧化物和氨的排放强度都比较高，酸碱气体中和作用是环渤海地区没有发生严重的大规模酸雨危害的原因之一。[①]

王文兴他们所做的二氧化硫、氮氧化物和大气氨的排放量以及排放强度的地理分布等计算结果是大气酸沉降研究和控制的基础资料，而当时他们并没有意识到，这个计划外的分课题也为后来"名噪一时"的霾污染研究与控制提供了重要参考资料。

控制对策和建议

《华南地区酸雨来源、影响和控制对策的研究》项目通过400余人多学科四年多的研究，得到了一系列的定量结果。由70多个监测站点两整年的连续观测，查清了两广地区40多万平方千米面积内酸性物质的干湿沉降现状，绘制了重要酸性气体、降水酸度和硫沉降量等值线图，汇集和分析了酸性降水的历年资料，发现本地区酸性降水面积迅速扩大，降水酸度急剧升高，这样的酸化程度是中外历史上罕见的。大气物理和大气化学多方面研究证实，就大面积而言，两广地区的降水酸性主要来自云中过程，而非云下洗脱，其来源属于输送和局地源叠加两种机制。大气过程研究还发现，由于两广地近赤道、太阳光强大、大气湿度高、大气氧化活性强、二氧化硫转化速度高于国内其他地区和国外酸雨区，这些新发现和见

[①] 王文兴，卢筱凤，庞燕波，汤大纲，张婉华：中国氨的排放强度地理分布。《环境科学学报》，1997年第17卷第一期，第2-7页。

解对酸雨控制对策的制定具有重要意义。

酸沉降对生态影响的研究基本查清了酸沉降对农业、森林、水体和土壤的影响，通过现场调查和模拟实验，求得了主要作物和树种的剂量反应

图 10-16　1995 年 6 月，王文兴受邀参加国家环保局在重庆举办的 SO_2 排放标准的制定国际研讨会

函数式，定量地计算了两广农业和森林遭受的经济损失；根据红壤的可变电荷的特点，建立了酸害容量法，以此为指标判定土壤对酸雨敏感度，划分土壤酸化敏感等级，绘制了广东、广西和海南三省区土壤酸化敏感分区图。酸沉降材料破坏研究，通过三个地区材料现场暴露试验和室内暴露模拟实验，成功地建立了各种主要材料表征酸沉降材料腐蚀速率定量关系的损伤函数式，计算了由于大气酸沉降对材料破坏造成的经济损失。

根据各分题的研究结果，结合该地区经济发展现状与国民经济发展规划，作为课题组组长统揽全局的王文兴在结题报告中提出了如下主要控制对策：

本研究建立了以硫沉降量（包括干、湿沉降）作为环境目标，以酸沉降敏感区为主要研究区域，以酸雨最严重的城市为中心划定控制域，以"局地优化控制"寻求控制对策的研究路线和方法。根据两广地区酸雨成因来源和危害研究的成果，以柳州为中心的湘桂走廊，广州市和韶关地区作为酸雨

图 10-17　1990 年 12 月国家"七五"攻关项目酸雨研究项目鉴定会

控制的中心区。

对各种脱硫技术进行了技术经济评价，推荐流化床燃烧脱硫和工业型煤固硫以控制两广地区工业面源和部分点源。虽然烟气脱硫技术投资大，但为减轻二氧化硫的区域性污染，建议珠江三角洲火电厂群率先采用烟气脱硫。在众多的烟气脱硫工艺中，考虑投资及国内研究水平，首推喷雾干燥法。

对酸雨危害的重点地区如广西的柳州、广东的珠江三角洲、广州市区和韶关地区作为酸雨控制的重点地区。从点源、面源以及燃煤锅炉提出严格的二氧化硫排放消减，推荐使用多种脱硫技术和工艺以减缓柳州地区的酸雨危害。

图 10-18　1990 年 12 月华南酸雨课题广东专题鉴定会（左三王文兴，左四唐孝炎）

对珠江三角洲一带火电站群的二氧化硫排放量逐年增大的趋势，应给予高度重视，燃煤电厂的脱硫技术无重大突破，则随着燃煤电厂的大幅度发展，广东省尤其是广州及珠江三角洲地区，酸雨污染将会加剧。此外，除对市区一些工厂提出具体消减二氧化硫排放量外，还对面源消减二氧化硫排放量提出一些具体要求。

利用模式计算说明广州市区硫沉降量很高。在硫沉降总量中，干沉降和湿沉降所占比例几近相等。在硫总沉降量中，面源排放量超过 70%。这说明广州市区中小锅炉以及居民用煤应该作为控制的重点。从燃煤角度建议推广工业型煤固硫、流化床燃烧脱硫和烟气脱硫为备选控制技术，得到多种削减方案。

韶关是广东省另一个酸雨污染严重的地区，为控制酸雨发展提出了具体的硫沉降量控制目标，并对一些工厂提出二氧化硫排放量削减量的具体意见，如不加大控制二氧化硫排放力度，重酸雨区还会继续扩大。

最后对广州酸雨形势提出了警示，如不采取控制措施，大气中二氧化硫最大地面浓度将大幅度升高，比现状增加40%，最大硫沉降量将比现状增加38%，最终广州市降水酸度年均pH值可能降低到3.44—3.77，这是非常严重的酸雨问题。如果达到这种程度，造成的损失将不可估量，必须避免此类事件的发生。

我国酸雨的研究在国家“七五”计划期间取得了很大的进展，王文兴主持的“华南地区酸雨来源、影响和控制对策的研究”课题研究，在许多重要的方面得到了定量结论，这些成果很长时期内在我国酸雨控制和环境管理中发挥着重要的作用。但是由于酸雨是一个复杂的综合性环境问题，“七五”攻关课题实际研究时间仅有四年，研究的深度和广度还是受到一定的限制，随着研究的进行，认识也在不断深入，又发现一些更重要的问题。王文兴认为，在今后国民经济高速发展的同时，为了能控制和预防未来酸雨可能造成的更大危害，我国酸雨研究应在已建立的各专业研究队伍、实验和研究基地与装备、各类模式与方法的基础上继续工作，以取得更高层次更重大的成果。

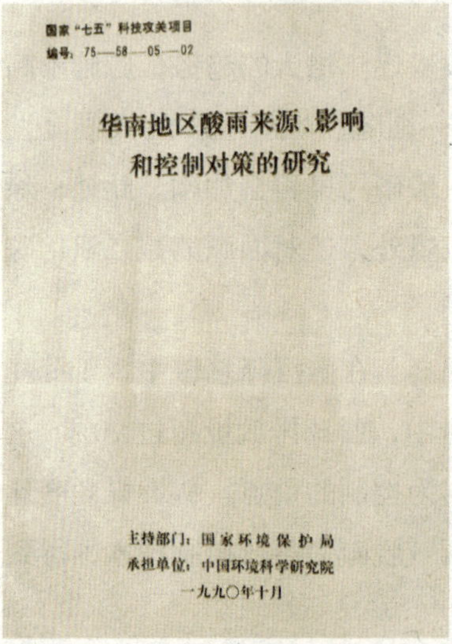
国家“七五”科技攻关项目
编号：75—58—05—02

华南地区酸雨来源、影响和控制对策的研究

主持部门：国家环境保护局
承担单位：中国环境科学研究院
一九九〇年十月

图10-19　1990年完成的《华南地区酸雨来源、影响和控制对策的研究》“七五”项目报告

王文兴在建议中写道：我国各省间或大区间酸性物质输送通量的研究，是控制我国酸沉降重要的科学依据。我国面积大、地形和气象条件复杂，酸雨的形成和来源存在着很大差异。就广大地区而言，酸雨可能是由输送和局地源叠加形成的。两种因素相对的重要性决定于源的分布、强度和排放状况，地形和气象条件等因素。因此，要控制某一地区的酸雨危害，必须定量地确定两种因素对酸性物质所需削减量的贡献，即需确定该地区的输送通量。“七五”期间本课题没有这项任务，但已为输送通量

计算作了一定的技术储备。为了更有效地控制酸沉降的形成和输送，需要进行各种相关因素的研究。酸雨污染不仅是降水污染问题，实质上是环境大气污染的综合体现。两广和西南地区酸雨的研究均说明，酸雨的形成在一定程度上受大气中过氧化氢含量的控制。它不仅与煤燃烧排放的二氧化硫和颗粒物有关，还和汽车尾气所含的氮氧化物、碳氢化合物以及由它们生成的氧化剂过氧化氢、臭氧有关，并且与当地的地理状况、气象条件及排放源的种类和地点等关系密切，是多种复杂因素综合作用的结果。因此，需要在"七五"重点研究二氧化硫和颗粒物的基础上进一步研究各种相关因素，以达到更有效控制大气污染和酸雨危害的目的。酸性降水、二氧化硫和臭氧等多因素复合效应可能对生态系统造成更大的危害，应当加紧防治的研究。两广和西南地区酸雨的研究均说明酸雨对森林、农作物和材料已造成破坏，产生严重的经济损失。并发现酸性降水、二氧化硫和臭氧的大面积复合污染。这种复合污染对农业、森林的危害比单一污染更严重，损失更大。因此，在"七五"重点研究酸雨即湿沉降的基础上，应开展二氧化硫、臭氧等干沉降和湿沉降的复合污染对森林、农作物和材料危害的研究，并给出危害程度及分布，估算经济损失，发展森林遭受酸雨危害而破坏地区的植被恢复技术。国家间和地区间酸性物质输送通量亟待研究，其意义不仅是控制对策的需要，也是环境外交政策的需要。近年来，我国邻近的地区和国家已出现了不同程度的酸雨污染，涉及我国污染是否输出的问题。与此同时，我国某些沿海地区酸雨污染也很严重，涉及污染是否有输入问题。因此为查清问题，正确制定控制对策和环境外交政策，应加紧进行这方面的研究。各区域间输送通量研究是推行总量控制政策的重要依据。大气污染物二氧化硫和氮氧化物恰恰也是降水中酸性物质的主要前体物。因此，局地的大气环境保护与区域的酸雨控制是统一的、不能分离的大气环境问题。只有在查清各区域大气输送能力的前提下，才能有效地考虑高烟囱排放对该地区是否适宜，才能合理地划分贯彻总量控制的地域范围。因此在大气的广泛空间内全面地考虑排放和输送的总量控制方案是全面解决低层大气环境质量和酸雨危害的根本途径。制订出能源—经济—环境的优化协调方案，才能达到以最小费用有效地控制酸雨危害和改善大气质量的目的。我国经济尚不发达，能源又以煤为主，要使酸雨和大气污染的控制能在近期奏效，污染物控制必须和最小的经济投入相联系。应充分利用现有的研究成果和力量建成一个协调能源、经济和环境的信息系统，为决策服务。总之，我国在今后相当长的时期内，煤仍然是主要能源，为了有效地控制日益恶化的大气环境和日益加重的酸雨危害，推行适宜的环境管理政策，寻求符合我国经济和能源政策的污染控制途径，制定有利的环境对外政策，建议在“七五”酸雨课题已经取得成果的基础上，“八五”期间立题继续深入研究，将会取得更高层次的成果。

诚如王文兴所言，“八五”科技攻关立项，华南地区酸雨研究成果起到了重要的促进作用，也的确在“七五”酸雨课题成果基础上获得了更具深度和广度的全面丰收，这是后话。

“七五”阶段，是王文兴科研学术生涯中继西固、太原课题后的又一个高峰。由于他在环境领域尤其是在酸雨研究方面的突出贡献，1989 年 4 月，王文兴入选全国环境保护先进企业和模范人物光荣册，同时被国务院环境保护委员会授予“全国环境保护事业先进工作者”荣誉称号。

1990 年 2 月，王文兴主持的课题“我国酸雨的来源和影响及其控制对策”的研究获国家环保局颁发的环境保护科学技术进步奖一等奖。1991 年 12 月，为表彰王文兴在国家“七五”科技攻关环境保护项目中所作出的优异成绩，国家环保局、中国科学院、国家教育委员会联合向其颁发荣誉证书。

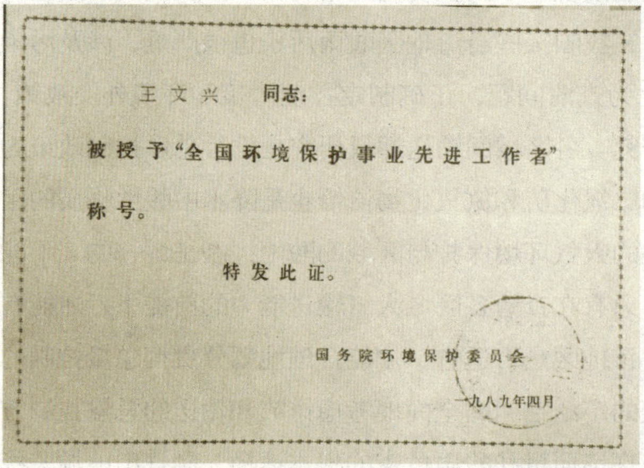
王文兴　　同志：

被授予“全国环境保护事业先进工作者”称号。

特发此证。

国务院环境保护委员会

一九八九年四月

图 10-20　1989 年 4 月，王文兴被授予“全国环境保护事业先进工作者”称号

王文兴的学术影响力也不断提升。1984 年，他被聘为《环境科学学报》第二届编辑委员会主任委员。1986 年，他被聘为国际气候影响中

图10-21　1989年4月，王文兴被授予"全国环境保护事业先进工作者"奖章

图10-22　1991年12月，王文兴在国家"七五"科技攻关项目中作出优异成绩，获得荣誉证书

国分委员会专家、中国环境战略研究中心特邀研究员、中国环境保护协会高级专业技术职务评审委员会委员、中国环境科学研究院学术委员会主任。1988年，他分别被聘为天津市环境科学学会、中国生态学会、中国科学技术会国际科联环境问题委员会中国委员会委员。

1990年，王文兴被聘为中国科协第二届青年科技评审委员会学科评审组成员、中国环境保护产业协会废气净化委员会主任委员。1991年，王文兴获得国务院颁发的科学研究突出贡献证书。

第十章　酸雨攻关　攀越巅峰（二）　　*201*

第十一章
酸雨攻关 攀越巅峰（三）

酸雨研究高峰期，王文兴再度领军

1985—1986年，王文兴主持了我国第一次全国酸雨调查研究，这次全国性的酸雨观测是国家"六五"攻关期间环保科技重大科研项目。当时的国际背景是欧洲和美国的酸雨污染已经成为环保中比较棘手的重大问题：中国酸雨的整体状况怎么样？这次研究的目的就是要查明我国酸雨污染的基本状况。虽然"六五"攻关项目历时短，经费紧张，导致研究不够深入，但依然获得了全国酸雨情况的基本面貌和许多宝贵的基础数据。从1986年至1990年，王文兴主持了"七五"国家酸雨研究课题，主要针对我国典型地区的酸雨进行研究，并取得了较好的成果。研究表明，在两广地区的降水酸性急剧升高、面积迅速扩大。"七五"期间的重要目标是解决新发现的重酸雨区的问题，即研究华南地区酸雨的时空分布、形成机制、大气传输、生态和环境影响以及针对华南地区存在的酸雨污染问题提出控制对策。自此，通过前两项研究掌握了酸雨污染的典型事例，为进一步解决全国酸雨问题打下了坚实基础，并为"八五"立项作出了科学准备。基于此，国务院环委会决定在"八五"期间继续列项，深入开展酸雨研究，以期查明我国整体酸雨现状及其对生态环境的影响。1991年2月，国家环保局、国家科委、国家教委与中国科学院协调决定成立以王文兴为组长的"八五"酸雨科技攻关项目[①]领导组，编制可行性论证报告。酸雨是"八五"的研究重点，国家在科研人员的配备和经费方面都给予了良好的支持。从研究的深度和广度来说，"八五"应该是酸雨研究的高峰时期。

根据王文兴的工作日记记载，为进一步深入全面地查明我国的酸雨问题，相关研究人员在"七五"项目后期就开始不断向国家环保局反映"八五"期间酸雨继续列项的必要性。

1990年2月23日，国家科委召开会议，有关领导到会部署"八五"酸雨项目立项的准备工作要求，强调由于酸雨研究涉及学科多，要用系统工程的观点进行课题设计。两天后再次召开酸雨会议，要求两天内提出可行性方案。经国家环保局讨论，7月29日，又一次召开酸雨立项协调会议，这次会议是推动"八五"攻关项目论证会的关键，特别

图11-1　1991年8月8日，国家科委对王文兴等提出的"八五"课题召开可行性论证会

强调酸雨研究的重要性，要求两天内进一步提出"八五"酸雨研究可行性方案。

1991年2月12日，国家环保局召开"八五"国家科技攻关项目预备会，到会专家有冯宗炜、唐孝炎、蒋大和、郝吉明、秦文娟、任阵海、黄美元等。周思毅处长宣布："八五"国家科技攻关项目有关酸雨研究，国家

---

① 1996年《我国酸沉降及其生态环境影响研究》85-912-01课题。存于中国环境科学研究院档案室。

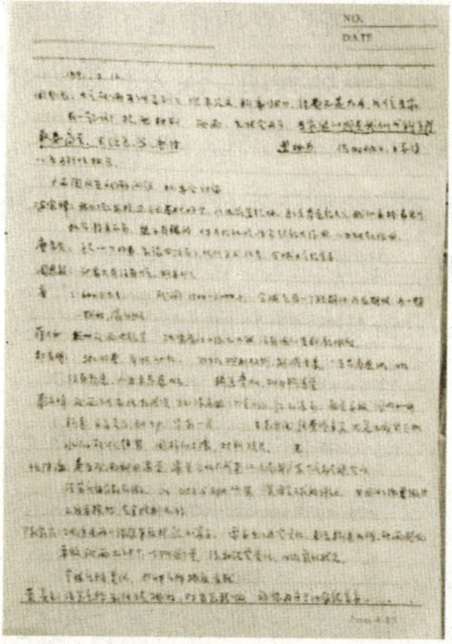

图11-2 王文兴1991年2月12日工作日记（记录了国家"八五"科技攻关项目《我国酸沉降及其生态环境影响研究》项目专家会议）

科委已决定立项，不日下文，现在要抓紧时间组织临时领导班子。经国家环保局与中国环境科学研究院、国家教委协商，"八五"国家科技攻关酸雨项目组长一人，副组长两人，组长由王文兴担任，副组长由冯宗伟、唐孝炎担任。由王文兴负责编制"八五"酸雨攻关可行性报告。王文兴提议由环境科学研究院曹洪发任项目组秘书。

周思毅还说道："八五"攻关立项很不容易，"七五"攻关的完成为其奠定了技术基础，上月华南酸雨研究课题组成员、广西环保局总工陶显亮就广西酸雨形势写了一篇新华社内参，引起时任国务院总理李鹏的重视，批转国家环保委员会，也起了一定推动作用。到会专家兴奋地表示，酸雨研究项目能立项对环保至关重要，并认为该项目将对我国酸雨控制起重要作用，建议酸雨研究应有长期计划，研究范围应扩大到全国，研究领域应拓宽深入至监测、排放源、长距离传输、土壤酸化、森林破坏、水体酸化、水生生物影响、文物材料破坏和控制对策等项目。

王文兴在"七五"攻关的主要成果中写道：两广地区酸沉降已经对陆地生态系统造成了严重的威胁，由此引起的经济损失也十分严重。然而，就全国范围而言，我们对酸沉降在不同气候和地理条件下的影响情况还不了解，对酸沉降潜在的长期影响还没有足够的依据进行预测。例如酸雨、二氧化硫和臭氧等主要大气污染物对生态系统的复合效应问题，如何有效地利用生态系统的自我调节和人工调节，缓冲或减少酸沉降造成的危害和经济损失等，都需要作进一步的研究。在总结"七五"成果之后，王文兴写出了"八五"攻关的相关建议。

根据"七五"研究的结果、经验和国外有关资料，酸沉降对陆地生态系统的影响具有多危害、面积大、时效长等特点，尤其是酸沉降与其他因素（如臭氧）产生复合作用时，其危害将进一步加剧。因此，需要进一步查清我国陆地生态系统受酸雨和臭氧危害的程度及分布范围，以便更准确地估算由此造成的经济损失和发展趋势，提出符合我国国情、易于在广大酸沉降地区实施应用的防治对策。王文兴建议在"八五"期间除继续深入研究"七五"期间的部分课题外，还必须增加一些新的研究内容，以全面评价酸沉降和臭氧等大气污染物对我国陆地生态系统的影响。具体研究内容如下：

多因素复合型污染（酸雨、臭氧）对主要农作物生长和产量的影响。研究内容包括：主要大田作物生长和产量的影响及区域经济损益分析、抗性农作物品种筛选、农田大区环境质量规划及有效的栽培管理措施。

多因素复合污染物对主要林木生长和生物量的影响。研究内容包括：不同气候条件下（纬度和海拔高度）林木生长和生物量与多因素复合污染物的关系、区域林业经济损益分析、森林病虫害与酸沉降的关系、抗性树种的筛选及抚育管理措施。

多因素复合污染物对土壤和水体的影响。研究内容包括：不同类型土壤和水体酸化的机理和过程、土壤和水体敏感性区划及发展趋势预测及由此造成的经济损失评价。

图11-3 1991年9月，王文兴在韩国汉城召开的第二届国际空气污染问题会议上作大会报告

多因素复合污染物对人体健康的影响。研究内容包括：通过食物链进入生态系统循环的有毒有害元素对人体健康的影响及由此造成的社会经济损失评价。

我国在"六五""七五"期间进行的前两个酸雨项目，项目名称中都用"酸雨"一词，但"八五"项目不叫"酸雨"而改用"酸沉降"，"酸雨"一词从19世纪沿用下来，是大气酸化现象的俗称，"酸沉降"（Acid

Precipitation）这个词在学术上更能准确地概括大气中酸性物质以各种形式的沉降，如降水、降雪、雾、露等以湿的形式沉降到地面，它还包括酸性气体、含酸性物质颗粒的干沉降。在学术界，一些大型科研项目都用酸沉降这个词，例如"美国国家酸沉降计划"。

图 11-4　1991 年台湾第二届国际空气污染问题会议（左一、左二吕世宗夫妇，左三大喜多敏一，左四王文兴）

为了保证"八五"课题顺利通过审查，王文兴对研究力量和现有基础加以说明，主要有几个方面：拥有国内领先的酸沉降和其他气态污染物对生物影响的模拟实验设备，包括生态温室、CSTR 动态熏气系统、开顶式

图 11-5　1993 年 12 月，王文兴受邀到日本千叶参加第 34 回大气污染学会年会（前排左二吕世宗，左三王文兴，左四盐沢清茂，左五铃木，左六徐开钦）

野外模拟熏气、喷淋系统、水生生态模拟实验室、生物分析、化学分析和仪器分析常规实验室；在前期工作的基础上，建立了酸沉降引起森林经济损失分析模型、农业经济损失分析模型、水体酸化模拟及预测模型、土壤酸化模拟方法及预测模型；拥有一支具有多年研究经验的科技队伍；在学科专业配套方面，具有农学、生物学、生态学、环境化学、化学、数学及计算机等多学科。

1991年8月8日，国家科委召开会议，对王文兴等提出的"八五"课题"我国酸沉降及其生态环境影响研究"可行性报告进行论证。项目的专家委员认为，该项目在"六五""七五"攻关项目研究成果的基础上，将对我国东部地区酸沉降及其影响和控制技术进行更深入的研究，为控制酸沉降的危害、保护生态环境作出贡献。该项目的立题和计划内容，在科学性、配套性、实用性及水平方面是合乎"八五"攻关立题要求的。

1992年4月10日，王文兴作为课题负责人，签署了"八五"《国家科技攻关计划专题合同》，担任国家"八五"环保科技攻关项目"我国酸沉降及其生态环境影响研究"项目组组长。8月20日，国家环保局下文，将

图11-6 1993年4月，王文兴（右）从天津到韩国汉城参加国际学术会议，与参会的日本国立环境研究所大气部部长、环境化学家大喜多敏一（左）合影

"七五"国家环保科技攻关办公室更名为"八五"国家环保科技攻关办公室，明确规定：该办公室的职能及工作范围参照原"七五"攻关办公室的有关规定办理。

"八五"国家环保科技攻关课题的主要研究任务是全面查清我国酸沉降现状和发展趋势，提供酸沉降对森林、农业和土壤的影响及其造成的经济损失，研究我国大气输送规律，定量地求得省区间和跨国输送量和沉降量，阐明大气酸化和沉降过程的机制和规律，并在此基础上提出适合我国的酸沉降控制规划和对策。

由王文兴主持的"八五"环保科技攻关项目"我国酸沉降及其生态环境影响研究"，有国家环保系统、中国科学院、高等院校、气象系统和水利系统等数十个单位参加，科研人力投入超过2000人，是一项涉及众多区域、众多学科的大型综合性研究课题。在经历了多年的丰富积累和脚踏实地的艰苦攀登后，王文兴开始步入他科研事业的巅峰阶段。

"我国酸沉降及其生态环境影响研究"项目课题设计，是王文兴积多年酸雨研究之经验和全面深入的思考，历经两个月完成的，它包括相互联系和依存的五个专题（含31个子课题，后归结为30个），即：我国酸沉降时空分布规律的研究；我国酸沉降及其生态环境影响的研究；我国酸性物质大气输送过程的研究；我国大气酸化和酸沉降过程的研究；我国酸沉降控制规划和对策的研究。

这五个专题从不同的方面运用和开拓各自的学科知识，在逻辑上相互衔接、渗透，共同解决我国酸沉降危害这一综合性、区域性环境问题。

"酸沉降"是指大气中的酸性物质以降水的形式或者在气流作用下迁移到地面的过程，包括"湿沉降"和"干沉降"。湿沉降通常指pH值低于5.6的降水，包括雨、雪、雾、冰雹等各种降水形式，最常见的就是酸雨，这种降水过程称为湿沉降。干沉降是指大气中的酸性物质在气流的作用下直接迁移到地面的过程。酸沉降发生的范围是区域性的，形成是多因素的，产生的危害是链锁的，生态环境破坏的恢复是滞后性的，其研究具有明显的多学科特征。

王文兴所做的课题设计突出了利用多学科攻关的特点，从不同领域和多方面去研究解决我国酸沉降方面的重大关键问题。五个专题中每一方面都含有自己独特的若干层次，呈现出课题复杂的多层次结构，在科学上，它构成了一个庞大的系统工程。另外，本课题的指导思想也体现了基础学科的研究为解决实际问题服务，反过来服务带动学科的发展。

酸沉降时空分布规律研究

"我国酸沉降时空分布规律的研究"是"八五"环保科技攻关项目的第一个专题，在"八五"攻关项目中，王文兴除担任项目组组长负责总协调外，还兼任第一专题负责人，这个专题的任务是查清我国酸沉降的现状和趋势。这次酸雨研究的核心问题为：分析酸沉降的来源与成因，建立酸雨传输模式以及酸沉降污染防治对策研究的科学基础。本专题由中国环境科学研究院、中国环境监测总站、中国气象科学研究院大气化

图 11-7　1995 年 3 月，王文兴在日本东京全国都市会馆参加东亚地区酸雨监测网第二次专家会议〔这是东亚地区为酸雨监测研讨监测网和检测技术有关的会议，参加会议的有来自中国、日本、韩国等东亚地区研究酸雨监测的国家代表（前排左四是王文兴）〕

学所、吉林大学、湖南环境监测总站、江西环保科学研究所、江西环境监测总站、浙江环境监测总站、水利部水质实验中心、福建水文总站、湖南水文总站、江苏水文总站、山东水文总站的科研人员组成。王文兴兼任课题组组长。

1992年2月25日，王文兴在北京中国环境科学研究院主持召开了国家"八五"科技攻关酸沉降项目01专题"我国酸沉降时空分布规律与发展趋势研究"开题筹备会，到会的有国家环保局科技处及中国环境科学研究院的负责同志，以及中国环境监测总站、中国气象科学研究院、水利部水质实验研究中心、吉林大学、湖南省、浙江省、江西省环境监测站等单位的负责同志共计23人。作为专题负责人，王文兴介绍了专题的由来和专题实施方案的初步设想。在会上王文兴指出，我国已出现了大面积酸雨，通过"七五"期间的研究，已经查清川、贵、两广酸雨的现状与发展趋势，但对于全国的酸雨现状与发展趋势尚不清楚，特别是我国东南部广大地区，其中包括浙、闽、赣、湘以及苏、皖、鄂三省南部等近百万平方千米的土地。

本专题提供的数据和资料可靠程度决定了决策部门对我国酸雨状况及发展判定的正确性，而且直接影响到酸沉降对森林、农业、材料的破坏与经济损失计算，酸沉降临界负荷的计算，生态系统敏感性区划、输送通量模式计算，以及酸性物削减方案、工业布局和土地利用规划等一系列控制对策的制定。本专题的研究，将对上述研究提供有效的支持。鉴于上述情况，王文兴将专题分解为以下八个子题："湖南省酸沉降时空分布规律与发展趋势研究""江西省酸沉降时空分布规律与发展趋势研究""浙江省酸沉降时空分布规律与发展趋势研究""东中部地区酸沉降时空分布规律与发展趋势研究""全国气象网酸沉降时空分布规律与发展趋势研究""山上降水及综合观测研究""质量保证与质量控制研究""数据处理与制图研究"。

这一课题是研究全国的酸沉降时空分布规律，为了提供有足够区域代表性和精确性的干、湿沉降数据，并绘出酸沉降分布图，以判断我国酸沉降时空分布规律与发展趋势，监测点需要覆盖全国，监测时间至少连续一年，部分2—3年。由于参加观测研究的实验室和人员众多，为了使大面积、长时间同步观测取得准确可比的数据，课题组制定了周密而严格的技术规范和贯穿全程的质量控制体系，为本课题研究的成功提供了根本性的保证。

严控监测数据质量

国外酸雨起始于20世纪70年代，最初是在欧洲，之后在北美、日本、韩国等相继开展了区域性观测。在观测面积方面，欧洲大约有300万平方千米，其中包括英国、法国、德国、瑞典、挪威等国；北美约1000万平方千米，包括加拿大、美国部分地区；韩国、日本面积分别为10多万平方千米和30多万平方千米。我国"八五"攻关的观测面积、监测点接近于北美，北美同步监测点400多个，我国监测点301个，覆盖全国。王文兴认为，从观测面积、布点密度、分析项目等方面来看，我国"八五"期间这次专题研究的规模与欧美相近。

酸沉降监测是区域性酸沉降研究和危害控制的基础，监测数据的质量及其代表性将决定以此为基础的酸沉降输送、生态影响、材料破坏、健康影响和控制对策等各项工作的准确性和有效性。在区域性酸雨研究中，区域间酸性物输送量计算模式中的重要参数都必须用酸沉降实测数据来校验。实测数据的精度决定模式、预测结果的精度。在农业、森林的影响与破坏、经济损失量、目标负荷以及各种材料的损失量、人体健康伤害程度等研究中，都需要酸沉降的现场实测数据。其中最重要的二氧化硫、降水酸度及其化学组成的时空分布，在上述研究中成为有关函数中的自变量。由此可知，保证监测数据的质量是酸沉降区域研究获得高质量结果的前提。

举例来说，在采集样品过程中，季节、时间、高度、温度、湿度、风向等条件都可能影响到其合格标准，有时哪怕是样品容器摆放角度不够规范或者没有百分之百清洗干净，比如"偷懒"用自来水清洗容器，都可能会导致酸雨分析数据出现误差，有的样品pH值检测甚至会相差一个单位，差一个单位，酸度就差十倍，真可谓失之毫厘，谬以千里。

酸沉降监测的区域范围大、持续时间长、参加人员多，为了获得准确、可比、系统和完整的数据，在布点、采样、现场测量、样品加工储存、运输、实验室分析和数据处理等过程中，必须实施全程序质量控制和质量保证，才能得到预期的结果。为此，课题组制定了《全国酸沉降监测网全程序质量控制与质量保证技术规范》。酸沉降监测质控与质保工作做到层层有人负责，技术措施得到落实，课题组建立了自上而下的三级质控组织机构，并规定了其应负的职责。

一级质控单位是中国环境科学研究院；二级质控单位有中国气象科学研究院、水利部水质试验研究中心、浙江省环境监测中心、湖南省环境监测中心、江西省环保研究所；三级质控单位有参加本专题酸沉降监测的国家气象局所属的市、县级气象站（台），水利部所属市、县级水文观测站和有关省的市、县级环境监测站。

王文兴在制订"八五"项目实施方案中，为了确保质量控制，做了详细的培训计划。他指出，一线监测人员对本专题的研究目的、意义、目标、内容、技术关键、进度的认识与了解，以及对采样分析操作的理解与掌握是高质量完成研究任务的基础与关键，因此，举办一线人员技术协调班是一项重要的措施，为此在1992年春到1993年上半年一年多时间里，王文兴先后布置举办了全国气象网技术协调班、中东部五省监测技术协调班、酸沉降数据库与数据处理技术协调班，还分别举办了湖南、江西、浙江、福建、安徽五省的监测技术协调班，培训工作人员，严格技术规范，最大限度地保证监测数据的有效性和准确性。

图11-8 1992年2月，福建省监测技术学习班（前排左一齐立文，左二王文兴）

用腿做的科研

在"我国酸沉降及其生态环境影响研究"项目中,王文兴是这支上千人队伍的"大掌柜",但他绝不是"甩手掌柜",不仅要操心宏观的课题设计、队伍组织建设、地方协调配合等,具体而微的科研工作更是他所钟爱并一直坚持的。做科研当然需要用脑用心,而对于王文兴来说,还离不开用腿!"八五"期间,在遍布全国的数百个酸沉降观测点位上,到处都留下了他的足迹。

1992年4月,王文兴代表项目组与浙江省环保厅签订课题合同,为浙江课题组设计制定了相关研究内容。此后王文兴数次来到浙江,每一次不仅与课题组成员讨论研究成果、困难、进度等问题,还直接下到一线观测点亲自检查布置工作,就连地理位置偏远、交通非常不便的地方如嵊泗列岛等处,王文兴也要亲自去,什么风急浪大,山高坡陡,草深林密,蚊虫毒蛇,都挡不住这个身体单薄的六十多岁老人的脚步,有时在攀爬赶往设

图11-9 1993年2月,王文兴在白云山检查酸雨采样

在高山上的观测点时，连陪同他的身强力壮的年轻人都难跟上他。每逢降雨的时候，往往是酸性物质湿沉降样品采集的关键时刻，同时也是王文兴最关心和牵挂的采样操作是否规范准确的时刻，当雨势突如其来或者需要抵近观察而雨具可能影响样品采集精度时，王文兴索性就"赤手空拳"站在雨中观察检查，雨幕中，一位身材瘦削、头发花白的老人，聚精会神地盯着采样器皿，任凭雨水湿透了衣衫，这幅浑然忘我的画面，曾在不少同事和伙伴的心里留下了深深的烙印。

在王文兴的悉心指导下，从1992年4月到1995年8月，浙江课题组先后经历了前期准备、监测实施、数据处理和报告编制等四个阶段，高质量完成了《技术报告》和《工作总结》的编写，主要研究成果有：

（1）浙江省降水酸度的季节变化和年均值地理分布规律；

（2）浙江省降水中SO_4^{2-}浓度加权均值季节变化和年均值地理分布规律；

（3）浙江省降水中主要阳离子NH_4^+和Ca^{2+}浓度加权均值季节变化和年均值地理分布规律；

（4）浙江省大气中二氧化硫、氮氧化物浓度季节变化和地理分布规律；

（5）观测海岛降水，为全国总课题组验证跨国输送量模式提供资料；

（6）全程序质量保证和质量控制；

（7）浙江省降水酸度变化趋势；

（8）建立浙江省酸沉降和大气干沉降数据库。

作为子课题，这些研究成果为"八五"国家课题提供了有力支撑。

与浙江相比，王文兴对江西环保系统的科研合作与指导时间跨度更长。"八五"攻关项目期间，江西省方面承担

图11-10 1992年2月，王文兴在江西省监测技术学习班上作报告

的子课题是"江西省酸雨时空分布规律研究",其总体构思依然来自王文兴,整个监测体系同样是按照王文兴的设计统一建立和运作。

与其他地方有所不同,王文兴特别提醒江西课题组,要高度重视对矿山地区的采样观测。江西省工业不发达,但矿产资源丰富,各类矿山多,江西酸雨前体物的排放与矿山的关联度不容忽视。后来的事实证明,王文兴的意见切中要害,江西的这些观测为国家酸雨大课题提供了独有的数据。[①]

1995 年,江西省环保科学研究所给总课题组交出研究报告,成果突出。本着发表科技成果、促进学术交流、推动环境科学发展的精神,中国环境科学出版社编辑出版了《江西省酸雨时空分布规律研究》。王文兴在序言中写道:"该书较为全面地反映了江西省近十年来酸沉降的研究成果,对江西省酸雨的分布和形成规律做了较系统的描述[②]。"该研究作出的创新工作有:①发现江西省在南昌—鹰潭—抚州—吉安—赣州一线形成的南北方向的严重酸雨带;②发现副热带高压脊季节性南北推移影响了江西省酸雨的不同程度;③发现庐山风频对江西省酸沉降的指示作用;④采用波谱分析(傅立叶函数)预测江西省酸雨发展趋势;⑤江西省典型区域酸沉降地域、空间分布成因揭示;⑥编绘江西省酸沉降图集。

不仅仅是南方,王文兴主持布设的数百个观测点覆盖全国,北到雄鸡版图的"凤头"东北,西至"凤尾"新疆和青藏高原,都有观测点,王文兴的双腿也踏勘到了这些地方。不少观测点设于高山之上,泰山、庐山、黄山、峨眉山、长白山……哪里也挡不住他坚实攀登的脚步。毛泽东所写的著名诗词《清平乐·会昌》可以当作王文兴科研精神和工作状态的恰当写照:"东方欲晓,莫道君行早。踏遍青山人未老,风景这边独好……"

1994 年,王文兴根据酸雨形成的地理气象等条件,分析出东北东部夏季可能出现较强的酸雨。于是当年 7 月底,王文兴带领课题组人员赶到吉林省延边朝鲜族自治州最东部的图们市。在去图们之前,王文兴预先收集

---

① 王文兴(同事)黄云访谈录,2015 年 4 月,江西南昌。资料存于采集工程数据库。
② 王文兴:序言。见:何纪力,龙刚,黄云编著,《江西省酸雨时空分布规律研究》。北京:中国环境科学出版社,2007 年。

了关于图们方面降水观测的数据，发现夏季图们降水 pH 值一般都在 5 以上，他就有点怀疑，这个地区夏季因为有东南风过来，夏季降水 pH 值应该还要低一些。来到图们后，王文兴通过实地踏勘和工作人员操作，果然发现采样器皿有问题，经过指导和修正，后来得到的观测数据证实，这个地方夏季降水 pH 值一般在 4—5。

这期间有一次王文兴在乘车由图们到珲春的途中，经过离图们约 25 千米的大盘岭时，突然乌云密布雷声隆隆，雨点噼里啪啦落了下来，王文兴立即叫司机靠边停车，他不顾大家的劝阻，也不让别人代替，拿出随身携带的小型 pH 计，冒着大雨亲自下车取样，而且严格按照操作规定的步骤和时间，没有一丝一毫的马虎和凑合，取好样本回到车上一测 pH 值 4.2，属强酸度降水。尽管雨水淋湿了头发和衣裳，王文兴却十分兴奋，因为这个检测结果恰好印证了他之前对图们地区降水观测数据的判断是有根据的，是完全准确的。

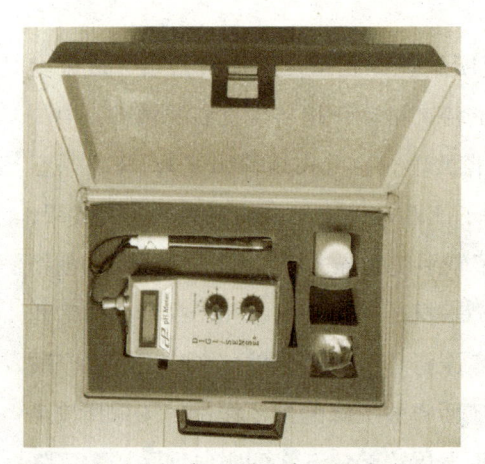

图 11-11 手提式 pH 计（自 1986 年起，十多年间，王文兴携带它随时在现场测量降水酸度，并核对固定站降水酸度数据）

王文兴还在辽宁东部海拔约 1000 米的凤凰山测到了酸雨，在证实东北地区的确有酸雨的事实基础上，进一步从气流轨迹分析，我国的酸雨一部分来自日本，为后来的环境外交提供了有力的证据。

"八五"期间，王文兴亲临每一个子课题组进行业务指导，同时也按时在北京召集全课题会议，进行阶段性总结。除了成果、经验之外，王文兴特别看重在课题研究中出现的各种问题和不足，在酸雨研究这项庞大的系统工程中，他不仅是统揽全局的总设计师、总工程师，还像一名目光锐利、标准严苛的质检员，绝不放过任何可能影响到研究准确性科学性的问题。1993 年 2 月 25 日，王文兴在北京主持召开"我国酸沉降时空分布规律的研究"专题工作会议，总结一年来的工作。通过对研究结果的初步分

图 11-12　1994 年 7 月，王文兴与图们市监测站从事酸雨监测的同志合影（左一许英禄，左二王文兴，左三周泽兴）

析，发现几个问题：二氧化硫浓度采用挂片采样，发现分析的部分结果偏低；报表中存在一些问题，个别气象参数数据太长；全程序的质量保证规范不够详细具体，影响数据的准确性；经费短缺影响研究工作的深度和完整性。为了提高研究质量，王文兴在会上强调，对降水、干沉降的采样、分析和数据处理等一系列过程都必须遵循严格的质量控制和质量保证。课题研究特别是监测工作中存在的问题大都能得到及时解决，遇到个别条件所限难以解决的问题，王文兴宁可舍弃、淘汰有瑕疵的产品，也绝不将就让其轻易过关。比如大气污染物的挂片监测，本来在实验室做得很成功，但到了野外由于不少气象站、观测点设在山顶、林间、海岛等偏远处，当时的科研条件、仪器设备等无法达到，在室外采集后马上进行室内检测、现场分析，需要送回城里甚至北京的实验室进行分析，而落后的交通运输条件，使大气挂片采集到的样品难以在第一时间转送至实验室，也难以达到低温保存的要求，导致成分等发生了变化造成样品损失、报废。王文兴虽然对缺少了部分背景数据感到遗憾，对浪费了宝贵的科研经费倍感惋惜心痛，但坚决不放松标准！所幸类似这样的问题并未对主要研究目标产生根本的影响。

"我国酸沉降时空分布规律的研究"是整个"八五"环保课题最基础的先行专题。为了取得准确可比的数据，按照规定的建网原则，建立了301个监测点，1400多名监测分析人员在全国范围内进行了一年的同步观测，其中近一半的站点进行了两年的观测，取得了26万多个数据，用统一的数据处理方法计算出降水酸度、电导、降水化学组分的浓度季、年平均值，绘制了全国和省区范围的降水酸度、主要离子浓度和主要化学组成的月、年际变化图等各种酸雨参数分布图，此外还取得了典型山上和沿海地区的降水酸度和化学组成结果。课题组查清了全国范围内的酸雨现状和趋势，超额完成了任务指标。中国酸雨现状分布是制订酸雨控制国家方案的技术基础，从王文兴等人的研究成果可见，中国酸雨主要分布在中东部和长江以南广大地区，特别是华南和西南川桂地区，大体上由东南向西北降水酸度递减，在新疆出现一个大的碱雨区。在酸雨的分布方面，与欧洲和北美酸雨分布不同（这两个地区没有碱性降水），此外还有一个重大的区别是，欧洲和北美酸雨区出现在酸性物质排放最强的地区，也就是说酸雨出现在二氧化硫和氮氧化物排放强度大的地方。例如，从美国的酸雨区

图11-13　1992年7月，王文兴等在西北地区考察（图的上半部分是敦煌月牙泉，这里属于碱雨区）

和排放源分布看，美国1980年二氧化硫和氮氧化物年排放基本集中在美国的东北部，排放强度高，酸雨区与排放源大小成正比，原因之一就是多雨气象因素，大气的缓冲能力低，所以多酸雨区就是排放源重的地区，而中国的情况则完全不同，它呈现出更加复杂的、与欧洲酸雨区和北美酸雨区都不相同的独特现象，这也是王文兴研究酸雨成因的重要心得之一。

酸雨对生态环境的影响研究

"酸雨对生态环境的影响研究"课题组由中国环境科学研究院生态所、国家环保局南京环境科学研究所、中国科学院沈阳应用生态研究所、中国科学院南京土壤研究所等主要单位科研人员组成，拥有这个领域里国内最强的研究阵容。

课题组通过酸沉降对农作物的影响、酸沉降对森林的影响做了模拟实验和分析研究，进而研究生态系统对酸沉降的敏感性及其临界负荷，得出我国东部七省市临界负荷的状况，提出酸沉降严重危害地区生态系统的恢复技术和措施。

"八五"酸雨攻关项目进行期间，王文兴参加了1995年在瑞典哥德堡召开的第五次世界酸雨大会，他对会议印象最深刻的是生态破坏的修复问题。尽管欧洲已开展酸雨治理几十年，但当时欧洲广大地区由酸沉降导致的树木非正常落叶现象仍达20%，这也说明，被破坏的生态环境再修复是多么困难。

从本攻关项目得

图11-14　1994年8月，王文兴在图们江考察水质（江水水质良好，没有酸化）

到的结果看,我国土地、森林、水体等生态系统没有出现欧洲酸雨区那样严重的现象。中国的工业发展起步晚,20世纪八九十年代的中国,污染源排放量不低,但排放源特别是工业源排放高度较高,酸性物质沉降对地面的影响大大减小。

在酸沉降对农作物的影响研究中,课题组首先对酸雨区主要农作物受酸雨的影响进行现场调查,没有看到酸性降水对主要农作物有明显的影响,但在二氧化硫浓度高值区,酸沉降对作物和蔬菜有影响,特别是近郊区有的地方影响较大。在实验研究方面,分别进行了酸沉降对农作物的可见伤害、酸沉降对农作物生理代谢的影响分析,并就酸沉降对农作物生长的危害、酸沉降对农作物产量和品质的影响进行论证,然后分析了酸沉降对东部七省造成的经济损失。

在酸沉降对森林的影响研究中,课题组首先对主要林区、树种进行广泛调查,并没有发现酸性降水对林木的重大影响,更没有发现像欧洲和北美大面积林木衰亡的景象,因此推断:森林、土壤还没有受到重大的酸雨危害,也没有发现二氧化硫污染对树木的直接伤害。为了预防中国森林可能遇到的酸沉降危害,课题组对森林进行了广泛的实验研究,其中包括酸沉降对不同树种生长影响的生理生化反应分析,得出酸沉降对森林生产力的影响和经济损失分析的研究方法;通过对酸沉降对东部七省森林的危害和经济损失的比较,得出酸沉降对东部七省森林危害损失图的计算方法。

酸雨对生态系统的影响是酸雨研究的核心问题之一。在生态系统对酸沉降的敏感性及其临界负荷的研究中,课题组得出了临界负荷的研究方法,作出了对临界负荷的分级和编图,分析出我国东部七省临界负荷的概况。东部七省的临界负荷大致由东南向西北逐渐增高。东部七省临界负荷较低的地区主要在本地区的东南部,包括福建全省、浙江、江西大部分和安徽、湖南的部分地区。这些地区应加强对酸沉降物的监测,并对二氧化硫的排放进行适当控制。计算出的临界负荷与本地区的自然条件相吻合,本地区东南部水热条件最充裕,生物循环旺盛,土壤风化淋溶作用强烈。从成土母质来看,东南部的福建、浙江两省均以花岗岩等酸性结晶岩分布最广,因此这些地区是东部七省临界负荷最低的地区。

多年以来，每当谈到酸雨对生态环境的影响研究，王文兴总是谦逊地说在这方面自己是个外行，做得很少很不够，但这并不能掩盖他作为环境科学家对这个问题的高度关注。即使是在课题研究之外，即使是在探亲访友的私人时间，王文兴也会不失时机地去探索、去了解，他对欧洲和美国酸雨区生态环境破坏和恢复情况的长期密切关注就很能说明这一点。

在酸雨对生态环境的影响，特别是森林破坏和恢复方面，王文兴选择美国的阿巴拉契亚山脉作为研究和跟踪的主要对象。阿巴拉契亚山区森林破坏曾是世界酸雨危害面积最大、破坏最为严重的地区之一，也是实行酸雨控制之后森林植被恢复的一个良好样本。一开始王文兴对这个地区森林破坏和恢复的了解仅限于文献资料，接触和了解的资料越多，他想去实地考察的念头就越发强烈。1998年王文兴承担的国家攻关课题酸雨控制方案研究结束后，如释重负的他有机会去美国探望女儿和外孙，很早他就开始联系美国环保局方面的工作人员，为实地考察做谋划和准备。1999年，王文兴来到美国，由美国环保局研究员果志实陪同从北卡罗莱纳州立大学出发，行程数百千米到达了阿巴拉契亚山脉最高峰米切尔峰（海拔2037米），首次见到当年大面积的红

图 11-15 美国阿巴拉契亚山脉森林的生长情况（20 世纪 80 年代）

图 11-16 1999 年 8 月，王文兴和夫人张婉华在美国阿巴拉契亚山脉考察酸雨对森林的影响

第十一章 酸雨攻关 攀越巅峰（三）

松受酸雨危害而死亡的惊人场面，也看到了经过近半个世纪的努力，新生小树才长到半米左右的艰难情景，这些景象更加深了他对森林破坏的严重性和生态恢复长久性的思考，为此他与同行的美国同行进行了详尽而深入的交流，可以说，他的这次美国探亲之旅同时也是一次名副其实的环保考察之旅。

到了 2005 年，王文兴去美国旧金山参加"第九届国际大气科学与空气质量会议"，他又一次专程来到阿巴拉契亚山米切尔峰考察森林恢复情况，可以明显地看出，在美国持续加强对二氧化硫和氮氧化物排放的控制后，阿巴拉契亚山脉地区树木生长状态良好，森林植被进一步加速恢复。

2017 年，年已九旬的王文兴对阿巴拉契亚山脉这个"典型"依然"耿耿于怀"，难以再去现场的他想出了一个找"替身"的办法，他委托美国的果志实研究员替他去阿巴拉契亚山脉米切尔峰考察调研，为了对树木生长历史变化作对比，王文兴发给果志实一批 1999 年考察时拍摄的照片，请他尽量在当年取景拍摄的同样方位拍摄现场照片，以便直观地对比判断这段时间森林恢复的情况。

王文兴说："森林生态系统的恢复是一个非常复杂的科学问题。美国这个地区的森林破坏从 20 世纪 50 年代到现在近 70 年的时间，这些植被还没长起来，如果完全恢复可能还需要 30 年，甚至更长时间。森林恢复需要以世纪计算，这仅仅对宏观生态而言，而真正森林生态系统、生物群落的恢复研究工作很少，估计生态系统的恢复可能需要更长的时间。"

图 11-17　阿巴拉契亚山脉最高峰米切尔峰森林恢复情况对比图
（左图是王文兴 1999 年考察酸雨破坏森林的恢复情况，右图是 2017 年森林现状）

可以看出，作为一个有责任感的科学家，王文兴数十年如一日，对生态环境问题的关心和探索从未间断过，对万里之外的阿巴拉契亚山脉尚且如此，对国内相关地区和环境问题他更是心心念念，须臾不忘。在我国酸雨问题研究中，王文兴已经取得了令人瞩目的成就，酸雨对我国生态环境的危害一直没有发展到像欧美某些地区那么严重的程度，很大程度上归功于王文兴与其课题组对酸雨研究的贡献。任阵海院士曾说过："王文兴领导的课题组，拯救了中国东部地区的生态环境。"但王文兴本人却从不曾有功成身退的念头，他一直想在晚年到我国过去的酸雨区长江流域和珠江流域再普查一次。他不止一次地强调说："对我国的生态安全要做到万无一失。"

为我国环境外交作出重大贡献

"酸性物质的大气输送"是从大气物理角度研究我国酸沉降的形成和运行规律。课题组由中国科学院大气物理研究所、中国环境科学研究院大气所、南京气象学院等单位的科研人员组成，课题组组长是任阵海和黄美元。课题的主要研究任务是：通过研究，获得我国各地区间酸性物质相互输送量及东北亚地区间输送量。

东北亚地区的大气流场非常复杂，为了得到可靠准确的结果，课题组动用了参加单位各类大气物理和气象观测仪器，其中包括此前王文兴他们研究甘肃西固光化学烟雾、太原煤烟型大气污染和酸雨攻关项目中用过的各种仪器。从研究的区域范围看，比起以往有大幅度增加，观测手段和规模也是今非昔比，比如在本次研究中，一次航测由长沙起飞，东到厦门，沿东部沿海北行，经上海、天津到东北长春，航程长达5000多千米，是我国环境航测中少有的。

课题组对我国东部地区和湘赣空中污染与云化学进行了航空测量并给出了结果，特别针对经济发展区的大气输送特征进行了研究，得到了年、

图 11-18　1993 年 3 月，科研人员王明宇在准备释放系留气艇进行大气观测

季输送流场，大气混合层厚度和我国各地区的相互传输规律，东北亚跨国输送规律及复杂地形酸性物输送流场，研发了酸性物质输送模式和硫沉降分布。在以上众多大气物理和气象参数及航测得到的污染物浓度的立体分布等数据基础上，利用开发的输送模式，计算了我国和东亚地区酸性物质的输送规律并得到了输送通量。计算结果说明：我国各省市各地区间由于面积大，地形和气象条件复杂，跨区输送情况各异。其中一些地区的酸沉降基本上是来自本地区的排放源，例如四川和北京，本地区排放源占 90% 以上；另一类是外地排放源占本地沉降量比较大的份额，例如安徽和江西。

在酸性物质的大气传输分课题中，还有一个敏感而不容忽视的问题，即可能存在的酸性物质跨境传输及由此引发的环境外交问题，欧洲和北美酸雨跨国境传输导致的环境外交纷争就十分典型。在 20 世纪八九十年代，

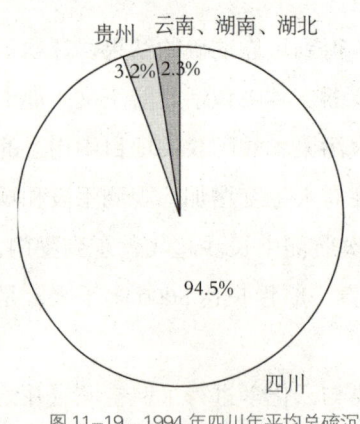

图 11-19　1994 年四川年平均总硫沉降的主要来源

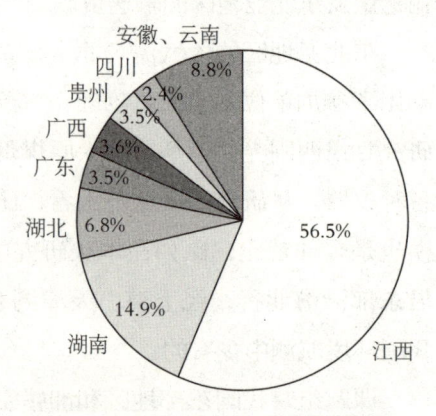

图 11-20　1994 年江西年平均总硫沉降的主要来源

大气人生　王文兴传

224

由于中国经济发展加速，东部沿海地区发展势头尤其迅猛，伴随着能源消耗的增加，大气、土壤、水体等环境污染有加重的趋势，中国东面的邻国日本、韩国、朝鲜对中国大气污染相当警惕，程度不同、或明或暗地认为其本国的酸雨等环境危害是受中国大气污染的"连累"。在那段时期，日本国内有不少人持这种观点，一些媒体也摇唇鼓舌、添油加醋。在这样的背景下，日方曾提出要与中国进行环境科研合作，其中第一项就是酸雨研究，当时中方出于首先自己要摸清情况的考虑，没有立即同意。对此王文兴都默默记在心里，带着这些问题，课题组专门做了研究，王文兴提醒大家，监测分析不光要注意本土污染源，还要注意外来污染源，特别是国外大气污染迁移。

王文兴、任阵海等人在分析了我国东部沿海地区的地理条件和不同季节的气象条件后，设计了几项观测研究，1992—1994 年，在浙江东海的嵊泗礁岛、辽宁丹东的凤凰山，以及吉林的图们和珲春进行了降水观测研究，共收集了 21355 个降水样，4270 个二氧化硫、二氧化氮样本和 403 个 TSP 样本，同时进行后推气流轨迹计算。在图们采集的夏季降水样本平均 pH 值在 4.87，图们与日本隔海相望，夏季盛行东南风，根据气流轨迹，酸性降水主要受日本影响所致；辽宁丹东凤凰山两年度观测到的夏季较强酸性降水，平均 pH 值在 4.54，气流轨迹沿韩国工业区釜山，经过汉城北上到凤凰山，说明夏季凤凰山酸雨受上述地区排放物质的影响；浙江东海嵊泗岛冬季降水观测和气流轨迹研究，结合沿海其他站位降水观测分析，也有可靠证据表明，该地降水酸度受到来自日本和韩国的气流影响。尽管由于客观条件所限，东部邻国对我国酸雨的具体影响范围和程度还有待进一步研究确定，但这些研究结果对我

图 11-21　1994 年 6 月，王文兴在韩国延世大学作报告

图 11-22 1994 年 6 月，王文兴到韩国参加第四届国际大气科学大会和空气质量研究大会后参观延世大学并留影

国环境外交政策的制定起到了很大的参考作用。

在大气酸性物质的跨国输送方面，初步摸清了"进口"状况，王文兴、任阵海等科学工作者，本着客观公正负责的态度，同样要弄清"出口"的底细。大气物理学家任阵海带领他的团队对中国特殊的地形构造和大气流场进行了深入研究，从地面流场的分布来看，我国大陆年平均流场气流基本上是由西北流向东南，在北京以南，大体沿东部海湾一直往南走，甚至到南部海湾再回到大陆，形成反气旋。这种状况维持到几百米的高空，一直到 1500 米高度才进入西风带往东传输。中国的流场分布说明，我国的大气污染物基本上没有出境。基于中国特殊的地理气象条件，课题组经过大量的观测分析实验，计算出中国向外输送酸性物量最大的国家是朝鲜，约占朝鲜沉降量的 38%；其次是中国香港地区，占本地区沉降量的 6%；对日本的输送量比人们预计的要小得多，仅占日本沉降量的不到 5%，从根本上说，这是由中国特殊的大气流场决定的。

当这些研究结果出来之后，王文兴和任阵海都非常高兴，也松了一口气。从那以后，王文兴多次借

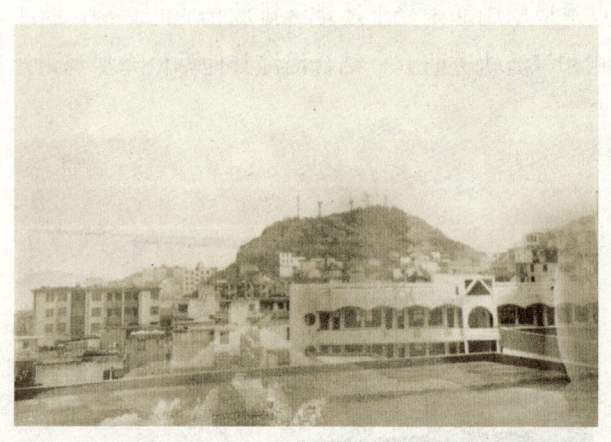

图 11-23 1994 年，王文兴带领研究生朱晓红和课题组成员刘洪杰到浙江舟山进行观测（刘洪杰和朱晓红在嵊泗岛观测到重酸雨）

出国尤其是到日本参加学术会议等机会，介绍宣传这些科学研究成果，并与国外同行展开探讨。在日本，一些环境、气象科学方面的专家、学者在仔细了解了王文兴、任阵海的科研过程和成果后表示认可，还曾有一位日本学者不无歉意地当面对王文兴说：以前主要是些不懂行的人想当然地乱说。从那以后，在日本学界和媒体界，"中国酸雨影响日本"的说法也烟消云散了。

王文兴在分析我国酸雨传输研究结果时认为，在世界三大酸雨区中，中国的酸雨区和欧洲、北美酸雨区存在巨大差异，这主要是由于中国地形和气象条件的特殊性造成的。酸雨的跨国输送在欧洲由于欧盟的有效协调，尽管国家间输送量很大，有的国家 90% 的酸性物来自国外，但没有发生大的环境外交事件。在北美，只有美国和加拿大两个国家有酸雨问题，却发生了严重的、长时间的外交口水战，环境外交问题延续了十年。对中国来说，"八五"科技攻关的研究结果，科学证明了中国东部及周边大气酸

图 11-24　1995 年 8 月，"第六届全国大气环境学术会议"在北京举行（左八王文兴，左九黄美元。会议组办单位为：中国环境科学学会大气环境学专业委员会，中国气象学会大气化学与大气污染气象学专业委员会和大气边界层物理和大气化学国家实验室；主办单位为中国环境科学研究院）

性物质的传输规律，消除了邻国对中国酸雨传输问题的担忧，从而避免了环境外交问题，这是课题的一大突出贡献。

大气酸化和酸沉降过程

此部分课题由北京大学环境科学中心负责，北京大学环境科学中心、北京大学技术物理系、北京大学地球物理系、中国科学院生态环境中心、国家环境分析测试中心、中国环境科学研究院大气环境研究所、湖南省环保局、湖南省环保监测站、南京大学大气科学系和江西省环保监测站等共同合作完成。课题组长为：唐孝炎、沈济、孙庆瑞。本课题主要研究目的是：获得大气酸化过程和酸沉降过程相关机制和参数，以供模式的建立和控制对策的制定使用，这部分工作属于应用基础研究。"七五"国家科技攻关对我国的酸雨现状、成因和控制对策进行了较系统的研究，得到了许多有价值的结论，但由于酸沉降涉及面广，研究难度大，有些重大的问题在"七五"科技攻关中尚未涉及，或尚未很好地解决。在大气酸化和酸沉降过程方面，至少有以下三个关键问题迫切需要进一步了解：

第一，干沉降和湿沉降二者对环境生态的影响都很重要。在湿润多雨区可能湿沉降影响大，在干旱地区则干沉降影响大。由于干沉降研究的难度大，对它的认识也较晚，我国关于沉降的研究很少，与它对我国生态影响的重要

图 11-25　1994 年 10 月，论文《影响我国降水酸性因素的研究》被《中国环境科学》编辑部编委会评为 1993 年度优秀论文

性极不匹配。此外，若干沉降量计算不准确，将会影响输送量的计算。

第二，酸性物质的转化与传输。我国酸雨研究已得出：二氧化硫以气态的形式在低空排放情况下一般不能传输很远，引起长距离传输的主要物质可能是由二氧化硫转化生成的细粒子硫酸盐。对二氧化硫转化速率的大小，以细粒子硫酸盐传输的情况以及我国细粒子的酸性强弱等重要问题，尚未进行较深入的研究，这将影响对我国酸性物质输送问题的了解。影响二氧化硫转化为硫酸盐造成酸沉降的因素很多，输送转化过程的模式十分复杂，因此，找出简单参数化方程代替复杂的模式计算，并将参数化的结果用于我国东部地区酸性物质输送转化的耦合模式有重要的意义。

第三，酸性物质的中和物质。二氧化硫、氮氧化物是形成酸沉降的前体酸性物质，酸沉降的大小除与大气中酸性物质的多少有关外，还与大气中存在的能中和酸性的碱性物质的多少有关。北方二氧化硫的排放量很大，但降水酸度比南方小，原因之一就是北方大气中的碱性物质多。大气中能中和降水和颗粒物酸性物质的两个主要成分是气态氨和颗粒物中的碱性钙盐，但目前缺少这些碱性物质能中和多少酸性物质的数据。尤其是我国有关气态氨的研究很少，尚无实际的氨气排放量数据。由于不同地区大气的中和能力不同，在"八五"科技攻关中，根据我国国情，定量了解各地区大气的中和能力，对于进一步制订地区二氧化硫排放量的控制有重要意义。

大气酸化和酸沉降过程的研究按内容设立六个子专题：干沉降测定方法研究，我国东部地区干沉降参数的测定和季节变化的研究，我国东部地区酸性物质化学转化过程的研究，酸沉降过程中不同地区化学转化参数化研究，颗粒物和酸、碱性气体在酸沉降过程中的作用和参数化研究，云、雾过程对致酸物质清除和湿沉降作用的研究。通过这六个子专题的研究，部分回答了"七五"科技攻关项目中在大气酸化和酸沉降过程方面空缺的三个方面的问题，是对"八五"课题新的贡献。

查清了我国酸雨的成因

酸雨研究的重要科学问题之一是其成因。判断一个地区会不会出现酸雨，或者说出现酸性降水，降水酸度的大小，首先应该确定是否存在酸性物质，例如二氧化硫、氮氧化物等，这取决于以下几个基本因素：该地区的自然环境因素和人类社会活动因素，自然环境因素主要包括地理环境和气象条件，人类社会活动因素主要是污染源及污染物排放特征。

我国地势西高东低，山脉和河流的分布就造成了中国独特的地理环境，而这会影响到大气的流动。

土壤的酸碱性地理分布是影响降水酸度的重要因素之一，土壤对降水酸性的影响，主要是土壤扬尘颗粒物与降水的化学作用。颗粒物含有的化学物质的性质能直接影响降水的酸碱性，如果颗粒物中碱性物质多了，就会降低降水的酸度；如果颗粒物中相对酸性多，就会提高降水的酸性。

从中国土壤pH等值线图[1]可以看出土壤酸碱性地理分布，从东南向西北，土壤的pH值越来越大，那些土壤酸性较强的地区就会形成酸雨。长江以南的地区大面积土壤酸化，这样就容易形成酸雨。还可以判断，虽然东北和西北碱性土壤分布的多，但局部还是有些地方形成酸性降水，例如东北的东部和新疆的最北部都可能形成酸性降水。

年降水量的大小也是影响降水酸度的一个重要因素，由于中国地理位置和地形的特殊性，年降水量大体上由东南向西北逐渐减少，东南某些地区年降水量甚至达到2000毫米以上，西北很多地区降水量只有几十毫米，例如新疆和田，年降水量只有二十几毫米，而新疆最北边和东北东部年降水量能达到上千毫米，降水量比华北大部分地区还高，这就意味着那些地方的降水酸度可能增加。

还有一个重要因素就是大气流场，由于中国特殊的地形构造，大气流

---

[1] 魏复盛等：中国土壤环境背景值研究。《国家七五攻关课题总结报告》，1990年。

场在北半球具有一定的特殊性，这和欧洲及北美酸雨区有重大差异，这是决定我国酸雨分布的重要因素之一。根据任阵海团队研究统计，中国大气流场在 300—3000 米范围内，从地面流场的分布来看，年平均流场气流基本上都是由西北流向东南，在北京以南，都是沿东部海湾一直往南走，甚至到南部海湾再回到大陆，形成反气旋。这种状况一直维持到几百米的高空，一直到 1500 米才进入西风带往东传输。中国的流场分布说明，我国的大气污染物基本上没有出境，造成了我国严重的大气污染，在一些地区形成了酸性降水，特别是在 20 世纪七八十年代，排放源都很低，更不利于污染物传输。

最后一个重要因素是主要污染物（二氧化硫、氮氧化物）排放源的地理分布，按排放源污染强度来看，环渤海地区排放量最大，污染最严重，相对来说，南方地区排放强度较小，污染较轻。

酸雨的成因是酸雨研究的重要领域，历来受到科学工作者和公众的关注，但酸雨成因的含义很广泛，泛泛地说酸雨的成因是燃煤排放的二氧化硫在空气中氧化成硫酸造成的，这样回答就很片面、肤浅。早在 18 世纪，英国的史密斯研究曼彻斯特郊区降水化学组成时，发现水中含有高浓度的硫酸根就已经回答了这个问题。但从严格科学的角度来研究酸雨的成因时，二氧化硫在空气中氧化的具体步骤就复杂了，王文兴认为：研究酸雨成因对区域性酸雨控制具有重要的意义。因此，这里所指的酸雨成因是区域性、大尺度，像中国几百万平方千米酸雨区是怎么形成的，就不能仅用"中国酸雨区是来自二氧化硫的氧化"来回答了。因为这样远远不能满足对宏观酸雨制定有效的国家对策的需要。例如，为什么中国的酸雨区并不出现在二氧化硫排放强度最大的地区——环渤海地区，而是出现在长江以南排放强度并不高的地区。瑞典 90% 酸性物质来自他国，加拿大 40% 酸性物质来自美国，而中国酸雨区的主要成因并不是大气传输，这就是中国酸雨成因的核心问题。

要解决中国区域性酸雨形成的原因，需要从宏观角度来研究，其中包括二氧化硫等酸性气体排放强度的地理分布、年降水量地理分布、土壤酸度地理分布以及大气流场（风速风向的地理分布）等因素。为了分析对比区域性酸雨形成的原因，先来看中国酸雨分布，中国的主要酸雨区在长江以南和川贵地区，再来看中国酸性气体排放强度的地理分布，排放强度最大的地区是环渤海地区，即辽宁、山东、河北和京津两市。而重酸雨区并没有出现在酸性物质排放强度最大的地区，这种情况的出现对制定酸雨控制对策非常重要。为什么会出现这个现象，这是由以下一系列因素决定的：

首先，中国降水量地理分布大体上从东南向西北逐渐减少。东南部地区一般年降水量1000—2000毫米，西北到新疆年降水量只有几十毫米，空气的湿度由南向北越来越小。

其次，影响降水酸度的另一个重要因素是土壤酸度。中国土壤酸度也是从东南向西北逐渐减少，东南土壤酸度pH值是5左右，而西北土壤酸度pH值则高达7—8，有些地区的pH值甚至达到9。降水量和土壤酸度这两个因素就决定了大气颗粒物的浓度和酸碱度，这对降水酸度的大小起到了决定作用。尽管北方有强大的二氧化硫排放源，但北方空气里含有高浓度的碱性颗粒物，从而中和了降水的酸性，这就是北方没有出现大面积酸雨的主要原因。王文兴总结了降水的酸度不取决于该地区二氧化硫排放强度和降水中酸性物质的绝对浓度大小，而取决于降水中酸性物质与主要来自大气颗粒物中的碱性物质的相对浓度。环渤海地区是有强大的二氧化硫等排放源和降水中高浓度的硫酸盐，但大气中存在的高浓度碱性颗粒物中和了降水的酸性，所以那里没有出现酸雨，这就是问题的最后答案。

我国成为继北美、欧洲之后世界第三大酸雨区，而且是一个特殊的酸雨区，王文兴经过反复研究，终于查清了我国的酸雨来源、提出了控制对策并对未来酸雨发展情景做了预测。

在开展"八五"科技攻关项目研究期间，王文兴最感兴趣的是酸雨的成因，中国酸雨区是如何形成的，这可能是由于他学物理化学出身的本能吧。那时国家对攻关项目没有要求发表论文，中国环境科学研究院与其他部委的公益性研究院所一样，也不要求发表论文。王文兴当时只是觉得，中国酸雨区是世界三大酸雨区之一，中国酸雨的形成原因，不仅对中国很重要，同时对世界其他国家也有参考意义。于是在繁重的科研工作间隙，他匆忙间写了两篇短文，分别于 1995 年和 1996 年在两个普通期刊上发表。没想到这两篇关于中国酸雨成因和发展趋势的"小文章"竟引起国际学术界广泛的关注和兴趣，向王文兴索求报告和论文的信函纷至沓来，在短短的两年间，有 7 个国家 18 位专家、学者来信索求王文兴的研究报告，其中美国 7 人、法国 5 人、西班牙 2 人、英国、日本、韩国和斯洛伐克各 1 人。

这两篇文章是：

Wang W. X. Wang T.：On Acid Rain Formation In China. *Atmospheric Enuironment*，1996，830（23）：4091-4093.

Wang W. X. Wang T.：On the origin and the trend of acid precipitation in China. *Water*，*Air*，*Soil Pollution*，1995，85：2295-2300.

酸沉降控制规划与对策

酸雨研究的最终目的是科学、经济而有效地控制和消除酸雨的危害。控制酸雨危害是一项复杂的系统工程。作为酸雨研究的组织者，王文兴与各有关方面专家并肩战斗，由国家"六五"期间全国酸雨研究起，经"七五"到"八五"国家科技攻关项目的完成，特别是精心设计的"八五"攻关项目所取得的科学成就，为我国酸雨控制提供了全面、丰富和可靠的科技资料，奠定了酸雨控制的科学基础。

图 11-26　1995 年 11 月，王文兴在"八五"攻关华南专题验收鉴定会上

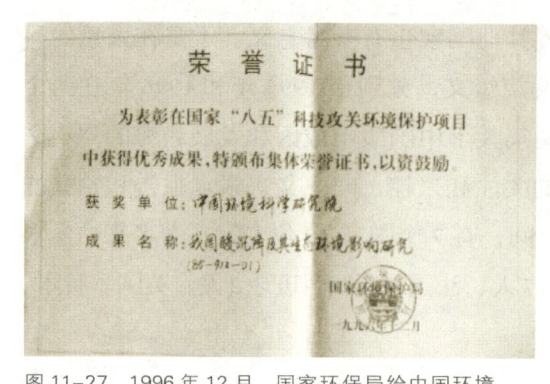

图11-27 1996年12月，国家环保局给中国环境科学研究院颁发的"八五"科技攻关荣誉证书

"八五"酸雨项目最后一个课题是"酸沉降控制规划与对策"，课题组由中国环境科学研究院、清华大学环境工程系、中国科学院环境生态研究中心等单位的科研人员组成。课题组组长由大气污染控制经验丰富的专家陈复、郝吉明、赵殿五担任。本课题的研究目的是总课题研究的最终目的：为中国酸雨研究制定国家酸雨控制对策。除集成本项目其他课题研究成果外，本课题本身还要进行一系列研究。

在调查的基础上，课题组对我国经济增长与能源需求现状进行了分析，对我国人口增长、经济发展与能源需求进行了预测，对全国各地能源消费量进行了预测，对我国大气酸性污染物排放趋势进行了预测，对我国重点地区大气致酸污染物排放进行了预测，对我国重点地区酸沉降趋势进行了预测，提出了适合我国控制致酸物质排放的技术，制定了我国酸沉降控制策略。

课题组查清了我国致酸污染物排放量和排放强度地理分布，通过大量调查资料的综合、比较与分析，提出了1990年我国主要致酸物质（二氧化硫、氮氧化物）和碱性物质（TSP）的污染源排放清单，分析了这些污染源地理分布、行业分布和网格分布特征，提供了我国致酸污染物排放预测值。根据各省、自治区、直辖市能源、经济和社会发展历史数据，采用类比法、部门分析法和弹性系数法相结合的方法，以1986年到1990年的数据作为现状背景值，以1990年为预测计算基准年，分别预测了2000年、2010年我国东部地区18个省、自治区、直辖市在高、低两个方案下的能源消费（煤耗）和二氧化硫排放量。高方案能源需求增长很快，而低方案下能源需求增长较为缓慢，促进经济适度发展，增强节能措施，有助于缓解能源需求矛盾、保护环境。

总课题数据超两亿　成果累累

本研究项目参加的主要单位有数十个，来自环保系统、中国科学院、高等院校、气象系统和水利系统，约1000余人进行了大量的现场观测、野外和实验室实验，以及模拟计算，共取得了2亿多个数据，通过1991—1995年的共同努力，全面地完成了预定的研究任务，提供了一个课题总结报告，5个专题报告，31个子题报告。王文兴在课题总报告中给出重要结论：

"我国酸沉降及其生态环境影响研究"成效显著，首先是查清了全国酸沉降现状，分析了历史发展趋势，建立了拥有271个监测站的全国酸沉降研究监测网，监测内容包括湿沉降、干沉降及气象参数。

查明了酸沉降对生态环境的影响，开发了森林破坏的恢复技术。查清了酸沉降对农作物影响及其经济损失。酸雨和二氧化硫的单一污染和复合污染引起农作物的可见伤害阈值，随农作物种类不同而异。酸雨的农作物可见伤害阈值：敏感类的小麦、大麦、菠菜等pH值约为3.0；中等抗性的大豆、菜

图11-28　1996年11月国家环保局为王文兴颁发的"八五"科技攻关先进个人称号荣誉证书

图11-29　1997年3月国家环保局在重庆召开二氧化硫控制标准国际研讨会（国家环保局为了制定实施酸雨控制区和二氧化硫控制区规划，加大二氧化硫控制力度，在重庆召开了本次会议。王文兴在会上介绍我国酸雨的分布和前体物排放强度的地理分布）

豆、棉花等 pH 值约为 2.5，抗性的水稻等 pH 值约为 2.0。酸雨和二氧化硫的污染同时存在，是我国酸沉降对农业影响的一个特点。查清了酸沉降对森林影响及其经济损失。通过我国东部 108 种主要乔灌木树种对酸沉降复合污染危害的敏感性试验，根据伤害阈值、叶伤斑比率、初次出现症状时剂量和初次出现症状时间等四项指标综合比较结果，筛选出敏感的树种有 27 种，中等敏感的树种有 55 种，抗性的树种有 26 种。查清了生态系统对酸沉降的敏感性和临界负荷。以土壤酸中和容量（ANC）值为指标，应用灰色系统控制理论，建立亚热带地区土壤酸化趋势预测模型。结合东部七省酸雨的实际资料，估算出亚热带地区主要的土壤类型，其 pH 值可能下降的最低范围为 4.0—5.0，所需年限短者为几十年，长者为几百年。在分析了生态系统对酸沉降敏感性的基础上，指出了生态系统对酸沉降临界负荷，制定了酸沉降严重危害地区生态系统恢复技术和措施。在酸沉降严重危害地区对退化森林生态系统恢复技术和措施的试验结果表明，应用生态工程学原理，采用乡土的常绿阔叶抗酸树种，结合林地酸化土壤的改良措施和人为管理，是快速高效改造衰亡马尾松针叶纯林的一套切实可行的技术措施，特别是在经济状况尚不足以完全控制二氧化硫排放和酸雨的情况下，对衰亡森林的生态恢复更有推广价值。

阐明了酸性物质大气输送、迁移规律，计算了省区间和跨国输送量。使用我国十年的不同层次的气象资料、天气图及相应的地表状态的变化和大型天气系统、边界层内输送系统及边界层以上的输送形势及空间输送场时间演变开展了综合分析；对我国大气输送的宏观特征如大气输送辐合带、串形涡旋，入境污染区、边界层低空急流进行了诊断分析。利用计算资料分析了边界层以内及以上的垂直环流输送规律和输送系统垂直速度特征，明确了我国大气污染输送和沉降 80% 以上的影响区在国内。确定跨国输送主要在山东

图 11-30 1994 年 12 月中国环境科学学会为王文兴颁发的荣誉证书

半岛以北、华北地区、东北地区，并且同朝鲜、韩国、日本出现跨国相互输送问题，25°N以南沿海地区的边界层内以输入为主，其他地区的跨国输送有相互影响性质。引进自然正交函数，对测风资料进行客观分析，证实了大气输送划分类型的可靠性，为预报未来大气输送特征提供了研究基础资料。

对我国一些经济发展区致酸物质的天气输送过程、输送通道类型、相配置的各类输送参数、对酸沉降的影响、各类输送过程出现频率与邻国和省间的输送提供了系统的、实用的诊断研究和定量计算。指出了我国经济发展区的综合探测和输送特征。为确定我国致酸物质各类尺度的综合输送情景，按照环境科学的特点，提出了网络输送方法、大气环境背景场的网络模型和全国网络输送系统图，建立了我国大气环境资源背景场和全国网络输送系统图集。论证了大气环境质量是一类资源，提出我国及跨国多种类型的输送网及其在酸沉降和致酸物质输送中的作用和机制，为确定酸性污染物排放的控制、协调和分配，可能的分区削减和按照当地网络输送场的削减方案提供初步分析。解释了我国大气特征环境质量问题。建立各类输送模式，提出我国酸沉降研究成果。考虑我国地形、国境和大气输送特点，针对不同目的，建立和发展了四种区域酸性物质输送模式。

阐明了大气酸化过程，提出了参数地理分布规律。对我国东部边界线、湘赣地区及华北冬季进行了大气航测，对污染气体、粒子、云水、雨水等进行了测量与采样，获得我国大气输送层的污染物空间分布和演变。课题组系统地测量了典型地区干沉降速率，计算了东部地区干沉降速率时空分布。计算了主要酸性物质的干沉降速率。在实测的基础上，利用理论模式，使用1992年中国东部地区及其周围附近主要台站的地面和探空资料，利用中尺度气象模式，计算出不同时刻、不同气象条件和下垫面类型情况下二氧化硫、硫酸盐和硝酸的干沉降速度，并使用加权平均的方法统计出我国东部地区逐月、逐季、全年的三种污染物干沉降速度的平均场分布和区域平均值的年变化。查清了湖南及江西南昌地区干沉降规律及降水酸化成因，并对之作出特征比较；首次得到东部地区降水对气溶胶的清除

图11-31 1996年6月，王文兴作为项目负责人编写的国家酸雨"八五"攻关项目《我国酸沉降及其生态环境影响研究》课题总报告

率分布；首次得到了颗粒物中的碱性钙盐对酸的中和作用地理分布特征；阐明了细粒子的酸性及输送规律。

查清了我国致酸物质的排放情况，提出了酸沉降控制规划与对策。评价和筛选了适合我国致酸物质的控制技术。在调查分析了国内外致酸物质控制技术现状的基础上，提出了我国酸沉降控制技术评估、筛选方法；建立了一套控制技术评价指标体系、通过国内外现有硫控制技术环境、经济、社会效果的评价，筛选给出了我国硫排放控制技术清单。

通过对国际上酸沉降控制状况、我国降水化学组分、我国能源政策、硫沉降和氮沉降对生态环境的危害以及我国城市大气污染状况等的分析，得出现阶段我国酸沉降重点控制对象是二氧化硫。提出了我国酸沉降控制区和二氧化硫排放控制区的划分方案。计算了我国酸沉降临界负荷，利用地理信息系统（GIS）得出了中国酸沉降临界负荷区划。

在我国酸沉降控制区划分的基础上，考虑了致酸物质和碱性物质的排放情况，以及省际酸沉降相互影响，对我国酸沉降控制区划分指标体系中的个别指标进行了调整，并增加了二氧化硫、尘、氨排放负荷指标，建立了二氧化硫排放控制区区划模型。按照此模型确定了我国二氧化硫排放控制区，该控制区除包括酸沉降控制区中的13个省、市、自治区外，还将二氧化硫排放对酸沉降控制区有明显影响的黑龙江、吉林、辽宁、河北、北京、天津、山西、陕西、河南、云南10个省、市在内，共包括23个省、市、自治区，制定了我国二氧化硫排放分省控制方案。

本课题报告是继欧洲和北美之后，研究面积最大、研究范围最广、最系统和最深入的综合性酸沉降研究报告。它不仅是我国今后控制酸雨危害的科学基础，而且对世界，特别是亚洲其他国家的科学工作者研究全球和区域大气酸化也具有重大科学价值。

王文兴主持的酸雨系列研究，从"六五"第一个全国课题起，根据国家要求，得到的研究成果随时提供给有关部门参考使用，到"七五""八五"，"研以致用"的传统一直在延续。依据王文兴等人的研究成果和建议，我国大气法规增加了相关的条款。1995年修订过的《大气污染防治法》包含了推广型煤和煤炭洗选的有关规定，课题组配合国家环保局对推行清洁煤炭的行政规章提出了建议。1995年年底，"八五"科技攻关项目"我国酸沉降及其生态环境影响研究"进入最后一年，根据王文兴兼任组长的第一课题组研究得到的我国二氧化硫排放强度最大的地区与酸雨区不重叠的结果，进一步研究明确了我国酸雨控制区和二氧化硫控制区（以下简称两控区），并酝酿将研究成果用于国家制订酸雨控制对策，后来由中国环境科学研究院和清华大学负责起草两控区方案，方案由国家环保局审查后于1997年年底报国务院，次年《国务院关于酸雨控制区和二氧化硫污染控制区有关问题的批复（国函〔1998〕5号）》出台，自此，我国全面控制酸雨进行到一个新的时期。

第十二章
酸雨攻关　攀越巅峰（四）

离休业难舍，功成身不退

从 20 世纪 80 年代"六五"科技攻关计划开始，我国在区域范围内拉开了治理环境污染的战线，王文兴作为我国环保战线的先行者，一开始就冲锋战斗在最前线，到国家"八五"科技攻关计划中酸雨研究取得重大成就，十五年的历程，从中年到老年，为了美丽中国，为了绿色中国，王文兴付出了巨大的努力。1993 年王文兴从中国环境科学研究院离休，1995 年完成国家"八五"科技攻关项目"我国酸沉降及其生态环境影响研究"。回顾这段难忘的历程，王文兴深深地感到，已经完成的科研项目天津大气环境质量评价和污染综合防治研究、兰州大气光化学烟雾、太原煤烟型大气污染综合观测和环境容量，再到酸雨一系列重要攻关项目研究，这些项目对我国大气环境保护作出了重要贡献。此外这些项目都是国家大气环境保护急需、也是世界环境科学前沿的项目。项目经费多、研究时间长、参加人员多，极大地推动了参加单位环境学科的发展和人才的成长。

图 12-1　1997 年 7 月第六届全国大气环境学术会议（左一王文兴）

　　王文兴强调人才是一个学科真正的生长点，是学科生命力所在。十多年里王文兴不仅收获了众多科研成果，而且培养、储备了一大批科研人才，这是让他特别欣慰和骄傲的事情。从"六五"科技攻关计划开始，王文兴在组织实施一系列环境科研项目过程中，一直特别注重人才的发现、培养及多学科合作，经过国家"七五"和"八五"科技攻关期间的两个关于酸雨污染的项目研究，获得了包括国家科学技术进步一等奖在内的多个国家级奖项，国家一等奖获奖人数有 25 位，包括老、中、青三代。王文兴、唐孝炎、任阵海、郝吉明、冯宗炜五位院士从项目中走出来，相关高校、科研院所及环保系统涌现出一大批教授、研究员，地方上还培养了一批总工程师、高级工程师、有关地区厅长、局长、研究员，如白郁华、柴发合、何纪力、李柱国等一大批领导干部。形成了院士挂帅、各校各研究所学科带头人推动、各级工程技术人员共同促进的人才梯队，这为大气环境这个学科从规划建设到未来发展都完成了较为周全的部署。

　　经过王文兴等这一代人的努力，数十年间他们的科研足迹踏遍了长城内外大江南北，同时也将环境科学的意识播撒到祖国万里疆土，很多地区、单位在有关环境科学的学术研究上都有了长足的进步和发展，有关生态环境、环境化学、大气物理等研究室建设方兴未艾。王文兴总结说："前后十五年，我从中年做到了老年，不仅我，好多同行也是如此。除了给国家做点工作之外，我们也给不少地方单位帮助了学科发展，促进了中国环境科学技术和环保事业的发展。"

66岁的王文兴，经历了长期艰辛的科研生涯。功成名就、鬓已霜染的他，本可以好好歇一歇，陪伴妻子、含饴弄孙的舒适生活在向他招手，然而，对嗜学如命的王文兴来说，离休更像是一个新的开始，老骥伏枥，志在千里，烈士暮年，壮心不已。从领导工作岗位退下，并未丝毫改变王文兴对国家环保事业、环境科学研究的热情，反倒意味着他可以对科研投入更多的时间和精力。

全面观测我国酸雨的时空分布

20世纪90年代中期后，王文兴对酸雨以及环境问题的研究也步入了新的阶段，即转入治理酸雨污染经济、有效工程、技术开发研究。1995年，环保部计划在国家"七五""八五"科技攻关项目酸雨研究取得的成果基础上，提出了"八五"重点在于研究燃煤脱硫新技术新工艺等有关技术课题。

王文兴考虑到，我国酸雨研究主要任务已经完成，为了更有效地利用酸雨研究取得的成果，有必要分析和整理原有有关资料和以1995年为基准年补充新的资料和数据，以期作为酸雨控制国家方案编制的基础资料。于是在"九五"国家科技攻关项目中列入了《我国酸雨控制国家方案基础研究》[①]。该研究主要在战略上为国家制订酸雨控制方案提供保证。当时王文兴考虑到的主要有以下几点："八五"攻关后的酸雨的现状、跨国输送和国内输送传输及国内地区间输送、研究化学过程的参数及参数化、进一步核实我国各地区生态系统的临界负荷等，其中重点进行酸雨现状研究和发展趋势。

---

① 1998年《我国酸雨控制国家方案基础研究》课题总结报告。存于中国环境科学研究院档案室。

王文兴虽然已经离休，但仍然作为负责人承担"我国酸雨控制国家方案基础研究"小课题，并承担子课题"我国酸雨时空分布"和"全国酸雨发展趋势"的研究。"九五"项目其实是对我国几十年酸雨研究的深化和总结，王文兴深知其重要意义，他再次投入了极大的

图 12-2 1988 年 8 月，唐孝炎等访问北卡罗莱纳州立大学，参观室外光化学烟雾箱（前排左起：唐孝炎、白玉华、李金龙；后排左一 Kamens。他们都是王文兴大气化学研究长期合作研究伙伴。李金龙和白玉华从兰州课题起，一直到"九五"《我国酸雨控制国家方案基础研究》课题，承担分题参数化研究）

精力和努力。他首先对"八五"课题在全国十几个省市布设的 271 个检测点进行重新定位和筛选，从中挑选出 81 个监测点组成本次研究的新的观测网。王文兴知道，本次统计出来的各项数值将直接关系到计算酸雨对我国农作物、森林、土壤的酸化程度和判断酸雨对生物生长的影响情况，为此，王文兴首先确定了三级质控组织架构：中国环境科学研究院是一级质控单位，负责制定酸雨检测网和全程序的质量保证与技术规范，指导三级质量控制单位做好基层站点等；项目参与单位中国气象科学研究院、水利部水质实验研究中心等其他省级环境检测部门作为二级质控单位；各市县级的水文部门、环境监测机构作为三级质控单位。比起以往检测工作中二级质控的"惯例"，这样的三级质控更能确保酸雨时空分布资料数据的准确性和可靠性。

在检测点的设置上，王文兴提出了六项更为严格的要求：

（1）监测点周围没有产生影响的排放源。

（2）监测点周围没有产生影响的障碍物。

（3）监测点应设在开阔平坦地带，下面无裸露的土壤，以避免扬尘风沙的影响。

（4）监测点应有合格的野外检测班组。

（5）监测点附近必须备有气象仪器装置，以便取得风速、风向、降水量等数据。

（6）监测点附近必须有便捷的邮政系统和交通运输条件，以便将样品迅速送到分析测试中心。

自1996年开始，各项降水观测相继开始，课题组得到了大量准确数据。

我国1996年降水的年平均pH值：我国东北大部、华北的内蒙古和河北、山西的北部、西北的绝大部分地区以及四川、云南西部和青藏高原降水的年平均pH值大于5.6。黄河以南部分地区（徐州、商丘、南阳、武汉、襄樊）降水年平均pH值也大于5.6。降水年平均pH值大于7.0的有内蒙古、西藏、甘肃、新疆等地区。内蒙古朱日和测站降水pH值为7.28，是1996年全国降水pH值最高的数值。长江以南的六大地区降水年平均pH值小于5.0，长江以北的天津、侯马、青岛等地降水年平均pH值也小于5.0。浙江北部以及福建、江西、湖南、广东、广西、贵州、四川大部年平均pH值小于4.5，其中宜昌、长沙、百色、重庆、贵阳、遵义等地年平均pH值低至4.0，是1996年全国酸雨最严重的地区。

1996年全国四季降水pH值：东南部降水pH值最低可达4.0，西北部pH值最高达7.0以上，其中个别地区pH值达到8.0甚至9.0，因此西北某些地区属于碱雨区。南方一季度降水酸性最强，pH值为4.5的面积扩大并出现pH值为4.0的地区。北方则相反，一季度降水pH值最高，东北部的酸雨消失，pH等值线南移。

综合以上观测结果，王文兴总结了1996年我国酸雨分布

图12-3　1994年1月，王文兴在日本参加东亚地区酸雨监测网第二次专家会议

的整体特点：除东北、西北、内蒙古、新疆、青藏高原部分地区外，我国的大部分地区都发生了不同程度的酸雨。酸雨严重地区主要在我国的长江以南地区。长江以南的广大地区（江苏部分地区、云南西部、海南省除外）年平均 pH 值小于 5.0；长江以北的天津、侯马、青岛等地区的年平均 pH 值也小于 5.0；浙江北部以及福建、江西、湖南、广东、广西、四川、贵州等部分地区降水的年平均 pH 值小于 4.5；其中宜昌、长沙、百色、重庆、贵阳、遵义等地年平均 pH 值低至 4.0；强酸性降水主要分布在湖南、重庆、贵州等省。广西部分地区酸雨污染有明显上升趋势。王文兴将四季降水 pH 值等值线分布与国家"八五"科技攻关计划期间得到的观测结果相比对，发现十分相似，这也再次确认了"八五"得到的酸雨资料，可以放心地将"八五"得到的数据提供给国家，供国家制定控制酸雨决策使用。

中国降水酸度与世界各地的比较

随着全球大气环境的酸化，几乎每个国家都要受到影响。20 世纪以来世界各地先后出现了大面积酸性降水。大范围酸性降水地区按出现的先后顺序是欧洲、北美洲和亚洲。中国的酸雨在亚洲酸雨区中占的面积最大，它可以与欧洲和北美洲的酸雨区相比拟。自从从事酸雨研究工作以来，王文兴就一直关注着全世界酸雨地区的发生、发展和改变的情况。

王文兴将我国的数据与欧洲、美洲、日本等地的酸沉降数据进行了对比。从对比欧洲情况看，由于欧洲的西部上风向是海洋，陆地地势比较平坦，没有干旱地区以及监测点设置的代表性强等原因，所以其降水 pH 等值线分布一般是渐变的，只是在瑞典、德国、波兰等国出现几个 pH 低值区。欧洲降水 pH 等值线图中可以看出，最低 pH 值只是 4.1 的一个点和 4.2 的两个点。我国则出现了平均值小于 4.0 的一些连片地区，而且都出现在降水量较大的地区，也就是说我国酸雨比欧洲严重。

从对比美国情况看，美国降水酸度较高的地区在东北部，美国地势较

图 12-4 1997 年 6 月,王文兴参加清华大学国家水环境化学实验室验收会(左四钱易,左七王文兴)

为平坦,监测点代表性强,pH 值等值线变化是渐进的,降水 pH 值由西到东逐渐下降,到东北部形成强酸雨区。西部由于干旱少雨,降水 pH 年均值可高达 5.0 以上,酸雨分布大的格局与我国基本相似,但西部地区 pH 值还是比我国低得多;美国降水 pH 均值低于 4.5 的面积大约和我国相当,但美国最低值为 4.2,此值高于我国,我国的重酸雨区在东南,总体上看我国酸雨降水酸性超过美国。

从对比日本情况看,日本同样是亚洲降水酸性比较强的地区,日本全国降水 H^+ 浓度体积加权 pH 年均值为 4.5—5.2,平均值为 4.7。日本单个站点降水年均 pH 值最低为 4.5,此值比我国最低值高 0.5 个 pH 单位以上,这意味着我国降水 H^+ 浓度远超日本。

除此之外,王文兴还将我国的酸雨时空分布数据与俄罗斯、韩国、马来西亚等国的降水 pH 值进行了细致而全面的比对,这为判断我国酸雨污染程度、研究酸雨分布提供了重要的数据支撑,为制订我国的酸雨控制方案打下了坚实的基础。

中国酸雨和欧洲、北美洲酸雨区相区别的一大特征是,欧洲、北美洲酸雨区均出现在二氧化硫和氮氧化物排放强度大的地区,而中国则不然；中国二氧化硫和氮氧化物排放强度大的地区是环渤海地区，而环渤海地区却没有出现酸雨。这一重要发现不仅对酸雨控制具有实际意义，同时也有重要的学术价值。此外中国降水酸度变化还有一个独特之处，也是欧洲、北美地区降水特点所没有的，那就是中国在西北出现了大面积的碱雨区，这也是一个重要发现。

由于欧洲和北美酸性降水酸度强、时间长，致使成千上万湖泊严重酸化，鱼虾死亡甚至绝迹，森林土壤严重酸化，导致满山遍野的森林衰亡，有些地区长达半世纪还不能恢复，这些造成了欧洲和北美洲严重的生态灾难。我国尽管也存在较大范围的酸性降水，某些地区降水酸度比欧美地区更甚，但由于我国特殊的地理、气象条件，也由于对酸雨控制开展得比较及时和有效，从区域观点看，湖泊、河流水体和森林土壤没有发现明显的酸化，因而避免了像欧洲、北美洲广大地区发生的严重生态灾难，可以说这是我国在环保领域的一项重大成就。

图 12-5　1998 年，王文兴作为课题负责人编写的国家酸雨"九五"攻关项目《我国酸雨控制国家方案基础研究》课题总结报告

获国家科学技术进步奖一等奖

1998 年，王文兴多年来卓越的科研实践努力，得到了极大的肯定和最高的荣誉，他作为首席科学家和课题总负责人所主持的"八五"国家科技攻关项目《我国酸沉降及其生态环境影响研究》获得国家科学技术进步一等奖。

国家科学技术进步奖，是国务院设立的国家科技类五大奖项之一，授予在技术研究、技术开发、技术创新、推广应用先进科学技术成果、促进高新技术产业化，以及完成重大科学技术工程、计划等过程中作出创造性

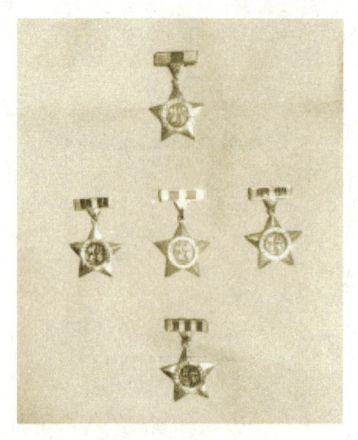

图 12-6　王文兴获得的国家科学技术进步奖奖牌（1988 年获一等奖，1985 年、1987 年、1990 年均获二等奖，1987 年获三等奖）

贡献的中国公民和组织。这个标准高、要求严的国家级奖项，是对获奖科研单位、科研工作者的成果、能力和水平的高度评价与褒奖，也是一项至高的荣誉。此前在 1985—1990 年，王文兴主持并参与的"兰州大气光化学污染规律和控制对策""大气环境容量研究""太原地区大气综合观测研究""我国酸雨来源、影响和控制对策研究"四项课题，已分别获得国家科学技术进步奖二等奖三次、三等奖一次。

"我国酸沉降及其生态环境影响研究"项目建立了基本覆盖全国的酸雨监测网，基本查清了全国降水的时空分布（酸雨面积已达 300 多万平方千米，形成世界第三大酸雨区），阐明了全国降水化学组成时空分布与变化规律，发现长沙等四个地区降水 pH 值年均值低于 4.0，是当时全球酸雨最强的地区；计算得到了全国降水离子沉降通量，绘制了全国离子沉降通量地理分布图；基本查清了我国泰山等五座代表性山峰上降水酸度和化学组成的时空分布；

图 12-7　王文兴参加 1999 年 8 月国家科技奖励获奖项目代表座谈会（前排右四王文兴）

得到我国东北和东部沿海地区酸雨也受到日本和韩国影响的新证据；得到了中国酸雨成因研究成果。王文兴在中国酸雨成因方面的研究结果发表在国际杂志上，引起学术界的广泛关注。一系列原创的研究成果为我国的酸雨研究和控制作出了重大贡献。本次获奖是我国环境科学技术领域第一个国家科学技术进步奖一等奖，也是迄今唯一的一项国家科学技术进步奖一等奖。

"我国酸沉降及其生态环境影响研究"参与的单位众多，除了王文兴所在的中国环境科学研究院，还有来自北京大学、清华大学、南京大学、中国科学院、中国气象科学研究院等高校和科研机构，检测机构以及各地的环保机构和环境监测站等。项目的奖励名次确定后，紧跟着的就是各完成单位和个人的排名评审工作。对于这样一个庞大的科研攻关项目，它的完成单位和完成自然人都是有先后名次的，排名的先后主要取决于他们在项目中所起作用和所做贡献的大小。名次靠前的单位或个人不仅有着更大的荣誉感，某种程度上还体现着对其科研能力的评价。从"七五"国家科技攻关到"八五"国家科技攻关，十多年来，王文兴一直主持、参与酸沉降的各项科研活动，担任两个攻关项目的课题总负责人，无论是整体的课题设计、组织实施还是分课题的亲力亲为的观测、研究，其贡献和地位都是不言而喻的，而王文兴所在的中国环境科学研究院也是这两个项目的主要负责单位，按理说王文兴排在获奖个人第一位是众望所归，中国环境科学研究院排在获奖单位之首也顺理成章。毋庸置疑，这样的重大奖项无论对单位还是个人，都有着非同一般的意义。在评审过

图 12-8　1998 年 12 月获国家科学技术进步奖一等奖证书（左图为获奖单位中国环境科学研究院，右图为获奖个人王文兴）

第十二章　酸雨攻关　攀越巅峰（四）

程中有人提出，在获奖单位和人员的排名顺序中，单位第一和个人第一不能归属同一个单位，还要照顾到其他参与单位的情况和平衡。相关领导找王文兴谈话，介绍了评审的过程，并希望他能从单位排名第一和个人排名第一中选择一个。王文兴当然知道在完成人中排名第一意味着什么，如果自己是第一完成人，可以说是我国从事环境科学领域研究的科学家中第一个获得国家最高科学荣誉的人，这不仅是对自己几十年科研治学工作的最大肯定，也必将会对以后个人的发展大有裨益。但是王文兴没有什么犹豫，坚决选择了单位第一，他明白，相对于自己的排名，单位获得第一，表示该单位在酸雨研究领域总体水平高，在学术界的影响更大。这会极大地促进中国环境科学研究院今后各项工作的开展，能够带来更多的科研项目和经费，取得更多科研成果，也会给众多的年轻同志更好的发展机会和空间。王文兴放弃个人利益，甘居第二的做法，体现了一名老科学家的高风亮节，不仅得到了单位领导和同事们的啧啧赞赏，也得到了包括其他获奖者及评委在内的众人的叹服和敬意。每当回忆起这些，王文兴总是谦逊低调地说："能有25位多年同事获得这个国家一等奖，我非常高兴，我的单位中国环境科学研究院获得第一名，我个人名次没什么，获奖名额有限制，项目里还有好多工作努力又出色的同志没能进入获奖名单，我感到非常遗憾。"

当选中国工程院院士

1999年11月，王文兴顺利当选中国工程院环境与轻纺工程学部院士。当选院士，无疑是对一个科学家科研生涯的极大肯定，甚至可以受用终身。不过对于一心埋头科研的王文兴来说，他的心思基本都在科研工作上，"如何当院士"并不在过多考虑之列，这一点，从当初个人和单位申报时就可见一斑，因为他连该申报科学院还是工程院、该有多少论文什么级别的论文发表都不清楚。

说起当年申报院士的经历，王文兴最初申报的是科学院，他说："大体上科学院以自然科学为主，工程院以工程技术类为主，但是这里面呢，特别是环境方面没有太严格的界限。科学院也有技术科学部，没有严格界限。当时我不清楚可以同时申请科学院和工程院，没啥经验，就随意申报了科学院。"与工程院偏向于工程技术实践不同，科学院院士遴选相对比较偏重科学理论研究，王文兴多年以来奔波在环境科研的一线，做了大量实际工作，虽然也有相当数量的专著和论文出版，但自己往往不很看重这些，而他申报科学院院士恰恰是卡在了"文章不够"上面。到1998年王文兴主持的"我国酸沉降及其生态环境影响研究"项目获得国家科学技术进步奖一等奖后，他申报工程院院士的过程十分顺利，可以说是瓜熟蒂落、水到渠成。有趣的是，王文兴这段经历与我国著名杂交水稻育种专家袁隆平十分相似，袁隆平一开始也是申报科学院院士，同样是因文章不够被退回，后改报中国工程院院士并成功当选。

与几年前的离休一样，王文兴仍然只是把当选院士当作自己学术生涯的一个节点而远非终点，年逾七十的王文兴又在新的科研平台和学术领域里开始了"创业"。

相比"七五""八五"课题期间的忙碌，进入"九五"课题后，王文兴得到了一段相对空闲的时间，只是他的"科研神经"早已形成了习惯，丝毫没有放松对专业前沿的关注。在这个时期，王文兴的三个女儿分别在美国和加拿大深造或工作，王文兴自费去了一趟美国和加拿大，借探亲之便拜访了一些交往多年的同行，他们都在美国和加拿大的环境科研领域工作。在北卡罗莱纳州立大学，在美国环保局，王文兴与朋友亲切交谈，交流经验，互通有无。他参观了多个科研实验室，对美国、加拿大等科技最发达国家的大气环境科研和污染治理情况有了较为深入的了解，增进了友谊，也有效地启发和促进了自己的科学思考。王文兴在回顾过去的工作时，念念不忘那些长期与他合作的老朋友，在美国工作的华人江家驷、郑钧华、果志实、张时雨、刘绍臣等人，铃木伸、秋原肇等日本朋友，威尔逊、戴维斯等美国朋友，特别是环境化学家威尔森，他几十年如一日致力于环境保护合作研究，在几十年酸雨研究过程中，多次来中国进行交流，他退休后已近70岁高龄，还携夫人专程从美国到北京看望他在中国合作

图 12-9 2002 年美国环境化学家威尔逊携夫人来中国,在北京宴请中国朋友(左起魏复盛、威尔逊夫人、王文兴、威尔逊、梁思翠)

过的王文兴等老朋友。

在与威尔逊等人的长期交往交流中,王文兴深刻感受到中国环境科研工作与发达国家之间的差距,这也是王文兴为了祖国的环保事业急起直追、"不待扬鞭自奋蹄"的一大动力。让王文兴备感欣慰的是,他与众多科研同伴通过 20 世纪八九十年代长期艰苦的努力,在酸雨研究的过程中及时将阶段研究成果提供给各级政府,用于制定控制酸雨污染的对策和指导具体治理工作,有效防止了类似欧洲和北美洲酸雨区那样的生态灾难在我国的发生。

来自山东大学的邀请

回国后,王文兴将在国外的调研和中国的实际情况结合在一起,开始一系列崭新的科研思考。时值世纪之交,年过七旬的王文兴回顾来路感慨万分，从青年时代上大学时学习物理化学专业起，他就一直希望毕业后从事他最喜欢的物化方面的基础研究，然而从毕业分配去东北，然后辗转西北、天津、北京，半个世纪以来"做的都是国家急需要解决的问题，都偏重于应用"，在离休并当选院士之后，"回归初心"做基础研究这个夙愿，在王文兴的脑海里越来越强烈，也越来越清晰了。

2001年5月的一天，王文兴接到一封来自山东大学

图12-10　2001年10月山东大学百年校庆日王文兴与化学系校友吕锡恩留影

的信件，就是这封信件促成王文兴回到了阔别已半世纪的母校，也终使他得偿夙愿，彻底改变了晚年的工作和生活状况。

来信的内容是邀请校友王文兴院士参加山东大学建校100周年的校庆活动……王文兴心潮澎湃，难以抑制激动的心情。王文兴知道，自己能取得今天的科研成就离不开在山东大学学习的经历，山东大学的老师更是自己的学术领路人。然而毕业后，由于自己长期在东北、甘肃、天津、北京工作，还有大量的时间在野外实验，时间紧、工作忙，所以很少有机会回到山东，回到母校。偶然几次出差机会，王文兴也只是去青岛山东大学的旧址（也就是今天的中国海洋大学）去看看当年学习生活过的老校园，而1958年从青岛迁回济南的山东大学校本部，王文兴却从来没有去过。山东大学环境学科刚建立不久，在相关的环境科学的会议中也很少见山东大学师生的身影，所以王文兴与母校的交流联系并不多。

山东大学是中国近代高等教育之翘楚，其医学学科可追溯至1864年，为近代中国高等教育历史之最；其前身1901年创办的山东大学堂，是继

第十二章　酸雨攻关　攀越巅峰（四）　*253*

京师大学堂之后中国创办的第二所国立大学，也是中国第一所按章程办学的大学①。从诞生起，学校先后历经了山东大学堂、国立青岛大学、国立山东大学、山东大学以及由原山东大学、山东医科大学、山东工业大学三校合并组建的新山东大学等几个历史发展时期。百年间，山东大学为国家和社会培养了40余万各类人才，为国家和区域经济社会发展作出了重要贡献。

图12-11 2001年10月山东大学百年校庆日学校赠送王文兴的纪念品

校庆典礼举行的前几天，王文兴来到泉城济南。漫步在山东大学环境优美的校园，看着各具特色、整洁有序的教学楼、实验楼、图书馆、办公楼、学生宿舍、餐厅，听着小树林里传来的琅琅读书声，感受着同学们的青春气息和自信才华，王文兴不禁想起了自己当年在山东大学上学时的情景……

2001年10月15日，山东大学迎来了校史上具有特殊纪念意义的一天。学者云集，群英荟萃，山东大学建校一百周年庆祝大会在山东大学中

图12-12 2001年10月山东大学100周年校庆现场

---

① 《山东大学百年史》编委会：《山东大学百年史》。济南：山东大学出版社，2001年。1901年，时任山东巡抚的袁世凯在组织有关人员起草了《山东试办大学堂暂行章程折稿》后，迅速上奏清廷要求先在省城设立大学堂，获清廷批准。山东大学堂于1901年11月正式成立。《山东大学堂章程》在当时也发生了较大的实际影响，1901年11月，学部大臣张百熙将山东大学堂办学章程转饬各省，要求各省参照办理，成为各地书院改学堂所效法的榜样。

心校区体育场隆重举行。来自全国教育界、科技界、知识界的有关知名人士，山东大学师生代表共15000余人参加了庆祝大会。庆典上，校友们无不感慨于山东大学的飞速发展和巨大变化，王文兴更是为母校所取得的巨大成就而感到由衷的骄傲和自豪。

校庆期间，时任山东大学校长展涛[①]会见了来参加庆典的著名专家学者。此时的王文兴在业内有着很高的学术声望和影响力，早在20世纪八九十年代，他就长期担任《中国环境科学》主编，《环境科学学报》副主编，《Environment Research》(《环境研究》)副主编，国际大气科学与空气质量会议组织委员会委员，国家环境咨询委员会委员，中国环境科学研究院原副院长、学术顾问，中国环境科学学会常务理事会1—4届常务理事、大气环境分会多届理事长等，20世纪90年代末荣获国家科学技术进步奖一等奖，并当选中国工程院院士后，王文兴在业界的声誉更是有增无减。展涛校长对参加山东大学百年庆典的几位院士非常重视，在与王文兴畅谈时表示，希望王文兴能够为学校的发展献计献策，帮助山东大学完善学科体系，特别是希望他能够来山东大学工作，助力学校加快环境学科的发展。

展涛校长的话语坦率而直接，这让王文兴感到有些突然，但是校长的希望又和自己心中埋藏多年的期许不谋而合。严谨的言行是王文兴的行为准则，来山东大学工作不是光说说那么简单，王文兴考虑更多的是自己逾七十岁的年纪能为母校做什么，能为母校作出多大的贡献，他绝对不会做一名有名无实的匆匆过客；此外中国环境科学研究院的工作还需要自己，尽管已经离休多年，也不能一走了之……一系列问题摆在面前，王文兴没有立即答应展校长的邀请，他回复校长让自己好好考虑一下。

王文兴年逾古稀，功成名就，按说应该到了享受生活安度晚年的时候，但是王文兴的心中还有未了的心愿。首先，王文兴希望自己重拾物理化学的理论研究工作。王文兴学的是物理化学专业，从事催化研究，最后

---

① 展涛，1979年入山东大学数学系学习，先后获得学士、硕士、博士学位；1987年留校任教，先后任讲师、副教授；1995年任山东大学数学系教授、副主任；1995年任山东大学副校长；2000年7月22日起任山东大学校长；2008年，担任吉林大学党委常委、校长；2011至今任教育部教育管理信息中心主任。

转移到环境化学领域，几十年的时间里，主要解决和处理环境污染的具体问题，来到山东大学，可以集中时间和精力做自己喜欢的基础理论研究。其次，王文兴虽然教育经历比较坎坷和复杂，但是在每个阶段都遇到了德才兼备的好老师，这一方面让王文兴在学业和处事上受益匪浅，另一方面也潜移默化地培养起他心中浓重的教师情结，在 20 世纪 50 年代他就曾经联系过自己的老师刘椽，想去郑州大学任教，因故未能如愿，如今有机会回到母校从教做科研，既能满足个人萦绕心头多年的愿望，更重要的是，能以自己多年的实践积累和未来的开拓研究回馈母校，"为天下储人才，为国家图富强"，山东大学中心校区正迎南门那块石碑上镌刻的红色大字，似黄钟大吕，不时在他的耳边回荡……

转眼到了 2002 年年初，山东大学人事处工作人员再次联系王文兴，就聘请他担任山东大学特聘教授一事征求意见，并允诺其在中国环境科学研究院相关手续办妥之前可先兼职聘任，王文兴爽快地答应来山东大学工作，并且没有提出任何附加条件。草长莺飞的仲春时节，来自山东大学的一纸大红聘书，飞到了北京王文兴的案头。

第十三章
回归母校　再上新阶

扎根山大　组建环境研究院

进入现代社会以后，追求人与自然的和谐共处成为人类社会发展的目标。1992年，联合国环境与发展大会提出并通过了《21世纪议程》[1]，它是一份"世界范围内可持续发展行动计划"；1994年，中国国务院批准了我国第一个国家级可持续发展战略《中国21世纪人口、环境与发展白皮书》[2]；1996年，美国制订了面向21世纪的可持续发展美国计划；1998年，欧盟确定了建立绿色欧洲的发展战略；1999年，日本提出了环境立国的新国策……目前世界各国均将环境保护和人类生存与永续发展紧密联系起来，

---

[1] 《21世纪议程》是1992年6月3日至14日在巴西里约热内卢召开的联合国环境与发展大会通过的重要文件之一，是"世界范围内可持续发展行动计划"，它是21世纪在全球范围内各国政府、联合国组织、发展机构、非政府组织和独立团体在人类活动对环境产生影响的各个方面的综合的行动蓝图。

[2] 中国21世纪议程管理中心:《中国21世纪议程——中国21世纪人口、环境与发展白皮书》. 北京：中国环境科学出版社，1994年。

21世纪以来，环境问题已完成了从"科学问题"到"政治问题"再到"经济问题"的三级跳，并迅速上升到囊括一切的"发展问题"的战略高度。

与国际国内形势和发展需求相适应，环境学科及环境研究机构开始在我国大规模布局、筹建，山东大学于2000年成立环境科学与工程学院，标志着山东大学也加入环境学科研究的队伍中，2003年王文兴组建环境研究院，又将山东大学的环境学科推上一个新台阶。

从2001年参加山东大学百年校庆受到展涛校长的热诚邀请，到2002年受聘为山东大学环境科学与工程学院兼职教授，王文兴不问待遇、不计得失、不畏困难，一心一意想的就是如何为母校的环境学科建设和人才培养探路、铺路。在山东大学，环境科学与工程学院是刚刚整合成立的年轻学院，各项科研教学工作刚刚开始，急需一名领路人，为学院各项事业的发展献计献策。王文兴频繁往来于北京和济南之间，对学院的教学科研工作给予指导和协助，为山东大学的师生上课、办讲座。后来，学校领导主动找到王文兴，征求他的意见，希望他能成为山东大学的全职教授，以便更好地带领母校的环境学科走上一个新的高度。展涛校长表示，只要能把

图13-1　2003年11月，山东大学环境研究院成立大会［常务副校长王琪珑主持（左一），宣布聘任王文兴任院长（左二），展涛校长讲话（左三），山东省环保厅厅长张凯致辞（左四）］

环境学科建设好、发展成一流学科，不管王文兴有什么想法和意见，学校都会给予大力支持。

在任山东大学兼职教授期间，善于观察、勤于思考的王文兴考虑，新建的环境科学研究院的方向和目标是什么？应该是承担国家急需和环境科学技术国际前沿与应用基础研究以及培养硕士、博士生。为了在环境学科发展上全校一盘棋，鉴于山东大学环境科学与工程学院在教学和科研方面已经做了不少工作，有一定基础，特别在水污染控制工程和固废处理技术等方面已取得很好成绩，为不重复建设，考虑到环保的主要方面是大气环境、水环境、土壤、固废、生态等，大气环境和生态环境这方面研究非常薄弱。王文兴根据自己以往化学研究的经历，觉得

图 13-2 2014 年 4 月，王文兴在山东大学环境研究院建院十周年环境科学高端学术论坛上作《中国雾霾污染控制若干科学问题》学术报告

图 13-3 2014 年 4 月山东大学环境研究院建院十周年王文兴与山东大学张荣校长及院士专家合影

将量子化学计算方法应用到环境污染机理研究非常有前途，这个研究领域在国内当时是空白。根据以上思考，王文兴决定，环境研究院的三个研究方向为：大气环境化学、环境量子化学及生态环境。

王文兴分析了当时山东大学环境学科的学科状况、人才队伍和工作条件，他经过缜密而全面的考虑，正式向学校建议，成立一个独立的、学校的直属环境科学研究机构——山东大学环境研究院，并提出了较为系统的设想。王文兴的建议和设想得到了展涛等校领导的赞赏与大力支持。

2003年11月，山东大学环境研究院正式挂牌成立，76岁的王文兴担任院长，同时被聘为山东大学全职教授。王文兴向学校承诺，建立环境研究院的目标就是在环境科学这个领域，若干年内能够达到国内一流水平，并且在这个基础上向世界一流水平迈进。

环境研究院刚刚建立的时候，王文兴面临诸多难题，一没有人才，二没有仪器设备，实验和办公场地紧张，科研经费有限，虽然面临的压力很大，但王文兴心里却始终坚持这样一个信念：开弓没有回头箭！既然环境研究院已经建立，那就得全力以赴做好。此前王文兴在"老东家"中国环境科学研究院虽然已离休，但还带着研究生，变成山东大学全职教授以

图13-4 2014年4月，山东大学环境研究院师生合影（前排左起：王新锋、杜林、李卫军、刘建、王韬、陈建民、江桂斌、王文兴、胡敬田、张庆竹、姜威、谢慧君、何茂霞、戴九兰、周学华、杨凌霄、徐菲）

后，他就不在中国环境科学研究院那边招学生了，只作为一个顾问。然后把主要精力放在山东大学这边，开始"招兵买马"准备大干一场。"一开始在邵逸夫馆，学校给拨了4间房子，那地方不能建实验室，不久就搬到了老晶体所楼，然后外招人才。"王文兴回忆说，建院初期，"我们这些科研人员全部是外来的"。

图 13-5 2019年4月，王文兴与山东大学原党委书记李守信（右一）讨论环境学科建设后留影

深思熟虑之后，王文兴规划了三个学科方向，首先是他自己擅长的主要研究领域——大气环境化学，这个方向王文兴责无旁贷地成为中流砥

图 13-6 2007年6月，山东大学环境研究院第一届毕业生毕业留念

第十三章 回归母校 再上新阶

图 13-7　2019 年 4 月山东大学第四届教职医务员工代表大会第一次会议暨第十九届工会会员代表大会第一次会议，王文兴与校党委书记郭新立（右一）在会议上

柱，他准备通过引进、培养人才让大气环境化学学科尽快在山东大学发展起来；其次，王文兴科学视野非常广阔，眼光也很独到，根据多年催化动力学和环境化学的经验与科研感受，他发现在当时国内还没有把量子化学纳入环境研究领域，便将量子化学和环境科学的结合列为新方向——交叉学科环境量子化学。最后，王文兴考虑到生态是关系人类生存环境的重要领域，也是今后科研的一个重要方向，于是将环境生态学确定为第三个方向。这三个方向正是十多年来山东大学环境研究院发展的主要方向，大量的科研成果和高水平学术论文的发表都证明了王文兴最初规划这三个大方向的正确性，特别是他将量子化学应用到环境领域，开辟了一种全新的环境科学研究方法，在全国乃至世界范围内都是十分超前的。

2004 年春，量子化学方向张庆竹博士首先来到环境研究院，暑假后大气环境方向的周学华博士和生态研究方向的戴九兰博士加入，这是环境研究院引进的第一批专职科研人员。同年，招收第一批全日制研究生曲小辉、郝明途、王哲、高健，两位在职博士生岳钦艳和杨凌霄，这是环境研究院一个良好的开端。

此后，随着山东大学环境研究院的不断发展、壮大，办公和科研条件得到了明显改善，科研用房扩展到七百多平方米，添置了一批具有国内、国际先进水平的实验仪器设备，人才梯队建设步入良性轨道，取得了一批

图 13-8 2018 年 11 月,王文兴在第 24 届中国大气环境科学与技术大会暨中国环境科学学会大气环境分会上与师生合影

令人瞩目的科研成果。到了 2018 年,按照学校的规划,环境研究院搬迁到了山东大学青岛校区,有了更好的科研条件和更加广阔的空间,而对于素有"青岛山大"情结的王文兴来说,不啻又一次重返母校。

王文兴在积极发展学科的同时也非常关心社会科学活动,他是环境科学学会建会以来前四届的常务理事,并多年担任大气环境分会的理事长,领导组织了多届年会。2018 年 11 月,由中国环境科学研究院和山东大学环境研究院等单位承办的第 24 届

图 13-9 2019 年 4 月,在山东大学青岛校区学科建设会议上与校长樊丽明(右一)留影

第十三章　回归母校　再上新阶　**263**

图13-10 青岛校区环境研究院大楼

中国大气环境科学与技术大会暨中国环境科学学会大气环境分会2018年学术年会，在青岛国际会议中心召开。本次大会围绕"新时代大气污染综合防治：科学、技术与管理"为主题，开设23个分会场，在学部的大力支持下，11位院士和近150位国内外知名专家学者参会作特邀报告，作为中国环境科学学会大气环境分会名誉理事长，王文兴在开幕式上致辞。来自全国100多个单位的1500多位代表，以及400多名来自山东大学和中国海洋大学的学生参加了本次盛会。本次年会是参加代表人数最多的一次，在我国大气环境科学发展历史上留下了浓墨重彩的一笔。

白手起家　大气环境研究迎难而上

改革开放之后，经历了大规模的城市建设和工业生产，与西方发达国家相仿，我国也面临着严重的大气环境污染。经过王文兴与其同行的共同努力，我国区域性酸雨污染得以及时察觉和有效遏制，局地的光化学烟雾与煤烟型污染也得到了一定程度的缓解。然而，对人体健康影响更大的细颗粒物污染问题，在我国一些城市和地区逐渐凸显且愈发严重。山东是我国重要的工业大省、煤炭消耗大省和人口大省，王文兴依据我国大气污染形势，较早预测到山东（乃至整个环渤海地区）将会出现严重的大气细颗粒物污染，因此倾力建设大气观测平台，全面开展空气质量和大气化学研

图 13-11 2016 年 12 月在济南举办大气环境高峰论坛暨"中国大气环境问题的演变和未来"主题研讨会，山东省委常委、济南市委书记王文涛（前排左十二）、山东大学校长张荣（前排左十）、环境研究院院长王文兴（前排十一）等与专家合影

究，服务于地方的大气环保工作，为守卫蓝天贡献自己的力量。

大气环境保护是环保中最重要的工作之一，大气环境科学研究也是环境科学领域内重要方向之一，人可以几天不吃饭甚至不喝水，但是人离开空气很短时间就会窒息，大气环境保护的重要性不言而喻。基于二十余年的大气环境化学研究经历，王文兴首先确定建立大气环境方向，重点是环境化学，以适应国家和山东省大气保护工作的需要。

王文兴力主建立山东大学环境研究院，仪器购置问题所需要的经费却成了限制环境研究院发展的大问题。但困难难不住目标明确、意志坚定的人，早已习惯了奋斗的王文兴不等不靠，"有条件要上，没有条件创造条件也要上"。2004 年环境研究院的第一台大气观测设备——迪克 TSP/PM10/$PM_{2.5}$ 采样器，是王文兴从"老东家"中国环境科学研究院买来的，这台设备为之后开展的山东地区 $PM_{2.5}$ 项目立下了汗马功劳。时至今日，王文兴依然清晰地记得他和一名研究生搭乘火车把采样器从北京抱回来的过程。王文兴喜欢把这些最初的设备叫作"发家设备"，就像人民军队起初装备简陋、"小米加步枪"一样，正是最初的这些设备，陪伴王文兴和山东大学环境研究院一路走来。现在有的老设备已经损坏、无法使用，但王文兴却舍不得扔掉，对他来说，这些老伙计每一件身上都承载着独特的回忆，更见证了山东大学环境研究院的发展历程。

王文兴一直惦记着全球性的环境问题——酸雨在山东地区的污染现状和特点。2004年，王文兴从个人的院士活动经费中节省出一些资金，指导青年教师王艳等购置了国产的精密酸度计、电导率仪、电子天平、电热鼓风干燥箱等小型设备。依赖于这些设备，王文兴团队初步查明了泰山山顶的降水酸度和污染特征，为山东大学承担973酸雨项目子课题打下了重要的研究基础，同时积累了连续三年的济南市区降雨酸度的数据资料。

2005—2006年，在学校"985二期经费"的大力支持下，深入研究大气细颗粒物（$PM_{2.5}$）的"飞机加大炮"终于有了着落。王文兴指导青年教师杨凌霄（他的在职博士生）和周学华（中国科学院理化技术研究所引进的博士）、博士生高健等，购置了多套先进的大气采样、测量仪器及分析等仪器设备，其中包括美国MSP的宽范围颗粒物粒谱仪（国内第一台WPS 1000XP）等二十余台先进仪器设备。此时，山东大学大气环境化学观测平台初具规模，$PM_{2.5}$化学成分分析实验室基本建成，并在泰山山顶建成了连续运行三年的大气观测站点，这为之后研究山东及环渤海地区的$PM_{2.5}$化学与来源、霾特征与成因、大气酸沉降等科学问题提供了先进的硬件条件。

2012年，山东大学环境研究院引进了"泰山学者"特聘教授陈建民，2013年又引进国家"千人计划"特聘教授Abdelwahid Mellouki。两位高层次人才的引进，山东省政府、科技部、山东大学给予了配套经费支持，为山东大学环境研究院大气观测平台建设提供了很好的发展机遇。在青年教师杨凌霄、陈兵、王新锋的协助下，大气环境化学方向又新购了多套大气颗粒物理化性质、云雾水和光化学污染物测量设备，其中包括美国热电的$PM_{2.5}$质量浓度在线测量仪（SHARP）、美国热电的PM1质量浓度在线测量仪（SHARP）和瑞士万通的在线气体及气溶胶监测系统（MARGA）等二十余台进口设备。同时建成山东大学大气环境超级观测站、大气环境移动观测站，并搭建了固定翼无人机航测系统。至此，山东大学大气环境化学领域拥有了大气环境超级观测站和大气污染观测移动观测平台，在济南市区积累了连续三年的大气颗粒物理化性质观测资料，并在德州禹城、泰山山顶、东营黄河口等地开展了短期的强化大气观测实验，为理解山东地区大气颗粒物与霾污染的来源、形成机制、区域输送、制定有效的控制对策提供了宝贵的数据资料。

2015年，山东大学环境研究院引进"齐鲁青年学者"特聘教授薛丽坤（王文兴培养的2011届博士生）。在人才经费与科技部重点研发计划的支持下，2017年山东大学再度与泰山气象站合作，在泰山日观峰建成高度集成、智能监控、无人值守的山东大学泰山大气环境观测站，为重点研发计划"我国东部沿海大气复合污染天空地一体化监测技术"研究任务的实施提供了重要平台。此时，王文兴的大气环境化学团队已经壮大，团队成员包括王文兴院士、"千人计划"特聘教授Abdelwahid Mellouki、"齐鲁青年学者"特聘教授薛丽坤、杨凌霄教授、周学华副教授、陈兵副教授、王新锋副教授，在读博士和硕士研究生43人，成为我国大气环境化学领域的中坚力量之一。

图13-12　山东大学固定翼无人机（摄于济南，2013年）

王文兴深刻体会到大气环境观测站对环境研究院大气环境化学方向长期发展的必要性和重要意义，并多次向校领导表达自己的想法。在张庆竹教授的积极协调下，青岛市政府与山东大学初步达成意向：合作共建山东大学青岛校区大气环境观测站，计划添置多套先进的大气颗粒物在线测量仪器与离线分析设备，更新、升级山东大学大气观测平台，为研究沿海大气污染机理、海气交换及相互作用提供硬件支撑。

远见卓识　山东区域PM$_{2.5}$污染同步研究

早在21世纪初，王文兴就意识到，大气细颗粒物（PM$_{2.5}$，有时也称气溶胶）已经逐渐成为我国最普遍、最重要的大气污染物之一，它对人体健康、气候变化、大气能见度以及生态环境能够产生严重的影响和危害。而那时，$PM_{2.5}$还不是空气质量监测站的常规检测指标，$PM_{2.5}$污染尚未引起政府和公众的关注，人们也还没有注意到$PM_{2.5}$对呼吸系统和健康的影响。又由于$PM_{2.5}$的组成和来源复杂、预防和治理难度大，我国大气$PM_{2.5}$污染的科研与防治工作进展缓慢。

放眼西方发达国家的先例，王文兴深知燃煤工业和机动车尾气是大气环境污染的首要来源。我国是世界上煤炭、氮肥、钢铁和水泥产量的第一大国，煤炭消耗量逐年上升，同时机动车保有量高速增长，向大气中排放大量的烟尘、二氧化硫、氮氧化物以及挥发性有机化合物（VOCs）等，这些一次颗粒物和气态污染物转化生成的二次颗粒物浓度极高，造成了严重的大气环境污染。而山东是我国经济、人口大省，能源消费居全国之首，主要大气污染物如二氧化硫、氮氧化物、烟尘、工业粉尘的排放量和单位面积排放量即排放强度全国第一。事实上，除东部沿海几个城市外，山东地区许多城市空气污染都十分严重。

根据近年来的监测数据，王文兴认为山东地区的大气细颗粒物污染可能诱发呼吸道疾病，同时引起大气能见度降低、影响海陆空交通与农作物生长，带来巨大的经济损失。另外，王文兴与国内外学者进行广泛的学术交流，认为受季风和气团输送的影响，它也会在一定程度上影响周边地区的空气质量，需要北边京津冀地区，东边日本、韩国等国家重点关注，如果它未能得到有效缓解，还可能引起区域或国际纠纷。鉴于人体健康、社会经济、政府外交等多方面影响，王文兴认识到深入探究山东地区的大气$PM_{2.5}$区域性污染的迫切需求。

在过去的十多年间，美国、欧洲等开展了大规模的$PM_{2.5}$研究，美国和欧盟已经制定了$PM_{2.5}$质量浓度限值并建立了$PM_{2.5}$常规监测网，但区域性多城市同步研究工作还很少。在刚进入21世纪的前几年里，我国发达地区大力开展$PM_{2.5}$研究，并取得了显著成果，但研究主要集中在北京、天津、上海及珠三角等城市。在这种背景下，王文兴为查清山东省区域性$PM_{2.5}$研究向山东省有关部门申请开展关于$PM_{2.5}$的科研活动。经过王文兴的多方奔走，2004年山东省政府正式委托山东大学环境研究院开展《山东地区气溶胶PM$_{2.5}$污染特征、来源及形成机理》课题的研究，这实质上是对霾污染关键技术研究的开端。

根据山东地区17个地城的工业结构、污染类型、地理气象条件等因素，王文兴在山东选择四个有代表性的城市：济南、青岛、淄博、枣庄，设四个城市点和济南郊区与泰山两对照点，进行为期一年的PM$_{2.5}$样品同步采样，并对PM$_{2.5}$化学成分进行分析。

图13-13　2006年8月，王文兴在北京昌平进行野外大气观测（左起周学华、高健、王文兴、张庆竹）

经过对山东地区代表性城市济南、青岛、淄博、枣庄四城市五个点位连续一年多的PM$_{2.5}$采样观测和化学组分分析，基本查明了山东典型地区PM$_{2.5}$的浓度水平、水溶性无机成分、含碳组分、元素组成等变化规律。

山东区域四城市五站点PM$_{2.5}$同步观测实验，是我国较早开展的针对PM$_{2.5}$的专项科学研究，也是我国最早开展的区域性PM$_{2.5}$同步观测研究，它弥补了山东省该领域观测数据的匮乏，为山东省大气污染防治政策的制定提供了重要的科学依据和技术支持。该课题项目最终形成研究报告《山东地区气溶胶PM$_{2.5}$污染特征、来源及形成机理》，发表学术论文10余篇，培养博士、硕士及博士后数名。

王文兴团队关于山东地区PM$_{2.5}$浓度水平、污染特征及来源的研究结果，虽然部分已在王文兴的意料之中，但仍然令他触目惊心，因为如此高浓度的PM$_{2.5}$，复杂的化学

图13-14　《山东地区气溶胶PM$_{2.5}$污染特征、来源及形成机理》研究报告

第十三章　回归母校　再上新阶

成分、来源与形成机理，意味着山东乃至全国的 $PM_{2.5}$ 污染控制之路将会很艰难、很漫长。

直到项目结题几年以后，随着美国驻中国大使馆对 $PM_{2.5}$ 的实时监测和数据报道以及引发的"北京 $PM_{2.5}$ 事件"，$PM_{2.5}$ 污染及其健康影响才逐渐引起政府的重视和公众的关注。2012 年，我国环保部开始对 $PM_{2.5}$ 进行实时监测，之后将 $PM_{2.5}$ 纳入环境空气质量标准和常规空气质量监测指标，我国漫长的 $PM_{2.5}$ 污染控制之路随之开始。现在 $PM_{2.5}$ 是控制雾霾形成的关键核心污染物，几乎家喻户晓。早在 10 多年前王文兴就开展这项研究，这里再次凸显了他在科学研究中的高瞻远瞩和远见卓识。

穿云破雾　建设和运行泰山高山站

在王文兴加盟山东大学之前，山东省大气环境领域的研究很薄弱，长期的观测数据非常缺乏，尤其是缺少区域背景站的观测资料。王文兴深知长期观测数据的重要性，他认为，像济南市区这种站点的观测结果只能反映济南市的情况，不太具有区域代表性，而建立高山大气观测站就能反映区域性的污染特征。经过反复比较和考察之后，他发现泰山主峰是华北地区比较理想的区域背景点，能够反映华北边界层顶和自由对流层的大气污染状况，于是王文兴有了建立泰山大气观测站的想法。

泰山位于华北平原东缘、山东省中部，跨于北纬 36°11′—36°31′、东经 116°50′—117°12′，主峰海拔 1545 米，是燕山以南、太行山以东、大别山以北的广大华北地区的最高点，夏季经常云雾缭绕。泰山独特的地理位置为捕捉区域性大气污染特征提供了极好的条件，是华北乃至整个环渤海地区最适合的大气环境背景点之一，也是我国研究东北亚地区大气污染物传输的绝佳地点。

在泰山上建立一个观测站并非易事，站点选在泰山气象站院内，建站需要山东省气象局和泰安市气象局的审批、签订协议，并且还需要支付相关的场地租赁费、电费、食宿费用等。撇开复杂的审批程序不说，单是在泰山山顶建成一个大气观测站就要耗费很多人力、物力和财力，所有的仪器设备和站房物资都要一点点挑运上去。此外，泰山山顶多云雾，风速大，雷电频发，冬季供水困难，环境条件非常恶劣。尽管遇到各种问题和困难，在科研经费非常有限的条件下，为了珍贵的科研数据，王文兴依然下定决心筹建泰山大气观测站。

2006年1月，山东大学泰山大气观测站开始建设。冬季的泰山极顶寒冷异常，王文兴带领工作人员白天在外安装仪器，晚上住在没有暖气和空调的房子里，大家齐心协力，克服困难，短短一周时间就完成了站房建设工作。在建成的石头小屋中，陆续安装了$PM_{2.5}$、PM10、二氧化硫、氮氧化物、臭氧、一氧化碳六种污染物的在线测量设备，开始泰山大气观测实验。在之后连续运行的三年时间里，团队成员每两周或者每四周上山一趟，检查仪器状态、标定、维护仪器，下载数据，连续三年不间断地获取观测数据。参与过泰山观测实验的老师回忆，当时早上6点就从山东大学出发，坐7点的火车前往泰安，9点开始上山，11点左右到达山顶观测站，工作三个多小时，然后下山，返回学校分析数据。这么长时间，从来没有在山上住过，从没看过日出。若是赶上国庆假期，大家坐索道得排两个小时的队，遇到刮风下雨，索道停开，就在一天内爬上爬下……

2009年6月，由于场地租用合同到期、研究计划调整、人员和经费成本等方面的原因，王文兴作出撤站的艰难决定。三年时间，在项目组所有成员的艰辛努力下，泰山站上取得大量弥足珍贵的连续观测数据。王文兴团队在泰山的研究成果吸引了国内外学者的广泛兴趣，之后

图13-15　山东大学泰山大气观测站（2006年）

多家单位分别在泰山开展短期的强化观测实验，其中王文兴团队也数次上山针对不同科学问题进行集中的加强观测，包括2007年的大气酸沉降观测实验、2008年的云雾化学观测实验、2014年的雾霾与夜间化学综合观测实验等。

泰山大气观测站的建立和连续三年的大气污染物在线观测，查明了泰山山顶大气污染水平、变化规律以及人为活动的影响。基于现场观测数据，王文兴发现泰山高山背景站的二氧化硫、氮氧化物、一氧化碳、$PM_{2.5}$及PM10平均浓度明显高于众多国外高山甚至城市地区的数值，这意味着山东乃至华北地区的上空也出现了较为严重的大气污染。污染个例分析表明，泰山山顶的空气质量明显受到人类活动和人为排放源的影响，泰山霾污染的出现多由周边地区污染物的传输与积累引起，其中农作物秸秆燃烧对夏季和秋季霾的形成起了重要的促进作用。

泰山高山站的大气观测结果，连同2007年在山东地区的飞机航测数据，进一步证实了王文兴关于山东乃至华北地区区域性大气污染的猜想，不仅水平方向上覆盖区域广，垂直方向上也跨度很大，超过了1500米。这加重了他对我国华北区域性$PM_{2.5}$与霾污染的担忧，他心里清楚，未来针对$PM_{2.5}$与霾污染来源、形成机理的研究及其控制还有很长的路要走。

十年之后，基于泰山2006—2009年的三年连续观测数据以及其他包括王文兴团队在内的国内多家单位的短期观测数据，王文兴团队骨干成员薛丽坤教授分析了泰山高山背景站臭氧的长期变化趋势，发现夏季臭氧浓度呈逐年增长的趋势，与臭氧前体物特别是挥发性有机化合物排放量的增加有关。

图13-16 山东大学泰山大气环境观测站（2017年）

相关结果发表在大气科学顶级期刊 Atmospheric Chemistry and Physics（《大气化学与物理学》）上，指出华北上空臭氧污染加重的严峻形势，臭氧成为继 PM$_{2.5}$ 之后未来大气污染防治的又一个重点和难点。

游目骋怀　环渤海区域灰霾研究

随着我国经济的高速发展、城市化和工业化进程的不断加快，大气污染物的排放量也在逐渐增加，一种20世纪90年代前在中国不常见的大气污染形式——霾现象在我国日趋严重，已经成为一种新型灾害性天气。霾又称灰霾、棕色云，大气相对湿度较高时称为雾霾，主要是由高浓度大气污染物（尤其是细颗粒物）引发的大气能见度显著降低的一种城市和区域性大气污染现象。一向对环境问题十分敏感的王文兴，提前察觉到霾污染对我国生产生活、人民健康、生态环境以及经济发展的严重影响，因此，继 PM$_{2.5}$ 之后，从2006年起，王文兴逐渐把注意力转到了霾污染上，积极争取科研项目，致力于查明我国典型地区霾污染的影响范围、污染特征及形成原因。

早期人们对"霾"这个词还很陌生，甚至有些学者对"霾是否是一种大气污染""霾是否适合用来代表高浓度大气污染物引起的能见度降低的现象"尚存争议或疑问，但王文兴一直坚持自己的观点，在许多会议等场合表达自己对我国霾污染的担忧，强调对此开展研究的必要性。那时，发生霾污染的大气相对湿度并不是很高，看起来灰蒙蒙的一片，同时出现雾的情况很少，因此王文兴等称为"灰霾"，此名称被使用了多年。2012年开始，重度霾污染天气频发，而且霾污染天气的相对湿度很高，常伴随着雾或浓雾出现，自此，大家常以"雾霾"相称，特别是2013年1月我国发生大范围连续多天的严重雾霾以后，"雾霾"一词被公众所熟知，而且成了2013年的年度关键词。

有着几十年大气观测经验的王文兴，经常喜欢查看我国的地形地势

图 13-17 2016 年 10 月，参加中国大气环境科学与技术大会的山东大学环境研究院师生与院友合影

和气象场分布。基于山东四个城市五个站点的 $PM_{2.5}$ 同步观测和泰山高山背景站的连续大气观测，王文兴判断我国东部区域性 $PM_{2.5}$ 污染所覆盖的范围远不止山东省的 15 万平方千米，很可能还包括了京津冀，甚至横跨渤海，涵盖了辽宁省。借鉴国家"环渤海经济区"的提法，王文兴提出"环渤海区域性大气污染"，特别是"环渤海区域灰霾"概念，覆盖北京、天津、河北、山东、辽宁三省两市及渤海几十万平方千米的区域。事实上，之后王文兴团队在华北多个城市的大气观测实验和多年的卫星云图都证实了他的猜想和判断，整个环渤海地区上空时常笼罩着大范围的区域性霾污染。

霾是一种受到人为污染的天气现象，早期人们对霾何时出现、持续多久、影响范围多大、有哪些主要污染物、浓度有多高、形成原因是什么都知之甚少。王文兴深知霾污染相关的科学问题非常复杂，因此倾尽所能，动用了当时几乎所有先进的主流研究手段，结合霾现状调查、现场观测、实验室模拟、模式模拟和量化计算等多种研究方法，深入分析霾的形成原因、消散机制及其传输规律，从而为有效控制霾污染提出相应的对策和建议。

为了解环渤海地区霾天气的污染现状，王文兴组织团队成员进行了大量的数据和资料收集工作，他本人更是率先垂范，工作到了痴迷的地步，可以说除了吃饭睡觉就很少有"非工作时间"。比如很长一段时期，王文兴每次坐飞机的时候，都会习惯性地拍照记录舷窗外霾污染的严重程度，在高空航线沿途观察霾污染的区域范围；坐火车的时候，他跟许多旅客一样目光瞄着窗外，只不过别人看的是风景，而他是在"看天"，在判断和感受气象条件、地理位置与霾污染的变化。经过艰苦而踏实的努力，王文兴团队获得了环渤海地区三省两市的人口数量、经济产值、能源消耗、工业产量、机动车保有量及主要大气污染物的排放量，计算了大气污染物的排放强度。为厘清气象条件与霾形成之间的关系，王文兴四处奔走，收集华北地区近年来的气象资料，在老朋友任阵海等帮助下，获得了我国不同时期、不同高度的大气流场，证实不利气象条件是霾污染形成的关键因素。当环渤海地区在稳定冷高压的控制下，或者存在反气旋，或者受沿太行山山脉走向的气流辐射带的影响，大气污染物会迅速积累，在这样的条件下，易发生大范围的霾污染事件。

霾污染研究的现场观测实验人力、物力、财力耗费巨大，通常十余套大气污染物在线测量设备和采样器连续运行，需要4—6名研究人员同时作业，设备耗材与零配件、场地费、差旅费、运输费、分析测试费等成本惊人，王文兴心里清楚，尽管"省吃俭用"，有限的项目经费也难以在多个站点开展长期观测实验。为获得更多的现场观测数据，除了山东省环保科技项目的直接支持外，王文兴还积极联合团队及合作单位在环渤海地区的其他观测点进行合作研究，先后在济南市区、北京市区和郊区、东营沿海背景站等地开展了多个季节的强化大气观测实验。基于现场观测实验，王文兴团队建立了环渤海地区霾大气观测数据集，为深入分析该地区霾的污染特征、形成原因及变化规律提供了宝贵的基础数据。

王文兴清楚地认识到实验室模拟和模式模拟对研究霾污染成因的关键作用，然而在当时，山东大学还不具备这些条件与实力。于是，王文兴向教育科研发达的美国高校伸出求援之手。尽管每位导师的研究生数量非常有限，而且都有大量的科研任务在身，王文兴还是下定决心，委派四名博士研究生分别到哈佛大学、北卡罗莱纳大学、北卡罗莱纳州立大学进行联合培养，学习并开展大气颗粒物的实验室模拟与区域化学模式模拟研究，以回答我国环渤海地区发生区域性霾污染的微观机理、关键化学过程与气象过程。

王文兴团队在环渤海区域霾研究工作的开展，获得了一系列重要结果，明确了区域霾发生的气象条件和$PM_{2.5}$主要成分的时空分布特征，揭示了大气能见度与气溶胶浓度及其成分的定量关系，发现细颗粒中的二次硫酸盐、硝酸盐和二次有机物是引起霾发生的重要因素，燃煤、机动车尾气、扬尘、二次转化是霾天气细颗粒物的主要来源，高湿度条件下气溶胶表面的非均相转化会显著促进二次无机盐与二次有机气溶胶的生成。因此，严格控制燃煤、机动车尾气、扬尘源等主要人为污染源的排放，建立完善的预报预警和应急机制，是缓解环渤海地区区域霾污染的关键措施。

环渤海区域霾研究，是我国较早开展的综合性区域性霾污染科研工作，相关研究结果得到了国内外同行的广泛认可，形成了一份研究报告《环渤海区域灰霾天气的形成特征及其对大气质量的影响》，发表SCI论文20余篇，于2010年同时获得环保部环境保护科学技术奖二等奖和山东高等学校优秀科研成果奖一等奖。王文兴团队的研究成果，使得人们对我国的霾污染有了更全面的认识，引起了政府和公众对霾污染的关注，同时为环渤海地区灰霾污染的综合防治和控制战略指明了方向，对国家和地方政府制定控制对策提供了重要的理论依据和科学支撑。

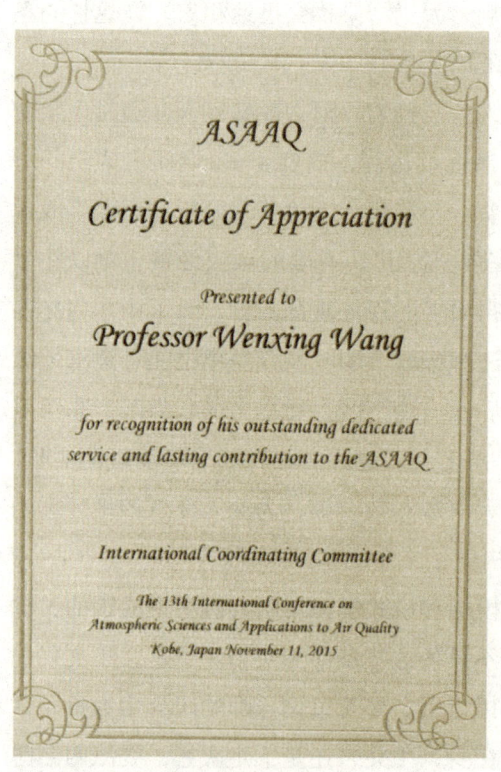

图 13-18　2015 年 11 月，王文兴获国际大气科学与空气质量会议特别贡献奖

建言献策　开展环保咨询研究

2008 年北京奥运会空气质量保障措施实施之后，随着政府和公众对大气污染问题的日益重视和关注，越来越多的高校和科研机构投入到 $PM_{2.5}$ 与霾污染的现场观测、实验室模拟以及模式模拟研究当中，大气环境领域的科研力量异军突起，科研成果如雨后春笋般纷纷涌现。对此，王文兴倍感欣慰，这些科研工作的开展，必将加快我国大气污染防治的进程，我国环境空气质量的显著改善指日可待。然而，根据多年科研工作中的观察和思考，王文兴发现我国一些大气污染研究往往侧重于具体科学问题的探索和具体实际案例的应用，对相关研究工作的历史回顾、国内外的比较与借鉴、大气污染与其他环境问题及经济发展的关系分析、基于社会经济长期发展的综合考虑与战略研究则较为缺乏。鉴于此，王文兴把相当一部分精力转移到了对我国关键大气环境问题的思考、分析、总结与展望，为国家相关政策、法律、标准的制定建言献策。

在中国工程院咨询服务中心（2016 年更名为中国工程院战略咨询中心）的支持下，王文兴先后主持了"环渤海地区经济发展与环境保护战略研究""环渤海地区环境保护战略研究""环渤海地区大气挥发性有机物污染与控制对策研究""中国大气污染防治历史回顾、挑战与应对策略研究"等环保咨询研究项目，组织团队成员与合作单位搜集、查阅、整理国内外大量相关的论文文献、研究报告、统计数据、实验数据等，进行细致的汇总、比较和分析，总结我国尤其是环渤海地区大气污染与防治、生态环境保护的历史、现状、趋势及其与区域经济发展之间的关系，思考我国大气污染防治与环境保护同社会经济发展之间的矛盾和破解之道。

环境研究院建院的宗旨就包括服务山东，在大气污染控制方面，王文兴亲自领导团队做了两部分工作，一是大气 $PM_{2.5}$ 和雾霾污染控制，二是协助山东省人力资源社会保障厅"灰霾天气的防控与干预"高级研修班。

王文兴来山东后念念不忘这里的大气污染问题，山东省最重要的大气

图 13-19 王文兴主持的中国工程院四个环保咨询项目的研究报告

污染物是二氧化硫和氮氧化物，这两种污染物的排放量山东省历年来在各省市各地区占首位。城市大气污染严重，历年全国污染最严重的十个城市排名总有山东的城市，特别在前些年，世界污染严重城市排名，山东的城市也经常在列。王文兴来到山东大学，在学校的领导和山东省环保厅张凯厅长和谢锋副厅长及历届领导的大力支持下，王文兴团队自 2004 年起先后连续进行了"城市气溶胶 $PM_{2.5}$ 污染水平来源解析研究""大气酸沉降对泰山自然生态与人文文化的影响""山东省灰霾天气的形成特征及其对环境质量的影响"项目研究。从这些项目可以看出，王文兴还是有远见的，对山东省的大气细颗粒物污染 $PM_{2.5}$ 及发展形成区域性的雾霾污染，在国内是超前的。同时也针对山东省大气污染的核心问题进行了深入的研究，向山东省提出控制 $PM_{2.5}$ 污染和雾霾污染对策。

进入 21 世纪以来，随着经济社会迅速发展，大气颗粒物污染污染也越来越重，山东城市大气污染越来越重，逐渐发展，越来越大，形成区域性的大气颗粒物污染，如济宁、枣庄、济南、德州、淄博、潍坊一直到青岛连成一片。王文兴在完成三个项目后，他看到大气污染光做这些还不行，这是一次大区域性的污染，需要的支持力度要大，于是他向中国工程院申报环渤海地区三省两市的项目："环渤海地区经济发展与环境保护战略研究""环渤海地区环境保护战略研究""环渤海地区大气挥发性有机物污染与控制对策研究"。这些项目就是针对区域性的大气污染现状和他的控制对策研究，这些研究报告得到中国工程院好评，由中国工程院发到环渤海地区三省两市和国家有关部门，对治理大气细颗粒物污染 $PM_{2.5}$ 提供了

图 13-20　2013 年 6 月，王文兴在济南参加第一届"灰霾天气的防控与干预"高级研修班合影（前排左一于庆利，左二刘运，左四蒋晓光，左五黄麟英，左六王文兴，左七穆穆，左九艾思同，左十王振群，左十一彭鑫；第三排左一张明川）

重要参考。

经过近十年的总结与思考，王文兴团队与合作者针对我国特别是环渤海地区的大气污染防治与生态环境保护提出了一系列对策与建议，主要包括：加大节能减排力度、分区分级管控挥发性有机物、加强区域联防联控、建立生态补偿与环境的考核机制、推进生态省（市）建设、全面推行新能源等。

山东省人力资源和社会保障厅非常重视环境污染，特别是雾霾污染对人体健康的影响，积极响应党中央国务院的号召，参与雾霾污染，特别是环渤海地区的污染的防治工作。为培训雾霾污染控制高级人才，提升环保、气象部门专业技术人员知识水平，有效防控和应对灰霾天气，山东省人社厅向国家人力资源和社会保障部申请"灰霾天气的防控与干预"高级研修班项目，得到批准。王文兴认为这个项目非常重要，积极支持，每年都帮助人社厅邀请国内相关领域顶尖专家授课。每一届高级研修班上，王文兴院士和中国科学院穆穆院士都在开幕式上亲自作专题报告。山东省人社厅在 2013 年国内雾霾污染发展最严重时期开始举办这个高级研修班，连续举办五届，直到 2017 年，参会人员来自全国各省市的环境和气象领域的科研人员与环保工作者，为国家培养了数百名相关专业具有高级专业技术职务（或职称）的专业技术人员或管理人员，对全国包括山东省雾霾控制作出了重要贡献。

如今，王文兴与合作者的许多建议已落地生根，变成了国家和地方的环保政策与法规，同时我国许多城市的环境空气质量已有明显改善。近年来，特别是2013年严重霾发生以来，我国环保领域的机构组织、政策法规、措施标准、产业技术、科研力量、全民意识等发生了翻天覆地的变化，这一切离不开王文兴等一批科学家的探索、努力与坚持，是他们为我国环保事业的发展指明了方向、铺平了道路。

图13-21　2013年，王文兴在"灰霾天气的防控与干预"高级研修班上作报告

图13-22　2009年4月，山东大学与清华大学在济南联合举办第11届国际大气科学与空气质量会议（左起贺克斌、王文兴、郝吉明、张庆竹）

如前所述，王文兴在我国大气酸沉降的现状、分布、趋势、成因、影响与控制方面作出了斐然成就和突出贡献，在 $PM_{2.5}$ 化学组成与来源、区域霾的污染特征与形成原因方面也作出了一些引领性工作。王文兴一直有一个愿望，就是把他多年的研究成果与国内外的研究进展整理、编写成书，给我国环保领域的科研人员与环保工作者一个全面认识。2005—2008 年及 2012—2013 年，王文兴先后组织团队成员编写《大气酸沉降》和《$PM_{2.5}$与霾化学》，这两本书的各个章节都已基本完成，整书几近成型。然而，在王文兴看来，书稿的内容与质量与他的要求和期望还有一些距离。在繁忙的科研业务与行政事务当中，王文兴无法抽出更多的时间和精力进行细致修改或指导修改，导致书稿一再搁置，至今未能出版见世，确为一件憾事。

多年以来，王文兴有定期查阅世界顶级期刊的习惯，他深知自由基化学是大气环境化学领域的金字塔顶，关于自由基化学机理的科学研究，王文兴多次跟团队成员介绍 *Science* 与 *Nature* 期刊有关 OH、NO_3、Criegee 自由基的最新研究成果，讨论对我国特殊的大气环境有什么启示、自己的团队能做点什么。然而，令人遗憾的是，受制于有限的经费与平台支持，自由基化学实验室还一直停留在他脑海当中，尚未在山东大学付诸实施，只能寄希望于下一代。

王文兴至今仍然保持着每天阅读《人民日报》《参考消息》《科技报》《教育报》等主流报纸的习惯，每年公布诺贝尔奖特别是诺贝尔化学奖的那段时期，也是王文兴最关注报纸和媒体的时刻。对诺贝尔奖获得者多年的持续关注，使他对诺贝尔奖对世界科学发展的影响有了新的认识。王文兴统计了上百年来自然学科诺贝尔奖得主所在的地区，发现诺贝尔奖得主的主要属地经历了从欧洲到北美的变迁，而近几十年其他地区特别是亚洲诺贝尔奖得主的人数明显增多，这与近百年来世界科技强国的变更是较为一致的。王文兴对我国的科技发展充满信心，王文兴预言，当然这也是他的心愿——在不远的未来中国的整体科技水平将达到世界前列，中国也将出现更多的诺贝尔奖获得者。

图 13-23　2005 年 5 月，王文兴在加拿大环境部大气研究院与中国学者合影

厚积薄发　新建交叉学科研究

　　环境科学是一门迷人的学科，人文和数理在这里汇集，人们为了寻求环境问题的产生机制和运作机理，从不同学科出发，去阐述它、了解它。一些化学物质就像一个灵魂画手在天上、地下和水中肆意作画，转化、迁移、富集，危害生态环境和人类健康，环境化学应运而生。20 世纪后，量子化学飞速发展，可以说是化学领域，特别是物理化学中的一个重要的分支，量子化学同时和分子反应动力学等组成了理论化学中的瑰宝。组建环境研究院之后，王文兴首次将量子化学运用到环境科学研究当中，由此建起以环境量子化学为主的环境理论化学研究方向，利用理论计算手段，研究环境污染物的生成、转化和降解。

　　1998 年，量子化学研究方法被授予了诺贝尔奖，量子化学发展日趋成熟。2003 年，正值国内暴发非典，北京市草木皆兵，那一年，这位老院士依然在北京和济南之间辗转奔波，为了母校山东大学的环境科学事业不辞辛劳，日渐瘦削的背影却越发显得高大，当年领导建立了环境研究院，王文兴在古稀之年的这次选择对山东大学环境学科发展影响深

图 13-24　2005 年，王文兴在山东大学量化实验室

远，同时，引进的量子化学研究方法也为国内环境科学研究开拓了新的思路。

为什么王文兴想要将量子化学用于环境研究当中？为什么王文兴一直致力于推动用新的研究思路来突破环境研究的种种框架？说来不能不提到他与理论化学的不解之缘。

理论化学一直推动着王文兴的研究工作，从半个多世纪前考入山东大学时的好奇和兴趣，到毕业后去吉林大学的进修，再到后来的催化研究和环保事业，理论计算的推演模式，理论指导实验的方式，甚至单纯利用计算来研究大气反应动力学都在他脑海里占据着一席之地。20 世纪 50 年代，王文兴在吉林大学的研究生班进修，当时的任课老师唐敖庆是著名的理论化学家，他在中国建立了理论化学学科，并被称为中国量子化学之父。王文兴受唐敖庆先生的影响，对量子化学特别感兴趣，觉得量子化学必将在以后大有作为。之后，王文兴从事多年繁重的环境科学的科研攻关项目，没有时间深入研究量子化学，但也没有忘记它在化学反应机理研究方面的作用。多年来王文兴一直在关注国际上量子化学的发展，1970 年 GUASSIAN 程序被开发出来，囿于国内计算机仍是稀有设备，并没有多少人有机会尝试，但是当王文兴听到这个消息后，心里大为振奋，因为较大规模的计算指日可待。二十多年后，当量子化学方法被授予诺贝尔化学奖时，国内一些量子化学研究团队已经逐渐配置了计算设备，王文兴酝酿多年的想法开始提上日程。自从进入环境领域，耕耘多年，王文兴深知，环

图 13-25 2017 年 1 月，王文兴在中国环境科学学会第七次会员代表大会上接受环保部黄润秋副部长颁发的环境学会顾问证书

境中的化学反应过程更为复杂，在许多情况下，用一般的实验方法难以阐明它的详细机理，环境问题的解决并非某个学科能够独立胜任的，需要多个学科交叉互补，囿于方法和视野，理论化学计算在国内环境科学领域罕有开展，而在解析某些剧毒和不易捕捉的污染物等方面，理论化学研究手段或会成为一把"密钥"。

在创建山东大学环境研究院时，王文兴把理论化学的重要分支量子化学作为三大发展方向之一，既是他"回归"理论化学的多年夙愿，更体现着他对未来学科发展高瞻远瞩的战略眼光。起初，他称其为环境量子化学。王文兴回忆说："这是我起的名，人家都叫计算化学，我就想做这个，一直惦念着这个做重点发展。之所以新建这个研究方向，这并不是空穴来风，没有以前那些思考和实验，就不会做环境理论化学，因为我并不主要做理论化学研究，我是做传统物理化学出身的，我知道实验上所触及不到的地方，或者说实验上存在的困难。就比如说以前的实验，我想检测催化循环中碳的反应路径，实验手段烦琐同时又要反复地试验，我就想计算计算，指导下实验，同时有些剧毒物质比如二噁英，就可以用理论手段来取代实验。虽然现在的实验条件好了，但是理论计算也充当着更为重要的角色"。

具体来看，比如有机污染物是环境中量大、面广、危害严重、环境行为复杂的一类化学物质，许多有机污染物具有致癌、致畸、致突变效应及环境内分泌干扰效应。有机污染物在环境介质中迁移转化，不仅经历物理变化，还可能会参与化学反应并生成毒性更强的二次污染物。阐明污染物

图 13-26　2019 年 1 月环境研究院年终教职工大会，环境理论化学与实验研究所教职工合影（第一排左起：姜威、王文兴、张庆竹、孙孝敏；第二排何茂霞；第三排左起：丁磊、李延伟、杜林、徐菲）

在环境中的反应机理是找到污染成因及提出控制方案的科学基础，而在微观反应机理研究中会遇到诸多瓶颈问题，如缺少短寿命中间体的有效检测手段；受仪器分辨率等条件的限制，某些产物难以鉴定；根据实验现象推测的反应机理缺少理论依据等。在环境科学领域中经常要用到一些数学模型，如空气质量预测模型等。管理决策部门要用数学模型去做减排方案、政策制定等；环境风险评价要用数学模型去做风险评估、应急预警等。在这些数学模型中，污染物在环境中的反应机理是核心，基元反应的动力学参数是基本输入参数。目前在建立这些数学模型中遇到的一个瓶颈问题，是缺少基元反应的动力学参数。有机污染物种类繁多，对其环境行为的实验研究需要消耗大量的人力、物资和时间，而且受种种条件的限制，在某些情况下实验手段难以达到实际需求，迫切需要发展污染物环境行为预测技术。

为此，王文兴从山东大学环境研究院建院伊始就四处物色合适的量子化学方向的人才，终于在山东大学化学院顾月姝教授的帮助下，说服正在

第十三章　回归母校　再上新阶

香港城市大学从事量子化学研究并初建成就的张庆竹博士,到山东大学环境研究院工作。

在王文兴和张庆竹带领下的环境理论化学课题组,利用量子化学方法,在环境污染物的迁移转化机理研究道路上展开了大量研究。从分子水平上探讨反应路径、转化过程、中间产物等;查清反应速度控制步骤、转化产物;同时从反应机理层面,将典型有机污染物结构与其宏观的环境行为进行关联,作出环境效应预测。

课题组主要从以下几个方面展开了研究:

研究提出了典型有机污染物的形成和降解机理。研究了硝基多环芳烃在大气中的形成机理、研究了氯酚前体物在高温过程形成二噁英的机理;探讨了形成路径、中间产物以及相应的热力学性质,找到了主要形成通道、速度控制步骤;阐明了多环芳烃中苯环数目及相对空间位置,对多环芳烃反应活性及硝基多环芳烃形成机理的影响;比较了 OH/NO_2 氧化作用下的形成机理与 NO_3/NO_2 氧化作用下的形成机理的重要性;阐明了氯酚中氯原子取代数目和位置对二噁英形成机理的影响。

研究提出了大气中新的硝基多环芳烃形成机理,阐明了水分子的催化作用,发现了大气中新的硝基蒽二次源,气态的多环芳烃(PAHs)在大气中可被 OH/NO_2 及 NO_3/NO_2 氧化生成致癌性更强的硝基多环芳烃。

课题组也对这些有机物污染物的化学形成和降解过程中的基元反应动力学进行了深入研究。在电子结构计算提供的势能剖面基础上,采用变分过渡态理论、RRKM 理论、RRKM-TST 理论等方法,计算典型有机污染物形成、降解过程中包含的关键基元反应的速率常数,并

图 13-27 2005 年,王文兴指导研究生开展量子化学与分子模拟实验(前排王文兴;后排左起:张庆竹、李善青、王晓粉)

拟合 Arrhenius 方程，得到指数前因子与活化能。研究外部环境因素对速率常数、指数前因子及活化能等动力学参数的影响。当然最关注的是这些计算结果的可靠性，所以该项目将计算结果与现有的实验值做了比较，发现了很好的吻合性。

图 13-28　1995 年 5 月，王文兴在加拿大约克大学环境化学实验室

研究发现了生物酶作用下典型有机物的降解机理，跨出从较小分子迈向大分子的重要一步。课题组采用高精度量子化学计算与分子模拟（QM/MM）相结合的方法并辅以适当的实验验证，研究典型有机污染物在生物酶作用下的降解机理。构筑降解反应的势能剖面；阐明主要降解路径、速控步骤及降解的主要产物；比较不同类型有机污染物的反应活性及降解规律，并阐明降解机理与有机污染物结构性质之间的关系，分析生物酶活性中心部位氨基酸对降解速控步骤的影响，通过突变等手段寻找更为高效的降解酶。

比如，对氯苯基三氯乙烷主要用于通过消灭蚊虫来消灭疟疾，但研究发现很多蚊子已具有了抗药性，这是由于对氯苯基三氯乙烷被蚊子中的谷胱甘肽转移酶催化降解了。产生抗药性的蚊子将加速疟疾等疾病的传播，增加人类健康风险。迫切需要深入了解谷胱甘肽转移酶对对氯苯基三氯乙烷的催化降解机理，为进一步研制新型、高效杀虫剂提供理论指导。目前关于对氯苯基三氯乙烷的降解机理有两种观点：质子转移机理和耦合－解离机理。该项目首先采用动力学模拟方法研究了对氯苯基三氯乙烷－谷胱甘肽转移酶复合物的动力学行为，获得了均方根位移信息、关键键长的动态变化信息等。

另外，课题组还将量子化学计算与定量构效关系方法相结合，构建了典型有机污染物的致癌预测模型。这是从探索机理世界到实际环境风险预测的自然过渡，研究有毒污染物的分子作用机理，一方面是为了解释还未全面了解的实验现象，从一种基础研究来认识环境世界，而更为重要的另一方面，也是为了预测污染物现有的危害和潜在的环境风险，对实际的污染物致癌作用提供行之有效的参考价值。

在王文兴的领导下，经过十五年的发展，环境理论化学的研究达到一个新的水平，研究成果步步凸显：拓宽了量子化学计算和分子模拟在环境科学领域中的应用，发挥理论计算的前瞻作用，加强学科间的交叉和融合，促进环境计量学的发展，同时锻炼和培养高层次、复合型、创新性的人才，造就一支多学科交叉的科研队伍；发展了适合实际环境体系的理论模型，特别是发展了能正确描述环境效应的电子结构理论模型，以及正确描述开放型反应体系的动力学模型；找到了典型有机污染物的形成和降解过程中主要反应路径、速控步骤，查清了氮氧化物、酚类、二噁英、多环芳烃等大气和生物体系中一些重要的反应产物；阐明了有机污染

图 13-29　2015 年 5 月，山东大学环境研究院环境理论化学课题组合影

物结构对其反应活性及降解机理的影响,寻找更为高效的降解剂或降解酶,为典型有机污染物污染控制与修复提供了理论依据和科技支撑。同时,将典型有机污染物结构与其宏观的环境行为进行关联,发展了典型有机污染物致癌性预测技术。预测软件已获得了著作权(著作权登记号:2014SR179363)。

相关研究获得同行的广泛关注和评议。比如,美国化学会以图片形式对该项目的相关研究工作做了新闻报道。德国化学会的环境化学与生态毒理学科主席 Gerhard Lammel 教授评价该项目提出的机理与实验结果高度一致,能够解释超过 90% 的实验产物来源,将该项目提出的反应机理图整幅介绍在他的论文中;美国科学院院士 John H. Seinfeld 验证了该项目提出的多环芳烃大气氧化反应路径可行性,认为该项目提出的反应机理能够详细地描述多环芳烃在大气中的氧化过程,在他发表的文章中整段大篇幅介绍该项目的成果,并采用该项目提出的机理来解释他的实验结果。2011 年王文兴与合作导师张庆竹指导的量子化学博士研究生曲小辉,获得 2011 年全国优秀博士学位论文。

近十几年来,山东大学量子化学研究在环境领域成果丰硕大放异彩,这也让王文兴信心倍增,他相信,量子化学在环境领域中扮演的角色越来越不可忽视,理论计算也使得环境研究出现更多的可能,而接下来团队的重要任务之一,就是去不断探索、发现这些新的可

图 13-30 王文兴与合作导师张庆竹指导的博士学位论文被评为 2011 年度全国优秀博士学位论文

能。王文兴说,当初我们把量子化学引入环境问题研究当中,敢为人先,那是创新,也取得了不少成果,而以后我们要做的并不是换换代基,或者找找同系物那么简单地去研究环境问题,各种环境问题错综复杂又层出不穷,我们不能单纯从化学的角度出发看待问题,我们需要认真地发现新问题,认真地思考,探索新角度、新方法,在科研道路上开拓创新,永远不能止步。

图 13-31　2009 年 9 月，王文兴荣获山东大学育才功勋荣誉称号

服务地方　指导环境生态研究

　　人与自然和谐相处的生态智慧在中国源远流长。20 世纪之后，为了应对全球性生态和环境问题的挑战，环境科学和生态学这两门学科不断交叉融合，环境融于生态之中，生态之中又有环境，最终形成了环境生态学这门新兴交叉学科。王文兴在山东大学环境研究院建院伊始，就筹备建立了环境生态研究室，设立环境生态学研究方向，为山东大学环境生态学的发展作出了卓越的贡献。

　　环境生态学是环境科学的重要组成部分，是指以生态学的基本原理为理论基础，结合环境科学、化学等学科的研究成果，研究生物与受人干预的环境相互之间的关系及其规律性的一门科学，研究成果服务于解决环境生态学的问题和生态环境建设。

　　王文兴考虑到环境科学的学科完整性并为了更好地服务于生态山东建设，建院时就把环境生态学设为三大研究方向之一，当时聘请山东大学生命学院王仁卿教授担任此研究方向的学术带头人和组长，并兼任环境研究院副院长。设立该方向之后，先后引进在中国科学院相关研究所的戴九兰博士、刘建博士、谢慧君博士、孙瑞莲博士和张超博士，组建了环境生态学研究课题组，并于 2017 年 12 月正式成立山东大学环境研究院环境生态学研究所。

在多年的环保实践中,王文兴对整个环境科学的需求和发展具有深刻的认识,环保不仅仅在于污染治理,生态综合保护也是环保的重要组成部分。考虑到环境研究院已有大气化学和量子化学两个研究方向,将环境生态学的研究重点放在土壤生态、湿地生态和生态规划等几个方面,既可以与山东大学环境科学与工程学院及生命科学学院的生态学研究实现错位发展,又能相互促进。王文兴多次与环境生态学研究课题组的师生讨论,对于山东大学已有的研究方向不搞重复建设,要瞄准新兴交叉学科,他期望未来把生物的一些深入的理论和方法用到环境科学中。王文兴对研究的执着与对交叉学科未来发展的期待,也让环境生态学研究课题组对未来所要从事的科研事业充满了信心。

环境生态学方向的谢慧君、孙瑞莲和王蕙等都是王文兴的博士后,作为一名合作导师,王文兴不但指导他们的科学研究,还积极帮助他们争取学科资源和拓展合作伙伴。谢慧君清晰地记得,2006年4月3日,她第一次踏入山东大学环境研究院大门时,王文兴和蔼可亲的笑容、慈祥的目光和温和的语气,让她一个初入社会的学生感受到了环境研究院这个大家庭的温暖。2007年,谢慧君与环境科学与工程学院的张建教授开始合作,王文兴对于这件事非常赞同,并且给予鼓励和支持,安排谢慧君和孙瑞莲参与张建的国家重点研发课题。那时候,环境研究院乃至学校的用房非常紧张,但王文兴专门调剂出两间房子,用来建立湿地生态学实验室。后来,课题组在湿地生态学领域参与了两个国家重大水专项课题和一个"国家科技支撑计划",在湿

图13-32 2017年5月,生态组在山东大学中心校区人工湿地小试基地(左起:张建、谢慧君、刘建)

地污水处理和生态保护方面也开展了一系列的研究，湿地生态学在王文兴的支持下成为环境生态学研究组的重要方向。

王文兴认为环境生态学既要有国际视野，也要立足国家和地方需求，为区域生态环境改善提供科技支撑。环境生态学研究所在王文兴的指导下，在土壤污染生态学、湿地生态学等方面取得了不小的成果。王文兴虽然主要从事大气污染研究，但对生态学研究方向尤其是土壤环境质量和土壤污染生态方面的研究工作也始终关注，积极争取国家重点基础研究计划（"973"计划）等省部级项目资助，努力培养和鼓励年轻人，服务国家和山东，服务当前的土壤环境质量提升。2003年，王文兴与孙铁珩、魏复盛、张高丽作为共同主席，参加中国科学院沈阳应用生态研究所原所长孙铁珩举办的香山科学会议，议题是：东北老工业基地生态环境恢复。会后王文兴支持孙铁珩为首席申报东北老工业基地生态环境破坏修复"973"计划项目专题："重金属汞在东北地区典型土壤中的结合特性及迁移机制研究""东北老工业基地典型土壤环境有机污染物污染特征与时空演变"，与清华大学共同承担一个课题，这是山东大学环境研究院生态第一个重点项目。多年来，王仁卿、戴九兰、孙瑞莲等人在多项国家973专项、国家重点研发计划、国家自然科学基金等省部级项目的资助下，取得了一系列重要研究成果，已发表高水平研究论文60多篇，其中高水平SCI或EI论文40多篇，获奖6项。这些研究成果为近年来环境研究院更好地服务山东，服务地方生态环境健康等方面提供了重要依据。相关研究不但发表了高水平学术论文，而且具有很强的应用价值，这是王文兴最看重的。王文兴多次强调，生态学的研究不但要具有世界水平，而且要符合中

图13-33　2003年10月香山科学会议四位执行主席（左起：张高丽、王文兴、孙铁珩、魏复盛）

国实际，为山东乃至中国的生态环境保护贡献力量。

王仁卿是生态环境领域的著名教授，和戴九兰等人先后获得多个与土壤生态学有关的课题，完成了矿区、污灌区和普通农田土壤中重金属、石油烃和多环芳烃等污染物的分布特征、来源、迁移机制和风险分析等研究工作。戴九兰等人率先将生态学理论方法、多元数值模拟方法和同位素技术成功应用于土壤中污染物的来源解析研究，并与污染物的人体健康风险评估模型计算和污染物对土壤微生物的毒性刺激研究相结合，构建了污染物从多种污染源到土壤中富集再迁移至生物受体的多相多介质间的全过程研究体系；率先用多元矩阵区分定义出土壤中污水灌溉来源、大气污染物沉降来源和点源（有机）污染物的特征，计算了它们的贡献率，为区域土壤污染源解析开拓了研究方法；率先综合评价了污染物的人体健康风险和对土壤微生物的生态影响，结合土壤微生物生态指标改进了污染物全量评价土壤污染水平的不足，为土壤污染物风险评估拓展了研究体系。野外实际调研和实验室模拟实验并重，虽然彼时已经步入古稀之年，王文兴仍多次亲历野外调研，与年轻老师讨论实验，联名发表学术论文。

戴九兰等人对中国具有代表性的黑土、潮土、森林土壤、盐碱土和红壤及其组成与重金属汞的相互作用和结合特性进行了研究，首次阐明了重金属汞在黑土、潮土、森林土壤、盐碱土和红壤中的赋存形态、生物有效性、迁移特性及固定与释放机理以及影响因素，并特别针对重金属汞与土壤中的重要组分腐殖酸相互作用机制进行深入研究，系统阐明了腐殖酸多官能团作用基团反应的表面络合模式、微观结合机制以及重金属汞在土壤腐殖质中

图13-34　2006年10月，王仁卿陪同瑞典专家在济南南部山区进行生态考察（左一王仁卿）

图 13-35　2013 年，生态组和英国埃塞克斯大学董良峰研究员到南四湖考察并采集水样（左二董良峰，左三刘建，左四戴九兰）

的吸附解吸及其界面过程的动力学过程。该研究为抑制陆生生态系统中土壤重金属库向陆生和水生食物链迁移提供新的理论依据，同时也为环境汞污染风险评价、建立汞的扩散模型以及预测和治理汞污染提供理论指导。相关研究不但发表了高水平学术论文，而且具有很强的应用价值，这是王文兴最看重的。王文兴多次强调，生态学的研究不但要具有世界水平，而且要符合中国实际，为山东乃至中国的生态环境保护贡献力量。

在湿地生态学研究方面，同样取得了骄人成绩。湿地有自然湿地和人工湿地之分，我国和全世界一样面临着自然湿地减少而人工湿地增多的趋势。人工湿地作为衔接污水处理厂出水和地表水水质的深度污水处理系统，其在水质净化，尤其是微量有毒有害物质的去除中起到重要的作用。但是对很多微量有机污染物的处理效果并不尽如人意，而这些化合物对环境甚至生态系统都有较大的危害。为了增加污染物的去除效率，环境生态学研究所研究人员将材料学、化学和微生物学结合，分别从环境因子和降解微生物入手，开展生物促进和生物刺激方面的研究，增强了湿地对有机污染物的去除效果。

图 13-36 2009 年,美国哈佛大学 Scot T. Martin 教授访问山东大学环境研究院与师生合影(前排左四王文兴,左五 Scot T. Martin,左六张庆竹)

王仁卿和刘建等人在国家重大水专项(2012ZX07203-001)专题任务"湿地生态恢复模式与技术研究"和山东省科技发展计划项目(2011GGH21605)"南四湖流域退耕还湿生态补偿与植被恢复技术研究"等课题的支持下,基于恢复南四湖退化湿地植被恢复的实际需要,开展了不同湿地恢复方式和不同群落下土壤种子库的研究。研究发现轻微退化的南四湖湖滨带退耕湿地土壤种子库储量和物种丰富,湿地土壤种子库在湿地自然恢复中具有重要作用,拥有持久性种子库的珍稀濒危植物在湿地生境恢复后有望自然恢复种群。植被恢复是湿地生态系统恢复的重要部分和前提条件,而种子库是湿地植被更新的潜在力量,是退化湿地自然恢复的基础。研究结合地上植被和种子库进行湿地植被恢复研究,可为退耕湿地植被恢复提供理论基础和技术支持。

植物多样性与生态系统服务功能的关系是生态学的研究热点,刘建等以南四湖湿地为研究对象,深入开展了湿地植物多样性与生态系统服务功能的关系的研究,从生物多样性的四个基本组分(优势度、丰富度、平均度及分歧度)出发,研究湿地植物多样性与生态系统特征的关系,探讨了湿地恢复过程中植物多样性影响生态系统服务功能的潜在生态机制（选择效应和互补效应的不同贡献）。成果的创新性主要体现在首次提出了从这四个基本组分探索生物多样性与生态系统服务功能关系的新方法，探索了不同植物多样性指数与生态系统特征的相互影响及作用关系，阐述了生物多样性影响生态系统服务功能的潜在生态机制。生物多样性与生态系统服务功能的关系在生态学研究领域一直存在争议，研究成果为长久以来生物多样性与生态系统服务功能关系的争论提供了独特的视角，也为湿地恢复工程中生物多样性的选择和生态系统服务功能的管理提供了科学的依据。

由于在本领域的学术影响，刘建自 2014 年 6 月起担任美国 SCI 期刊 *PLoS ONE* 编委，主要负责湿地生态学和植物入侵生态学两个方向的稿件，2015 年起担任中国生态学学会生物入侵专业委员会（筹）的委员，2017 年担任正式成立的中国生态学学会生物入侵专业委员会第一届委员（全国 29 人），同年 11 月，刘建当选中国生态学学会湿地生态专业委员会委员（全国 30 人）。

经过十余年的发展，环境生态学在王文兴的直接领导下取得了一系列显著的研究成果，但王文兴觉得环境生态学的发展尚不充分。随着大气污染和水污染的持续改善，人民对良好生态环境的需求会进一步提高，因此环境生态学应该立足大生态，拓宽视野，取得更大的发展。王文兴鼓励环境生态所的老师结合自身实际，深入开展入侵植物对湿地生态系统结构和功能，尤其是对全球变化具有重要意义的湿地固碳功能进行深入研究，以南四湖湿地和黄河三角洲河口湿地为主要研究对象，提出和验证湿地固碳功能的具体机

图 13-37　2007 年 10 月，王文兴在云南进行生态考察（左起：罗清泉、王文兴、郑思源）

制，量化不同类型湿地固碳功能的差异和影响因素，提出增强湿地碳汇功能的管理对策，真正为学科发展作出创新性的贡献。

王文兴认为，随着国家建设美丽中国决策的提出和落实，环境生态学必将在生态环境保护中发挥更大的作用，他希望环境生态学研究团队既能发展学科前沿，又能接地气服务地方需求，实实在在为山东解决当前生态环境存在的问题，同时为学科发展和美丽中国建设奉献智慧和力量。

第十四章
学术传承　后继有人

环境科学路，父子并肩行

图 14-1　2007 年 5 月，王文兴与儿子王韬在香港召开的国际大气科学与空气质量会议期间留影

在山东大学环境研究院，王文兴还有一位得力助手，从 2004 年环境研究院建院初期王文兴"招兵买马"时起就应声而至，作为兼职教授，参与课题项目，开展合作研究，培养研究生，十几年来与王文兴在环境科学领域并肩作战。他，就是香

港理工大学土木与环境工程系讲座教授、王文兴的长子王韬。

王韬是我国目前在国际上最活跃的少数大气化学家之一,主要研究方向是大气光化学、气溶胶和酸沉降之间的关系;光化学臭氧污染;天气及中尺度输送过程对空气污染的影响;烟霾污染及其与臭氧光化学的联系等。从专业上看,王韬与王文兴难分彼此,真正是"子承父业"。

王韬出生于1960年,是王文兴、张婉华夫妇的第一个孩子。1959年9月,在北京化工研究院工作的王文兴被派往苏联卡尔波夫物理化学研究所进修,当时张婉华已经怀孕。一年后当王文兴回国第一次见到儿子时,王韬已经半岁了。其实不只是王韬,20世纪60年代相继出生的三个女儿呱呱坠地时,父亲王文兴也都因工作没能守在现场。母亲张婉华独自照顾着王韬和妹妹们的生活,还要照顾老人,家里一应大小事情,从来不给忙于工作的王文兴添麻烦。

在王韬的眼里,王文兴是一位威严少语却慈爱有加的父亲,虽然平日工作繁忙,聚少离多,但是王文兴却对孩子们倾注着深深的关怀和期望。家庭教育是孩子成长的关键,闲暇时王文兴自然也会跟子女们交谈,给孩

图14-2 2010年,王文兴的儿孙辈们在佛罗里达的一次聚会

子讲述做人做事求真向善的道理。只不过，王文兴的"闲暇"太少，在对孩子们的教育和影响上，他的"身教"远远大过"言传"，启发和提醒远远胜于指令，他用自己的实际行动，给孩子们树立起终身好学、勤奋钻研、坚持不懈、乐于助人的典范，让孩子们在耳濡目染中潜移默化，受益终身。

王韬上小学和初中时，正值"文化大革命"混乱时期，国内几乎所有领域都受到严重的干扰或冲击，教育、科研方面尤甚，但王韬却从不记得父亲有懈怠的时候。家中存有大量专业书籍和一些俄文的数理化方面的教科书，王文兴只要在家，经常是手不释卷。尽管王韬当时还读不懂这些书籍，但父亲读书时的专注、日复一日的坚持却引起了他对知识的浓厚好奇心。在撰写《工业催化》手稿期间，王文兴还让上初中的王韬干了一些力所能及的抄写工作，既培养、发现他的兴趣，也训练他精细、严谨的工作态度和习惯，虽然王韬看不太懂抄写的内容和那些布满符号的厚厚书籍，但父亲畅游的科学世界给了他最初的印象，在这个十几岁的少年心中，向往科学的种子已然悄悄种下。

1976年，王韬初中毕业，当时高考还没有恢复，作为家里第一个孩子，王韬不用上山下乡去当知青，可以留城参加工作。王文兴要求儿子平时多自学一些知识和技术，并建议他进入南开大学技工班（相当于现在的技术学校职业高中，目的是为南开大学培养教学辅助人员）学习。

图 14-3　2018 年 6 月，王韬参加儿子王汉生在香港中文大学医学院的毕业典礼

王韬记得，父亲在天津工作时，单位和家离得远，他不愿把时间耽搁在路上，为了集中精力做科研，一直住在单位，一周也就回一次家。1976年7月28日唐山大地震，天津受到严重波及，大量房屋倒塌、开裂，此后一段时间

余震不断，全城居民大多处在惶惶不安之中。张婉华记挂着仍在坚持上班的丈夫，孩子们也很担心父亲的安全，一天，王韬忍不住跑到父亲单位去看他，来到天津化工研究所时天色已暗，只见办公楼空空荡荡，

图14-4 2008年，王文兴（左三）、王韬（左四）父子在衡山气象观测站指导观测工作

漆黑一片，王韬找到父亲的时候，见他孤身一人，在简陋的地震棚里昏黄的灯光下，心无旁骛，静静地看着资料。冷寂空旷的场院上，没有喧嚣，没有惊惶，没有茫然，只有父亲坚定的身影，专注的神情，仿佛早已忘记了身外的世界，这一幕让王韬久久难忘。

1977年国家恢复高考后，王文兴鼓励王韬自学高中课程并给他买了自学丛书，嘱咐他要认真研读。1978年，王韬在南开大学技工班毕业后，留在南开物理系的实验室工作，工作之余继续学习，准备高考，在这期间王文兴一直关注着儿子的成长和学业。1981年，王韬顺利考入南开大学化学系物理化学专业。可以说，王韬与当时许多孩子相比是幸运的，在父亲的教育和指引下，王韬及时接受到高等教育，为今后一生的科研道路打下了良好的基础。

在王韬即将大学毕业转而攻读研究生的时候，王文兴对他的专业选择产生了直接的影响。王文兴开始跟儿子讲一些自己工作上的事情，虽然王韬在大学期间环境方面的积累并不系统，但环境科学范畴的一些概念、内容逐渐在他心中落地生根。在王韬大学本科的最后一年，王文兴给了他一本介绍环境科学进展的书，在王韬的记忆里，父亲对于他的人生道路、专业选择并没有说一句话，而在仔细阅读之后，王韬不仅对环境科学有了更多更清晰的了解，也分明从中看到了父亲对环境科学的热爱与执着，感到了父亲默默无言却又别有深情的期待，这种特殊而深情的表达，对王韬考

研深造的专业选择和日后工作起到了重要作用。

1985年，王韬在南开大学化学系本科毕业，在王文兴的建议下，考取了北京大学环境科学中心研究生，导师是大气环境化学领域专家、也是王文兴熟悉的长期多次合作的科研伙伴——唐孝炎教授。

1987年9月，王韬考取美国佐治亚理工学院地球与大气科学系博士研究生，1992年获得博士学位后到密歇根大学从事博士后研究。1995年受聘到香港理工大学工作，先后担任助理教授、副教授、教授。

如今，王韬是香港理工大学讲座教授（讲座教授是法定大学颁发授予全职教学人员中拥有崇高学术地位或重大研究成就的教席名衔，获得者一般是大学具有最高学术地位的学者），还担任香港理工大学可持续城市发展研究院城市环境分部召集人，国际全球大气化学计划科学指导委员会委员，国际大气科学与空气质量会议组织委员，香港天文台科学顾问，并担任国际期刊 *Journal of Geophysical Research–Atmospheres* 副主编、*Atmospheric Chemistry and Physics* 客座编辑、*Atmospheric Environment*、*Journal of Atmospheric Chemistry* 编委会成员、中文期刊《环境科学研究》和《环境化学》等编委会成员。

王韬主要研究领域包括对流层大气化学、污染物跨界传输、城市与区域空气质量管理、气体—气溶胶—云相互作用等。他曾担任酸雨"973"2005—2010项目首席科学家；主持和负责多项国家及区域的大型科研项目；多次在国际学术会议作特邀和主题报告。他带领的研究组迄今已在 *Atmospheric Chemistry and Physics*、*Environmental Science & Technology* 和 *Journal of Geophysical Research*

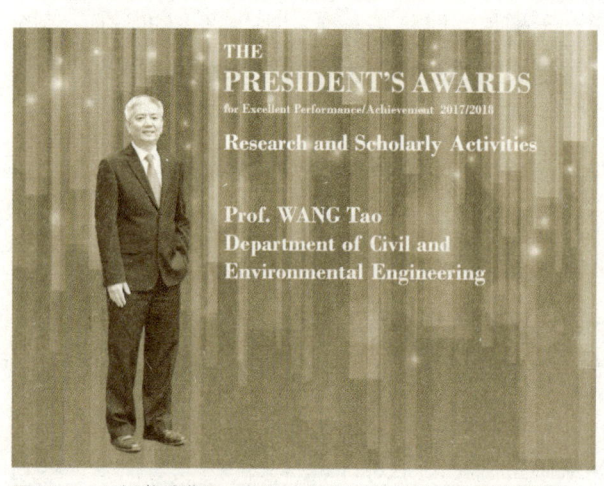

图14-5 王韬获香港理工大学2018年"校长特设卓越成就奖（研究类）"

等地球与大气科学顶尖刊物上发表论文180余篇，部分重要成果已被国际同行广泛引用。2002年，王韬荣获香港理工大学"杰出研究贡献奖"，2010年获教育部自然科学二等奖和环保部环境保护科学技术二等奖各一项，2018年获香港理工大学"校长特设卓越成就奖（研究类）"。担任香港"主旨研究计划"首个大气污染项目的协调人（2018—2022）。

图 14-6 2010年1月，王文兴（前排左四）、王韬（前排左三）、薛丽坤（第三排右五）、王新锋（第三排右四）参加国家"973"酸雨项目第三课题学术研讨会合影

从"六五"国家科技攻关计划开始，我国进行了多次大规模的酸雨研究，直到"八五"，几次国家层面的大规模酸雨攻关基本都是由王文兴主持，"九五"期间王文兴已离休，不再担任主要领导工作，但仍然承担分课题任务。2005年，王韬作为科技部"973"项目"中国酸雨沉降机制、输送态势及调控原理"首席科学家，接过了父亲从事几十年酸雨研究的接力棒。在我国学术层面的酸雨研究和实践层面的酸雨防治上，王文兴、王韬父子作出了巨大贡献。

除了王韬，王文兴的几个女儿在学业上也都取得了不错的成绩。王文兴的大女儿王梅当年也是考取了南开大学；二女儿王清上的是天津轻工

图 14-7 2018年，王梅参加女儿王心然康奈尔大学入学典礼

图 14-8　2018 年 6 月，王清参加女儿江梦然麦克马斯特大学毕业典礼

图 14-9　2019 年 6 月，王薇参加儿子王童彦加利福尼亚州立大学戴维斯分校毕业典礼

业学院，学食品发酵专业；小女儿王薇则毕业于清华大学应用化学系。在他们家庭的影响下，王韬的儿子已在香港中文大学医学院毕业，在香港一家医院工作。王梅的女儿王心然 2018 年考取了康奈尔大学电子工程专业。王清的女儿江梦然已在麦克马斯特大学工商管理专业毕业，儿子还在上中学。王薇的儿子王童彦 2016 年考取了加利福尼亚州立大学戴维斯分校。

　　王文兴大哥的儿子王宇昌是王家第三代长孙，王文兴的父亲对他的教育非常重视，王宇昌跟随他父亲的时间也长，从小深受他父亲及王文兴读

图 14-10　王文兴侄子王宇昌

图 14-11　《王宇昌书画集》

图 14-12　2017 年春，王文兴回萧县看望大哥时在县城与亲友们合影

书经历的影响，家风熏陶也深。王宇昌从小受到良好教育，敬老扶幼。其母亲生病时，他趴在床头寸步不离，母亲 86 岁病故后，他便全心照顾和护理其父衣食住行，几十年如一日，直到父亲 104 岁去世。同时对王文兴兄妹三人也照顾有加，堪称大孝子。他与邻里亲朋热情和睦，后随其父移居县城，多有农村亲朋到访求助，每次王宇昌都热情款待，尤其在困难时期，虽然他家经济条件也不富裕，但他都尽力帮助，深得乡亲好评。

王宇昌自幼勤奋好学，成绩优秀。他当时所在学校萧县黄口中学，每年都有数名学生考取名校，其中不乏北京大学和清华大学，他的学习成绩在年级中一直保持在前三名，不幸的是 1966 年读到高二下学期受"文化大革命"影响，从此停止高考，直到 1977 年恢复高考，由于那时他已结婚，失去考大学的机会。但他在农闲时自学书画，多有心得，成为安徽省级书画家，现为中国书画名家协会理事、安徽省美术家协会会员。

火车跑得快，全凭车头带

在漫长的工作和科研生涯里，王文兴辗转多个单位、岗位，足迹遍及全国各地，无论是他的科研伙伴还是单位同事，无论是上级领导还是地方、基层的科技工作者，与王文兴接触过、共事过的人，对他的为人、处事、治学都留下了深刻而良好的印象，尤其是知识学习和科研方面，大家更是交口称赞，不少人受益匪浅。

杨朝飞是王文兴在天津环保局时的同事，他说，"我进入环保这个门槛之后，王文兴是我认识的第一个人。"在1978年调到天津市从事环保工作之前，他曾在延安插队工作十年，担任过公社团委书记、公社党委副书记、书记，完全没有环保方面的专业知识。当他认识王文兴以后，正是在王文兴的引导、鼓励下，开始学习环境科学知识，走上环保事业的道路，从这个意义上讲，杨朝飞既是王文兴的同事，也是王文兴的学生。

当年杨朝飞来到天津环保局后，没有宿舍，就住在了办公室。王文兴家比较远，为了节省时间作研究，他周一到周五住在单位，周六下班后回家，周一一大早再上班，单位给他配了汽车，他也不坐。这样，杨朝飞白天和王文兴一起工作，晚上也和王文兴在单位做伴。朝夕相处，杨朝飞在学习、工作上受到王文兴极大影响。杨朝飞说："我当时到天津环保局的时候是27岁，他（王文兴）那时候大概就是五十岁，我们相差二十多岁，那时候在工作上、业务上我是完全向他学习，所以现在讲，他既给我当过领导又给我当过老师，我环保的入门知识是从王文兴那学来的，获益匪浅，受用终生。"杨朝飞回忆道，王文兴非常平易近人，身为副局长，又是前辈，在这个新来的年轻人面前没有任何架子，穿着很普通，吃饭基本就是食堂，王文兴给他讲大气污染主要是什么污染物，讲什么是二氧化硫、氮氧化物、烟尘，国家的标准是什么，当时的污染源和治理技术是什么……从环保知识ABC讲起，耐心细致，不厌其烦。印象最为深刻的是王文兴那时经常提到"伦敦烟雾事件"及其教训，这是杨朝飞第一次听到如此触目惊心的污染事件，而且王文兴一再强调，任何追求发展的国家，如果忽视了环保，都会受到严重污染的报复。环保的欠账迟早是要还的，后来的发展事实验证了当年王文兴院士的预言。

后来杨朝飞参加成人高考，不脱产的学习，也是在王文兴的鼓励下进行的。王文兴对杨朝飞说："必须学习，而且要学好，不是为了简单的拿到学历，而是要把知识学下来，要把解决问题的方法学下来。王文兴说，中国的环保也许要干几十年，上百年，现在干环保难度很大，阻力很大，非常艰巨，至少要有几十年的努力，发达国家虽然现在环境好了，那也是干了几十年的成果。环保在中国还是一件新的事物，涉及领域很广泛，环境问题具有明显的潜在性、滞后性和长期性的特征，环保技术发展也很快。我们国家的环保必须要后继有人，所以你们年轻人一定要认真学习，将来中国的环保要靠你们这些人成长起来，走上骨干的岗位，你们必须要好好学。"王文兴当年的循循善诱与谆谆教诲，杨朝飞至今仍记忆犹新，由衷感激。

1984 年，杨朝飞从天津市环保局调入国家环保局工作。1989 年，牢记王文兴"必须好好学"叮嘱的杨朝飞，报考武汉大学法学院环境法专业在职研究生，1993 年获得环境法学硕士学位。他先后担任国家环保局、国家环保总局、环保部的办公室副主任、宣教司副司长、生态保护司司长、政策法规司司长，后任环保部核安全总工程师，直至退休。退休后仍然担任生态环境部科技委委员、中华环保联合会副主席、武汉大学兼职教授等职务。从事环境管理工作 40 余年，杨朝飞在环境战略研究、生态保护、农村环保、环境经济政策、核安全管理等方面参与过我国的《环保法》《大气污染防治法》《水污染防治法》《固废污染防治法》《海洋环保法》《土壤污染防治法》等重要法规的起草；最早参与推动了我国绿色信贷、绿色保险、环保税、环保综合名录、环境损害赔偿制度建设等重大政策的研究与实践。先后主持推动了"生物多样性行动计划""生物多样性国别报告""全国生态问题调查""全国生态区划""中国环境宏观战

图 14-13　2013 年 7 月 2 日，杨朝飞（右一）给最高人民检察院检委会作讲座

略研究"等重大课题研究。参与过国家许多重要会议、文件和报告的起草工作，亲身经历了环保历史上的许多重大事件。2012年10月26日，在人民大会堂给第十一届全国人民代表大会常务委员会做了题为《我国环境法律制度和环境保护若干问题》的第二十九讲专题讲座，时任全国人大常委会委员长吴邦国主持了讲座。2013年7月2日又给最高人民检察院检委会做了题为《中国的环境法制与环境保护》的讲座，时任总检察长的曹建明主持了讲座。

在专业方面，杨朝飞个人专著有《环境保护与环境文化》《席卷全球的环境浪潮》《探索与创新——杨朝飞环境文集》，为《中国儿童生存保护书系》撰写《地球与孩子》分卷，为《中国环境与发展评论》撰写《中国生态环境态势分析》和《善待洪水，建设避灾型社会》；先后主编《中国环境年鉴（1990—1993）》《中国生态补偿费的理论与实践》《中国环保史稿》《中国的排污收费》《人与自然百科丛书》《黄河断流与流域的可持续发展》《中国环保执法年鉴》《中国环境经济政策》等书籍；在《环境保护》《中国环境科学》等重要的国家环境期刊上，先后发表过50余篇论文，《正确把握我国环境文化建设的特点》《持续发展的历史选择及对策》两篇论文曾被《新华文摘》收录刊发，《绿色信贷，绿色刺激，绿色革命？——中国鼓励银行业支持环境保护》一文，于2010年6月在世界顶尖学术期刊《环境与发展》杂志第十九期发表。

杨朝飞怀着感恩的语气说，当年在天津环保办的时候，从技术和专业上讲，王文兴毫无疑问是"车头"，是"导师"，是"引路人"，自己是王文兴工作中带出的专业干部，至今两人还经常保持联系，探讨有关环境问题。

朱坦，供职于南开大学，是我国做大气污染源解析和环境评价都有影响力的专家，也曾是王文兴1976年调入天津环保办时担任副主任时的同事。朱坦1967年毕业于南开大学的生物学系，毕业后在一直天津市河东区卫生防疫站工作，防疫站是20世纪70年代天津乃至国内各环保办公室未成立之前做环境方面工作的初始单位之一，1975年天津环保办成立之后，组织包括防疫站、地质处、城建局等单位成立科研协作组，旋即开展大气科研项目，初始课题为"天津市河东区郑庄子工业区大气污染调查和对人体健康的影响"，而入职环保办之后王文兴是该课题的直接负责人。当时的中国环保事业刚刚起步，这个研究课题走在了中国环保事业的前列，为以后各个省市的大气污染研究提供了第一手的参考资料。

朱坦在该研究课题和王文兴共事，因专业所限，朱坦对大气环境方面的理论知识也知之不多，王文兴时常鼓舞他。王文兴说，"我也转行过来的，是从工业催化领域转行过来，最初收到调职通知的时候，我心里十分不情愿，一方面，那时候我对我的专业研究心无旁骛，非常想作出成果，甚至可能都有一种执念；另一方面，当时我也对环境领域以及行政工作也一知半解，我不知道往后怎么去做未知的方向。1975年周总理去世，我和大家一样悲恸不已，又听闻传话再不入职可能受到处分，'文化大革命'过后百废待兴，改革的春风也迎面而来，被动的心便也慢慢变得主动、坚定，我们国家的环保事业刚刚起步，我想着换一个行业我们也可以做好多东西，科研课题到手之时，学习的姿态就变得饱满起来。"朱坦犹然记得当年的激动，他说，"后来我想，王院士那种学习和科研态度的转变，有一种敢为人先的勇气。当时的中国我们选择工作都要服从分配，有好处也有坏处，我们不会像现在的年轻人一样苦恼于找工作，但是也可能有不好的地方，服从工作分配也就不能保证遂于自己的选择权，考虑它是非所爱，但是我们当时也比较单纯，当时真是家国所需之处，便也是我们这些科研人员所到之处。不论什么年龄，都有转行的可能，有些人转行之后可能郁郁不得，取得的成果也不尽如人意，所以王院士那种转行之后不断学习的魅力，也深深地影响着我，是我不断学习的榜样，这也使得我们这一帮人在当时大气环境研究刚刚起步之时能取得不错

图14-14 2003年3月，王文兴和朱坦教授在天津学术会议上合影

的成果。"

1979年，朱坦调职到南开大学化学系的环保专业后继续从事大气环境研究，当时的天津环保办改制成为天津环保局。天津环保局组织开展了"天津市大气环境质量评价和污染综合防治研究"项目，该研究开创了以多模目标决策自制系统来分析城市的大气污染防治对策、理论和模型，首次将其利用于城市大气环境污染评价，研究成果为后来的大气环境评价打下了基础，而后在1982年获得了天津市科技优秀成果二等奖。这个项目也是王文兴直接负责，朱坦作为参与单位的研究人员参与，几年间两人在前后的两个大气项目和课题共事，彼此之间也有深厚的友谊。如今王文兴仍时常惦念朱坦这位老部下，"朱坦科研能力也很突出，在当时转行过来后，前前后后我们完成了这两个比较大的项目研究，他的贡献功不可没，上进和学习似乎成为他的一种习惯。后来我应组织安排回北京组建当时中国环保局下属的环境科学研究院，我也希望他和我们一起去的。"这件事朱坦记住了一辈子，是感激也是心结。他说，"那是改革开放之后的1980年，我通过了联合国教科文组织、联合国环境规划署和德国德累斯顿（Dresden）理工大学联合主办的国际生态系统管理研究生进修班的选拔，15个国家15个人，我代表中国参加这次研究生班的进修学习。各种手续办完之后，临出国前夕，王文兴叫住我，希望如果我回国就去新建的中国环境科学研究院工作，因为那段时间正好研究院成立，实验规模很大科研条件又很好，我感受到了王文兴对我极大的信任和鼓励，但是回国之后因为南开大学环境科学也是新建的专业有很多工作要展开，就没有考虑到中国环境研究院去，但是王文兴给我的机会我一辈子忘不了。王文兴后来的工作主要就是大气环境领域，我们之后也有很多的交集。他那种泰然的为人处世、工作的执着求索和解决问题的协助引领也让我记忆犹新。另外对我影响深刻的是，王文兴的母校情结和师生情结，这都值得我和大家好好学习。"朱坦对王文兴也是怀着一种感恩的情结，虽然离开天津环保办后他和王文兴没有真正意义上的一起共事过，但是王文兴在科研上的认真和保持学习的态度一直影响着他，后来他们也保持着联系，正是那段时间在大气上的研究信心让朱坦在大气环境研究领域保持耕耘，这也和王文兴的引导不无关系。

朱坦在环境领域笔耕不辍，编写过《战略环境评价》《环境伦理学理论与实践》《环境影响评价》《大气颗粒物来源解析》《中国战略环境评价理论与实践》等专著和教材；主持或参加过国家自然科学基金项目、国家社科重大项目、"863"计划项目、国家科技支撑项目、国家科技攻关计划课题等70余项科研项目，发表学术论文300余篇，论文被引用8000余次；担任过南开大学环境科学与工程学院院长、南开大学环境与社会发展研究中心主任、南开大学战略环评研究中心主任、教育部循环经济社会科学创新基地首席专家、国家环境咨询委员会委员、国家战略环评咨询委员会专家、天津市政协副主席等职务。近些年来，朱坦虽年事渐高，在环境战略领域仍然保持研究，他时常怀念与王文兴的那段共事经历，这让他在那以后的科学研究中有了动力和榜样。

在中国环境科学研究院工作的二十多年里，王文兴的工作得到了多位同事的支持与配合，杨新兴研究员就是其中一位，他1965年毕业于北京农业大学物理及气象系的生物物理专业，后被分配到中国农业科学院原子能利用研究所从事研究工作。在国家"七五"科技攻关课题"大气环境容量研究"期间，杨新兴来到王文兴组织的科研团队中，并凭借自己的专业知识，利用M2000多普勒声雷达进行大气观测，在野外观测中担任现场工作副总指挥，为该课题提供了近地面高空1000米以下的风廓线资料等重要观测数据。在之后的"八五"国家科技攻关期间，在王文兴的指导下开展江西南昌地区大气颗粒物的实验观测工作。在"九五"国家科技攻关期间，杨新兴参与子课题"污染物排放总量控制及依托技术研究"，负责收集资料，并根据王文兴和任阵海院士提出的研究方案和提纲，编写研究报告。

在跟随王文兴工作期间，杨新兴得到了王文兴的悉心指导，他的研究方向也逐渐转到大气环境领域，开始协助王文兴开展科研工作，他的身份也由"学生"过渡成为王文兴在学术上的得力助手。凭借自身不懈努力，杨新兴陆续在核心期刊发表了大量学术论文，其中多篇为封面重点文章，并在《科技日报》上予以重点推介，成为大气环境领域的知名学者。三十几年来，王文兴始终给予他热情的支持和鼓励，提出过很多宝贵的意见和建议，使杨新兴受益良多。2001年，在王文兴和任阵海的支持下，杨新兴晋升为研究员，后来成为国家科学基金委评议员。2002年，杨新兴与王文兴合著的《保护我们的呼吸之气——大气》出版，当杨新兴给王文兴送去稿费时，王文兴却说，"你是小朋友，我不能收"，其实，这位"小朋友"当时已经六十多岁了。2007年，杨新兴参与《王文兴文集》第一卷的编纂工作，帮助王文兴系统梳理了他几十年来的科研成果和论著，为王文兴的学术传承作出重要贡献⋯⋯

每当谈及这些，杨新兴都十分感谢王文兴的提携、培养之情，他多次表示，要是没有王院士的帮助和指导，自己绝对不会有今天的成就。

名师出高徒，沃土聚英才

王文兴从小学、大学到毕业后的深造，常遇良师，受益匪浅，他从年轻时起就有一种教师情结，很想到学校当老师教书育人，只是这个心愿一直埋在心底，直到他七十多岁离休了"自由"以后才得以实现。

一流的工作离不开一流的人才。山东大学环境研究院创立以后，王文兴为组建科研班底费尽心血。以量子化学方向为例，方向既定，人员何在？特别是领头人去哪里找？这是王文兴在建院之初想得最多的东西，"虽然环境理论化学研究的总体想法是我提出的，但是如果没有切实的执行者，那我就是光杆司令，一样不行。"他开列出一份岗位单子，通过各种途径打听、寻觅适宜的人选。经由当时山东大学化学院副院长顾月姝[①]教授推荐，王文兴打听到毕业于山东大学、正在香港攻读博士后的张庆竹，看过张庆竹的求学经历和研究成果，王文兴内心笃定了：就是她。顾月姝教授是张庆竹的博士导师，她向张庆竹介绍了王文兴的构想并动员张庆竹

---

① 顾月姝（1939— ），山东大学化学院教授，物理化学专业，激光化学和化学动力学方向。

回山东大学来，王文兴也托在香港理工大学的长子王韬给张庆竹带去一些自己关于大气环境化学方面的著述。张庆竹当时正在香港城市大学做博士后，从事纳米材料的量子化学研究工作，准备在博士后研究结束后前往美国，接到王文兴的诚挚邀请，她内心一时不能确定。2004年的春节，张庆竹特意赶回济南与王文兴面对面做了一次长谈，交谈中，王文兴曲折又精彩的学术生涯和高屋建瓴的科学视野深深感染了她，用量子化学研究方法去开拓一个新领域的前景也像磁铁一样吸引着她，同时科研条件与生活方面的承诺也解决了她的后顾之忧，正是这番长谈促使张庆竹作出了决定：来山东大学环境研究院发展，与王文兴院士并肩奋战。

多年以后张庆竹回忆说："我回山东大学主要还是为王院士的学术魅力吸引吧。我当时在做的是用量子化学去研究纳米材料，应该说已经小有成就吧，突然一下转到环境领域，相当于从头开始，因为那时对于环境科学完全陌生，说句不好听的，也就只了解两个词：一个是'环境'，另一个是'污染'，像现在说的霾，2004年的时候都没这个词，当时只觉得那是雾嘛。转行的决心不容易下，但王院士的学术经历很打动我，我印象最深的是王院士也是半道转行的，他本科学物理化学，上苏联去留学学的是催化，50岁了他才进入环境领域，还依然做了院士，我当时不过30岁冒头，还有什么理由好担忧的，而且他给我讲了很多环境知识，我就觉得这还是比较有前景的一个学科，最后就下了决心，放弃了香港那边三十多万元的年薪，回母校再创业。总之我想还是王院士的敬业和他的人格魅力感染了我"。

2004年7月，山东大学环境研究院按学术带头人人才规格引进张庆竹，王文兴立刻为张庆竹破格申报教授职称并成功晋升。环境理论化学研究有了领头人，王文兴的心稍稍安定下来。"星星之火"怎样燎原？王文兴继续勾画他那张"岗位人才联络图"，并开始思考招收研究生的工作。2005年，在山东大学化学与化工学院及中国科学院北京化学研究所硕博连读的孙孝敏博士加入了环境理论化学研究团队；2006年，山东大学毕业后在香港城市大学任高级研究助理的何茂霞博士加入；王文兴和张庆竹也开始招收培养研究生，他们共同指导的第一个博士研究生屈小辉，在相对简陋的科研条件下，写出了"全国优秀博士学位论文"，到了2016年，在王文兴和张庆竹的带领下，环境理论化学研究已经初具规模，团队发展到教授 4 人，研究生 40 余人。目前，环境研究院中的环境理论化学与实验研究所有教授 6 人，副教授 2 人，讲师 1 人，其中除王文兴院士外，还包括泰山学者 1 人，"青年千人计划" 1 人，新世纪优秀人才 2 人，"山东省自然科学杰出青年基金" 2 人，另外在读研究生 50 余人，已毕业研究生 40 余人。有了人才储备，科研成果也就水到渠成，环境理论化学研究室先后承担 2 项国家自然科学基金重点项目、2 项 "973" 项目子课题、1 项 "863" 项目子课题、30 余项国家自然科学基金面上项目及山东省杰出青年基金项目等，总经费 2500 余万元。

张庆竹回忆说，"王院士在国内最早将量子化学应用到环境领域，当初我们想要做的就是解决实验无法解决的问题，这是一条值得开拓和深究的道路。最初王院士引进我之后我们一起摸爬滚打十几年，到现在我们做环境量子化学也不过三四个人，先后完成了十多个项目，在 *Environmental Science & Technology*（EST）连续发表了 12 篇文章，这是国际上环境科学领域公认的影响力最大的一个刊物，在环境工程 35 种杂志中，其引用和影响因子均排名第一，在国内外环境科学工作者中享有很高声誉。我刚来的时候还跟王院士聊起过，怎么让别人认可咱们的新领域新方法？能在这个最高水平的刊物上发表一篇论文，那就是最好的宣传！在这个刊物上发表文章难度很高，当时整个山东大学一篇都没有。王院士说：好！就把这（*EST*）当成我们的第一个目标"。

很快，王文兴就决定了 "开头炮" 的方向——关于 "敌敌畏" 在大气中的降解。虽然 "敌敌畏" 已被禁用，但由于使用多年，其对环境的影响依然备受关注，而且之前的就 "敌敌畏" 在环境领域的调查研究都是局限于 "敌敌畏" 对土壤和水的影响，对于 "敌敌畏" 在大气里面如何降解关注并不多。当时在 EST 上也曾有一篇关于 "敌敌畏" 的类似文章，然而文章采用的是实验性质的 "烟雾箱技术"，费了很大功夫，却只是间接地建立出了 "一氧化碳光期"。而其他一些专家的成果，由于没有标准谱图，所以就降解不出来。王文兴跟张庆竹就采用量子化学方法能否解决这个问题进行了讨论研究，觉得可行，"别人解决不了的问题我们如果用新的工具解决了，这肯定是一个很好的主意"。

说干就干！数百个日夜的艰辛努力难以尽述，两年之后，张庆竹使用量子化学方法，终于成功地解决了"敌敌畏"在大气中的降解这个世界性难题，而且还发现了一条能量上可行的降解路径。这不仅在国内是有开创性的，在国际上相关研究领域也不遑多让。成果整理出来 2006 年发给"第一个目标"*EST*，编辑收到后也很兴奋，2007 年发表[①]，此时离张庆竹来山东大学环境研究院不过两年多一点时间。头炮打响一鸣惊人，王文兴和张庆竹都备受鼓舞。

当年只有 34 岁、被王文兴"挖宝"挖来的张庆竹，目前担任中国环境科学学会大气环境分会副理事长、国际全球大气化学计划中国工作组成员、中国毒理学会环境与生态毒理学专业委员会常务委员、中国气象学会大气成分委员会委员、中国自然资源学会资源循环利用专业委员会委员等职务，已经是山东大学环境研究院常务副院长和学术领军人物。张庆竹跟着王文兴在量子化学应用到环境领域的探索中奋斗了十几年，用她的话说，"这是跟王院士一起摸爬滚打的十几年"，从最初对这个新的交叉学科的生疏，到现在已经做了国家"863""973"、自然科学基金等十多个重大项目，在 *EST*、*AE*（*Atmospheric Environment*）等刊物上发表 SCI 学术论文七十余篇，第一或通讯作者六十余篇；获省部级奖两项（排名第一）及第六届全国优秀科技工作者奖。在有机污染物量化计算方面的系统工作，形成了自己的研究特色，得到了国内外同行专家的好评，美国纽约州立大学环境科学与林学院的 Dibble 教授、亚利桑那大学的 Abraham 教授等人，主动写信联系要求合作开展量子化学计算与分子模拟在环境化学领域中的应用研究。令人欣慰的是，下一代人才培养也初见曙光，2011 年，张庆竹与王文兴院士共同培养的博士研究生屈小辉获全国百篇优秀博士学位论文奖。

在王文兴、张庆竹的带领下，十几年来通过团队的共同努力，现在山东大学环境量子化学学科得到了国内外的承认，在国际上，山东大学环境

---

① 王文兴同事张庆竹访谈录，2014 年 1 月 16 日，资料存于采集工程数据库。

量子化学排名第四，真正达到了世界先进水平。国内外高校和科研机构前来取经和进行学术交流的越来越多，他们培养的学生也备受欢迎，时常有单位来"抢购"或预订。

王文兴相信，环境问题在理论计算的辅佐下，将能对各种环境效应有一个更为全面的认识，建立更为合理的环境理论体系，将理论计算和实验结合，可以在环境科学方面探索更多的未知领域。他带领的环境理论研究团队正在砥砺奋进去实现这个目标。2011年，美国马萨诸塞大学阿默斯特分校环境化学博士姜威加入王文兴团队，主攻大气颗粒物的生物效应，拓展了环境研究院的研究方向。2014年，"青年千人"杜林的引进进一步推动了王文兴这一想法的实施，杜林的主要研究工作在大气污染化学方向，包括大气挥发性有机物自由基反应机理以及二次有机气溶胶生成、大气气溶胶界面化学反应和大气挥发性有机物污染控制技术研究，主要利用的研究手段就是实验模拟和理论计算相结合，相关工作目前发表SCI学术论文70余篇。2017年10月张庆竹被聘为山东大学环境研究院院长。

从山东大学环境研究院组建至今，王文兴一步一步脚踏实地，亲手组建、带出了一支来之能战、战之能胜的科研队伍，取得了一批令人瞩目的富于开创性的科研成果。

现任山东大学环境研究院副院长、济南市环境科学院副院长（挂职）的薛丽坤教授，是王文兴和王韬父子联合培养的学生。2006年9月，薛丽坤从山东大学本科毕业，保送进入山东大学环境研究院进行研究生阶段的学习，导师是王文兴。不久，王文兴将薛丽坤推荐给了王韬，加入王韬主持的"973"项目。2007年以来，薛丽坤先后三次赴香港理工大学从事科学研究工作，历任研究助理、副研究员、博士后研究员、研究员；2011年获环境科学博士学位，2015年1月返回母校山东大学，获聘"山东大学齐鲁青年学者"特聘教授。现为山东大学环境研究院教授、博士生导师。

薛丽坤说，"我个人跟王韬老师和王院士接触的时间非常多，他们是父子两代人，但我觉得王韬老师在研究上的兴趣和严谨的科学态度与王院士是一脉相承的，是非常值得我们学习的。王韬老师正是年富力强的时候，在国际大气科学界是很有影响的，对国际学术前沿的掌握也比较好。王院士宏观思路非常好，能够把握到全局。跟王院士聊天，经常能受到很多启发。我们从当研究生开始到现在，思考问题时往往受局限，容易陷在微观的小问题里面，而王院士总是有宏观视野，高瞻远瞩，能把问题放大到国家需求上、对社会的贡献上"。

薛丽坤目前主要从事大气化学对空气污染和全球变化影响方面的研究，具体研究方向包括：大气光化学污染机理、氮氧化物化学转化、气溶胶化学、对流层臭氧及卤代烃演变、大气痕量污染物测量技术以及大气化学模式等。截至 2019 年 3 月，薛丽坤发表了 SCI 论文 80 余篇，SCI 引用 1600 余次，H-index 指数为 26，先后承担国家重点研究计划课题、国家自然科学基金、山东省自然科学杰出青年基金等项目多项，累计科研经费 1000 余万元，担任中国环境科学学会大气环境分会副秘书长、臭氧污染控制专业委员会常务委员和 20 多个学术期刊的审稿人。

现任山东大学环境研究院大气环境化学研究所所长的杨凌霄教授，是王文兴来到山东大学环境研究院以后招收的第一个博士研究生。2004 年 9 月杨凌霄师从王文兴在职攻读博士学位，主要从事大气细颗粒物污染特征、来源解析及对能见度的影响方面的研究。杨凌霄作为骨干参与了山东省环境保护科技计划项目《山东省重点城市气溶胶 $PM_{2.5}$ 污染水平及来源解析研究》和《环渤海区域灰霾天气的形成特征及其对大气质量的影响》等项目的研究，2008 年 6 月获环境工程博士学位。现为山东大学环境研究院教授，博士生导师。

杨凌霄说，"我攻读博士学位的时候，每当实验遇到困难，产生'自信心危机'之时，总是能够得到王院士的信任和支持。我还承担了本科生的教学任务，王院士总是督促我要多动脑子，多想办法，把课上好。在我担任本科生班主任的时候，王院士还给本科生做讲座，教导本科生热爱科研的同时要先做好人，做一个正直的人。王院士严谨的学术态度，独到的研究视角，做人做事的高标准严要求，都使我受益终身。王院士给予的信任、支持和器重，我将永铭于心。"

杨凌霄目前主要从事大气细颗粒物 $PM_{2.5}$ 污染以及对人体健康方面的研究，具体研究方向包括：大气细颗粒物 $PM_{2.5}$ 化学成分污染特征、形成机制及来源解析；区域雾霾形成机制、危害及防控机制；室内外大气细颗粒物 PM$_{2.5}$ 污染特征及相互影响。

王文兴的博士生王新锋，2013 年 6 月毕业后留校工作，目前已是山东大学环境研究院的副教授、博士生导师、院长助理。王新锋于 2007 年 9 月以推荐免试的方式进入环境研究院，师从王文兴研究大气颗粒物及其化学成分的粒径分布。入学一年后，王新锋在开展实验的同时，兼任王文兴的学生秘书。王文兴一直有每天阅读主流报刊的习惯，刚开始王新锋的主要任务是每天取、送报纸，后来逐渐开始协助王文兴处理一点有关研究生指导和科研方面的事务。担任学生秘书期间，王新锋接受了比其他学生更多的指导和教诲，记忆最为深刻的是王文兴对品行的重视。几乎每次开学典礼和毕业典礼，王文兴都会讲述他了解到的故事，来说明良好品行的重要性，教导学生们要保持高尚的品德，正直善良、乐于助人、团结和睦。王文兴多次告诉师生，良好品德是人一生最大的财富。特别在单位招聘教师的时候，王文兴都会详细考察应聘人员的思想品德与为人处事。王文兴对良好品行的关注，已在他的弟子中不断延续；在课题组组会上，王新锋经常告诫自己的学生要以王文兴为榜样，时刻保持美好品德与高尚人格。

由学生变身科研教师，需要拥有自己独特的研究方向、独立开展研究工作，然而幸运的王新锋在工作之后仍然能够经常得到王文兴的悉心指导。面临研究方向的选择，王文兴建议立足于团队的研究方向与个人的研究基础，王新锋最终确定了大气含氮有机物这个具体领域。不久，基于四个站点的观测数据，王新锋指导研究生发表了自己的第一篇 1 区论文。随着研究工作的不断深入，王文兴指出大气观测解决的科学问题范围有限，需要配合一定的模拟实验，从此王新锋开启了野外观测与实验室模拟相结合的科研之路。

在山东大学环境研究院，师从王文兴的同学们都称呼王文兴为"先生"。学生们谈起王文兴，都觉得他不仅是一位导师，更像是家里的一位长辈，是那样的平易近人，对晚辈关怀备至。

2008 年在山东大学环境研究院师从王文兴的研究生马强，目前在清华大学环境学院做博士后，研究方向为大气环境规划。当年，马强在山东大学接受王文兴先生言传身教，学问之外，还能感受到这位父亲一样的导师的人格光辉。在我国，院士享受副省（部）级工作待遇，王文兴的衣食住行却是普通得不能再普通，简单得不能再简单。在山东大学，王文兴几乎从不参加宴请，也不吃小灶，总是与同学们一起出入学生餐厅吃简餐，大家碰到老先生自己拿着餐盘排队，便主动要求帮先生打饭，但王文兴先生总是坚持要自己来，并叮嘱年轻人要多吃一些健康、有营养的食品，他的平易和亲切让学生们如沐春风。

马强记得2009年的夏天，他们在湖南衡山做高山大气观测的实验，王文兴和张庆竹老师来到山上看望，叮嘱同学们在做好观测实验的同时一定要注意好安全。让大家印象深刻的是，当和一群二十来岁的年轻人爬一个山坡时，八十多岁的王文兴先生健步如飞，竟把学生们远远甩到了身后，在长达半个多世纪的科研生涯中，特别是在研究大气环境监测的那些年，王文兴东奔西跑跋山涉水，练就了一副硬朗的身体，这也让学生们明白，健康的体魄是进行科研的有力保证。

图 14-15　2008 年 7 月，王文兴团队在北京奥运会前在北京昌平进行空气质量监测（左起：聂玮、高健、王静、王文兴、张庆竹、高锐、王新锋）

聂玮是被保送进入山东大学环境研究院进行研究生学习，从 2007 年至 2012 年，一直受王文兴教诲。他最难忘的是一次先生到医院探视他的经历。

那是在 2007 年 7 月初，山东大学环境研究院大气观测团队参与北京奥运会前的空气质量监测，于北京昌平一个小山头上进行为期两个月的强化观测，聂玮作为该项目的成员负责人之一全程参加。在项目开展期间，可能是水土不服，也可能是过于疲劳，聂玮染上了水痘，病势凶猛，年轻的小伙子几天卧床不起。水痘具有强传染性，接触或飞沫吸入均可传染，患者不宜与别人接触，基本处于半隔离状态，聂玮也因此心情很差。王文兴此时年已八旬，观测团队的几个学生商量后，觉得暂时不能把聂玮生病的事情告诉先生。但是王文兴还是辗转知道了这件事，并立刻从外地赶到北京，叫上王韬老师一起前往探望，全然不顾可能被传染的危险，就在聂玮的病床前，王文兴俯下身子嘘寒问暖，反复鼓励。这样一件小事，对于王文兴来说是真情自然流露，可对一个卧病在床孤独烦躁的年轻学子来说，这是父亲般的慈爱、信任与无惧，是让他多年来每次想起总会充满感激和奋斗渴望的珍贵情谊。

老当益壮，勤学不辍

"学不可以已"。王文兴是荀子这句《劝学》名言的忠实践行者。

在接二连三的科研战役中，王文兴不仅是一名出色的指挥员，也是一名优秀的战斗员，除了定方向、指目标、组队伍、鼓信心外，他还总是亲力亲为，以身作则，好学之心勤学之举令人惊叹，即使到了耄耋之年依然如此，这也正是让他的团队成员敬佩感奋、凝心聚力的关键之一。与王文兴并肩奋战十几年的张庆竹对此有特别深的感触：

"我来山东大学环境研究院以后，跟王院士从来不分节假日，基本都是一整天一整天靠在实验室。忘了是 2005 年还是 2006 年一个星期六，我向王院士请假去齐鲁医院查体，顺便路过泉城书店去买买书，然后他就让我捎带一本俄语的口语小册子，他告诉我他经常出差坐飞机，在机场等候的时间比较长，想利用候机时间复习一下俄语口语，担心久了不看会忘掉。当时我特别不理解，他当时就快80岁了吧，我就觉得不可思议，估计很多人都会有这样的想法，都这个年纪了还要学偏冷的俄语，即使学好了，80岁了还有啥用处吗？到了第二年，我们一起去日本开会，我只会英语，80岁的王老虽然俄语没用上，可他凭借20世纪70年代晚上听广播自学的日语，还能给30来岁的我当翻译！这说明几十年来他就从未放下过，以前老觉得学习是年轻人的事，年纪大了就不需要学习了，学了也没地方可用，可是王院士这个'八旬翁学俄语'的小事情，给我们的印象和感受太深刻了！"

"还有一件事，2014年我们量子化学要开分子模拟课程，就是对于年轻的在读研究生，量子化学分子模拟都是很难的一科，分子模拟需要推公式，比学俄语要难多了。王院士跟我要分子模拟这本书，非要来看看学习一下，他有87岁了吧，一个年近九旬的老人重新学习，再去看别的专业的研究生课程，你能想象吗？不客气地讲，别看我比王老年轻40多岁，很多时候也做不到。我觉得王院士这些例子，无形之中就会给年轻人一种促进力吧，他这个岁数了都在努力地学，你年轻人还有什么理由、还怎么好意思把大好时间都浪费了呢？从这点来说，他值得我们山东大学所有的老师和学生学习"。

岁月莫从闲里过，成功须向勤中求。每当环境研究院的师生谈及王文兴时，无不被他活到老学到老的精神和言行所感动。

2011年师从王文兴读研的张晨曦还记得，王文兴先生有个习惯，就是要看每天

图 14-16　2018 年 11 月，王文兴和高锐在第 24 届中国大气环境科学与技术大会上合影

的《参考消息》。在他的办公室中，整整齐齐摆放着近几年所有的《参考消息》，他对张晨曦说，要多看报了解国际形势，要立足前沿，并要张晨曦了解一下同学们需要什么类型的报纸，院里可以帮助订阅所需报纸，挖掘同学们的兴趣，增加知识面。

现在在中国环境科学研究院工作的高锐，从2007年起跟随王文兴先生学习，直到2014年博士毕业。高锐记得，王文兴先生对新鲜事物有着很强的求知欲望，"活到老，学到老"的古训简直就是为先生量身定做。先生对新生事物的接受能力让高锐钦佩不已，"他是我见过的八十岁高龄中使用电脑最熟练的长辈"。每篇论文、学术报告，他都亲自撰写，逐字逐句斟酌，并亲自打字输入，对PPT报告的排版做到尽善尽美。高锐在学期间有时用电脑协助王文兴整理资料，需要用到一些像PhotoShop这样的专业软件，高锐在使用这些软件的时候，王先生会谦虚地做起学生，在旁边认真地询问这些"年轻人的玩意儿"如何使用，并会很详细地记录操作方法。

2011年在山东大学环境研究院毕业的博士生许鹏举现在已经是山东师范大学的副教授，他把从王文兴先生那里继承来的规范、严格、求实的治学精神传给新一批学生。许鹏举在山东大学环境研究院学习时，如果学院内部作学术报告，王先生绝不会放过演示文稿中任何一个轻微的纰漏，哪怕是标点符号或者术语缩写大小写错误等。在给学生们修改英文文章时，先生总是和学生一起坐在电脑前，逐字逐句对照、修改，八十多岁的高龄，有时候一坐就是大半天时间，让学生们叹服。

于阳春是王文兴带的2008级硕士研究生，当他首次把写好的文章发给导师后，当时身在北京的王文兴第一时间就仔细阅读，第二天就给他打过电话来，逐字逐句地帮他分析、修改文章，指出问题和需要完善的地方，电话持续了足足40分钟。

类似这样的例子，实在是不胜枚举。王文兴的每个弟子都有属于自己的承教于先生的记忆。他是一位智者，也是一位仁者，令大家难忘的，令大家折服的，是王文兴身上的大学问，大慈爱，还有超越常人的大境界。几乎每个学生都听到过他的点拨：科研是以满足国家和人民的需求为目的的，时刻关注国家和社会需要什么，就会有源源不断的研究思路，个人的研究也就有了价值。

先生简单朴实的话里,包含着科研工作最基本、又是最崇高的意义。离开现实生活的需要,离开国家和人民的呼唤,科学便徒具华丽的外衣,失去了存在的土壤。

2010年11月29日,是山东大学环境研究院博士研究生刘晓环进行论文答辩的日子,这天,她收到了一份看似普普通通却值得珍藏的礼物:答辩结束,她顺利通过,王文兴除了向这位即将毕业的学生表示祝贺之外,还送给她一个笔记本作为纪念。当刘晓环打开笔记本的扉页,看到了王先生亲笔书写的勉励语——

图 14-17　2010 年,王文兴与他的博士毕业生刘晓环留影(刘晓环就职于中国海洋大学,副教授)

　　人生最可靠的财富是品行,
　　人生最快乐的事情是助人,
　　人生最珍贵的东西是友谊,
　　人生最重要的环境是和谐。

图 14-18　2019 年 9 月,王文兴获青岛最美科技工作者称号

第十四章　学术传承　后继有人

结　语
繁简人生

　　王文兴的一生，一繁一简：学术上无限追求，物质生活但求简单。

极 致 学 术

　　出身于耕读之家，受家风影响，王文兴对读书的追求一生不怠，这是他一辈子执着科研学术的根本。一本《算术指南》使他从小喜爱上数学，成绩优异，先后求学于国立安徽大学和国立山东大学，都是数学专业；转学化学专业后，师从刘遵宪、刘椽两位化学大家，发奋努力，打下良好的化学基础；在沈阳化工研究院期间，王文兴在吴冰颜带领指导下工作，知行合一，迅速成长；在吉林大学化学系研究生班，他聆听唐敖庆的讲课，做了大量笔记，知识积累日益丰厚。在当时世界领先的物化研究机构——苏联卡尔波夫物理化学所进修期间，通讯院士波列斯科夫为他学习世界领先的催化化学知识提供了最为积极前沿的指导，王文兴对当时苏联其他的三个催化学派也做了深入的研究，参与了大量吸附反应实验，积累了丰富的试验经验；在北京化工研究院，他和同事们建立了拥有各种先进测试设备和仪器的催化研究室，研究室是当时国内最先进的催化研究平台，王文兴和同事们相继开发和建设了标记放射性 ^{14}C 研究，有机化合物催化氧化反应机理和利用电磁循环泵研究催化反应动力学的新方法。傅立叶红外光谱仪等先进的科研设备也是他们在这段时间研制出来的。1960年年初，全国第二届催化学术会议在兰州召开，王文兴应邀作了题为"烃类多相催化氧化动力学研究进展"的学术报告。1967年王文兴翻译出版了《烃类的多相催化氧化》一书。1978年，经过七年努力，王文兴完成并出版《工业催化》一书，这是我国催化领域的第一本专著。

1973年，王文兴随中国环境科学技术考察团赴英国考察，他开始将目光投向环境科学领域。1976年，王文兴调入天津市环保局，自此，他的学术研究方向发生转折，由催化化学转向环境化学。那个时期中国的环境科学领域研究刚刚起步，王文兴是我国最早一批从事环境科学研究的科研人员。从我国西北"兰州西固地区光化学氧化剂污染控制对策研究""太原地区大气环境综合观测研究"，到国家"六五""七五""八五""九五"科技攻关期间酸沉降的研究，王文兴一直是课题的主要负责人。王文兴全身心地投入研究当中，亲力亲为。王文兴原来的同事和邻居，现任国资委副主任的吕黄生先生清晰回忆一段场景：1996年夏日的一天，突然间大雨如注，吕黄生接女儿回家时，一进院就看到王文兴独自一人举着集纳雨水的容器站在暴雨中，连雨衣都没顾上披。那年王文兴七十岁，正在进行"九五"酸雨研究，原来他是想抓住每一个机会，亲自做一些降水观测。我国曾有世界上面积最大的酸雨地区，正是因为王文兴及其课题组对酸雨的研究取得了重大成果，才使酸雨在我国没有造成像欧美部分地区那样严重的危害。十多年的科研经历和发展，王文兴及其科研团队帮助许多地区和研究单位建立了独立的环境科学专业，各地区专业的环境科学研究院，针对生态、大气化学、大气物理建设了研究室。高校在环境科学方面，也逐渐脱离与化学、地理等学科的依附关系，获得相对独立的投入。同时，在长期的科研过程中，一批卓越的环境科学家脱颖而出，王文兴、唐孝炎、任阵海、郝吉明、冯宗炜五位院士从项目走出来，涌现出一批教授、研究员，地方上还培养了一些总工程师、高级工程师，形成了院士挂帅、各校各研究所学科带头人推动、各级工程技术人员共同促进的人才梯队，这为我国大气环境学科从规划建设，到未来发展都完成了较为周全的部署。

从事教育是王文兴一生的情节，20世纪70年代，他就曾联系自己的大学老师刘椽，想去郑州大学当老师。2003年，受母校山东大学的邀请，王文兴回到母校组建山东大学环境研究院。十多年的时间，王文兴依然精力充沛，每天工作十几个小时。来到山东大学后，亲任教学第一线，指导培养出大量硕士博士研究生，不少学生已经成为我国环境科研领域的主力。在科研方面，王文兴将量子化学引入环境科学领域，实现学术创新；在山东省率先开展$PM_{2.5}$研究，使山东省的环境科学研究水平得到质的提升。

简朴生活

王文兴全部精力投入科研，对物质生活但求简单。山东大学的学生食堂里，几乎每天都能见到这位平和慈祥，衣着简朴的老者。比起对饭菜荤素口味比较挑剔的年轻人，王文兴显得十分安静从容，简简单单一份素炒，一份主食。院里负责照顾王文兴生活的老师看不过去，自作主张要给先生"加硬菜"，于是总有剩余，王文兴认认真真地打包，外面贴上标签，回家放到冰箱里，俨然是一份刚采集的实验数据。

儿时贫苦的生活留给王文兴最早的印象是"饥饿"，那时的王文兴虽然饿着肚子，还是在农闲的时候，背着小板凳跑去上学。王文兴祖上一直以"忠厚处世，重教兴家"的信条持家，只要孩子们有机会读书，全家人都要从口里省，从命里挣，留出来一点粮食交学费。

60年前结婚时穿的蓝斜纹布干部服，是妻子张婉华花9块钱置办的，现在仍然保留着。一双皮鞋穿到掉了色，两只品相都不一样了，还经常穿在脚上。他用自己的工资资助家乡十几位孩子，现在他们有的在部队，有的在国家司法部门，有的在医疗行业，有的在企事业单位……王文兴相信知识改变命运，他自己的人生，是知识塑造的，他也同样希望自己的亲人、乡邻，有机会通过知识获得更好的生活。他对自己资助过、后来发展不错的侄子说："你考上学不容易，从农村出来不容易。拿到一个铁饭碗，吃商品粮了也得要努力，也得好好学，争取多给家里面贡献点。你生活好了,不要忘了家里的人。"① 他对家庭、对社会强烈的责任心,深深影响了身边的亲人、同事和学生们。

严谨学风

生活节俭,待人宽和,但王文兴一谈治学,便不可商量地严谨细致起来。

跟从王文兴学习,每个学生都称自己是"幸运的";但不是每个人都有勇气承担这份幸运。先生的学生要想毕业,大概都摆脱不了毕业论文四易、五易其稿的经历。虽然这个过程里,经常让学生们有种"痛不欲生"的感觉,但没有一个人感觉先生的教导和勘正不应当、不合理。

先生之于学生,正如磨刀之于璞玉,雕琢和塑造的过程必然是痛苦难忘的。但所谓"艰难困苦,玉汝于成",在先生的精雕细琢之后,后学方能成才成器。经过这样一番磨砺之后,学生们终会有脱胎换骨、涅槃重生之感,先生精细严谨的学风,也就真正传给了弟子。

"要做学问,先学做人",这句话,王文兴在迎接新生的开学典礼和送别弟子的毕业仪式上都会说起;而同样的人对这句简单话语的理解,前后可能会有根本不同。初见先生时,大家对这句"老话"或许并不敏感,在经过与先生多年的相处后,同学们最真切地见识到先生为人与治学的风采,也最深刻地领悟到了"成人"必于"成才"之先的真谛。

一向宽以待人、乐于助人的王文兴,并非没有原则的老好人,但凡涉及道德、法纪、学术规范等原则性问题,在他这里就没有商量。做科研,经费管理是个很容易"出事"的问题,王文兴一直强调严格按照有关规定办理,有章法,不徇私,加强管理、审核。王文兴常说,无论在什么时候,该你拿的钱你拿,不该你拿的钱千万不能伸手。利欲熏心的人如何做得学问?为人若不能超越功利心,若不能放下私心,则不能获得纯净、专注的心境,配不上走进科学的殿堂。胡敬田是环境研究院科研经费的主要经手人,他记得王文兴信任地将经费事务委托给自己,但要求很清楚,很

---

① 王文兴家人王再兴(王文兴的哥哥)、王宇昌(王文兴的侄子)和许志强(王文兴的外甥)的采访录,2014 年 4 月。资料存于采集工程数据库。

严格。胡敬田说:"先生您放心,我一定不乱花一分钱,不花错一分钱"。王文兴说:"你花错一分钱我也不会用你的!"

与管理科研经费同样严格的还有学术道德与规范。学生要发表论文,王文兴会一个字一个字地推敲,蛛丝马迹都逃不过他的眼睛。有位学生发表了一篇文章,后来又在其基础之上扩展了部分内容想再拿去发表,王文兴非常反对这种图省事、讨巧的做法,他硬是要求学生把文章撤了回来。

2007年,王文兴在《中国环境科学》撰文,指出了目前科学界中种种不道德行为,倡导科技界采取严厉措施,捍卫科学期刊的纯洁性。

王文兴严谨的学术精神,深深影响着下一代科研工作者。当他们在工作岗位上遇到难啃的硬骨头的时候,会想起戴着花镜的先生,一字一句地在电脑上将自己的文章阅读数遍,认真地找出每一个小问题;会想起先生在论文上画出的红色圈圈、杠杠,注满空白处的批阅意见;会想起先生满头华发,微笑着捧出一本书,虚心又快乐地从头学起一门新的课程……

无私奉献

时下在高校,不少研究生对导师以"老板"相称,早已不是什么秘密。这种称谓也形象地说明了一个现象:某些导师常将学生当成帮助自己完成科研项目的"小工"甚至"苦力"。师生之间一旦掺杂了某种利益关系、雇用关系,难免滋生出自私和狭隘。某次教育部启动国家留学基金委资助项目,资助相关人才出国深造,山东大学分到100个名额,学校专门召开动员会,鼓励导师们把弟子送出去,在国外名校和不同文化氛围中开阔视野得到历练。然而这对导师就意味着,自己的得意门生成为别的"老板"手下的得力干将,自己的科研少了帮手,出了国的弟子的科研成果还不属于自己名下,岂不是"鸡飞蛋打"。因此不少导师舍不得送自己的学生出去,山东大学的100个名额居然没有完成。可王文兴一下子送出去了四名博士生到美国,北卡罗莱纳大学两名,哈佛大学一名,北卡罗莱纳州立大学一名。作为导师,王文兴从来没把自己当成过有私心的"老板",他更像是一位盼着子女成才、乐于让子女去远方见世面长才干的"父亲"。

2014年6月11日,第十届光华工程科技奖揭晓。王文兴荣获光华工程科技奖"工程奖"。光华工程科技奖被誉为中国工程科技界的最高奖项,主要奖励在工程科技及管理领域取得突出成绩和重要贡献的工程师、科学家。王文兴一个人去北京默默参加了颁奖仪式,没有告诉学校任何人。学校知道此消息时,已经是半个月之后。

王文兴为科学、教育奉献了一生。日常生活中,馒头、稀粥、素菜,这就是他朴素的饮食;一套老西装,磨洗薄了的衬衣,这就是

图结-1 2014年6月,王文兴荣获光华工程科技奖"工程奖"

他简单的行装;经手千万的经费,没有一分钱掺杂着私欲;行走千万里路途,不舍得公家的车为接送自己多跑一公里……物质生活上他尽力缩减个人用度、淡泊、俭朴、"抠门",但在科研、教育方面,在帮助亲友、学生读书求学以知识改变命运方面,他又极其大方、豪爽。王文兴在山东大学读书时就利用业余时间授课挣钱,帮助老家的弟弟求学;参加工作后,王文兴的工资大部分都用在了需要帮助的亲友身上,多年来他付出的金钱和扶持帮助过的人早已不计其数。21世纪初,王文兴来到山东大学招硕士博士研究生,王文兴看到环境研究院少部分家庭贫困的学生因为交学费而发愁,他都会慷慨解囊,虽然钱不多,但对于当时农村来的学生来说可谓是雪中送炭。2005年,王文兴捐出了自己多年的积蓄40万元,成立了山东大学"王文兴院士环境科学奖学金",每年奖励优秀的硕士研究生两名和博士研究生一名,以此激励更多的优秀学生成才。在他眼中,这些优秀的年轻人,就是中国未来环境科学事业的希望所在;而在众多熟识和了解王文兴的人们眼中,这个外表普通、内心和精神无比强大的谦谦长者,才真正是中国环境科学和教育界名副其实的栋梁!

附录一　王文兴年表

1927 年

出生于江苏省萧县吕里村（今属安徽），具体出生日期不详（现身份证出生日期 10 月 17 日，是王文兴考入山东大学后自己所定）。

1934 年

小学一年级就读于吕里村慈善性质的天主教会学校。学校不收学费，免费提供教材，但条件非常简陋，只有一位老师马相模，各年级学生共有二三十人，学生自带桌椅板凳。马老师是一位虔诚的天主教徒。为人忠厚，深得乡里称赞，是王文兴的启蒙老师，对他后来为人做事产生很大的影响。

1936 年

夏，大哥王再兴从江苏省连云乡村师范学校毕业后，在同区冯场村小学任教，家里经济状况有所好转。王文兴转入邻村彭新庄小学，读三年级，初见老师郭公理，奉父命向郭老师磕头。这是一所公立初级小学，共四个班，王文兴开始在正规学校接受教育。

1937 年

7月，卢沟桥事变，日本开始全面侵华战争。

彭新庄小学紧急动员师生在校园里挖防空掩体防空袭。彭新庄小学与吕里村的距离只有1000米，陇海铁路从中经过，西边2500米处是杨楼火车站。上海开往西安的快车有时在此临时停车，车上满载难民，经常看见日机对火车站进行俯冲轰炸。

11月，日军攻占上海。从此，上海开往西安的特快车再也看不见了。

1938 年

3月，日军攻打徐州，台儿庄大战爆发。就读小学四年级的王文兴，因学校停课失学在家。冬天自学《算术指南》，直到1941年秋。

5月16日，日军进攻萧县县城，中国军队139师和萧县大队武装奋勇抵抗，县长王雪琴和县大队长等干部多人殉职。县城沦陷后，有数千平民被日军残忍杀害。

5月18日，日军进犯徐州，经过吕里村，全村人开始逃难。二十多天后日军撤离，全家回到吕里村。家具被毁，牲畜丢失，使本来贫穷的家庭雪上加霜。

5月19日，徐州沦陷。目睹大批中国军队沿陇海铁路步行西撤，许多伤病员途中倒下，情景凄惨。

秋，王文兴的大哥王再兴经本村近邻、时任萧县抗日政府县长的彭笑千介绍，开始为抗日游击组织工作。

1939 年

3月12日，母亲生病一年，无钱医治，在饥寒交迫中病逝。同年，祖母、小妹和侄女先后去世。这是王文兴人生记忆中最悲惨的一年，永远不会忘记。

受父亲的激励，一边做农活，一边发奋自学《算术指南》。

1940 年

4 月，敌伪接汉奸告密入吕里村搜捕王再兴未果，遂绑架其父亲，后经乡亲说和、赎买，王父被释放。

1941 年

8 月，大哥王再兴得到信息，萧县抗日县政府在洪河集村成立江苏萧县县立临时中学，王文兴跟大哥步行一天赶到洪河集。校长王长耀是北京师范大学的老师。到了学校当即面试，王文兴顺利通过，成为萧县县立临时中学初中一年级学生。学校免费提供食宿和课本。这是决定他人生命运的关键一步。

12 月，好景不长，秋收后日寇频繁到乡村扫荡，师生无处隐蔽，提前放假，暂时回家。

1942 年

4 月，萧县临时中学师生在袁圩村集合，跟随县游击队步行四日奔赴安徽太和县。第一天必须在午夜通过日寇封锁线，途中如临大敌，饱受惊吓。到太和后，以萧县中学为基础扩建为鲁苏豫皖四省边区战时中学，办公地址在太和县徐禅堂村，学生随到随考。

6 月，学校学生已达八百多人。学校每天供一斤原粮，少量菜金。

7 月，学校学生人数激增到千人。学校对学生进行编级测验，王文兴被编入初中二年级三班。

8 月，学校以太和县城里的山西会馆为根基，修建起几十个教室。中学部学生从徐禅堂搬到城里，后来搬到位于太和县城的西南角的山西会馆。大部分教室是新建的茅草屋，桌子也是土坯砌成的，大部分没有课本，只有化学等个别课程有课本，三个学生共用一本，主要靠听讲，记笔记。

9 月，接国民政府教育部命令："鲁苏豫皖四省边区战时中学"改名为"国立第二十一中学"。

1943 年

4 月，初中二年级上学期。父亲从老家步行 200 千米来学校看望，送烙馍和咸菜，嘱咐王文兴要好好学习。父亲在此巧遇本村亲友、少时私塾同学、暂在国立第二十一中学任财务主任的彭笑千，抗战期间，彭笑千曾任萧县抗日民主政权县长、淮北二专署专员。

9 月开学，三年级上学期。几何课由豫北数学名师季绳武讲授。季老师教学有方，同学们都喜欢上他的课，这对王文兴的数学学习产生很大影响。

10 月，上海"八一三"抗战时，谢晋元团长率领的抗日八百壮士浴血奋战，坚守四行仓库，享誉中外。其部分战士突围后，于十月路过太和，王文兴参加全校师生举办的欢迎会，高唱《八百壮士之歌》，歌声、口号声此起彼伏，爱国激情令人深受感动。

1944 年

1 月 18 日，期终考试完毕，寒假开始。

1 月 24 日，观看假期文艺节目演出，有黄河大合唱、管弦乐合奏、河南梆子、京剧清唱、舞蹈等文艺节目。

4 月中旬，平汉铁路被日军占领，皖北太和形成孤岛，形势危急，部分师生离校。

7 月，初中毕业，参加高中一年级入学会考，考生 153 人，以第十六名成绩进入高一甲班。

8 月，国民政府教育部考虑到皖北抗战形势，为师生安全起见，命令国立第二十一中学西迁到陕西安康，于是全校师生员工投入迁校准备工作。

9 月，教育部下令国立第二十一中学西迁至安全地区。电报代码为马，故以"马忠"为行军代号，行军时即以马忠为口令。学校第一批西迁工作随即准备就绪。

10 月 11 日，早饭后全校师生在学校大操场集合，队伍浩浩荡荡沿颍河向安徽界首进发，从此开始了历经 10 个月艰难而危险的两千里徒步"长征"。

10月12日，继续西行。一些师生的亲友和商人在中途也加入队伍随行，经河南沈丘到达项城，由此开始了从东到西横穿河南的长途行军。

10月16日，学校计划在河南西平与漯河之间午夜闯过日寇驻守的平汉铁路线。

10月17日，下午3点全体师生集合整队出发。行军至午夜准备闯平汉铁路时，前方突然发现日军骑兵，队伍向后转跑步撤退，情景狼狈不堪，惊心动魄，许多同学的东西都丢了。后撤到上蔡县的蔡沟镇，耽搁了整整一个月。

11月17日。早饭后，学校突然下令七时半集合，准备出发。这次改变路线，走南路。

11月18日，这次过路时由国民政府军暂三旅护送，行至王桥附近击退伪军阻挡，于夜间成功穿越了平汉铁路。

11月19日，到达聚会点嵖岈山，在此休整数天。夜有飞机声自西往东，是中国人自己的飞机，前去袭击日寇的据点。

11月23日，走出连绵荒山，赶到羊册。

11月24日，学校租了五辆牛车拉行李并让女同学乘坐，行12.5千米路，住赊旗镇，该镇原为汴洛至武汉舟车货物集散地，为豫西南之重镇。平汉铁路建成后，失去原有风采。

11月26日，天下雨，不能成行。天气变冷。

11月27日，少数同学冒雨先行去南阳。

11月29日，雨止，大队踏着泥泞终于出发了，但走得很慢。

11月30日，大队走在途中，天降大雪，寒冷异常。又冻死了一头牛，牛车合成一辆拉行李，晚上终于到了南阳，住宿在实验小学大礼堂，很宽敞，但是寒冷难以入眠。

12月1日，到达南阳城。南阳是一路经过的最大的城市。王文兴大腿上生疖子，疼痛难忍，未能随同学参观诸葛亮故居，深感遗憾。

12月2日，早餐后，乘拉行李的牛车赴镇平县五里岗。

12月3日，学校选派学生代表赴清油河晋见老校长王仲廉将军，请求支援棉衣以御寒。

12月6日，国民政府号召知识青年参加远征军，到境外与英美盟国联合打击日军。同学张佑昌、王永义报名获准。

12月8日，下午王仲廉校长召集全体师生训话，表示慰问，承诺解决衣食住问题，但由于日军继续进攻，此地仍不安全，需要马上迁往安全地区。

12月10日，下雪。

12月13日，天放晴，棉衣送到，可谓雪中送炭。当日到达镇平五里岗住下复课。五里岗是一个比较大的乡村，生活艰苦，由于天气比较冷，同学们用当地的土毛线学织毛衣御寒，王文兴在这里学会了织毛衣，一直到春节后日军侵犯豫西，不得不离开镇平，继续西迁。

1945年

2月上中旬，在镇平五里岗度过了旧历年，仝菊甫校长带领的第二批同学赶到。由于敌人来犯，学校继续西迁，经西峡口去往荆紫关。由朱大同代校长，率领同学西迁。

2月26日，下午到西峡口，这个集镇商铺很多，很繁荣，竟然还有小水电站，家家有电灯。第二天是正月十五，王文兴和几位同学被分到一户商人家中吃派饭，饭菜丰盛，当地人对流亡学生的关爱让大家非常感激。

在西峡口发生了惊险的一幕。一天凌晨学校突然紧急集合，据报敌人已逼近西峡口，师生们带着行李奔向深山中的荆紫关躲避。

2月29日，到达与河南、湖北、陕西三省交界、濒临丹江的荆紫关，风景优美，群山青翠，白云缭绕，丹江清澈如带。师生们住在山顶寺中，吃着发霉的馒头，无菜，生活非常艰苦。

国立河南大学亦从开封来到这里避难，就在国立第二十一中学暂住地的山下。

3月29日，当月，抗战时期中日正面战场最后一次大会战——豫西鄂北会战拉开战幕。3月29日，日寇集结重兵向豫西西峡口进攻，企图从东南方向攻打西安。三十一集团军总司令王仲廉将军率四个军顽强抵抗，战至4月7日，歼敌4000多人，击毙日军一师团长，取得重大战果。消息传来，史称豫西大捷，全体师生欢欣鼓舞热烈庆祝。

4月19日，日寇再度西犯，局势紧张，为了安全，于是又背起行装离开。经过一天行军，晚上到达河南西坪，此地仍然危机，次日清晨沿豫陕公路奔向商南县，沿途向西，逃难民众络绎不绝。晚上到达安全地带商南县，在此休息一日后，继续前进，翻越秦岭去山阳县。途中众师生翻越高山，山上积雪很厚，只有盘旋曲折的羊肠小道，行进十分艰难，同学们如蚁行连夜翻山，终于到了山阳县城。

6月14日，高中部第一届高中生在陕西山阳毕业，毕业典礼上，校代表宣读王校长的训词。

7月，世界反法西斯战争欧洲战场胜利后，豫西日军已无力进攻西安。教育部同意国立第二十一中学迁往距西安17.5千米的蓝田县，由山阳县城去蓝田必须翻越秦岭，过秦岭，需紧走两天，中间夜宿秦岭山顶，虽在伏天，山顶上凉风袭人。两天行军，虽双脚起泡，非常疲劳，但山上参天林木，潺潺清流，如入仙境，同学们乐而忘疲。

学校迁到蓝田县后高中部住在县城蓝田文庙里，过暑假生活。复习高一课程，预习高二代数。

8月15日，日本战败投降，举国欢庆，全校师生热烈庆祝中国抗日战争胜利。王文兴过去一直是剃光头，在这天开始留长发以示纪念。

9月，开学后，马菊甫先生担任班里的数学老师，常以生动幽默的事例、语言活跃课堂气氛，教学效果很好。这是继初中季绳武老师后的又一位优秀的数学老师，对王文兴今后的学习影响很大。

1946年

抗战胜利，国立中学已完成历史使命，教育部命令，全国二十三所国立中学学生复原，回到原籍就读，复员后学生待遇不变，免费提供食宿。江苏省政府为国立第二十一中学江苏籍学生新建的江苏省立连云中学，地址暂在徐州市。

7月5日，陇海铁路局给学校提供一列专车，运送教职工学生回原籍。校部在西安灞桥车站组织全体师生登上专列，直达渑池，铁路中断，换乘汽车联运到洛阳，由洛阳再登上火车去郑州。王文兴在徐州西黄口车站下车回家。

流亡在外多年，音信失联，突然安全回家，亲人重逢相拥而泣。数日后王文兴即去徐州报道，进入江苏省立连云中学高中三年级甲班（理科），在校利用暑假复习功课。

1947 年

7 月，在江苏省立连云中学高中毕业。

8 月，先后在南京和开封报考了国立安徽大学数学系和国立河南大学数理系。河南大学考试后得知，三天后还要面试，因路费原因没去复试（后来得知复试榜上有名）。

9 月，大学入学考试后，在萧县刘套中心小学五年级数学代课等待大学考试结果。

10 月，被国立安徽大学数学系录取，进入数学系学习，主修微积分、普通物理和普通化学、国文、历史等课程。安徽大学刚从中央大学独立出来不久，数理化三门课都是英文教材。

1948 年

7 月，一学年学习结束了，与过去中学时期流浪逃亡的六年相比，虽然受到时局和学运的影响，但还算稳定地上了一年学。

8 月，暑假留校读书，没回家。

9 月，开学后，学生运动激烈，无法正常上课，王文兴与同学们商议找机会到北平去上大学。

11 月，淮海战役结束，王文兴家乡萧县是主战场之一。

1949 年

1 月，寒假留校读书，没回家。

3 月，时局动荡紧张，学校已不能正常上课，不同政治倾向的学生纷纷选择南下或北上。王文兴与同学常贵升密商北上去解放区，这又是一次决定命运的重大行动。与国立第二十一中学的同学、山东大学读书的常贵升，经过多天的酝酿，一天晚上他们两人偷偷离开宿舍乘船离安庆东下，经南京、镇江艰难到达已经解放的扬州，继而到徐州进华东军政大学报到。王文兴入数理班，常贵升入外语班。由于一路劳累，肠胃病复发，王文兴回家休养。不久华东军政大学由徐州迁往江苏镇江。

8月，国立山东大学（青岛）在徐州设立考区并招收插班学生，王文兴考取数学系二年级。

9月，赴青岛入山东大学报到后，因肠胃衰弱，在山东大学附属医院住院两周，医生说不宜久坐，由数学系转入化学系二年级，获甲等助学金，每个月30千克小米，寒暑假照发。

10月1日，中华人民共和国成立。学校举行盛大庆祝会。

1950年

1月，寒假留校学习。

7月，暑假留校学习。

9月，开学，化学系三年级，担任班长。师从物理化学家刘遵宪教授、有机化学家刘椽教授等。

12月，加入中国共产主义青年团。

1951年

1月，寒假留校学习。在刘遵宪教授指导下研修。

到中学兼职担任化学教师，每月收入十五元，全部用来资助在徐州一中上学的弟弟。

3月15日，山东大学与华东大学正式完成合校，新的山东大学开始运转。新山东大学设文、理、工、农、医5个学院以及政治和艺术两个直属系，华岗任校长兼校党委书记，童第周、陆侃如任副校长。

7月，暑假留校学习。

1952年

1月1日，王文兴和同学到刘遵宪、徐国宪等先生家拜访并送上新年祝福。

1月24日，放寒假，全校师生将参与"三反"运动。

2月27日，弟弟正兴来信说四叔在家乡去世，久未回家的王文兴给父亲和弟弟寄信，检讨自己只顾读书忘了家。

3月15日，新山东大学第一届校庆，上午九点开始。大会气氛热烈，不少校友来电致贺。一些到南方去工作的化学系老师和同学，百忙中回校参加校庆活动，他们对母校的关心和报答深深打动了王文兴。

6—7月，校领导作一系列关于思想改造、学习动员、前途问题等报告，学校大会小会动员学生服从国家统一分配工作，党团员带头到最艰苦的地方去。

7月，学生填写毕业分配志愿，只写学校、工厂等工作性质供参考，不选地方和单位。

9月，学校公布分配结果。这时才知道到哪去，做什么工作。化学系三四年级两个班同时毕业，大部分去东北，王文兴也在其中。

9月17日，被分配到东北的同学乘专列由青岛开往东北。王文兴和班团小组长王凯到哈尔滨，被分别分到重工业部东北基建公司干部学校和分析室。

1953年

3月，王文兴被调到沈阳重工业部技术干部学校，学校的任务是结合苏联援华项目，培训刚毕业的大学生为新型工程师。王文兴做组织管理，兼任团分总支书记。

1954年

1月，响应中央向科学进军的号召，技术归队，王文兴被调到沈阳重工业部化工综合试验所（后改名为沈阳化工研究院）物理化学研究室，任技术员。在室主任留美化学家吴冰颜先生指导下组建催化研究组和实验室。

参加俄语速成班学习，每天记住一百多个单词。

1955 年

一边筹建催化研究组和实验室，一边开展硫酸生产中催化剂燃起温度的研究。

8 月，大连工学院毕业生康民伟分配到催化组里来。

1956 年

3 月，由吴冰颜先生推荐，去吉林大学化学系研究生班进修，在化学家唐敖庆教授的指导下，进修物理化学。后来根据听课记录，将唐先生化学热力学讲课笔记整理成书。这一时期进修同时还要照顾催化组的工作，建立固体催化剂测试仪器设备。

3 月 28 日，加入中国共产党。

暑假，在吉林大学自学。

8 月，华东化工学院毕业生陈观云分配到催化组里来。

1957 年

7 月，在吉林大学进修结束，回到化工部沈阳化工研究院物理化学研究室。

10 月，因肠胃病由单位送到辽宁兴城工人疗养院疗养。

12 月，化工部将沈阳化工研究院一分为四，将无机和油漆两个专业迁至天津，成立天津化工研究院；将塑料、橡胶、高分子、有机合成及化工设计、物化、无机、情报专业迁至北京，成立北京化工研究院；染料和农药专业留在沈阳化工研究院。王文兴跟随物化专业迁到北京化工研究院物理化学研究室。未婚妻张婉华随专业迁到天津化工研究院。

1958 年

3 月，身体状况转好，从辽宁兴城工人疗养院疗养出院。回北京化工研究院物化研究室工作，任工程师。

8 月，参加国家机关人员义务劳动一个月，在人民大会堂宴会厅装修劳动。

12月28日,在天津与张婉华结婚。

1959年

9月,由国家派往苏联莫斯科卡尔波夫物理化学研究所进修,主修催化动力学。进修期间,王文兴在通信院士鲍列斯柯夫教授的指导下,深入了解和学习了催化研究现状、方法和方向,对他以后的催化研究产生了重要影响。

11月7日,应邀参加苏联十月革命节红场阅兵。

1960年

3月,家乡饥荒严重,王文兴弟弟向公社申请,获准送父亲到天津王文兴家中。

3月14日,长子王韬出生。时王文兴在莫斯科。

9月,由莫斯科乘火车五天到北京,回北京化工研究院工作,组建了电磁流动循环法研究催化反应动力学实验装置、放射性元素 ^{14}C 研究有机物催化氧化反应机理试验方法。

10月,任北京化工研究院物理化学研究室副主任、党支部书记。

1961年

在北京化工研究院主持物理催化研究室工作,购买多种先进仪器设备,物理催化研究室成为当时国内最好的物理催化研究室之一,研究人员达一百多人。

1962年

建立拥有催化剂及各种先进测试设备和仪器的催化研究室,开发了放射性元素 ^{14}C,研究有机化合物催化氧化反应机理和利用电磁循环泵研究催化反应动力学的新方法。

3—6月去苏联访问三个月,主要在莫斯科卡尔波夫物理化学研究所进修,参观了科学院有机化学研究所催化多个学派实验室、科学院物理化学研究所催化半导体理论实验室等。在此期间，参加了在莫斯科举办的苏联全国催化学术会议。

7月1日，大女儿王梅出生。

1963年

建设和开发催化剂测定和催化反应研究新方法，参考国外资料，设计并搭建国内第一台傅立叶红外测量装置。

夏，参加在兰州饭店召开的全国第二届催化会议，应邀作了题为"烃类多相催化氧化动力学研究进展"的学术报告。

业余时间开始翻译俄文《烃类的多相催化氧化》一书。

1964年

任北京化工研究院物化室主任、党支部书记。工作更忙了，通常每月回天津家一次。

1965年

科学事业有了良好的新开端，开发固体催化物质表面有机物吸附机理傅立叶红外线研究装置的配套系统，真空与吸附系统已经配齐。

8月，开始参加"四清"运动，自我检查，党内外提意见。

1966年

3月，"四清"运动结束。通过全院中层干部讨论推选两名院级副职人选，王文兴和李俊贤入选（后来他们两人都当选为中国工程院院士）。

5月，中央政治局扩大会议召开；同年8月，八届十一中全会召开。"文化大革命"开始，全国掀起批判"资产阶级反动路线"的浪潮，科研工作被迫中断。

5月18日，二女儿王清出生。

6月，化工部调王文兴到天津化工研究院，与两地分居多年的妻子张婉华团聚。不料调至天津仅仅九天后，为支援"三线"建设，王文兴又受命到兰州市负责筹建一个单位：西北24号信箱（实际是化工部西北涂料研究所），任技术副所长（所长未到任）。该所定员500人，投资300万元。

12月20日到次年1月22日，根据军工单位"三线"建设要靠山隐蔽的原则，新单位原址选兰州市里不合适，经化工部同意，王文兴带筹建处龚玉昆工程师去四川、陕西遴选新址。1月22日回到北京，24日去化工部汇报，此时"文化大革命"正处高峰，原部长、司局长被夺权，选择新址一事不得不搁浅。

1967年

春，"西北24号信箱"科研楼和家属宿舍开始施工，到西宁、西安等地筹集建筑材料。

9月28日，王文兴出差途经郑州，欲到郑州大学化学系看望他的老师刘椽教授，到郑州大学得知，刘椽已被打成"反动学术权威""老右派""历史反革命"等，隔离审查，不得见面。

9月30日、31日，在萧县黄口与任黄口中学语文教师的大哥和从村里赶来的二哥相聚，18年未见面的兄弟百感交集，热泪盈眶，互叙情谊。

12月，到西宁中科院盐湖所联系借调钢筋，夜宿招待所，海拔较高天气寒冷，难以入睡。

1968年

继续筹建兰州涂料所。每月配发1.5kg小米和部分粗粮，生活条件艰苦。王文兴与基建人员同吃、同住、同劳动，和睦相处，基建工作受"文化大革命"影响不大。

1969年

5月16日，小女儿王薇出生。王文兴在兰州忙于基建未回家。

秋，兰州涂料所基本建成。王文兴被化工部暂调到天津化工研究院，总算与家人团聚了。

1970 年

在天津化工研究院革命委员会生产组（管理科研部门）工作，业余时间自修日语。

1971 年

8 月，国家计划引进大批石油化工、合成纤维、合成氨等大型成套技术，王文兴被借调参加对外催化技术引进谈判。在此期间，王文兴深刻意识到工业催化对工业生产的重要作用，遂决定利用业余时间着手编著《工业催化》一书。

1972 年

住北京，参加催化技术引进工作。业余编著《工业催化》一书。

1973 年

6 月 2 日到 7 月 5 日，参加中国环境科学技术考察团，一行 11 人赴英国进行一个月的环境考察。这次考察是一个偶然事件，但对王文兴三年后从事环境保护事业起到了重要作用。

8 月，列席第一次全国环保工作大会。

12 月，结束技术谈判工作，由北京回天津化工研究院。

1974 年

继续编著《工业催化》，翻译日文《元素别触媒便览》。

1975 年

6 月，天津市筹建环保办公室，天津市委下调令，任命王文兴担任天津环保办（后改局）副主任，但他还是想从事催化研究不愿改做行政工作，便迟迟没去赴任。

7 月，回安徽萧县看望病重的父亲，王文兴不幸染痢疾回到天津，10 月 24 日父亲经医治无效病故，享年 82 岁。

1976 年

2月9日，在上级组织一再要求和督促下，王文兴前往天津环保办报到，任副主任，后改为局，任副局长，分管科技。

春，参与蓟运河污染调查国家项目。

6月，参加在黄山召开的《全国环境保护科技情报网》会议。会议认为环境科学关系到国家的可持续发展，建立环境学会将起到巨大促进作用。王文兴与中国环境科学研究院环境化学所宫所长、南开大学戴树桂等建议国家环保办创建中国环境科学学会。王文兴回到天津后，开始筹备天津市环境科学学会。

业余时间跟广播电台学日语。

1977 年

7月，天津市环境科学学会正式成立，王文兴被选为理事长，南开大学环保系主任戴树桂等当选副理事长。这是全国第一个省级环境学会。

8月，黄渤海污染调查船出海归来，作业过程中遇恶劣天气险遭不测，王文兴、张一之等负责人登船慰问。

12月，当选为天津市第八届人民代表大会代表，28位知识分子代表之一，任期至1980年6月。

1978 年

王文兴与其他人合作，组织并任技术校对，将日文专著《催化剂手册》翻译成中文。

郑州大学党委为刘椽教授平反昭雪，并开追悼会。王文兴写了一篇纪念文章，悼念刘老师。

王文兴夫人张婉华完成的催化剂氧化铝载体获1978年全国科学大会奖。

12月，《工业催化》一书出版，这是我国催化领域的第一本专著。

1979 年

3月，中国环境科学学会成立大会在成都召开，王文兴当选为第一届常务理事会理事，兼环境标准委员会副主任委员。

5月14日，国务院环境保护领导小组以（79）国环办字40号文确定成立中国环境科学研究院。

9月，我国第一部环境法《环境保护法（试行）》出台，《环境保护法（试行）》规定要建立中国环境科学研究院和中国环境监测总站。

1980年

2月，被天津市环保局聘为高级工程师。

3月，国务院环境保护领导小组（80）国环字33号文批准中国环境科学研究院院章于1980年4月1日正式启用。

3月，被国家环境保护办公室借调到北京，参与筹建中国环境科学研究院，担任筹建领导班子成员，分管科技。

4月，当选为天津市第九届人民代表大会代表，任期至1983年4月。

6月，在天津市工人文化宫，参加天津市第九届人民代表大会。胡启立当选为天津市市长。

11月15日—12月16日，为筹建中国环境科学研究院，借助联合国开发计划署资助项目，王文兴率团赴日本进行环境科学考察，主要考察了在筑波的国立公害研究所、国立气象科学研究所、工业技术院资源环境研究所、筑波大学和东京大学、东京工业大学、千叶大学、埼玉大学、京都大学、大阪大学、北海道大学等。考察的目的是了解日本国立环境科研单位以及高等院校环境科学研究有关单位的组织结构、科研方向、科研人员和仪器设备等，为中国环境科学研究院建院做参考。

12月底，参加中国环境科学学会在北京召开的常务理事会会议，决定创办《中国环境科学》杂志，建议杂志编辑部挂靠在中国环境科学研究院。

1981年

1月2—31日，王文兴率团从北京出发，经上海、东京到纽约，在美国进行环境科学考察一个月。考察了纽约、总领馆、联合国总部、环保局、北卡研究三角公园、北卡大学、杜克大学、佐治亚理工学院、纽约州立大学奥尔巴尼分校、加州大学河边分校、洛杉矶分校、加州理工学院等，与大气环境专家威尔逊先生、R. KAMENS 教授、佐治亚理工学院江家泗教授、著名激光化学家 D. D. DAVIS 先生等人建立了友谊和长期合作关系，参观了解了一批先进的实验室及仪器设备。

春，启动国家环保局重点项目"兰州西固地区光化学氧化剂污染控制对策研究"。

9月18日，被中国环境科学学会聘请为中国环境科学学会第一届环境标准专业委员会副主任委员。

9月，启动国家环保局重点项目"太原地区大气环境综合观测研究"。

1982 年

2月，在太原进行冬季大气污染综合观测，住迎泽宾馆。

8月，在太原进行夏季大气污染综合观测，住迎泽宾馆。

1983 年

3月23日至6月23日，由联合国开发署资助，在日本研修三个月，启动国家"六五"科技攻关项目"太原地区大气环境容量研究"。

9月，由天津市环保局调入中国环境科学研究院，任副院长。妻子和孩子户口转到北京。

9月12日，妻子张婉华被授予"全国三八红旗手"称号。

10月6日，随代表团在肯尼亚首都内罗毕参加世界工程师大会，并作了题为"中国大气污染现状与控制对策"的报告。

10月17—20日，随代表团去瑞士苏黎世、法国巴黎参观考察。

11月19—21日，在兰州主持"兰州西固地区光化学氧化剂污染控制对策研究"1981年度阶段总结会议。

12月1日，当选为中国环境科学研究院学术委员会主任委员。

1984 年

1月30日，当选为中国环境科学学会第二届理事会常务理事。

6月，被聘为中国环境科学学会学术刊物《中国环境科学》杂志第二届编辑委员会主编。

9月，完成"兰州西固地区光化学氧化剂污染控制对策研究"科研项目总结报告。

9月，完成"太原地区大气环境综合观测研究"科研项目。

11月10—30日，王文兴一行4人赴美国进行为期三周的酸雨考察。当时美国正在实施1980年开始的十年《国家酸沉降研究计划》，这次考察为我国以后开展酸雨研究工作起到了重要的参考作用。

1985 年

1月，多次组织利用加拿大的双水獭飞机、苏联米-8型直升机、西德的BO-105直升机，在太原市上空对空气中的二氧化硫、颗粒物、气溶胶等进行航测。

3月，被聘为国家科学技术进步奖城乡建设行业组评审委员。

5月，应邀去韩国汉城参加第一届国际大气科学与空气质量会议。

5月18日，被聘为国家环保局环境保护科学技术进步奖评审委员。

8月13日，参加天津市城市总体规划专家座谈会。

8月20日，签署国家环保局项目"我国酸雨的来源和影响及其控制对策"专项合同。

10月，在四川峨眉山金顶，组织进行高山酸雨观测实验。

11月，完成"六五"国家科技攻关项目"太原地区大气环境容量研究"。

11月，在峨眉山用美国Model 500型臭氧测定仪进行了大气臭氧的时空分布规律研究。

主持的"兰州西固地区光化学氧化剂污染控制对策的研究"项目获得1985年度国家科学技术进步奖二等奖。

1986 年

6月18日，被中国科学院环境化学研究所聘为环境化学专业研究生答辩委员会委员。

8月，担任国家"七五"科技攻关项目"华南酸雨来源、影响和控制对策的研究"项目组长。

10月11日，被中国环境保护协会聘为高级专业技术职务评审委员会委员。

11月，获得国家环保局"六五"国家环保科技攻关项目表彰证书。

1987年

1月，被聘为《环境科学学报》第二届编辑委员会副主任委员。

4月17日，主持的"太原地区大气环境综合观测研究"项目获国家环保局环境保护科学技术一等奖（部级）。

7月，主持的"大气环境容量研究"项目获国家科学技术进步奖二等奖。"太原地区大气环境综合观测研究"项目获国家科学技术进步奖三等奖。

7月7日，被聘为国家气候影响分委员会专家。

8月，当选《中国环境科学》第三届编辑委员会主任委员。

10月10日，被聘为中国环境科学研究院首届学术委员会主任。

1988年

1月，在广州广东环保局开办酸雨检测培训班。

3月，被天津市环境科学学会聘为《城市环境与城市生态》第一届编委会编委。

3月11日—4月7日，主持的"华南地区酸雨来源、影响和控制对策的研究"项目在两广地区上空组织了高空、地面联合飞行观测。

7月15日，被中国科学技术协会聘为国际科联环境问题委员会中国委员会委员。

参加中国气象学会与中国环境学会组织的全国大气化学和污染学术会议。

10月3—7日，去日本东京参加第二届大气科学与空气质量会议，当选为国际组织委员会委员，作了题为"中国四川峨眉山酸雨的来源及化学特征"的报告。会后考察了千叶大学，日中合办大气化学研讨会。

附录一 王文兴年表 *349*

1989 年

4 月，入选全国环境保护先进企业和模范人物光荣册。被国务院环境保护委员会授予"全国环境保护事业先进工作者"荣誉称号。

4 月 15—26 日，赴美国、加拿大访问考察。

5 月，主持我国首次举办的国际大气化学会议，会议在北京友谊宾馆召开。

7 月 11—12 日，主持召开国家"七五"科技攻关项目"华南地区酸雨的来源、影响和控制对策的研究"分题组长会议。

1990 年

2 月 6 日，主持的"七五"国家科技攻关项目获国家环保局环境保护科技进步奖一等奖（部级）。

2 月中下旬，应邀参加在日本金泽举办的第 31 届大气污染学会年会，并作报告。

5 月 6 日，被中国科学技术协会聘请为第二届青年科技评审委员会学科评审组成员。

6 月 9 日，被中国环境保护工业协会聘为中国环境保护工业协会废气净化委员会主任委员。

10 月，参加中国环境科学研究院建院十周年报告会，并作了《中国工业发展与酸雨化学》的学术报告。

10 月 15—19 日，在上海参加第三届大气科学与空气质量应用国际会议，国际组织委员会会议。

10 月 29 日—11 月 6 日，应邀参加在日本北九州召开的大气环境会议，并作大会报告。

11 月，参加在美国召开的国际酸雨会议，会议上赠送美国十年酸雨研究项目总结报告第 27 卷。

12 月，主持的国家"七五"科技攻关课题《我国酸雨的来源和影响及其控制对策》的研究获得 1990 年度国家科学技术进步奖二等奖。

1991 年

9月4—6日，应邀参加在韩国汉城举办的第二届国际空气污染问题会议，会议主题：亚洲新出现的环境问题。

10月1日，获国务院政府特殊津贴，是国家环保局系统首位获此津贴者。

11月13日—12月9日，参加在华盛顿巴尔的摩举办的首届全球大气化学排放清单研讨会，作了题为《中国大气污染物排放》的学术报告。

12月，由于在国家"七五"科技攻关环境保护项目中获得优异成绩，获国家环保局、中国科学院、国家教育委员会联合颁发的荣誉证书。

12月19日，受聘为中国科学院大气物理研究所"大气边界层物理和大气化学"国家重点实验室学术委员会委员。

1992 年

2月25—26日，主持召开国家"八五"科技攻关酸沉降项目01专题开题筹备会。

3月23—27日，访问日本工业技术院资源环境研究所。

4月10日，担任国家"八五"环保科技攻关项目"我国酸沉降及其生态环境影响研究"项目组组长，作为专题负责人签署"八五"国家科技攻关计划合同。

4月，去浙江、江西等地检查开题情况，并指导科研工作。

4月，担任国际大气科学与空气质量会议组织委员会委员。

10月19日，在国务院发展研究中心参加由国家计委副主任林华主持的关于成立中国工程科学院座谈会，到会的包括国家环保局在内的多个部委代表，与会代表一致认为有必要成立中国工程科学院，并议论了建立的目的、性质、规模、时间等问题。

12月29日，参加中国环境科学学报编委会会议。

1993 年

1月25—30日，去日本参加国际学术会议，会后在筑波参观日本国立公害研究所。

2月1日，主持"八五"国家科技攻关项目组讨论酸雨航测方案。

2月6日，参加中国环境保护产业协会废气净化委员会会议。

2月23—25日，主持国家"八五"科技攻关项目"我国酸沉降时空分布规律的研究"阶段总结和计划会议。

3月，从中国环境科学研究院离休，受聘为中国环境科学研究院学术顾问。

3月，与严东生合作出版了《工业污染治理技术丛书·废气卷》。

4月，被中国环境科学学会聘为中文版《中国环境科学》第四届编辑委员会主编。

4月6日，受聘为《中国环境科学》英文版第一届编辑委员会副主编、中国环境科学学会常务理事会成员。

4月13—18日，受邀去韩国汉城参加国际学术会议。

8月20日，在辽宁省凤凰山进行酸雨观测。

9月28日，主持召开关于社会发展和环境污染的研讨会。

10月5日，参加江西环保局酸雨研究会议。

11月18日，主持酸雨项目专题组会议，检查、安排工作。

11月29日—12月3日，参加在台北召开的东亚区域环境和气候变化国际会议，会后访问了台湾大学、台湾清华大学、成功大学、环保署等单位。

12月13—15日，到日本千叶市参加国际大气学术研讨会，参观千叶大学，进行学术交流。

12月18日，当选为中国环境保护产业协会废气净化委员会首届主任委员。

1994年

1月，去日本参加Sawa国际学术会议。

3月11日，参加中国环境科学学会常务理事会会议。

3月，被国家人事部聘为环保专业技术资格评审条件审定委员。

4月6日，在杭州参加酸雨控制会议。

5月30日—6月2日，在韩国汉城参加第四届国际大气科学与空气质量会议，并作了题为"中国大陆酸雨成因分析"的学术报告。

6月5日，山东省威海民间绿色协会将王文兴的名字镌刻于"中华环保金铭榜"上。

7月22日，乘火车到吉林省图们市，核对图们、珲春酸雨监测质量，并进行现场观测。

11月9日，被聘为中国环境科学研究院学术顾问。

1995 年

3月21—24日，去日本东京参加东亚地区酸雨监测网第二次专家会议。

3月30日，参加国家环保总局科技司召集的专家会议，议论"九五"科技攻关储备项目。

4月26日—5月24日，赴美国、加拿大访问考察。

5月1日，主编的《英俄汉环境保护词汇》出版。

7月10日，主持张晓山博士论文答辩会。

7月25日，经丹麦哥本哈根到瑞典哥德堡，参加第五届国际酸雨大会，并考察当地湖泊、森林、土壤酸化情况及其生态环境影响。

11月7日，被中国环境科学学会评为第二届优秀环境科技工作者。

1996 年

4月—次年10月，美国、英国、法国、西班牙、捷克、日本、韩国等多名环境科学家、化学家相继来信，索要王文兴在WA&SP等学术期刊上发表的有关酸雨研究的论文复印件及其他资料，以供交流、参考。

6月8—20日，参加在美国西雅图召开的第五届国际大气科学与空气质量会议，并作了题为"中国雨水酸度的地理分布与时间变化"的学术报告，会后参观华盛顿大学。

9月17日，被中国科学院大气物理研究所聘为大气边界层物理和大气化学国家重点实验室第二届学术委员会委员，聘期四年。

任国家"九五"科技攻关项目子课题"我国酸雨控制国家方案基础研究"1996—2000 组长。

1997 年

1 月，被国家环保局聘为全国饮品企业环境质量管理审核委员会委员，聘期五年。

3 月 27 日，参加酸雨沉降国家方案论证。

7 月，当选中国环境科学学会大气环境分会委员会主任。

8 月，所撰论文《中国酸雨研究》获中国环境科学学会、中国环境科学出版社颁发的优秀论文证书。

1998 年

10 月 27—29 日，在重庆扬子江宾馆参加中日大气污染控制研讨会。

11 月 4—9 日，在长沙参加由中国大气化学与污染专家委员会和中国环境科学学会大气环境学委员会主办的全国大气环境学术会。

12 月，主持的"我国酸沉降及其生态环境影响研究"项目获国家科学技术进步奖一等奖。

12 月 23 日，在南昌参加"江西省酸雨时空分布规律研究"成果鉴定会，任鉴定委员会主任。

1999 年

4—9 月，完成国家"九五"科技攻关项目子课题。

11 月，当选中国工程院院士。

2000 年

8 月 2 日，参加中国科学院大气物理所 LAPC 会议。

2001 年

1 月 19 日，被中国环境保护产业协会聘为第二届废气净化委员会常务委员和主任委员。

3月，与杨新兴合作出版人类家园丛书《保护人类呼吸之气——大气》。

4月，被中国环境科学学会选举为第五届理事会顾问。

6月12日，被聘为中华环境奖评选委员会委员。

8月27日，被中国环境科学研究院聘为知识创新基地首席专家评审委员会委员。

9月20日，任国家环保局公开招聘中国环境科学研究院院长、华南环境科学研究所所长面试委员会委员。

10月15日，参加山东大学百年校庆，展涛校长邀请王文兴来山东大学工作，帮助发展学校环境学科。

12月29日，参加石家庄市大气颗粒物来源解析及污染防治对策会议。

2002 年

1月11—13日，参加全国环保厅局长会议。

3月21—24日，参加在韩国汉城召开的国际大气科学与空气质量会议。

4月22日，在山东大学讨论211工程二期计划。

5月28日—6月2日，参加两院院士大会。

5月27日，参加中华环境奖评委会第二届理事会第一次会议。

6月18日，参加中国科学院华北地区缺水及生态变化的水循环基础与修复对策研究会议。

6月29日，参加广西玉林市召开的城市经济、社会发展战略论坛。

8月4日，讨论"973"项目"中国典型河口——近海陆海相互作用及环境效应"。

8月13日，参加在杭州召开的中国环境科学学会，第九届全国大气环境学术会议。

8月29日，参加国家环保局召开的江苏省海门市模范城市考核。

9月5日，被四川大学聘为名誉教授。

10月，被聘为山东大学环境工程学院兼职教授。

2003 年

1月，被中国社会科学院城市发展与环境研究中心聘为特邀顾问。

3月11—13日，赴日本筑波参加第八届国际大气科学与空气质量会议，并作了题为《酸雨在中国大陆的成因分析》的学术报告。参加国际组织委员会会议。

4月，被沈阳大学聘为辽宁省环境工程重点实验室学术委员会主任和沈阳大学名誉教授。

8月27日，被江西省环保局聘为江西省环境科学研究院名誉院长。

10月8日，被安徽省政府聘为安徽生态省建设顾问。

10月31日，被山东大学聘为山东大学全职教授。

11月3日，山东大学正式下文成立山东大学环境研究院，王文兴任院长。

11月12—15日，去中国台北参加东亚地区酸沉降专家会议。

11月22日，参加北京地区光化学烟雾形成与演化机理及其控制实验预研究可行性论证会。

山东大学环境研究院参与国家"973"项目"东北老工业基地土壤的污染与修复"。

2004 年

春节，为山东大学环境研究院着力引进在香港从事量子化学研究的博士后张庆竹，在济南与张庆竹见面。

编制山东大学环境研究院三个方向的学科规划：大气环境化学规划、环境量子化学规划、生态环境规划。

3月28日，被《诺贝尔奖百年百人》组委会邀请入编《诺贝尔奖百年百人》一书中的"中国科技专家风采"。

9月，被山东省政府聘为山东省中长期科学技术发展研究规划首席科学家。

9月，合作出版《规划与管理——北京高等教育精品教材立项项目》。

是年，山东大学环境研究院承担山东省环保局"山东省土壤（黄河故道）背景值的调查"项目、"山东省重点城市气溶胶 $PM_{2.5}$ 污染水平及来源的研究"项目及"烟气脱硫"项目,承担山东省六地市"颗粒物源解析"项目。

是年,山东大学环境研究院引进环境化学博士周学华、环境生态学博士戴九兰,从德国引进环境分析化学博士张斌。

是年,经王文兴多方奔走呼吁,山东省政府正式委托山东大学环境研究院开展"山东地区气溶胶 $PM_{2.5}$ 污染特征、来源及形成机理"课题的研究。

2005 年

4月26日—5月8日,赴美国旧金山参加第九届国际大气科学与空气质量会议。会后考察访问美国西雅图大学、北卡大学、杜克大学、加拿大多伦多大学、麦克马斯特大学、约克大学、加拿大气象研究院。

8月上旬,赴日本东京、筑波参加国家大气学术会议,并去仙台参加中日高校暑期学术交流,访问东北大学、北海道大学等地。

8月,国家"973"酸雨项目管理办公室正式成立。王文兴长子王韬任首席科学家,王文兴参加专家组。

9月,山东大学环境研究院由逸夫楼搬到原晶体所旧址。

是年,拿出个人积蓄四十万元,成立山东大学"王文兴院士环境科学奖学金"。

是年,推荐山东大学环境研究院引进"长江学者特聘教授"闫兵博士。

是年,山东大学环境研究院在环境化学和环境生物学两个学科方向设置了博士点。

是年,山东大学环境研究院与山东大学环境与工程学院一起申报环境科学与工程一级学科博士点。

2006 年

春,正式在泰山山顶建立山东大学大气观测站。

7月31日—8月3日,"973"酸雨项目第三课题组在济南市山东大学举行针对飞机航测和高山观测的学术研讨会暨课题组会议。

8月,与"973"酸雨课题首席专家王韬在江西环境科学院做酸雨专题讲座。

10月2—7日,访问日本京都大学,参加国际学术研讨会。

被聘为国家环境咨询委员会委员。

2007 年

3月24日,赴山东泰山指导"973"酸雨项目开展的大气化学野外实验。

4—7月,基于"973"项目酸雨研究,带领研究人员在东北、甘肃、山东、长三角四个区域范围内进行了多次的航测飞行。

5月14—16日,参加王韬在香港接办的第十届国际大气科学与空气质量会议。

5月,在《中国环境科学》(2007年第1期)上发文:严防学术不端行为。

8月4—11日,参加清华大学组织的中日高校暑期交流活动,访问大阪大学、京都大学及岚山公园、新潟东北亚酸雨监测中心、埼玉大学。

9月3日,中国环境科学研究院科技咨询委员会成立,王文兴任委员。

10月,编著出版《王文兴文集》(第一卷)。

12月30日,中国环境科学研究院和山东大学联合举办的王文兴院士八十寿辰庆典暨学术报告会在北京举行,王文兴作了题为《我国大气环境化学的回顾与展望》的报告。

是年,王文兴担任国家环境与发展国际合作委员会中方委员;受聘为中国环境科学学会顾问。

2008 年

3月11—12日,参加王韬主持的"973"项目"中国酸雨沉降态势、输送机制及调控原理"研究方案论证会。

5月28日—6月2日,参加在南京举办的中国化学会第十届全国量子化学研讨会。

8月,在中国环境科学研究院指导"973"酸雨项目开展的大气化学野外实验。

10月28—31日，参加中国环境科学研究院在北京召开的中法大气环境国际研讨会，作大会学术报告。

12月6—7日，参加中国毒理学会环境与生态毒理委员会成立大会暨学术研讨会。

是年，组织开展"2008年奥运会污染控制措施对北京对流层化学及空气质量的影响"观测实验。

是年，被聘为计算物理学会计算大气物理专业委员会名誉主任。

2009年

1月，作为项目顾问专家去长沙参加"973"酸雨项目学术研讨会。

3月12日，被中国环境科学学会室内环境与健康分会聘为室内环境与健康分会顾问。

4月21—24日，在济南承办第11届国际大气科学与空气质量会议，作学术报告。

5月，去湖南衡山指导"973"酸雨项目开展大气化学野外实验。

5月9—12日，参加在大连举办的第五届中国化学会环境化学专业委员会全国大会。

10月21—24日，参加南京大学承办的第十六届中国大气环境科学与技术学术会议，作学术报告。

7月29日—8月1日，参加在呼和浩特举行的环境化学学科发展及人才培养战略研讨会。

2010年

1月，参加在广州召开的"973"酸雨项目第三课题学术研讨会。

4月，被山东大学聘为终身教授。

6月20—23日，参加在厦门举行的中国化学会第二十七届学术年会。

10月，作为校友，参加江苏省新海高级中学建校80周年校庆，为师生作报告。

10月15—18日，参加在上海复旦大学等承办的第十七届中国大气环境科学与技术大会，担任会议学术委员会主任委员。

12月，承担的"环渤海区域灰霾的形成特征及其对大气质量的影响"研究项目获得环境保护部2010年度科学技术二等奖。

是年，王文兴指导的博士生屈小辉的博士学位论文《量子化学方法研究典型有毒有机污染物的形成与降解机理》获得2010年全国百篇优秀博士论文奖；指导的博士生高健毕业。

承担的山东省"山东地区大气 $PM_{2.5}$ 污染特征、来源及形成机理"项目获山东省高等学校自然科学一等奖。

2011 年

9月，在山东大学110周年校庆期间，举办了环境科学高层论坛。

9月21—23日，参加在上海举办的第六届全国环境化学大会。

12月3日，在杭州浙江大学参加中国环境科学学会大气环境分会2011年学术年会。荣获由中国环境科学学会颁发的"环境科学终身成就奖"。

2012 年

4月，被中国环境科学学会挥发性有机物污染防治专业委员会聘为科学顾问。

入选《二十世纪中国知名科学家学术成就概览》第一批名单。

参加在北京召开的第十二届国际全球大气化学计划会议。

6月11—15日，参加中国工程院第十一次院士大会。

7月17日，在环境科学学院全国优秀大学生夏令营的现场，以"大气环境科学问题与展望"为题，作专题报告。

9月，从复旦大学引进陈建民教授，并申报泰山学者成功。

10月6日，参加北京大学环境化学专业成立四十周年庆典暨学术研讨会。

11月7—10日，赴青岛参加第19届中国大气环境科学与技术大会。

2013 年

2月25日，在北京参加中国环境学会召开的院士遴选评审会。

3月，组织师生论证新建的无人机的使用管理。

3月14日，在上海参加大气污染控制报告会，并作题为《大气颗粒物污染控制问题思考》的报告。

3月29日，参加环保部召开的院士遴选评审会。

5月6日，在山东大学会见安徽师范大学校长助理沈洪。

6月2—5日，赴韩国首尔参加第十二届国际大气科学与空气质量会议，作学术报告。

6月17日，在济南参加山东省人社厅举办的第一次"全国灰霾天气防控与干预高级研修班"，并作题为《大气颗粒物污染与防治对策》的学术报告。

6月27日，参加山东省环保厅召开的《山东省2013—2020年大气污染防治规划》论证会。

9月23日，在贵州省贵阳市参加中国化学会第七届环境化学专业委员会全国学术会议。

11月1—6日，参加中国工程院第十二次院士大会。

12月14日，参加在石家庄召开的"石家庄石化园区发展规划会"，作大会主持人。

2014年

2月23日，在山东大学环境研究院召开新学期全院教职工大会。

3月3日，在清华大学参加环境学院召开的重庆远达公司和清华共同完成的"废旧燃煤烟气脱硝催化剂再生技术及其工业应用"项目鉴定会。

3月24日，在山东大学环境研究院召开全体教职工大会，传达和贯彻学校反腐倡廉有关部署。

4月12日，组织山东大学环境研究院建院十周年院庆暨环境科学高等学术论坛，并作了题为"中国雾霾污染若干科学问题"的学术报告。

5月9日，在天津市环保局主持《天津市环境空气颗粒物污染特征、来源与综合防治对策研究》课题评审会。

5月27日，参加山东省人社厅开设的第二次"全国灰霾天气的防控与干预高级研修班"并作报告。

6月9—14日，参加中国工程院第十三次院士大会。

6月14日，荣获第十届光华工程科技奖。

6月25日，参加山东大学环境研究院研究生毕业典礼。

9月，为山东大学环境研究院引进国家"青年千人计划"学者杜林教授。

9月16日，参加中国工程院召开的咨询研究项目"防治京津冀区域大气复合污染的联发联控战略及路线图"启动会。

11月5—6日，参加在北京举办的第十九届中国大气环境科学与技术大会，并作了题为"大气环境化学与边缘交叉学科"的学术报告。

12月，山东大学环境研究院引进"齐鲁青年学者"薛丽坤教授。

12月19日，参加山东大学校干部大会。

2015年

1月9日，参加中国科协老科学家资料采集工程"资料捐赠仪式"。

1月29日，参加中国环境科学研究院年度考核会议。

3月3日，在山东大学环境研究院召开新学期全院职工大会。

3月23日，在中国环境科学研究院参加二级研究员评审工作。

6月7—12日，参加中国工程院第十四次院士大会。

6月29日，参加中国环境科学研究院毕业生典礼。

7月2日，参加中国工程院《防治京津冀区域大气复合污染的联防联控战略及路线图》中期评估会议。

7月21—23日，参加国家环境咨询委员会会议，讨论"国家'十三五'环境保护规划基本思路"。

8月28日，参加中国工程院"十三五"节能环保产业培育与发展规划咨询项目评审会。

9月14日，参加山东大学2015年秋季新学期会议。

9月15日，向全院师生传达校领导在新学期工作会议上的重要讲话。

9月25日，参加山东大学新学期开学典礼。

9月28日，参加中国气象科学研究院召开的《中国气象百科全书·科学基础卷》评审会。

10月13日，参加香山学术会议。

10月16日，应邀出席连云港新海高级中学建校85周年校庆，并对全校师生作了题为"世界科学发展历史回顾与展望"报告。

10月下旬，参加中国工程院2015年院士增选第二轮评审会议。

11月5—8日，在广州参加第八届全国化学会议，并作了题为"世界科学发展与大气环境化学"的学术报告。

12月9日，在广州参加全国大气环境科学会议，并作学术报告。

2016年

1月5日，参加中国工程院召开的《大气污染防治行动计划》中期评估项目启动会。

3月29日，受聘为青岛农业大学荣誉教授，并作学术报告。

6月17日，在山东大学环境研究院召开全院大会，进一步学习和贯彻习书记在科学大会上的讲话。

6月21日，在山东大学环境研究院毕业生大会上，作了题为"世界科学发展历史回顾与展望"的报告。

7月13日，参加中国工程院咨询会议——防治京津冀区域大气复合污染的联防联控战略及路线图。

10月12号，出席在西安举办的第五届中法大气环境国际研讨会，并作了题为"空气质量改善与未来的挑战：科学、技术与防治对策"的学术报告。

10月20—22日，作为理事长，在上海参加第22届中国大气环境科学与技术大会，作了题为"中国大气污染历史回顾与展望"的大会报告。

10月29日，受聘为南京大学牵头承担的国家重点研发专项"我国东部沿海大气复合污染天空地一体化监测技术"项目顾问。

12月24—25日，在济南联合举办大气环境高峰论坛暨"中国大气环境问题的演变和未来"主题研讨会，并作了题为"世界科学发展与中国崛起"的报告。山东省委常委、济南市委书记王文涛、山东大学党委书记李守信出席，王琪珑副校长主持。

12月30日，在北京会议中心参加环保部召开的国家咨询委和部科技委两委会。

2017 年

1月6日，在北京参加中国环境科学学会第八届全国代表大会换届会议。

4月1日，出版《王文兴文集（第二卷）——环境科学前沿学术论文集》。该论文集反映了王文兴及其研究团队在大气环境化学、环境量子化学及环境生态领域的研究进展。

4月21日，中共中央政治局常委、国务院总理李克强来山东大学视察工作，王文兴出席接见仪式并合影留念。

6月4—10日，参加中国工程院召开的2017年院士增选评审会议。

6月19—23日，应邀参加山东省主办、威海协办的第五次全国"灰霾天气防控与干预"高级研修班，并作大会报告。

10月30日—11月3日，中国工程院2017年院士增选第二轮评审会议。

12月8—9日，参加在北京举办的第23届中国大气环境科学与技术大会。

12月25日，参加中国工程院召开的"《大气污染防治行动计划》实施情况终期评估"工作交流会。

12月27日，参加环保部组织的"新区健康发展的环境管理制度研究"验收会。

12月28日，参加中国环境科学研究院年终总结表彰大会。

12月，当选山东大学环境研究院学术委员会第一届主任委员。

2018 年

1月10日，参加山东大学"齐鲁青年学者"评审。

1月15日，参加中国工程院组织的《大气污染防治行动计划》实施情况终期评估会。

1月25日，参加山东大学学术委员会审议2017年度教授聘任会。

2月2日，山东省委常委、济南市委书记王文涛和山东大学校长樊丽明看望、慰问王文兴。

2月12日，环保部李干杰和黄润秋副部长到中国环境科学研究院看望王文兴等几位院士。

5月28日—6月1日，到北京北苑宾馆出席中国工程院第十四次院士大会。

6月29日，参加山东大学第14次党代会。

11月3—4日，在青岛参加第24届中国大气环境科学与技术大会。

11月16日，参加中国环境科学研究院建院40周年国际环境学术研讨会。

11月25日，参加山东大学教授职称晋升材料审议。

11月29日，参加山东大学科技大会。

12月20日，参加中国环境科学编辑部年终会议。

12月28日，参加环保部项目鉴定会。

12月29日，参加中国环境科学研究院年终总结大会。

2019年

1月16日，参加中国工程院环境与轻纺工程学部2019年学科发展研讨会。

1月22日，在北京参加中国环境科学学会年会。

3月27日，参加青岛校区座谈学科建设发展会议，樊丽明校长到会。

4月28日，参加山东大学第四届教职医务员工代表大会第一次会议暨第十九届工会会员代表大会第一次会议。

6月2—6日，参加中国工程院第十五次院士大会。

9月10日，参加山东大学2019年教师节庆祝大会暨优秀教师颁奖典礼。

9月26日，出席青岛最美科技工作者发布仪式。

10月24日，在山东大学参加黄河生态文明专家论坛暨生态环境损害司法鉴定理论研究与实践基地成立活动，并作了题为《生态文明建设理论与实践——从环境污染到生态文明》的报告。

11月4—8日，参加中国工程院2019年院士增选第二轮评审会议。

11月18—19日，参加在成都举办的第25届中国大气环境科学与技术大会，并作报告。

附录二 王文兴主要论著目录

[1] 王文兴. 工业催化 [M]. 北京：化学工业出版，1978.

[2] 林子瑜，王文兴. 在烯烃-臭氧气相反应中，Criegee 中间物的反应动力学及其反应性 [J]. 环境科学学报，1984，4（4）：313-324.

[3] 洪少贤，王文兴，蔡乙乞，等. 峨眉山大气臭氧的时空分布规律 [J]. 环境科学研究，1988，1（1）：31-37.

[4] 王文兴，唐孝炎，井上元，等. 可抽真空光化学烟雾箱的结构和性能 [J]. 中国环境科学，1989，9（4）：304-310.

[5] 王文兴，谢英，林子瑜，等. 甲烷光氧化反应速率常数及其在大气中的寿命. 中国环境科学，1995，15（4）：258-261.

[6] Wang Wenxing, Wang Tao. On the origin and the trend of acid precipitation in China [J]. Water, Air, and Soil Pollution, 1995, 85 (4): 2295-2300.

[7] 王文兴，王纬，张婉华，等. 我国 SO_2 和 NO_X 排放强度地理分布和历史趋势 [J]. 中国环境科学，1996，16（3）：161-167.

[8] Wang Wenxing, Wang Tao. On acid rain formation in China [J]. Atmospheric Environment, 1996, 30 (23), 4091-4093.

[9] 王文兴，丁国安. 中国酸雨现状及发展趋势 [A]. 李政道主编：中国

酸雨及其控制［C］. 北京：中国高等科学技术中心，1997，17-22.

［10］王文兴，刘红杰，张婉华，等. 我国东部沿海地区酸雨来源研究［J］. 中国环境科学，1997，17（5）：387-392.

［11］王文兴，张婉华，周泽兴，等. 图们地区酸雨来源研究［A］. 陈志远主编：中国酸雨研究［C］. 北京：中国环境科学出版社，1997，38-45.

［12］王文兴，刘红杰，汤大钢，等. 辽宁凤凰山酸雨来源研究［J］. 环境科学研究，1997，10（1）：22-26.

［13］王文兴，卢筱凤，庞燕波，等. 中国氨的排放强度地理分布［J］. 环境科学学报，1997，17（1）：2-7.

［14］王文兴，束勇辉，李金花. 煤烟粒子中 PAHs 光化学降解的动力学［J］. 中国环境科学，1997，17（2）：97-102.

［15］Zhang Qingzhu, Qu Xiaohui, Wang Wenxing. Mechanism for OH-initiated Atmospheric Photooxidation of Dichlorvos: A Quantum Mechanical Study［J］. Environmental Science & Technology, 2007, 41（17）: 6109-6116.

［16］Wang Wenxing, Chai Fahe, Zhang Kai, et al. Study on ambient air quality in Beijing for the summer 2008 Olympic Games［J］. Air Quality, Atmosphere & Health, 2008, 1（1）: 31-36.

［17］Zhang Qingzhu, Li Shanqing, Wang Wenxing, et al. A quantum mechanical study on the formation of PCDD/Fs from 2-chlorophenol as precursor［J］. Environmental Science & Technology, 2008, 42（19）: 7301-7308.

［18］王文兴，许鹏举. 中国大气降水化学研究进展［J］. 化学进展，2009，21（2）：266-281.

［19］Gao Jian, Wang Tao, Wang Wenxing, et al. Measurement of aerosol number size distributions in the Yangtze River delta in China: Formation and growth of particles under polluted conditions［J］. Atmospheric Environment, 2009, 43（4）: 829-836.

[20] Zhou Yang, Wang Tao, Wang Wenxing, et al. Continuous observations of water-soluble ions in PM$_{2.5}$ at Mount Tai (1534 m a. s. l.) in central-eastern China [J]. Journal of Atmospheric Chemistry, 2009, 64 (2): 107-127.

[21] Qu Xiaohui, Zhang Qingzhu, Wang Wenxing, et al. Mechanistic and kinetic studies on the homogeneous gas-phase formation of PCDD/Fs from 2, 4, 5-trichlorophenol [J]. Environmental Science & Technology, 2009, 43 (11): 4068-4075.

[22] Zhang Qingzhu, Qu Xiaohui, Wang Wenxing, et al. Mechanism and Thermal Rate Constants for the Complete Series Reactions of Chlorophenols with H [J]. Environmental Science & Technology, 2009, 43 (11): 4105-4112.

[23] Zhang Jie, Dai Jiulan, Wang Wenxing, et al. Adsorption and desorption of divalent mercury (Hg^{2+}) on humic acids and fulvic acids extracted from typical soils in China [J]. Colloids and Surfaces A: Physicochemical and Engineering Aspects, 2009, 335: 194-201.

[24] Xue Likun, Ding Aijun, Wang Wenxing, et al. Aircraft measurements of the vertical distribution of sulfur dioxide and aerosol scattering coefficient in China [J]. Atmospheric Environment, 2010, 44 (2): 278-282.

[25] Liu Xiaohuan, Zhang Yang, Wang Wenxing, et al. Understanding of regional air pollution over China using CMAQ, part II. Process analysis and sensitivity of ozone and particulate matter to precursor emissions [J]. Atmospheric Environment, 2010, 44 (30): 3719-3727.

[26] Gao Xiaomei, Yang Lingxiao, Wang Wenxing, et al. Semi-continuous measurement of water-soluble ions in PM$_{2.5}$ in Jinan, China: Temporal variations and source apportionments [J]. Atmospheric Environment, 2011, 45 (33): 6048-6056.

[27] Wang Zhe, Wang Tao, Wang Wenxing, et al. Source and variation of carbonaceous aerosols at Mount Tai, north China: Results from a semi-

continuous instrument [J]. Atmospheric Environment, 2011, 45 (9): 1655-1667.

[28] Li Weijun, Zhou Shengzhen, Wang Wenxing, et al. Integrated evaluation of aerosols from regional brown hazes over northern China in winter: Concentrations, sources, transformation, and mixing states [J]. Journal of Geophysical Research, 2011, 116 (D9): D09301.

[29] Xu Fei, Zhang Qingzhu, Wang Wenxing, et al. Mechanism and direct kinetic study of the polychlorinated dibenzo-p-dioxin and dibenzofuran formations from the radical/radical cross-condensation of 2, 4-dichlorophenoxy with 2-chlorophenoxy and 2, 4, 6-trichlorophenoxy [J]. Environmental Science & Technology, 2011, 45 (2): 643-650.

[30] Yu Wanni, Zhang Qingzhu, Wang Wenxing, et al. Mechanism and direct kinetics study on the homogeneous gas-phase formation of PBDD/Fs from 2-BP, 2, 4-DBP, and 2, 4, 6-TBP as precursors [J]. Environmental Science & Technology, 2011, 45 (5): 1917-1925.

[31] Nie Wei, Wang Tao, Wang Wenxing, et al. Asian dust storm observed at a rural mountain site in southern China: chemical evolution and heterogeneous photochemistry [J]. Atmospheric Chemistry and Physics, 2012, 12 (24): 11985-11995.

[32] Yang Lingxiao, Zhou Xuehua, Wang Wenxing, et al. Airborne fine particulate pollution in Jinan, China: concentrations, chemical compositions and influence on visibility impairment [J]. Atmospheric Environment, 2012, 55: 506-514.

[33] Wang Xinfeng, Wang Wenxing, et al. The secondary formation of inorganic aerosols in the droplet mode through heterogeneous aqueous reactions under haze conditions [J]. Atmospheric Environment, 2012, 63: 68-76.

[34] Sun Xiaomin, Zhang Chenxi, Wang Wenxing, et al. Atmospheric Chemical Reactions of 2, 3, 7, 8-Tetrachlorinated Dibenzofuran Initiated

by an OH Radical: Mechanism and Kinetics Study [J]. Environmental Science & Technology, 2012, 46 (15): 8148-8155.

[35] Zhang Juan, Dai Jiulan, Wang Wenxing, et al. Distribution and sources of petroleum-hydrocarbon in soil profiles of the Hunpu wastewater-irrigated area, China's northeast [J]. Geoderma, 2012, 173-174 (2012): 215-223.

[36] Cao Haijie, He Maoxia, Wang Wenxing, et al. OH-Initiated Oxidation Mechanisms and Kinetics of 2, 4, 4'-Tribrominated Diphenyl Ether [J]. Environmental Science & Technology, 2013, 47 (15): 8238-8247.

[37] Zhou Shengzhen, Wang Tao, Wang Wenxing, et al. Photochemical evolution of organic aerosols observed in urban plumes from Hong Kong and the Pearl River Delta of China [J]. Atmospheric Environment, 2014, 88: 219-229.

[38] Zhu Yanhong, Yang Lingxiao, Wang Wenxing, et al. Airborne particulate polycyclic aromatic hydrocarbon (PAH) pollution in a background site in the North China Plain: Concentration, size distribution, toxicity and sources [J]. Science of the Total Environment, 2014, 466-467: 357-368.

[39] Dang Juan, Zhang Qingzhu, Wang Wenxing, et al. Mechanistic and kinetic studies on the OH-initiated atmospheric oxidation of fluoranthene [J]. Science of the Total Environment, 2014, 490: 639-646.

[40] Li Yanwei, Zhang Qingzhu, Wang Wenxing, et al. Computational evidence for the detoxifying mechanism of epsilon class glutathione transferase toward the insecticide DDT [J]. Environmental Science & Technology, 2014, 48 (9): 5008-5016.

[41] Zhang Qingzhu, Gao Rui, Wang Wenxing, et al. Role of Water Molecule in the Gas-Phase Formation Process of Nitrated Polycyclic Aromatic Hydrocarbons in the Atmosphere: A Computational Study [J]. Environmental Science & Technology, 2014, 48 (9): 5051-5057.

[42] Shi Xiangli, Zhang Qingzhu, Wang Wenxing, et al. PBCDD/F formation

from radical/radical cross-condensation of 2-Chlorophenoxy with 2-Bromophenoxy, 2, 4-Dichlorophenoxy with 2, 4-Dibromophenoxy, and 2, 4, 6-Trichlorophenoxy with 2, 4, 6-Tribromophenoxy [J]. Journal of Hazardous Materials, 2015, 295: 104-111.

[43] Zhang Chenxi, Sun Xiaomin, Wang Wenxing, et al. Adsorption and transformation mechanism of NO_2 on NaCl (100) surface: A density functional theory study [J]. Science of the Total Environment, 2015, 524: 195-200.

[44] Li Pengfei, Zhang Jian, Wang Wenxing, et al. Heavy Metal Bio-accumulation and Health Hazard Assessment for Three Fish Species from Nansi Lake, China [J]. Bulletin of Environmental Contamination and Toxicology, 2015, 94 (4): 431-436.

[45] Sun Lei, Xue Likun, Wang Wenxing, et al. Significant increase of summertime ozone at Mount Tai in Central Eastern China [J]. Atmospheric Chemistry and Physics, 2016, 16, 10637-10650.

[46] Yao Lan, Yang Lingxiao, Wang Wenxing, et al. Sources apportionment of $PM_{2.5}$ in a background site in the North China Plain [J]. Science of the Total Environment, 2016, 541: 590-598.

[47] Li Yanwei, Zhang Ruiming, Wang Wenxing, et al. Catalytic mechanism of C-F bond cleavage: insights from QM/MM analysis of fluoroacetate dehalogenase [J]. Catalysis Science & Technology, 2016, 6: 73-80.

[48] He Maoxia, Li Xin, Wang Wenxing, et al. Mechanistic and kinetic investigation on OH-initiated oxidation of tetrabromobisphenol A [J]. Chemosphere, 2016, 153: 262-269.

[49] Wen Liang, Xue Likun, Wang Wenxing, et al. Summertime fine particulate nitrate pollution in the North China Plain: increasing trends, formation mechanisms and implications for control policy [J]. Atmospheric Chemistry and Physics, 2018, 18, 11261-11275.

参考文献

[1] 萧县县志 [M]. 卷十三, 校友篇, 同治版.

[2] 《萧县抗日烽火》[M]. 萧县新四军历史研究会、萧县关心下一代工作委员会编. 证号: 皖宿新出准印字第 (2005) 12-2号.

[3] 北京化工研究院编委会. 北京化工研究院志1958-1996 [M]. 北京: 北京化工研究院, 1998.

[4] 辛勤, 徐杰. 中国催化名家上册 [M]. 北京: 科学出版社, 2017.

[5] 彼得·索尔谢姆 (Peter Thorsheim). 发明污染 [M]. 上海: 上海社会科学院, 2016.

[6] 中国环境科学研究院学术委员会. 环境科学论文集 [M]. 北京: 中国环境科学出版社, 1990.

[7] 中国环境科学学会. 中国环境科学学会史 [M]. 上海: 上海交通大学出版社, 2008.

[8] 王文兴, 唐孝炎, 井上元, 等. 可抽真空光化学烟雾箱的结构和性能 [J]. 中国环境科学, 1989, 9 (4): 304-309.

[9] 王文兴, 谢英, 林子瑜, 等. 甲烷光氧化反应速率常数及其在大气中的寿命 [J]. 中国环境科学, 1995, 15 (4): 258-261.

[10] 王文兴, 王纬, 张婉华, 等. 我国 SO_2 和 NO_x 排放强度地理分布和历史趋势 [J]. 中国环境科学, 1996, 16 (3): 161-167.

[11] 王文兴，丁国安. 中国酸雨现状及发展趋势［A］. 李政道：中国酸雨及其控制［C］. 北京：中国高等科学技术中心，1997，17-22.

[12] NAPAP State of Science and State of Technology.VOULUME1-27.1989.

[13] 杨令侠. 加拿大与美国关于酸雨的环境外交［J］. 南开学报（哲学社会科学报），2002（3）：118-124.

[14] 何纪力，龙刚，黄云编. 江西省酸雨时空分布规律研究［M］. 北京：中国环境科学出版社，2007.

[15] 王文兴，刘红杰，张婉华，等. 我国东部沿海地区酸雨来源研究［J］. 中国环境科学，1997，17（5）：387-392.

[16] 王文兴，张婉华，周泽兴，等. 图们地区酸雨来源研究［A］. 陈志远：中国酸雨研究［C］. 北京：中国环境科学出版社，1997，38-45.

[17] 王文兴，刘红杰，汤大钢，等. 辽宁凤凰山酸雨来源研究［J］. 环境科学研究，1997，10（1）：22-26.

[18] 王文兴，卢筱凤，庞燕波，等. 中国氨的排放强度地理分布［J］. 环境科学学报，1997，17（1）：2-7.

[19] 王文兴，束勇辉，李金花. 煤烟粒子中PAHs光化学降解的动力学［J］. 中国环境科学，1997，17（2）：97-102.

[20] Wang Wenxing, Wang Tao. On the origin and the trend of acid precipitation in China［J］. Water, Air, and Soil Pollution, 1995, 85（4）：2295-2300.

[21] Wang Wenxing, Wang Tao. On acid rain formation in China［J］. Atmospheric Environment, 1996, 30（23），4091-4093.

[22] Zhang Qingzhu, Wang Haining, Sun Tingli, et al. A theoretical investigation for the reaction of CH_3CH_2SH with atomic H: Mechanism and kinetics properties［J］. Chemical Physics, 2006, 324：298-306.

[23] Qu Xiaohui, Zhang Qingzhu, Wang Wenxing. Degradation mechanism of benzene by NO_3 radicals in the atmosphere: A DFT study［J］. Chemical Physics Letters, 2006, 426：13-19.

[24] Qu Xiaohui, Zhang Qingzhu, Wang Wenxing. Mechanism for OH-initiated photooxidation of naphthalene in the presence of O_2 and NO_x: A DFT study［J］. Chemical Physics Letters, 2006, 429：77-85.

[25] Zhang Qingzhu, Qu Xiaohui, Wang Wenxing. Mechanism for OH-initiated

Atmospheric Photooxidation of Dichlorvos: A Quantum Mechanical Study [J]. Environmental Science & Technology, 2007, 41 (17): 6109-6116.

[26] Yang Lingxiao, Wang Dongcheng, Cheng Shuhui, et al. Influence of meteorological conditions and particulate matter on visual range impairment in Jinan, China [J]. Science of the Total Environment, 2007, 383: 167-173.

[27] W Nie, T Wang, L K Xue, et al. Asian dust storm observed at a rural mountain site in southern China: chemical evolution and heterogeneous photochemistry. Atmos. Chem. Phys., 2012, 12: 11985-11995.

[28] Zhou Yang, Xue Likun, Wang Tao, et al. Characterization of aerosol acidity at a high mountain site in central eastern China [J]. Atmospheric Environment Volume, 2012, 51 (5): 11-20.

[29] Douglas C K M, Stewar K H. London Fog of December 5-8, 1952 [J]. Meteorological Magazine, 1953, 82: 67-71.

[30] The OECD Programme on Long-range Transport of Air Pollutants; measurements and findings [M]. ORGANISATIONFOR ECONOMIC COOPERATION AND DEVELOPMENT. Paris 1977.

[31] Hansser J E, et al. Summary Report from the Chemical Coordinating Center for Fourth Phase of EMEP [M]. Norwegian Institute for Air Research, Norway 1990.

[32] Barrie L A, Hales J M. The spatial distribution of pecipitation acidity and major ions: Wet deposition in North America during 1980 [J]. Tellus B, 1984, 36B: 333-355.

[33] Bilonick R A. The space-time distribution of sulfate disposition in the Northeastern United States [J]. Atmos. Environ. 1985, 19: 1829-1845.

[34] Dilln P J, Lusis M, Reid R, Yap D. Ten-year trend in sulphate, nitrate, and hydrogen deposition in central Ontario [J]. Atoms. Environ. 1988, 22: 901-905.

[35] Galloway J N, Likens G E, Keene W C, et al. The composition of precipitation in remote areas of the world [J]. J. Geophys. Res., 1982, 87: 8771-8786.

[36] Granat L. Sulfate in precipitation as observed by the European Atmospheric Chemistry Network [J]. Atmos. Environ. 1978, 12: 413-424.

[37] Hidy G M, Hansen D A, Henry R C, et al. Trends in historical acid precursor

emissions and their airborne and precipitation products [J]. J. Air Poll. Control Assoc. 1984, 31: 333-354.

[38] Likens G E, Butler T J. Recent acidification of precipitation in North America[J]. Atmos. Environ. 1981, 15: 1103-1109.

[39] Rodhe H, Granat L. An evaluation of sulfate in European precipitation 1955-1982 [J]. Atmos. Environ, 1984, 18: 2627-2639.

[40] Whelpdale D M, Barrie L A. Atmospheric monitoring network operations and results in Canada [J]. Water, Air, Soil Pollut, 1982, 18: 7-23.

[41] Frank M D. Cowling E B. Acid precipitation Effects on Ecological Systems, ed [J]. Ann Arbor Sci, Michigan, 1982.

[42] Totsuka T. Outlines of Rsearch Projects on effects of acid precipitation terrestrial ecosytems in Japan [C]. Pore of the Expert Meeting on Acid Precipitarion Monitoring Network in East Asia, 1993.

[43] Urich B.eta, Chemical changes due to acid precipition in a loss-derived soil in Central Europe [J]. Soil Sci., Vol. 130, 1980.

[44] Urich B.Effects of acidic precipitation of forest ecosystems in Europe [J]. Acid Precpitation, Vol. 2, Spring-Veralg, 1989.

后 记

参加采集工程一年多的时间，发自内心的感受，觉得自己从生活观念和工作观念都得到了极大的提升，这直接归因于对王文兴院士的各方面的接触和了解。王院士对科研事业的无限追求和对物质方面的接近底线的要求形成了鲜明对照，对我震撼极大。

王文兴院士并非"不谙世事"，对社会现象及各种社会心态非常了解。作为一名长者和"过来人"，他对此持谨慎的理解和无奈态度。功成名就，德高望重，他对周围的人却始终亲近和蔼。采集小组到北京他的家、他的原单位采集资料，只要他在北京，都会请大家吃饭，他说，我知道，现在八项规定，饭费不能报销，我用自己的钱请你们吃饭，不犯错误。王院士自己节省，却为采集小组点很多菜，我们知道老人家不能容忍浪费，所以每次他请客，我们都把饭菜吃个精光，宁愿把自己撑得难受，也要让他高兴。王院士没有因自己的学术成就而看轻采集小组的工作，相反，逢人便说，采集小组的同志很辛苦。资料移交馆藏基地后，王院士找到了更重要的信件，想把原来捐的书信换一下，又担心给我们增加工作量，就在家费了很长时间根据我们提供的清单逐一做了标注，对我们说："你看，我做了无用功，给你们添麻烦，我用新加的把原来的一对一换回来行吧？"虽然每个小小的更改，我们都要重新编目登记重新摘要，但我们岂能因王院士的好心和认真而吝惜自己的劳动!

点点小事,无数细节,我们感动而难忘。

笔者从2012年就开始从事山东大学的老学者口述采集工作,通过国家科协的采集工程,逐渐学会并掌握了采集工作的方法和知识,对自己在山东大学的口述采集工作帮助很大,由衷地感谢中国科协各位专家的耐心指导。

在采集工作进行过程中,作为我们小组的管理方,山东省科协的老师们积极耐心地协调指导我们工作,对我们完成采集工作给予了极大帮助。

项目组挂靠在山东大学环境研究院,院领导非常支持。老师们热情帮助,积极参与,使编写工作得以继续进行。在采访期间,组长胡敬田老师积极协调学校各个部门,耐心给王文兴院士做沟通,统筹布局采集工作,为采集小组创造了良好工作条件。王院士的秘书王新锋老师科研教学任务繁重,但积极为采集小组的工作与王院士沟通,为采集小组提供了大量的采集信息和资料,对采集工作起到了重要作用。在文稿编写期间,编辑人员工作变动,环境研究院领导张庆竹院长、薛丽坤副院长积极支持和参与,以及何茂霞、刘建、戴九兰、姜威、李延伟等老师在文稿技术方面帮助修改、补充;博士研究生鲍蕾、张瑞明、马晓辉等帮助文稿整理;王院士助理张瑞英为文稿做了许多繁杂的工作;庞维荣老师本职工作繁忙,依然抽出时间和精力,为采集小组提出指导和建议,多方面鼓励支持并参与采集工作。在此一并致谢!

同事张锦负责实物采集的整理和编目工作。这项工作需要极大的耐心、细心和智慧,结果证明,张锦真正是这项工作的不二人选,也非常庆幸一年前笔者选定他来做这项工作。难能可贵的是,张锦还承担了年表和长编的编写,这同样也是艰巨的工作。

同事牛勇和我一同撰写了学术报告的主体部分。牛勇文字把握能力强,才思敏捷,思路清晰,学术报告的架构方面给出了重要提议。牛勇参与了采集工作的每一项具体工作,还多次独自承担王院士口述采访、外出采集等工作,尤其是在与王院士亲友、同事、学生的沟通中起到至关重要作用,本次采集任务,他功不可没。

同事李啸文在笔者的请求下，为学术报告文字进行了润色，增加了报告的可读性，文字水平令我敬佩。

把学术报告改变为传记，特别要感谢大众日报社的严洁、于岸青夫妇，他们用了几个月的时间，将传记重新梳理改写。

笔者作为本采集小组的执行负责人，在众人的帮助、支持和参与下，与大家合力完成了采集工作。工作中的问题和不足是本人的责任，成果是大家集体的辛苦结晶。

另外，还有很多未提及的人员和单位都对本小组采集工作给予了多种支持，在此笔者一并表示深深的感谢！

王文兴院士今年92岁了，精力体力都充沛，仍然工作在教学科研一线，他对周围人说，看来我要工作到一百岁以上了。我们为他点赞并呼吁：将王文兴院士的学术资料采集继续下去！

周　汉

2019 年 4 月

老科学家学术成长资料采集工程丛书
已出版（110种）

《卷舒开合任天真：何泽慧传》　　　　《此生情怀寄树草：张宏达传》
《从红壤到黄土：朱显谟传》　　　　　《梦里麦田是金黄：庄巧生传》
《山水人生：陈梦熊传》　　　　　　　《大音希声：应崇福传》
《做一辈子研究生：林为干传》　　　　《寻找地层深处的光：田在艺传》
《剑指苍穹：陈士橹传》　　　　　　　《举重若重：徐光宪传》

《情系山河：张光斗传》　　　　　　　《魂牵心系原子梦：钱三强传》
《金霉素·牛棚·生物固氮：沈善炯传》　《往事皆烟：朱尊权传》
《胸怀大气：陶诗言传》　　　　　　　《智者乐水：林秉南传》
《本然化成：谢毓元传》　　　　　　　《远望情怀：许学彦传》
《一个共产党员的数学人生：谷超豪传》《没有盲区的天空：王越传》

《含章可贞：秦含章传》　　　　　　　《行有则　知无涯：罗沛霖传》
《精业济群：彭司勋传》　　　　　　　《为了孩子的明天：张金哲传》
《肝胆相照：吴孟超传》　　　　　　　《梦想成真：张树政传》
《新青胜蓝惟所盼：陆婉珍传》　　　　《情系梁菽：卢良恕传》
《核动力道路上的垦荒牛：彭士禄传》　《笺草释木六十年：王文采传》

《探赜索隐　止于至善：蔡启瑞传》　　《妙手生花：张涤生传》
《碧空丹心：李敏华传》　　　　　　　《硅芯筑梦：王守武传》
《仁术宏愿：盛志勇传》　　　　　　　《云卷云舒：黄士松传》
《踏遍青山矿业新：裴荣富传》　　　　《让核技术接地气：陈子元传》
《求索军事医学之路：程天民传》　　　《论文写在大地上：徐锦堂传》

《一心向学：陈清如传》　　　　　　　《钤记：张兴钤传》
《许身为国最难忘：陈能宽》　　　　　《寻找沃土：赵其国传》

《钢锁苍龙　霸贯九州：方秦汉传》　《虚怀若谷：黄维垣传》
《一丝一世界：郁铭芳传》　《乐在图书山水间：常印佛传》
《宏才大略：严东生传》　《碧水丹心：刘建康传》
《我的气象生涯：陈学溶百岁自述》　《我的教育人生：申泮文百岁自述》
《赤子丹心 中华之光：王大珩传》　《阡陌舞者：曾德超传》
《根深方叶茂：唐有祺传》　《妙手握奇珠：张丽珠传》
《大爱化作田间行：余松烈传》　《追求卓越：郭慕孙传》
《格致桃李伴公卿：沈克琦传》　《走向奥维耶多：谢学锦传》
《躬行出真知：王守觉传》　《绚丽多彩的光谱人生：黄本立传》
《草原之子：李博传》

《宏才大略 科学人生：严东生传》　《探究河口 巡研海岸：陈吉余传》
《航空报国 杏坛追梦：范绪箕传》　《胰岛素探秘者：张友尚传》
《聚变情怀终不改：李正武传》　《一个人与一个系科：于同隐传》
《真善合美：蒋锡夔传》　《究脑穷源探细胞：陈宜张传》
《治水殆与禹同功：文伏波传》　《星剑光芒射斗牛：赵伊君传》
《用生命谱写蓝色梦想：张炳炎传》　《蓝天事业的垦荒人：屠基达传》
《远古生命的守望者：李星学传》

《善度事理的世纪师者：袁文伯传》　《化作春泥：吴浩青传》
《"齿"生无悔：王翰章传》　《低温王国拓荒人：洪朝生传》
《慢病毒疫苗的开拓者：沈荣显传》　《苍穹大业赤子心：梁思礼传》
《殚思求火种　深情寄木铎：黄祖洽传》　《仁者医心：陈灏珠传》
《合成之美：戴立信传》　《神乎其经：池志强传》
《誓言无声铸重器：黄旭华传》　《种质资源总是情：董玉琛传》
《水运人生：刘济舟传》　《当油气遇见光明：翟光明传》
《在断了A弦的琴上奏出多复变
　　最强音：陆启铿传》　《微纳世界中国芯：李志坚传》
　《至纯至强之光：高伯龙传》
《弄潮儿向涛头立：张乾二传》　《材料人生：涂铭旌传》

《一爆惊世建荣功：王方定传》
《轮轨丹心：沈志云传》
《继承与创新：五二三任务与青蒿素研发》

《淡泊致远　求真务实：郑维敏传》
《情系化学　返璞归真：徐晓白传》
《经纬乾坤：叶叔华传》
《山石磊落自成岩：王德滋传》
《但求深精新：陆熙炎传》
《聚焦星空：潘君骅传》

《寻梦衣被天下：梅自强传》
《海潮逐浪镜水周回：童秉纲口述
　　人生》

《采数学之美为吾美：周毓麟传》
《神经药理学王国的"夸父"：
　　金国章传》
《情系生物膜：杨福愉传》
《敬事而信：熊远著传》